Todos LOS NOMBRES DE DIOS

EN LA BIBLIA

TOTALMENTE ILUSTRADO

LARRY RICHARDS

BETANIA

Un Sello de Editorial Caribe

Todos LOS NOMBRES DE DIOS

EN LA BIBLIA

TOTALMENTE ILUSTRADO

Betania es un sello de Editorial Caribe, Inc.

© 2003 Editorial Caribe, Inc.
Una división de Thomas Nelson, Inc.
Nashville, TN-Miami, FL, EE.UU.
www.caribebetania.com

Título en inglés: Every Name of God in the Bible
© 2001 por Lawrence O. Richards
Publicado por Thomas Nelson, Inc.

A menos que se señale lo contrario, todas las citas bíblicas
son tomadas de la Versión Reina-Valera 1960
© 1960 Sociedades Bíblicas Unidas en América Latina.
Usadas con permiso.

Traductor: Guillermo Vásquez

ISBN: 0-88113-742-1

CONTENIDO

Introducción		1
CAPÍTULO 1	**¿Qué hay en un nombre?**	3
	Religión y humanidad	3
	Teorías sobre el origen de la religión	5
	La religión como una manera de alejarse de Dios	6
	La evolución como religión	7
	El Creador	10
	La recuperación de Dios	14
CAPÍTULO 2	**Los nombres primarios de Dios**	15
	La respuesta de la humanidad al verdadero Dios	15
	La revelación natural y la revelación especial	16
	Elohim	18
	La presentación de Elohim (Génesis 1)	19
	Yahveh	21
	Breve historia de Israel	21
CAPÍTULO 3	**Nombres: Muchos y maravillosos**	29
	Los nombres relacionales de Dios	35
	Nombres descriptivos de Dios	41
CAPÍTULO 4	**Los títulos de nuestro Dios**	47
	Los títulos sublimes de Dios	47
	Los títulos relacionales de Dios	51
	Los títulos descriptivos de Dios	51
CAPÍTULO 5	**Dios en el símil y la metáfora**	77
	Imágenes sublimes de Dios	77
	Imágenes relacionales de Dios	82
	Imágenes descriptivas de Dios	87
CAPÍTULO 6	**Cristo en el Antiguo Testamento**	93
	Nombres primarios de Cristo en el Antiguo Testamento	94
	Renuevo	95
	Otros nombres y títulos del Antiguo Testamento	102
CAPÍTULO 7	**Los nombres y títulos de Dios en el Nuevo Testamento**	113
	Nombres y títulos de Dios el Padre	114
	Los nombres y títulos de Dios el Padre en los Evangelios	114
	Las obras de Dios el Padre en las Epístolas	119
	Predestinación y elección	120
	Los nombres y títulos de Dios el Padre en las Epístolas	123
	Los nombres y títulos de Dios el Padre en Apocalipsis	137

CAPÍTULO 8   **Nombres y títulos de Jesucristo**   141
             Nombres y títulos que enfatizan la deidad de Jesús   141
             Nombres y títulos que enfatizan la humanidad de Jesús   161

CAPÍTULO 9   **Nombres y títulos del Espíritu Santo**   195
             El Espíritu Santo   195
             Nombres que establecen la identidad del Espíritu   196
             Nombres que definen el carácter del Espíritu Santo   198
             Nombres y títulos que indican los ministerios del Espíritu   201
             Imágenes del Espíritu Santo   210

APÉNDICE A   **Nuestras creencias**   215
             Creemos que Dios ha hablado   216
             Creemos en Dios el Padre   216
             Creemos en Jesús   217
             Creemos en el Espíritu Santo   218
             Creemos en una humanidad redimible   218
             Creemos en la salvación   220
             Creemos en una comunidad redimida   221
             Creemos en el futuro   222

APÉNDICE B   **Asuntos teológicos especiales**   223

Índice expositivo   **259**

Indice de citas bíblicas   **271**

INTRODUCCIÓN

Bienvenido a *Todos los nombres de Dios en la Biblia*. Este libro pretende servir como recurso para los estudiosos de la Palabra de Dios. Sin embargo, también se escribió para su enriquecimiento personal. Esto es especialmente cierto en esta obra, que explora la forma en que Dios se revela a través de los nombres, títulos e imágenes que se encuentran en la Biblia.

Para aquellos que quieren conocer mejor a Dios, difícilmente hay una manera más enriquecedora que explorando los nombres, títulos, símiles y metáforas por medio de los que Dios se nos presenta a sí mismo en ambos testamentos. Esto revela la esencia de quién es Dios, describe sus cualidades y su carácter y da a conocer su obra en este universo y en nuestra vida.

Durante gran parte de la historia humana, los nombres que los paganos le dieron a la deidad sirvieron para distanciar a los seres humanos del único y verdadero Dios. Entonces Dios entró en escena para revelarse a su pueblo del Antiguo Testamento. Tres capítulos de este libro siguen el rastro de la revelación de Dios de su verdadero ser, por medio de los nombres, títulos e imágenes que se encuentran en el Antiguo Testamento. Otro capítulo examina los nombres y títulos adscritos específicamente a Jesucristo en el Antiguo Testamento, en tanto que los capítulos restantes se concentran en los nombres y títulos dados a cada persona de la Trinidad en el Nuevo Testamento. ¡De qué manera tan maravillosa cada nombre y título abre una nueva ventana a través de la que podemos ver a nuestro Señor con temor y asombro, y reaccionar con agradecimiento y amor!

Tres secciones adicionales hacen de este libro una obra especialmente valiosa. La primera es un Índice Expositivo que organiza alfabéticamente los nombres y títulos bajo varios encabezamientos, y que le indican las páginas donde se discuten.

La segunda sección, el Apéndice A, es un resumen de lo que conocemos de Dios según se nos ha revelado. Este apéndice está escrito en forma de credo. Es una afirmación de lo que podemos y creemos firmemente sobre Dios basándonos en su Palabra.

La tercera sección especial es el Apéndice B, donde se discute una variedad de interesantes temas que surgen de nuestro estudio. Por ejemplo, las Escrituras presentan a Dios como una persona amante y compasiva, y sin embargo lo vemos también como un Dios que se enoja y que juzgará el pecado. ¿Cómo puede un Dios amante ser también un Dios de ira? También se dice que Dios es justo y recto. ¿Cómo puede un Dios así perdonar gratuitamente el pecado? Y, se dice que Dios es tanto bueno como todopoderoso. ¿Cómo puede entonces el mal infectar su universo? Temas como estos se examinan en el Apéndice B, en artículos sobre la ira de Dios, el perdón de Dios y la relación de Dios con el mal. Además, aquí se exploran misterios como la Encarnación y la Trinidad. Y en cada caso, las Escrituras proveen respuestas satisfactorias a supuestas contradicciones en la naturaleza de Dios, quien se ha revelado tan poderosamente en los nombres, títulos, símiles y metáforas que se encuentran en la Biblia.

Lo que lea aquí le mostrará nuevas y emocionantes maneras para profundizar su entendimiento de Dios y su relación con el Señor. Lo que lea aquí también confirmará su certeza de que puede confiar en Dios, y que cualquier supuesta contradicción que otros puedan citar tiene una respuesta satisfactoria ya revelada en la maravillosa, confiable y fidedigna Palabra de Dios.

❖

CAPÍTULO 1

¿QUÉ HAY EN UN NOMBRE?

➤ ¿DEMUESTRA LA «RELIGIÓN» QUE EL HOMBRE BUSCA A DIOS? —6

➤ ¿POR QUÉ LOS HOMBRES HACEN DIOSES A SU IMAGEN? —8

➤ ¿QUÉ PODEMOS CONOCER DE DIOS A TRAVÉS DE LA NATURALEZA? —10

➤ ¿CÓMO RECOBRAMOS EL CONOCIMIENTO DEL VERDADERO DIOS? —13

Busque un globo terráqueo. Hágalo girar y deje que su dedo señale un punto al azar. Dondequiera que señale, en cualquier época de la historia o de la prehistoria, la gente que vive allí hablará de un «dios» o «dioses».

Pero sería una equivocación asumir que lo que la gente de África, China, Sudamérica, Europa o el antiguo Medio Oriente entendían por «dios» es lo que nosotros queremos decir cuando usamos esa palabra. La palabra «dios» ha tenido diferentes significados para las personas de diferentes tiempos y lugares.

En este capítulo daremos una mirada a la idea que varios pueblos tenían de «dios». Y sugeriremos por qué han surgido tantas nociones de Dios en la historia humana. Este estudio es extremadamente importante porque sólo cuando entendemos las diferentes concepciones que la humanidad tiene de «dios», podemos captar la relevancia de la revelación que hace la Biblia de los nombres y títulos de Dios. Solamente cuando vemos lo que la humanidad ha hecho para distorsionar la imagen de la Deidad entenderemos lo que entender sus nombres y títulos puede significar para nosotros en nuestra relación personal con el Señor.

RELIGIÓN Y HUMANIDAD

En su libro *Religions of the World*, Lewis M. Hopfe comenta que la religión es un fenómeno universal. Hopfe dice:

Dondequiera que hay gente, hay religión. A veces es difícil encasillar la religión dentro de una ideología, pero en las grandes capitales metropolitanas y en la mayoría de las áreas primitivas del mundo, hay templos físicos y culturales, pirámides, megalitos y monumentos que las sociedades han levantado a tremendo costo como una expresión de su religión. Aun si examinamos los tiempos más remotos de las civilizaciones prehistóricas, encontramos altares, pinturas en las cavernas y entierros especiales que muestran nuestra naturaleza religiosa.

Es más, no hay otro fenómeno tan difundido, tan constante de sociedad en sociedad, como la búsqueda de dioses (p. 6).

Pero ¿es la naturaleza religiosa de los seres humanos evidencia de una «búsqueda de dioses»? ¿O es evidencia de algo más? En Romanos 1, el apóstol Pablo ofrece una explicación única de la preocupación del hombre por la religión. Pablo nos enseña que Dios ha puesto

La adoración pagana, como por ejemplo la adoración al sol, es una evidencia del desesperado esfuerzo de la humanidad por alejarse de Dios.

❖

conciencia dentro del espíritu humano de que hay una realidad más allá del universo material, y que existe un «dios» o «dioses».

El argumento de Pablo se afirma sucintamente. «Porque lo que de Dios se conoce les es manifiesto, pues Dios se lo manifestó. Porque las cosas invisibles de él, su eterno poder y deidad, se hacen claramente visibles desde la creación del mundo, siendo entendidas por medio de las cosas hechas, de modo que no tienen excusa» (Ro 1.19,20). Por un lado este argumento es lógico: la creación testifica de un Creador, que para crear lo que ahora existe debe ser personal y poderoso. Podríamos comparar el universo creado con una poderosa estación de radio que emite una clara e inequívoca señal. Este pensamiento se refleja en el Salmo 19.1-4:

Los cielos cuentan la gloria de Dios,
Y el firmamento anuncia la obra de sus manos.
Un día emite palabra a otro día,
Y una noche a otra noche declara sabiduría.
No hay lenguaje ni palabras,
Ni es oída su voz.
Por toda la tierra salió su voz,
Y hasta el extremo del mundo sus palabras.

Pero aquí hay todavía un elemento más significativo. Pablo dice que Dios se ha manifestado «en» las personas (Ro 1.19). Es como si Dios hubiera implantado en los seres humanos un radio receptor que Él sintonizó con la señal que emitió la creación. El mensaje no sólo es enviado, ¡sino también recibido! La misma universalidad de la religión y la creencia del hombre en un dios o dioses es una clara evidencia de que la perspectiva de Pablo es acertada y verdadera.

Pero Pablo tiene más que decir sobre la reacción del hombre al mensaje de la naturaleza que Dios envía. Mientras que lo que podemos conocer acerca de Dios, a través de la revelación natural, es simple, los seres humanos «detienen con injusticia la verdad» (v. 18). Pablo escribe que «habiendo conocido a Dios, no le glorificaron como a Dios, ni le dieron gracias, sino que se envanecieron en sus razonamientos, y su necio corazón fue entenebrecido. Profesando ser sabios se hicieron necios, y cambiaron la gloria del Dios incorruptible en semejanza de imagen de hombre corruptible, de aves, de cuadrúpedos y de reptiles» (vv. 21-23).

El conocimiento de Dios disponible desde el principio para los seres humanos fue rechazado, suprimido y corrompido. Se le quitó a la palabra «dios» su significado original y el hombre la tergiversó. Y no se inventaron los «dioses» de diversos pueblos y lugares como una piadosa búsqueda de Él, sino como un desesperado intento por escapar de Él.

TEORÍAS SOBRE EL ORIGEN DE LA RELIGIÓN

A medida de que se hizo más y más claro que la religión es un fenómeno universal, los estudiantes de religiones comparadas comenzaron a sugerir de dónde vino la religión. Las teorías típicas que se defienden hoy día incluyen la Teoría Animista, la Teoría de la Adoración a la Naturaleza y la que se conoce como la Teoría del Monoteísmo Original.

La Teoría Animista. Esta teoría se promovió en el libro *Primitive Culture* [Cultura Primitiva] publicado en 1871 por Sir Edward Burnett Tylor. El autor argumentaba que la gente primitiva tenía problemas en distinguir entre los sueños y la realidad, y que sus sueños con los muertos les condujo a creer en espíritus que existían después de la muerte. Extendieron su creencia en los espíritus a una creencia de que los animales, árboles y rocas también tenían espíritu. Como estos espíritus podían ser útiles o dañinos, los pueblos primitivos intentaron apaciguar a los espíritus dañinos y apelar a los espíritus benéficos. De esta creencia en los espíritus nacieron las múltiples deidades que caracterizan a las más sofisticadas religiones del mundo antiguo.

La Teoría de la Adoración a la Naturaleza. Max Muller, quien enseñó en Oxford en los años 1880, estudió mitología y las religiones indias. Sugirió que los seres humanos desarrollaron sus religiones observando las fuerzas de la naturaleza. Para interactuar con las fuerzas de la naturaleza, los pueblos primitivos las personalizaron, dando nombres al sol, la luna, las tormentas, y así por el estilo. Las historias (mitos) que se inventaron para explicar cómo estas fuerzas operaban se desarrollaron gradualmente en panteones de deidades, alrededor de los cuales se formaron las religiones.

La Teoría del Monoteísmo Original. No fue hasta el inicio del siglo XX que un sacerdote jesuita comenzó la discusión al plantear que las religiones del mundo eran corrupciones

Una estrategia para suprimir el conocimiento del verdadero Dios ha sido imaginar dioses a imagen del hombre.

de un monoteísmo original. No basó su argumento en las Escrituras, sino en la observación de que aun en las regiones más primitivas de África o Australia, donde la religión era animista o politeísta, había una persistente creencia de que una vez hubo un gran dios único sobre todo. Aunque este dios había perdido contacto con el mundo, o el mundo había perdido contacto con él, la creencia de que existió se había extendido. El sacerdote, Wilhelm Schmidt, argumentó que las religiones monoteístas posteriores, simplemente habían recuperado la creencia original de la humanidad. El punto de vista del Padre Schmidt se rechazó de plano porque una suposición evolutiva era la base de las investigaciones de los eruditos que trabajaban en el campo de las religiones comparadas.

La Teoría Bíblica. Como ya mencionamos brevemente, el apóstol Pablo explica con claridad la teoría bíblica del origen de las religiones. En el principio, Dios creó el universo material y los primeros seres humanos. Pero Adán y Eva cayeron y, al introducir el pecado en nuestra raza, corrompieron todo don que Dios había dado a los seres humanos. En la Caída se torció la mente, el corazón y la voluntad del hombre, y se rompió el lazo de amor y obediencia que había unido a Dios y al ser humano.

Aunque Dios no abandonó a los seres humanos, estos le abandonaron a Él. Sin embargo, los seres humanos retuvieron una conciencia innata de la realidad del mundo espiritual. Se podía haber perdido el conocimiento de Dios, pero no la necesidad de Él. Así que mientras una generación sucedía a otra generación a través de los siglos y de los milenios, los seres humanos se mantuvieron como «animales religiosos». Pero sorprendentemente, las religiones de la humanidad revelan una iniciativa no de encontrar a Dios sino de alejarse de Él.

LA RELIGIÓN COMO UNA MANERA DE ALEJARSE DE DIOS

Datos de todas partes del mundo sugieren que los seres humanos retienen el conocimiento de Dios pero han buscado persistentemente alejarse de Él. Este distanciamiento toma diferentes formas. Una estrategia se refleja en las historias de un Dios Supremo que no tiene interés en su creación. Se reconoce la existencia de Dios, pero este se ha vuelto irrelevante.

Otra estrategia subordina a las deidades al suponer que los dioses se crearon a ellos mismos. Típicamente, los muchos dioses en esos sistemas están organizados en jerarquías y la humanidad debe tratar con los dioses menores. Una estrategia muy común para distanciarse de Dios es imaginar deidades a la imagen del hombre. La estrategia básica de las religiones orientales es despersonalizar a Dios. Quizás la estrategia más significativa para alejarse de Dios se ve en las religiones del antiguo Medio Oriente, la cultura dentro de la cual se dio la revelación del AT.

Echemos un vistazo a estas estrategias y cómo se han usado.

La primera estrategia: hacer a Dios irrelevante. La literatura sobre religiones comparadas contiene muchos relatos de una deidad suprema que se ha alejado. *The Eerdman's Handbook of the World's Religions* [El Manual de Eerdman sobre las Religiones del Mundo], dice lo siguiente:

> Muchas religiones primitivas tienen un solo dios supremo sobre todos los otros poderes. A veces se le tiene como un dios universal de todos los pueblos. Por ejemplo, los indios norteamericanos creen en el Gran Espíritu, y los maoríes en Io. Este dios es por lo general el creador de todas las cosas. A veces se preocupa de que las personas vivan vidas morales y se comunica con ellos a través de dioses menores. En otras ocasiones se cree que se ha enojado con la humanidad y se ha alejado de esta, o por otro lado, es tan alto y misterioso que posiblemente no podamos llegar a él (p. 131).

En *Las Religiones del Mundo*, Hopfe, al escribir sobre los conceptos básicos de las religiones africanas, identifica:

> una creencia de que sobre todas las deidades locales hay un Dios supremo que creó el mundo, y luego se retiró de toda participación activa en él... Aunque la mayoría de las religiones nativas de África son básicamente politeístas en su práctica común, hay una creencia preponderante de que más allá de los dioses menores, espíritus y ancestros, existe un Dios Supremo (p.27).

En el volumen 2 de *History of Religious Ideas* de Mircea Eliade, el autor habla del mismo fenómeno en la China de la Edad de

Bronce. El culto al supremo dios celestial, Ti, «muestra una cierta disminución de la primacía religiosa. Ti es hallado distante y menos activo que los ancestros del linaje real» (pp.7,8).

En el volumen 3 Eliade cita el estudio de Helmond sobre los pueblos eslavos. Allí, Helmond dice que «los eslavos no disputan la existencia de un dios en los cielos, pero consideran que ese dios se ocupa solamente de los asuntos celestiales y ha entregado el gobierno del mundo a divinidades inferiores que ha procreado» (p. 30).

Robert S. Ellwood Jr., en *Many Peoples, Many Faiths* [Muchos pueblos, muchas clases de fe], afirma:

> Es característica de muchos pueblos creer que el dios supremo que creó la tierra está lejos de nuestros asuntos, y que en realidad es con los limitados pero mucho más relacionados [con nosotros] espíritus ancestrales o de la naturaleza con los que tratamos más. Los luguros de África Oriental, por ejemplo, dicen que el supremo dios Mulungu hizo la tierra, pero no le interesan normalmente los asuntos humanos. No le presentan oraciones ni sacrificios; eso se hace a los *mitsimu* o espíritus ancestrales.

En estos y en otros muchos ejemplos se reconoce la existencia de un dios supremo, pero *él es menos y menos relevante en las vidas de la gente ordinaria*. Sea que esté enojado con la humanidad y se aparte, o simplemente pierda interés en su creación y la abandone, el dios supremo se vuelve irrelevante a la religión y a la vida diaria. En palabras de Pablo, «habiendo conocido a Dios no le glorificaron como a Dios ni le dieron gracias» (Ro 1.21). El conocimiento de Dios se ha suprimido al alejarlo cada vez más del mundo que creó.

La segunda estrategia: subordinar a «Dios». Muchas religiones antiguas presentan una variedad de dioses y diosas. En Mesopotamia se suponía que estas deidades habían sido formadas de una masa de agua que

existió antes del universo y que por esto son seres subordinados. Eliade (Vol. 1, p. 88) dice lo siguiente:

> Como muchas otras tradiciones, la cosmogonía egipcia comienza con el surgimiento de un montículo en las aguas primitivas. La aparición de este «Primer Lugar» sobre la inmensidad acuática significa el surgimiento de la tierra, pero también el principio de la luz, la vida y la conciencia (p. 58).

El manual de Eerdman añade: «Se creía que diferentes dioses surgieron de alguna manera de la colina o del agua y que de varias maneras crearon otros dioses» (p. 87).

Este libro describe una creencia similar que tenían los aztecas de América Central.

> Los aztecas creían que dos seres primitivos lo originaron todo, incluyendo a los dioses. Ellos fueron Ometecuhtli, «señor de la dualidad», y Omeciuatl, «señora de la dualidad». Vivían en la cima del mundo, en el decimotercer cielo. Estos dos crearon todos los dioses y también toda la humanidad (p. 89).

Estos sistemas de creencias subordinan aun a los más poderosos dioses haciéndolos creaciones emergentes de una materia preexistente, mientras que la jerarquía de deidades es un intento adicional por distanciarse de la fuente de la realidad. El libro añade que «para la época de la conquista española, los dos seres primitivos habían sido desplazados por una multitud de dioses más jóvenes y más activos».

LA EVOLUCIÓN COMO RELIGIÓN

Es importante destacar que la teoría de la evolución, la que mucha gente hoy día acepta sin cuestionarla, es esencialmente una religión. Utiliza una conocida estrategia para distanciarse de Dios. Al igual que las religiones del Antiguo Medio Oriente, de Egipto y de

Grecia, la evolución asume que el universo material siempre existió. Mientras los antiguos imaginaban que las deidades surgieron a partir de materia preexistente para dar al mundo su forma actual, los evolucionistas asumen que leyes impersonales de la naturaleza y la casualidad se combinaron para crear vida de la materia inerte. Los antiguos sintieron la realidad de un plano espiritual, pero llenaron esa realidad con dioses de su propia invención. Los modernos niegan la existencia de un plano espiritual e insisten de modo estridente que todo lo que siempre fue es lo que se puede tocar y probar. Pero la estrategia de distanciamiento adoptada por los sacerdotes de Mesopotamia, tres mil años antes de Cristo, y por los científicos racionalistas de América, dos mil años después de Cristo, es esencialmente la misma. Ambos, al insistir en la prioridad del universo material, descartan *a priori* al Dios de la Creación. Ambos subordinan a Dios al universo material y niegan así la obligación que tienen de glorificarlo o serle agradecidos.

La tercera estrategia: hacer dioses a la imagen del hombre. La mayoría de las personas educadas están familiarizadas de alguna manera con los panteones de Grecia y Roma. Allí Zeus se considera el padre de los dioses, en un sentido literal. La mitología que Homero y otros registran en sus obras describen relaciones entre los dioses en términos de la familia humana: esposos, esposas e hijos. Aunque los dioses son más poderosos que los seres humanos, sus motivos, pasiones, mentiras y asuntos sexuales reflejan lo peor de la sociedad humana. Aun cuando los dioses pueden tener interés en los asuntos humanos, su interés es transitorio y no se puede confiar en su defensa porque las peleas e intrigas dentro de la familia de los dioses hace a los seres humanos vulnerables de convertirse en marionetas de los juegos que benefician sólo a los dioses. Por otra parte, estas deidades creadas a imagen del hombre están lejos de ser todopoderosas. Ellos, al igual que los seres humanos, están sujetos a la predestina-

ción y al destino, y también comenzaron a existir luego del universo material.

Más tarde, los filósofos paganos que expresaron la opinión de que debe haber un dios detrás de toda realidad, criticaron la religión de Grecia y Roma. Pero como escribió Máximo de Tiro, uno de los críticos:

> Dios, el Padre y Demiurgo de todo cuanto existe, más viejo que el sol, más viejo que los cielos, superior al tiempo y a la edad de toda naturaleza efímera, es anónimo para cualquier legislador, inefable para la voz e invisible para la vista. No tenemos medios de definir su naturaleza (Discurso 2).

Sucedió como Pablo lo describió. Algunas culturas «cambiaron la gloria del Dios incorruptible en semejanza de imagen de hombre corruptible» (Ro 1.23). En el proceso, esas culturas pervirtieron tanto su conocimiento de Dios que quien se daba cuenta que debía existir no tenía ni idea de cómo encontrarlo.

La cuarta estrategia: despersonalizar a Dios. Sin embargo, otra estrategia para distanciarse de Dios se ve en creencias enraizadas en el Lejano Oriente. En este caso, se niega la personalidad misma de Dios y varias religiones sostienen que cualquiera que pueda ser la realidad final, los seres humanos no pueden comprenderla.

Al describir el taoísmo, religión que se originó en China, Eliade (Vol. 2 p. 29) afirma que Tao es «el misterio final y la realidad inaprensible, *fons et origo* de toda creación, fundamento de toda la existencia». Ni siquiera un segundo Tao, contingente al primero, puede comprenderse. Lao Tzu dice: «Contemplo y no veo nada... escucho y no oigo nada... sólo encuentro una Unidad no diferenciada... Indiscernible, no puede ser nombrada» (cap. 14).

Una expresión clásica de la naturaleza de «dios», se encuentra en esta estrofa del capítulo 25 de *Tao Te Ching*:

Hay algo no diferenciado y sin embargo completo,

Que existió antes que el cielo y la tierra.

Sin sonido y sin forma, no depende de nada y no cambia,

Opera dondequiera y está libre de peligro.

Puede considerarse la madre del universo.

No sé su nombre; lo llamo Tao.

En el hinduismo, el nombre que se le da a ese «algo», al Absoluto inescrutable, es el de Brahma. Ward J. Fellows en *Religions East and West* [Religiones orientales y occidentales], dice que Brahma «es uno, es muchos, es personal, es impersonal, es todo, es rojo, es verde, es bueno, es malo, es el mundo, es el vacío» (p. 92).

Fellows añade: «La idea de un ser impersonal supremo que es la fuente del llegar a ser, o lo incambiable que permanece cuando todo lo demás cambia, no es peculiar de la India, sino que la idea original ha sido más plenamente elaborada, y luego incorporada más centralmente, en el hinduismo filosófico que en cualquier otro lugar» (p. 93).

Pero aquí el hinduismo va mucho más lejos. La doctrina del Altman afirma que el alma humana y el Brahma son fundamentalmente lo mismo. En lugar de ver a los seres humanos como separados de Dios y subordinados a Dios, el hindú se ve a sí mismo como uno con «dios», y por lo tanto como «dios» o como parte de «dios».

Es especialmente sorprendente que en la práctica del hinduismo haya muchos dioses y diosas que no son «dios» en ningún sentido bíblico, y que sin embargo la gente los adora, les oran y confían en ellos. Es lógicamente contradictorio que los muchos dioses y diosas del hinduismo puedan coexistir con un sistema filosófico que a la larga despersonaliza por completo al verdadero Dios. Sin embargo, la noción de que existen «dioses», mientras que Brahma («dios») es todo y nada, desconocido e inescrutable, pero esencialmente parte de nosotros mismos, es un rasgo fundamental de las religiones orientales. Es evidente que esta estrategia para dis-

La mitología hindú multiplica las deidades, mientras que la filosofía hindú argumenta que «dios» es indefinido, incognoscible e impersonal.

tanciarse de Dios ha atrapado exitosamente a millones de seres humanos desde la China hasta India y el Tibet.

La quinta estrategia: mutilar a «Dios». La fe del AT se originó en el antiguo Medio Oriente, llamado a menudo la cuna de la civilización. Los registros se remontan a unos 3000 años antes de Cristo, y es desde esta parte del mundo que recibimos nuestros primeros relatos escritos sobre la religión. Es especialmente fascinante ver cómo los pueblos de Canaán desarrollaron una estrategia para distanciarse de la deidad primaria que llamaban «El» («dios»).

En Siria-Palestina, «El» era la cabeza de un panteón de deidades. Su nombre, simplemente significaba «dios» en los idiomas semitas de la región. En el occidente se le vio como un dios personal y se decía que era «poderoso», «padre de dioses y hombres» y «rey». Según el mito, «El» formó a la mujer,

Asherah o Astoreth y los dos procrearon setenta hijos divinos.

Sin embargo, a pesar de la primacía de «El», se describe con mucha frecuencia en los mitos como «físicamente débil, indeciso, senil, resignado» (Eliade, Vol. 1, p. 151). Gradualmente es reemplazado por Baal, una deidad de la cuarta generación. Según un texto bastante mutilado, Baal y algunos confederados atacaron a «El» en su palacio del Monte Sapán. Lo hirieron, lo ataron y lo castraron. En el antiguo Oriente, esta mutilación excluía a una persona de la soberanía. Entonces Baal se llevó a la esposa de «El». Esta se convirtió en su esposa y, como registra el AT, los cananeos la adoraron también. «El» se vio obligado a buscar refugio en el fin del mundo.

Mientras que el mito sugiere que «El» suplicó la ayuda de su familia y prometió hacer al dios Yam su sucesor si arrojaba del trono a Baal, el mismo «El» podía ser destituido. ¡Se había convertido *literalmente* en una deidad impotente!

¿Qué aprendemos de esta investigación de los elementos más sobresalientes de las religiones de todo el mundo? Primero, vemos que los seres humanos son realmente «religiosos». Dondequiera que haya una sociedad humana, la religión es un elemento importante. Segundo, encontramos clara evidencia de que la religión no puede caracterizarse como una «búsqueda de dios o de dioses». Los rasgos de todas las religiones sugieren que se «desarrollaron» gradualmente a partir de suposiciones originales acerca de la deidad. Tercero, descubrimos una fuerte evidencia de que las religiones del mundo son en esencia mecanismos para distanciar a los seres humanos de Dios. Muchas de las religiones humanas revelan típicamente un conocimiento original de Dios ¡que ha sido suprimido y corrompido activamente!

En esto vemos evidencia inequívoca de la exactitud del relato de Pablo sobre la decadencia de la humanidad:

Habiendo conocido a Dios, no le glorificaron

como a Dios, ni le dieron gracias, sino que se envanecieron en sus razonamientos, y su necio corazón fue entenebrecido. Profesando ser sabios se hicieron necios, y cambiaron la gloria del Dios incorruptible en semejanza de imagen de hombre corruptible, de aves, de cuadrúpedos y de reptiles... ya que cambiaron la verdad de Dios por la mentira, honrando y dando culto a las criaturas antes que al Creador, el cual es bendito por los siglos. Amén (Ro 1.21-23,25).

EL CREADOR

Pablo lo afirma con claridad. La verdad central acerca de Dios, una verdad que ha estado siempre disponible para la humanidad, es que el término «Dios» puede aplicarse correctamente sólo al Creador.

El Creador y la revelación natural. Aunque Dios mismo es invisible y no es accesible a nuestros sentidos, la creación testifica lo que Pablo llama el «eterno poder y deidad» de Dios (Ro 1.20). Este testimonio de Dios en la creación se conoce como «revelación natural». Lo que Pablo dice es que «lo que de Dios se conoce» (v. 19), su eterno poder y deidad, está presente en la naturaleza, y es intuitivamente captado por los seres humanos.

La primera frase, «eterno poder» (v. 20) indica que Dios y su poder son eternos. El universo material no existe por sí mismo; su existencia depende del ejercicio del poder de Dios. El uso que Pablo hace aquí de la palabra griega *aidios* (que significa «duradero»), en lugar del término más común griega *aionois* (que significa «eterno»), indica que el poder de Dios está continuamente en acción para sustentar el universo. Dios creó el mundo y lo que a veces llamamos «leyes naturales» son realmente operaciones dependientes del continuo ejercicio del poder de Dios.

La palabra griega que se traduce «deidad» (v. 20) es *theotes*. F.B. Meyers sugiere que este término abarca todas las perfecciones de Dios. Antes que expresar una cualidad única, *theotes* indica «la totalidad de lo que Dios es como un ser poseído de los atributos divinos». Aunque la evidencia disponible en la creación no es suficiente para revelar el amor y la gracia de Dios, es más que suficiente para explicar el que un ser que es poderoso y personal sea la fuente de todo. Esta persona, y sólo esta persona, es «Dios».

Un argumento común en cuanto a la existencia de Dios ilustra esta verdad. Caminando por el campo, un individuo se encuentra un reloj de bolsillo. Lo toma, lo mira e inmediatamente se da cuenta que este objeto no apareció así como así, como podría suceder con un pedazo de roca. El reloj es demasiado complejo. El exterior es de metal pulido. Tiene una luna de vidrio sobre la esfera que parece tener el propósito de proteger las manecillas que se mueven de una manera constante y regular. Y hay números pintados en la esfera del reloj a los que señalan las manecillas en movimiento. Dentro del reloj hay complejos piñones que parecen tener el propósito de mantener el regular movimiento de las manecillas.

Luego de reflexionar, el que se encontró el reloj se da cuenta que las funciones del reloj están interrelacionadas. La remoción de cualquier simple elemento haría imposible que el resto funcione debidamente. Nadie que encontrara ese reloj pensaría, ni por un instante, que «simplemente apareció». La conclusión, tanto lógica como intuitiva, sería que el reloj tuvo un fabricante, y que ese fabricante era una persona, inteligente y hábil, que lo había *diseñado*.

De esta misma manera, insiste el argumento, cuando miramos la creación simplemente debemos dar por sentado que hay un Creador. La creación es demasiado compleja para que haya aparecido así como así. El diseño del universo (los múltiples sistemas que mantienen habitable a nuestro planeta, cada uno marcado por mecanismos interrelacionados que deben operar concertadamente) es mucho más complejo que el reloj. Tiene que haber un Dios personal para explicar la existencia del universo material.

Así como el diseño de un reloj testifica que existe un relojero, la compleja armonía del universo demuestra la existencia del Creador.

❖

¿Y qué podemos determinar sobre este Dios? Sabemos que existió antes de todo lo que hizo: precede a su creación. Sabemos que es un ser personal por el diseño del universo y los detalles que muestran inteligencia y propósito. Está claro que es grande y poderoso, inteligente, inventivo e imaginativo. El producto final sugiere además que es benevolente porque todo lo que ha diseñado sostiene y enriquece las experiencias de las criaturas vivientes. Sí, en realidad, las cosas invisibles de Dios, su «eterno poder y *theotes*» son «claramente visibles» en las cosas que hizo (v. 20).

Esto es lo que hace tan inadecuada la reacción de la humanidad ante Dios. La reacción apropiada ante un Dios que se presentó como Creador debe ser glorificarlo y darle gracias. Pero en lugar de darle el crédito a Dios y adorarle, los seres humanos reprimen injustamente la verdad sobre Él. Los hombres caídos crean religiones en nombre de

Dios y esto en realidad sirve para alejarse del Dios Creador y negarle a Él el honor que merece. Al tomar este rumbo, los seres humanos han distorsionado y corrompido el conocimiento original de Dios que va más allá de todo y que está disponible para todos «desde la creación del mundo» (v. 20).

El conocimiento original del Creador. El argumento de Pablo de la revelación natural aclara que Dios continuamente se da a conocer a los seres humanos de todo tiempo y lugar. El salmo 19.1-4, citado mucho antes, sostiene con claridad esta verdad:

> Los cielos cuentan la gloria de Dios, y el firmamento anuncia la obra de sus manos. Un día emite palabra a otro día, y una noche a otra noche declara sabiduría. No hay lenguaje ni palabras, ni es oída su voz. Por toda la tierra salió su voz, y hasta el extremo del mundo sus palabras.

Pero necesitamos recordar que en el principio, nuestra raza tenía un conocimiento de Dios mucho más puro y más completo. Ese conocimiento se refleja en el relato de la creación registrado en Génesis 1—3. Dios, quien hizo el universo y dio forma a la tierra para ser el hogar de la humanidad, creó al primer hombre. Dios sopló aliento de vida en el cuerpo de Adán, y de esta forma lo hizo semejante a Él.

❖

TRASFONDO BÍBLICO:
LA IMAGEN-SEMEJANZA DE DIOS

¿Quiénes somos? Hay quienes piensan que somos simplemente animales que evolucionamos de antepasados unicelulares. Para otros, no somos más que criaturas caídas y que la pecaminosidad es la característica que define a los hombres. Pero para el salmista, somos el centro de la atención de Dios: «lo coronaste de gloria y honra» (Sal 8.5). El punto de vista bíblico de la humanidad refle-

ja la certeza de que, a pesar de nuestras faltas, somos especiales. Tenemos la «imagen» y la «semejanza» de Dios (Gn 1.26). Este es el lugar donde debemos comenzar a entender la naturaleza de la humanidad. El *Nelson Illustrated Bible Handbook* [Manual Bíblico Ilustrado de Nelson], dice lo siguiente:

Esta frase, «imagen y semejanza», se entiende mejor como una afirmación de la personalidad. Compartimos con Dios capacidades que sólo poseen las personas: pensamos, sentimos, evaluamos, decidimos. Porque somos, como Dios, personas, tenemos la capacidad de tener compañerismo con ese Dios y de tener relaciones significativas entre nosotros.

A muchos los confunde la capacidad que tiene el hombre para el odio, la brutalidad y el crimen. Ciertamente, el pecado nos ha torcido. Pero el pecado no nos ha robado la personalidad ni el potencial para tener compañerismo con Dios. Es en la revelación bíblica de nuestro origen según la personalidad de Dios que hallamos la fuente de nuestra capacidad para el amor, el sacrificio, la apreciación de la verdad y la belleza, la creatividad, la adoración y la sensibilidad moral. Lo bueno de la humanidad sólo puede explicarse debidamente gracias a que fuimos creados por la misma mano de Dios.

La Biblia, como nuestros periódicos, testifica del daño que el pecado hace a la experiencia humana. Tenemos la semejanza de Dios de una manera imperfecta. Pero el hecho fundamental es que como seres humanos tenemos el potencial de restauración. La imagen de Dios no ha sido erradicada de nosotros (Gn 9; Stg 3.9). Somos creados a imagen de Dios y por eso tenemos valor infinito. Nuestro respeto, aceptación y sentido del valor personal descansan en este fundamento (pp. 30,31).

Dios colocó a Adán en un jardín diseñado para darle todas las oportunidades de usar los muchos dones que le había dado al crearlo a su imagen y semejanza. Cuando Adán fi-

En las Escrituras, la relevante y fidedigna Palabra de Dios, el Señor reveló la verdad que la humanidad suprimió.

nalmente comprendió que necesitaba una compañera que compartiera esa imagen y semejanza, Dios formó a Eva. Durante algún tiempo, Adán y Eva vivieron juntos en el Edén y Dios los visitaba frecuentemente al «aire del día» (Gn 3.8).

Aun después que Adán y Eva desobedecieron a Dios y el pecado torció los dones que les había dado, Dios buscó a la primera pareja. Se acercó a ellos no para castigarlos sino para darles promesa. En el primer sacrificio de la historia, Dios vistió a Adán y Eva con pieles de animales y les habló de la simiente que un día derrotaría al diablo y restauraría a la humanidad (vv. 9-21). Adán, Eva y sus descendientes habían vivido con las consecuencias de esa rebelión inicial contra Dios, pero a lo largo de la historia Dios ha buscado a los seres humanos con la intención de recuperar sus corazones y restaurarlos a una íntima y amorosa relación con Él (Ro 5.12-21).

El conocimiento original que la humanidad tenía de Dios era mucho más completo que el conocimiento disponible por medio de la revelación natural. Dios se conocía no sólo como Creador sino también como amigo. Lo conocían no sólo intelectualmente sino también personalmente, disfrutaban de Él cara a cara. Y aun en pecado, se experimentaba a Dios como una persona cuyo amor y gracia estaban disponibles para perdonar y restaurar.

Sin embargo, mientras fueron pasando las generaciones, esta verdad acerca de Dios también fue suprimida. Cuando el pecado comenzó a aprisionar más y más el corazón humano, el Dios de la creación parecía más amenazante para una humanidad espiritualmente ciega. La tradición ató la verdad con la mentira, luego tejió fantasías para poner una mayor distancia entre los seres humanos y ese Dios al que ellos no querían conocer. El «Dios supremo» que estaba en la memoria de la raza, fue relegado al fondo, mientras se inventaban historias sobre su indiferencia o ira, para explicar por qué debían ignorarlo.

La explicación de Pablo sobre la condición moral y espiritual del hombre, que presenta Romanos 1, transmite la verdad existencial y también la verdad histórica. Los seres humanos existencialistas de cada generación suprimen la verdad de Dios a que tienen acceso a través de la creación. Históricamente, los seres humanos suprimieron gradualmente y torcieron el conocimiento original de Dios transmitido como tradición de Adán y Eva a las sucesivas generaciones. En el proceso, la palabra «dios» perdió su significado, y nuevas y diferentes nociones se incorporaron, en un esfuerzo desesperado por alejarse del Creador, el único y verdadero Dios.

LA RECUPERACIÓN DE DIOS

Lo que he sugerido hasta el momento es simple y profundo. Siguiendo las enseñanzas del apóstol Pablo en Romanos 1, he argumentado que las religiones de la humanidad representan un esfuerzo por distanciar a la gente de Dios. La religión no funciona como una búsqueda de «dios» o «dioses», sino más bien como un mecanismo para suprimir el conocimiento del verdadero Dios, que es obvio a través de la creación y las más antiguas tradiciones.

La religión adopta diferentes estrategias para distanciar a la gente de Dios pero cada una de ellas involucra *redefinir* «dios». Los atributos y funciones de la deidad son adscritos a alguien, a muchos, o a alguna cosa aparte del Creador. En el proceso, el significado de la palabra «dios» se altera radicalmente y con ello los seres humanos «detienen con injusticia la verdad» (v. 18).

Esto presenta un reto para nosotros: ¿Cómo recuperar la verdad suprimida? ¿Cómo podemos llegar a conocer a Dios como verdaderamente es? Una respuesta es: estudiando los nombres y los títulos de Dios como se revelan en las Escrituras. Si vamos a darle al término «Dios» todo su verdadero significado, no hay mejor manera que rastrear en las Escrituras esas palabras y frases que el Espíritu Santo utiliza para identificar y describir al Señor.

Comenzamos, por supuesto, como comienza Pablo y toda la Biblia, con la verdad de que Dios, de quien hablan las Escrituras, es el Creador. Luego seguimos estudiando la Palabra y allí aprendemos todo lo que podemos sobre Él. Lo conocemos por sus nombres. Aprendemos de Él por sus títulos. Aprendemos de Él por los símiles y metáforas. Y a medida que aprendemos, sucede una cosa maravillosa. Como las religiones del hombre nos han distanciado de Dios al distorsionar nuestras nociones de quién es Él, *la revelación nos lleva más cerca de Él, al ayudarnos a verle más claramente.*

Mientras más claramente veamos a Dios, mientras más definida y vívida sea nuestra comprensión de quién es Él, más maravilloso nos parece. Como cada nombre y título añade nuevas dimensiones de entendimiento, nuestros corazones responderán y le alabarán y glorificarán. Y nos sentiremos muy agradecidos, no simplemente por sus dones, sino por Él mismo.

❖

CAPÍTULO 2

LOS NOMBRES PRIMARIOS DE DIOS

➤ ¿POR QUÉ ES NECESARIA LA «REVELACIÓN ESPECIAL»? —*17*

➤ ¿QUÉ HAY DE DIFERENTE EN EL NOMBRE QUE SE LE DA A«DIOS» EN EL AT?
—*18*

➤ ¿CUÁL ES EL NOMBRE DE DIOS MÁS IMPORTANTE EN EL AT? —*21*

➤ ¿ES YAVEH O JEHOVÁ? —*24*

➤ ¿QUÉ SIGNIFICA JEHOVÁ PARA NOSOTROS HOY DÍA? —*28*

Imagínese a dos adolescentes que salen a pasear. Mientras caminan hacia el cine la mano de él roza ligeramente la de ella. Inmediatamente, y de forma natural, sus dedos se entrelazan y continúan caminando tomados de las manos. Ahora imagínese a la misma chica preparándose para salir, plancha en mano para dar los toques finales al vestido que piensa usar. Su mano roza la plancha caliente, e instintivamente retira la mano.

Esto es lo que ha sucedido con la relación entre los hombres y el verdadero Dios. No es de extrañar que la humanidad haya inventado sustitutos.

LA RESPUESTA DE LA HUMANIDAD AL VERDADERO DIOS

En Romanos 1 Pablo argumentó que los seres humanos han recibido suficiente verdad sobre Dios para reconocer su existencia y ser agradecidos. Pero en vez de reaccionar así a la revelación de Dios, la humanidad decidió suprimir lo que sabía acerca de Él. El hombre «cambió la verdad de Dios por la mentira» (Ro 1.25). Pablo dice una sola cosa al presentar este argumento. La reacción de la humanidad es evidencia inequívoca de nuestra condición perdida.

Lo que Pablo nos muestra es que cuando rozamos con el Dios que nos creó y nos ama, nuestra respuesta instintiva debería ser acercarnos más a Él y dar gracias por su toque. Pero lo que en verdad sucede, en los individuos y en la historia, ¡es que por instinto los seres humanos se alejan! Otra vez en palabras de Pablo, « no aprobaron tener en cuenta a Dios» (v. 28).

El que los hombres inventen religiones como una manera de distanciarse de Dios y suprimir la verdad acerca de Él demuestra que son en realidad criaturas caídas, con una necesidad desesperada de redención y justicia que sólo puede venir como un don de Dios.

Dios se revela por medio de la naturaleza, sin embargo, lo que podemos conocer de Él a través de este medio es limitado.

LA REVELACIÓN NATURAL Y LA REVELACIÓN ESPECIAL

Hay, por supuesto, otro problema con el conocimiento de Dios que se obtiene a través de la creación, una fuente que los teólogos llaman «revelación natural». Hay límites muy claros para lo que aun una persona sintonizada con Dios podría aprender acerca de Él de esta manera. Podemos tanto intuir como razonar acerca de «su eterno poder y *theotes*». Pero la mayoría de esto permanece escondido, es un misterio que va más allá de toda comprensión humana. El apóstol Pablo afirma esto en 1 Corintios 2.9, cuando habla de los límites de la sabiduría humana:

Cosas que ojo no vio, ni oído oyó,
Ni han subido en corazón de hombre,
Son las que Dios ha preparado para los que le aman.

Mientras muchos han tomado este ver-

sículo como una alusión a Isaías 64.4 ó 65.17, es más probable que Pablo haya tenido en mente un pasaje de los escritos del filósofo del siglo V a.C., Empédocles:

Débiles y estrechos son los poderes implantados en los labios de los hombres; muchas las aflicciones que caen sobre ellos y dañan los bordes afilados del pensamiento; corta es la medida de la vida en la muerte por la cual ellos se afanan; como humo, se desvanecen en el aire; y lo que sueñan saben que no es sino un poco de lo que cada uno ha tropezado al extraviarse en el mundo. Sin embargo, todos se jactan de que lo han aprendido todo. ¡Tontos vanidosos! Porque lo que es ningún ojo lo ha visto, ningún oído lo ha oído, ni lo puede concebir por la mente del hombre.

Conocemos ciertas y limitadas verdades sobre Dios por medio de la naturaleza, pero ni siquiera podemos imaginar lo que podría ser toda la verdad. Conocer más sobre Dios requiere una revelación verdaderamente especial; una revelación en obra y palabra inequívoca de Dios.

❖

TRASFONDO BÍBLICO:

LA REVELACIÓN ESPECIAL

El libro de Hebreos comienza así: «Dios, habiendo hablado muchas veces y de muchas maneras en otro tiempo a los padres por los profetas, en estos postreros días nos ha hablado por el Hijo» (1.1-2). La revelación especial ha venido por sueños, visiones y por comunicación cara a cara con Dios. Esta revelación se ha trasmitido en relatos verbales, se ha expresado en rituales y sacrificios y se ha registrado en las Escrituras. Revelaciones separadas, recibidas a través de siglos, se reúnen en un todo armonioso y nos dan en nuestra Biblia una clara descripción de Dios y sus propósitos.

Lo más emocionante sobre la revelación especial es que va más allá de mostrarnos a Dios a distancia. La revelación especial nos lleva dentro del corazón y la mente de Dios, y nos muestra sus más profundos motivos y propósitos. En la revelación especial se explica el significado de sus acciones en nuestro mundo. ¿Por qué creó Dios? ¿Quiénes son los seres humanos? ¿Cuál es la actitud de Dios hacia el pecado y los pecadores? ¿Por qué Dios escogió a Israel como su pueblo y milagrosamente libertó a este pueblo de la esclavitud en Egipto? A medida que Dios revela más y más sobre sí mismo y sus propósitos, nos damos cuenta que toda revelación especial es evangelio; todas son buenas nuevas, pues muestran a un Dios que se preocupa profundamente por los seres humanos y establece una relación personal con cualquiera que confíe en Él. Por la revelación general sabemos qué Dios es. Por la revelación especial sabemos quién es y como es.

La revelación especial nos lleva más allá de la evidencia de que Dios existe para ayudarnos a conocerlo como persona. Seguimos sus pensamientos al revelársenos en las Escrituras, y en Jesús sentimos el fervor de su amor y la profundidad de su compromiso con nosotros. A medida que conocemos al Dios que se nos descubre tan plenamente, nuestros temores desaparecen, respondemos con gozo y confiamos en Él con todo lo que somos y tenemos.

The Zondervan Dictionary of Christian Literacy, p. 309.

❖

Cuando vamos a las Escrituras para estudiar los nombres de Dios entramos en el plano de la revelación especial. Las palabras o frases que encontramos allí son totalmente diferentes de los nombres y descripciones de «dios» que dan las religiones humanas. Los nombres y títulos de la Biblia son revelaciones. A través de estos nombres y títulos, Dios se nos revela, se despoja de la capa de misterio para que podamos verle como realmente es.

Mientras que los nombres y títulos tendrán poco impacto en aquellos que despachan al Dios de la Biblia como otra invención del espíritu humano, para los creyentes estos nombres y títulos son regalos maravillosos. Para nosotros que conocemos y amamos a Dios es una alegría acercarnos más a Él. Como un hombre o una mujer enamorados sienten alegría al recibir las cartas que envía la amada o el amado, nosotros nos deleitamos en cada nueva comprensión de nuestro Señor. Y esto es exactamente lo que tenemos en sus nombres y títulos.

Una de las cosas que nos sorprende cuando leemos la Biblia es ver el gran número de nombres y títulos que esta contiene. Al mismo tiempo, nos damos cuenta enseguida que la revelación de Dios que encontramos en el AT se centra en dos nombres y cada uno de ellos es único en las Escrituras y aparecen frecuentemente como la base de otros nombres compuestos. En este capítulo miraremos a estos dos nombres fundamentales de Dios y en los siguientes capítulos examinaremos los otros muchos nombres construidos sobre ellos.

ELOHIM

«El» era el nombre que denotaba «dios», y también el nombre del dios supremo original entre los pueblos semitas del antiguo Medio Oriente. En el AT encontramos tres términos estrechamente relacionados: 'el, 'eloah y 'elohim.

«EL»: DIOS, PODEROSO, FORTALEZA

El antiguo nombre «El» fue el término que más usaron los pueblos de habla semita del antiguo Medio Oriente para referirse a la Deidad. Era lo mismo un nombre personal de Dios que un nombre genérico. Sin embargo, como vimos en el capítulo 1, en las mitologías del mundo antiguo, «El» fue mutilado poco a poco y de manera definitiva. Superado por la deidad más joven, Baal, llegaron a representarlo castrado y sin poder, acurrucado impotente en el fin del mundo.

No es de sorprender que, en las Escrituras, «El» rara vez aparece solo como el nombre del verdadero Dios. «Casi siempre [es] calificado por palabras o descripciones que añaden significado al término» (*Theological Wordbook of the Old*, p. 42). Es como si los escritores de la Biblia quisieran asegurarse de que el Dios del que hablan no es la mutilada deidad de los semitas, sino un Dios verdaderamente diferente. El Dios de las Escrituras es *ha'el haggadol*, «el gran Dios». Él es *el'hashashmayim*, «el Dios de los cielos», y *el' 'olam*, el «Dios de la eternidad». En los siguientes capítulos estudiaremos los muchos nombres y descripciones de Dios construidos de esta manera.

Sólo en el libro de Job, el libro más viejo del AT, donde Job y sus amigos usan «El» como nombre común del verdadero Dios y lo usan sin ninguna definición adicional.

ELOAH: DIOS

Es incierta la relación exacta de este nombre de Dios con «El» y «Elohim». Es un nombre antiguo que se encuentra muy a menudo en el libro de Job. Aparece sólo trece veces fuera de ese libro. Aunque rara vez se encuentra en el AT, en arameo se usa constantemente un término similar.

ELOHIM: DIOS, DIOSES, JUECES, ÁNGELES

Lo más sorprendente de esta sobresaliente palabra del Antiguo Testamento que denota Dios es que aparece sólo en hebreo y no en otra lengua semita, ni siquiera en el arameo bíblico. Es como si Elohim se hubiera aislado cuidadosamente del «El» de otros pueblos semitas, para que Dios pudiera ser honrado como verdaderamente único. Nadie, al referirse al Dios de los hebreos usando este título, podría confundirlo con el mutilado «El» de otras tradiciones. Utilizado en el sentido general de deidad, unas 2.570 veces en el Antiguo Testamento, Elohim es un nombre distintivo del Dios de la Biblia.

◆

TRASFONDO BÍBLICO:
USOS POCO COMUNES DE ELOHIM

Con poca frecuencia se usa Elohim con otro propósito que no sea designar al Dios de las Escrituras. El AT habla de los «dioses» de Egipto (Éx 12.2) y de otras naciones (Dt 6.14; 13.7,8; Jos 24.15, Jue 6.10). Las imágenes de los paganos también reciben la referencia genérica de dioses (Éx 20.23; Jer 16.20). Hay también usos irregulares de Elohim, como en el Salmo 82.6, donde tiene el sentido de «jueces», y en 1 Samuel 28.13, donde simplemente significa un «ser sobrenatural». La mayoría toma el uso de Elohim en el Salmo 8.5 como una referencia a los ángeles, a menudo llamados «poderosos».

Estos usos poco comunes de Elohim no disminuyen en ninguna manera la importancia de este nombre majestuoso del Dios de las Escrituras.

LA PRESENTACIÓN DE ELOHIM (GÉNESIS 1)

Justo en el primer versículo del AT se nos presenta a Elohim: «En el principio, creó Dios los cielos y la tierra» (Gn 1.1). El nombre se repite 28 veces en este capítulo, Y cada vez describe lo que Dios hizo, dijo o quiso. Este fundamental capítulo no sólo nos presenta a Elohim, sino que también lo identifica y lo define como el Creador; Aquel al que la humanidad echa un vistazo a través de la revelación natural.

En el principio creó Dios (Gn 1.1). El texto afirma inmediatamente que el cosmos tuvo un principio. El universo material, los cielos y la tierra, no se crearon a sí mismos. Elohim los creó.

Aquí la palabra hebrea traducida «creó» es *bara'*. Se usa en el AT en un tiempo gramatical que encontramos sólo aquí para designar la acción de Dios. Una palabra similar, *yasar*, significa formar o dar forma a un objeto. Pero *bara'* pone énfasis en el inicio de algo nuevo. Cuando Dios hizo el universo no sólo dio una forma nueva a la materia existente, sino que creó algo totalmente nuevo.

De esta manera, se nos presenta inmediatamente a una persona eterna que existió antes que el universo, del que Él mismo es el origen. No hay confusión acerca de la relación entre Elohim y el universo material, no hay duda acerca de cuál tiene precedencia, y no hay incertidumbre acerca del poder que poseía el Dios de Israel.

«Y dijo Dios» (Gn 2.3,6,9,11,14,20). El Salmo 148.1-5 recoge este tema y habla con gran reverencia del poder de Dios. El salmista dice:

Alabad a Jehová desde los cielos;

Alabadle en las alturas.

Alabadle vosotros todos sus ángeles;

Alabadle vosotros, todos sus ejércitos.

Alabadle sol y luna;

Alabadle, vosotras todas, lucientes estrellas.

Cuando Dios hizo el universo no sólo dio una forma nueva a la materia existente, sino que creó algo totalmente nuevo.

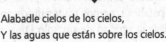

Alabadle cielos de los cielos,

Y las aguas que están sobre los cielos.

Alaben el nombre de Jehová;

Porque él mandó y fueron creados».

No es simplemente que Elohim creó; es que no necesitó medios intermediarios para crear. Lo que su mente concibió, simplemente dijo que fuera y existió.

El poder de Dios sobre la creación es total y absoluto.

Sea el sol y las estrellas que adoraron los paganos, o las colinas y montañas, o las criaturas vivientes que habitan la tierra, todo existe porque Dios dijo que existiera y permanece porque Él así lo quiere.

El apóstol Pablo expresa su confianza de que «ni la muerte, ni la vida, ni ángeles, ni principados, ni potestades, ni lo presente, ni lo porvenir, ni lo alto, ni lo profundo, ni ninguna otra cosa creada nos podrá separar del amor de Dios, que es en Cristo Jesús Señor nuestro» (Ro 8.38,39). Esta seguridad se origina en Génesis 1, que nos revela a Dios como el ser supremo de la creación. Él es la fuente y el sustentador de todo. ¿Qué poder podría estorbar los propósitos de Dios, quién con una sola palabra trajo todas las cosas a existencia?

«Hagamos al hombre a nuestra imagen, conforme a nuestra semejanza» (Gn 1.26). Este versículo introduce varios temas importantes. Primero, presenta una peculiaridad del término Elohim. En hebreo, Elohim es plural, no singular.

Los eruditos hebreos describen típicamente este término como un «plural de majestad», antes que como un verdadero plural. Es decir, este plural no sugiere que hay varios dioses, sino más bien que el único Dios que denota debe ser exaltado sobre todo. Es más, el sustantivo hebreo Elohim se usa constantemente con formas verbales, adjetivos y pronombres singulares.

Sin embargo, aquí, justo en el primer capítulo de Génesis, Dios habla y dice: «Hagamos al hombre a *nuestra* imagen» (v. 26). Y lo que es especial sobre el Elohim plural es que en esta palabra tenemos un término capaz de comunicar la unidad de un solo Dios, mientras que también permite una pluralidad de personas. Aunque la naturaleza del único Dios de las Escrituras como una trinidad de personas no se revela hasta más adelante en la Biblia, aquí, en el primer capítulo de Génesis, ¡se identifica a Dios con un nombre plural que no se encuentra en ningún otro idioma semita!

Ninguno de los nombres de Dios revela todo lo que puede conocerse sobre Él. Pero el nombre Elohim identifica a Dios como el Creador, y en su singularidad establece la plataforma para revelaciones futuras sobre su naturaleza y carácter.

EL ENRIQUECIMIENTO DE ELOHIM

Antes dijimos que cuando se usa la palabra «El» para designar al Dios de las Escrituras, se califica con palabras y frases descriptivas. De igual manera, se añaden palabras descriptivas al sustantivo hebreo Elohim, y así se convierten en títulos por los que el pueblo de Dios lo conoce. A decir verdad, Elohim es una palabra favorita en los títulos de Dios.

Más adelante en el libro estudiaremos los títulos específicos. Pero es provechoso mencionar ahora varias categorías de títulos por los que se conoció a Elohim.

Dios el Creador. El título Elohim es en sí mismo un nombre Creador. Pero las Escrituras añaden a su honor llamándolo: «Dios, el que formó la tierra» (Is 45.18) y «Dios de los cielos, que hizo el mar y la tierra» (Jon 1.9).

Dios el Soberano. Muchos de los títulos hacen énfasis en la soberanía de Dios. Se le llama «Dios de todos los reinos de la tierra» (Is 37.16), «Jehová, Dios de los cielos y Dios de la tierra» (Gn 24.3), resumido en «Dios Altísimo» (Sal 57.2).

Dios el Juez. Un aspecto de la soberanía de Elohim se ve en su papel como el «Dios que juzga en la tierra» (Sal 58.11) y como «Jehová Dios justo» (Is 30.18).

Dios como Salvador. Muchos de los títulos enfatizan la relación de Dios con los seres humanos a quienes ha redimido y llamado. Por ejemplo, Elohim es «el Dios de Abraham, tu padre» (Gn 26.24), «el Dios de Abraham, el Dios de Isaac y el Dios de Jacob» (Éx 3.6). Unos cien títulos de estos se encuentran en el AT, incluso los que conectan a Dios con Israel, como «Dios de los ejércitos de Israel» (1 S 17.45). En estos títulos se presenta a Dios como el Salvador de su pueblo, verdaderamente el «Dios de nuestra salvación» (1 Cr 16.35).

Dios de la historia. Otros títulos conectan a Dios con sus obras en la historia. Moisés dijo que los israelitas «oyeron su voz de en medio del fuego... Jehová habla al hombre, y este aun vive» (Dt 5.24). David declaró que «Dios salió delante de su pueblo» y «anduvo por el desierto» (Sal 68.7).

Al llamarse el «Dios de Abraham», el Señor se definió como una Persona que busca una relación personal con los que creen en Él.

❖

Dios de las relaciones. También hay títulos que transmiten cierto sentido de intimidad de Dios con su pueblo. Elohim es «un Dios de cerca» (Jer 23.23) y «Dios en quien tú confías» (2 R 19.10). Él es «Dios de mi misericordia» (Sal 59.17) y «el Dios que me mantiene desde que yo soy hasta este día» (Gn 48.15).

Mientras que nuestras versiones presentan frecuentemente tales conceptos como descripciones, es claro que de la construcción hebrea se desprende que son títulos. Son palabras y frases que invitan a los fieles a mirar a Elohim en una manera nueva y diferente, para conocerlo mejor y que nos cautive lo maravilloso de esta persona que nos ha llamado a conocerle y a adorarle.

YAHVEH

Elohim es el primer nombre de Dios que encontramos en las Escrituras. Génesis 1 establece de inmediato que Elohim es el Creador, el único y verdadero Dios. Él es la fuente y el soberano de todo lo que existe en el universo material e inmaterial. De esta información vemos que Elohim es uno de los principales nombres de Dios.

Pero en el AT encontramos otro nombre primario de Dios. Ese nombre, Yahveh, aparece 5.311 veces en el AT, más del doble de lo que aparece Elohim. Yahveh también se encuentra 50 veces como la abreviación poética, Yah. Este nombre es exclusivo entre todos los nombres de Dios porque es el único nombre personal de Dios que se encuentra en el AT. No es necesario saber hebreo para decir dónde aparece este nombre en el texto del AT.

¿Por qué este nombre es tan importante, y qué significa? Las respuestas se encuentran en el libro de Éxodo, donde se describe un momento crítico en la historia sagrada.

BREVE HISTORIA DE ISRAEL

ABRAHAM (GÉNESIS 12—50; ÉXODO 1)

Génesis nos cuenta cómo Dios habló a un hombre llamado Abram en la antigua ciudad de Ur de Mesopotamia. Dios le hizo a

Abram, a quien más tarde se llamó Abraham, grandes y maravillosas promesas. Dios también le dijo a Abraham que saliera de Ur y viajara a una tierra que Él le mostraría. Esa tierra era Canaán, que es la moderna Israel-Palestina. Cuando Abraham llegó a Canaán, Dios le prometió a Abraham que sus descendientes heredarían esa tierra (Gn 12.1-9).

Abraham vivió su vida en Canaán. Las promesas que Dios le hizo fueron transmitidas a su hijo Isaac, su nieto Jacob y los doce hijos de Jacob. Cuando una terrible hambruna devastó a Canaán, la familia de Jacob se mudó a Egipto y se asentó allí. En Egipto, la pequeña familia prosperó y se multiplicó. En unos pocos cientos de años había tantos descendientes de Abraham en Egipto, que el gobernante de esa tierra, el Faraón, se preocupó. En aquel tiempo, enemigos foráneos étnicamente relacionados con los hebreos amenazaron a Egipto. ¿Qué si los muchísimos hebreos que había dentro de Egipto unían fuerzas con las hordas foráneas (Éx 1.1-10)?

La solución del Faraón fue esclavizar al pueblo hebreo. Los despojó de sus privilegios y los envió a hacer tareas forzadas bajo crueles supervisores. Pero aún así el pueblo hebreo se multiplicaba. Finalmente, el Faraón ordenó de que cada varón que naciera a los hebreos fuera arrojado en el Río Nilo para que se ahogara (vv. 11-22). ¡Reduciría la amenaza eliminando poco a poco la raza!

❖

TRASFONDO BÍBLICO:

ACONTECIMIENTOS CLAVE EN LA HISTORIA TEMPRANA DE ISRAEL

- *ca.* 2167 a.C. Abraham nace en Ur de los caldeos
- *ca.* 2091 a.C. Abraham es llamado a establecerse fuera de Canaán
- *ca.* 2066 a.C. Isaac nace de Abraham y Sara
- *ca.* 2006 a.C. Jacob nace de Isaac y Rebeca
- *ca.* 1991 a.C. Abraham muere en Canaán

- *ca.* 1915 a.C. José nace de Jacob y Raquel
- *ca.* 1886 a.C. Isaac muere en Canaán
- *ca.* 1876 a.C. Jacob y su familia se mudan a Egipto
- *ca.* 1859 a.C. Jacob muere en Egipto
- *ca.* 1805 a.C. José muere en Egipto
- *ca.* 1730 a.C. Los israelitas son esclavizados en Egipto
- *ca.* 1527 a.C. Nace Moisés
- *ca.* 1487 a.C. Moisés huye de Egipto hacia Madián
- *ca.* 1447 a.C. Moisés recibe revelación del nombre «Yahveh»
- *ca.* 1446 a.C. Moisés saca a los israelitas de Egipto
- *ca.* 1445 a.C. Dios entrega la Ley en el Monte Sinaí
- *ca.* 1446-1406 a.C. Cuarenta años de peregrinaje por el desierto
- *ca.* 1406 a.C. Moisés presenta la Ley Deuteronómica
- *ca.* 1406 a.C. Muere Moisés
- *ca.* 1405 a.C. Josué sucede a Moisés
- *ca.* 1405 a.C. Comienza la conquista de Canaán
- *ca.* 1405 a.C. Los israelitas cruzan el Jordán hacia Canaán
- *ca.* 1405-1400 a.C. Los israelitas toman Jericó y otras ciudades
- *ca.* 1398 a.C. Canaán es repartida entre las tribus
- *ca.* 1380 a.C. Muere Josué
- *ca.* 1375-1050 a.C. Los jueces gobiernan en Israel
- *ca.* 1105 a.C. Nace Samuel
- *ca.* 1050 a.C. Saúl se convierte en rey de Israel

❖

MOISÉS (ÉXODO 2)

La orden de asesinar a todos los niños hebreos varones estaba en vigor cuando nació Moisés. Al principio, su madre lo escondió en su hogar, pero con el tiempo decidió esconderlo en una canastilla y dejarlo flotando entre los juncos del mismo río que Faraón hubiera querido que fuera su tumba (Éx 2.1-3).

Fue allí, mientras Moisés flotaba en el río

en una canasta tejida con junquillos de papi-
ro, que una princesa egipcia lo encontró,
tuvo compasión de él y decidió criarlo como
su hijo. Durante los primeros años de la vida
de Moisés, la hija del Faraón hizo que la madre de este lo criara y alimentara. No cabe
duda que en ese tiempo su madre tuvo la
oportunidad de enseñarle las tradiciones de
su pueblo (vv. 4-10).

Aunque en los años posteriores Moisés
recibió la educación de un príncipe egipcio,
se identificaba con los hebreos y soñaba con
libertar a su pueblo de la esclavitud (Hch
7.20-25). Un día, cuando Moisés tenía casi
cuarenta años, su celo lo traicionó y mató a
un capataz egipcio que estaba maltratando a
un esclavo hebreo. Cuando Moisés se dio
cuenta que su acción no era un secreto, huyó
al desierto de Sinaí. Allí Moisés pasó los siguientes cuarenta años como un simple pastor de ovejas, y aparentemente se extinguió
su sueño de liberar a su pueblo (Éx 2.11-22;
Hch 7.26-29).

Durante las cuatro décadas que Moisés
pasó en el desierto, los gritos angustiosos de
los hebreos llegaron a un Dios a quien conocían como Elohim. Él era el Dios de sus antepasados: Abraham, Isaac y Jacob. Este era el
mismo Dios que había hecho promesas a los
patriarcas siglos antes y que tenía la intención
de cumplir algún día (Éx 2.23-25).

Dios reveló por primera vez el significado del nombre
Yahveh cuando se le apareció a Moisés en el desierto
de Sinaí.

YAHVEH (ÉXODO 3—4)

Cuando Moisés tenía ochenta años vio
un milagro en el desierto. Una llama ardía en
un arbusto, pero este no se consumía. Cuando Moisés se acercó al lugar, Dios le habló
desde la zarza que ardía. Dios entonces comisionó a Moisés. Moisés debía regresar a Egipto y liberar al pueblo de Dios (Éx 3.1-10).

Cuarenta años antes, Moisés hubiera sal-
tado de alegría ante esa oportunidad, pero
ahora, un viejo, con su orgullo tal vez quemado por el calor del desierto, solo pudo decir:
«¿Quién soy yo para que pueda ir al Faraón y
sacar a los israelitas de Egipto?» (v. 11). Sin la
seguridad personal que lo había caracteriza-
do en su juventud, Moisés no veía manera al-

guna de poder llevar a cabo la misión que había sido su sueño desde hacía tanto tiempo.

Dios le respondió con una promesa: «Vé,
porque yo estaré contigo» (v. 12). Pero aún
así, Moisés vaciló. Y entonces Moisés hizo la
pregunta que condujo a la revelación del
nombre más importante de Dios en el AT.
Moisés le dijo a Dios: «He aquí que llego yo a
los hijos de Israel, y les digo: "El Dios de
vuestros padres me ha enviado a vosotros". Si
ellos me preguntaren: "¿Cuál es su nombre?"
¿Qué les responderé?» (v. 13).

En respuesta, Dios le reveló a Moisés el
nombre Yahveh, «el Dios» (vv. 14,15).

El significado de Yahveh. Éxodo 3.14 es el
versículo clave de este pasaje. Dice: «Y respondió Dios a Moisés: YO SOY EL QUE SOY.
Y dijo: Así dirás a los hijos de Israel: YO SOY
me envió a vosotros».

Los eruditos han luchado tratando de
entender cómo traducir mejor «Yahveh». El

nombre se compone de cuatro letras hebreas: Yod, Hey, Vav y Hey. Todos concuerdan en que el nombre se construye sobre las consonantes usadas en el verbo hebreo «ser». Pero ¿qué aspecto del verbo «ser» se enfatiza?

Muchos se transan por la sencilla frase del versículo 14: «YO SOY», y así lo resuelven. Otros sugieren que aquí Dios se identifica como el «único que existe por sí mismo». Sin embargo, esta interpretación más bien abstracta y filosófica del nombre no hace justicia al contexto. En su contexto, la revelación del nombre «Yahveh» debía tener una importancia única para Moisés, los israelitas y las generaciones posteriores.

TRASFONDO BÍBLICO:

¿YAHVEH O JEHOVÁ?

¿Por qué existe un debate sobre cómo debe pronunciarse este nombre especial de Dios? La razón es simple y a la vez compleja. El hebreo del AT se escribió utilizando sólo consonantes. No había vocales escritas y se esperaba que el lector añadiera los sonidos vocales apropiados. Por eso este nombre especial de Dios se escribió YHWH. Pero ya cuando el nombre se tradujo al español, y a otros idiomas, la pronunciación original se había perdido.

No obstante, el porqué de la confusión es más complicado. Alrededor de 1100 d.C., un grupo de eruditos judíos produjo lo que se conoce como el texto masorético. En ese documento, los eruditos añadieron una serie de vocales al texto hebreo. Las vocales se representaban con la colocación de varios puntos.

El nombre especial de Dios era tan sagrado que ningún judío practicante lo pronunciaba. Al leer las Escrituras y llegar a ese nombre, el lector lo sustituía con una palabra totalmente diferente. Esta es una técnica conocida como *kethive Kere*, frase que significa «escrita de una manera para que se lea de otra». Esto guiaba a los lectores del texto

hebreo sagrado a que cuando llegaran a las cuatro consonantes YHWH, añadieran los signos vocales que indicaban que en su lugar debían leer la palabra hebrea Adonai que significa «Señor». En este caso, los eruditos que produjeron el texto masorético añadieron las vocales «e», «o» y «a» a las consonantes «Y», «H», «W» y «H» (en otras palabras, «YeHoWaH»).

Los traductores de la Versión Reina Valera siguieron la práctica de traducir YHWH por «Jehová» (el sonido de la consonante «Y» representado por la «J», y la consonante «W» por «V»). En otras palabras, usaron las vocales del término que debía pronunciarse (esto es, Adonai), en lugar de las vocales asociadas con YHWH, que representaban la pronunciación correcta del más sagrado nombre de Dios. Esto explica cómo se introdujo el nombre «Jehová» en la Biblia en español y otros idiomas. Y es por esto que se dice que la forma «Jehová» no representa la manera correcta de pronunciar el nombre de Dios del pacto.

La mayoría de los eruditos hebreos opinan que la pronunciación original de las consonantes YHWH era «Yavé». Una minoría, por su parte, no está segura. Ahora bien, sin que importe cómo se pronunciaba exactamente el nombre sagrado en los tiempos bíblicos, su significado esencial brilla para enriquecer nuestro entendimiento de Dios.

La importancia del nombre para Moisés (Éx 3.12). Dios había comisionado a Moisés para que fuera a Egipto y liberara a los hebreos esclavos. Moisés respondió invocando su insuficiencia: «¿Quién soy yo?» (v. 11). Las palabras siguientes de Dios a Moisés fueron: «Yo estaré contigo» (v. 12). Moisés no podía triunfar por sí solo. Pero el Dios que habló a Moisés en el desierto estaría con él en la corte del Faraón. Dondequiera que Moisés fuera, allí estaría Dios.

La importancia del nombre para los israe-

litas (Éx 3.15-22). Dios le dijo a Moisés que informara a los ancianos del pueblo hebreo que, como Yahveh, Dios era el Dios de sus padres. Era el mismo Dios que se le había aparecido a Moisés. Dios le explicó a Moisés que aun cuando los israelitas sufrían en la esclavitud, Él los cuidaba. Sabía lo que les habían hecho. Ahora Dios estaba listo para liberarlos de su miseria en Egipto y llevarlos a Canaán, «tierra que manaba leche y miel».

Nótese los muchos momentos en el tiempo a los que se hace referencia en esta breve sección. Cuando Abraham y los otros antepasados vivían, allí estaba Dios. Cuando los israelitas sufrían como esclavos, allí estaba Dios. Cuando Moisés vio la zarza ardiente, allí estaba Dios. Aun en el futuro, cuando los israelitas viajarían a Canaán, allí estaría Dios.

Dios no sólo ha existido siempre. Como Yahveh, ¡siempre está presente con su pueblo! Dios estuvo presente con Abraham, estuvo presente con los israelitas y estuvo presente con Moisés. ¡Dios estaría también presente en el futuro cumplimiento de sus antiguas promesas!

En esencia, el nombre «Yahveh» reveló a Dios como «el que siempre está presente» con su pueblo.

La importancia del nombre para las futuras generaciones (Éx 3.15b). Las palabras que Dios habló a Moisés cuando le reveló el nombre «Yahveh» incluyeron esta importante afirmación: «Este es mi nombre para siempre; con él se me recordará por todos los siglos».

La Nueva Versión Internacional (NVI) traduce así este versículo: «Éste es mi nombre eterno; éste es mi nombre por todas las generaciones».

El nombre «Yahveh» es básico para nuestro entendimiento de Dios. Cada generación debe recordar a Dios como «el que siempre está presente».

La palabra hebrea que se traduce «recordar» es importante en el AT. Describe algo más que un acto mental. Recordar algo es traerlo a la memoria y actuar como corresponde. De manera que cuando Dios dice que todas las generaciones futuras le van a recordar como Yahveh, está diciendo que desde ese momento en adelante, todos los que conocen a Dios van a verle como alguien presente con ellos, y por lo tanto van a actuar como corresponde.

Porque Dios está presente con nosotros, necesitamos no resistirnos como hizo Moisés de cualquier tarea a la que Él nos llame, por difícil que pueda ser. Por supuesto que como Dios está presente con nosotros, nos apartamos del pecado. Estamos conscientes de que sus ojos están sobre nosotros y siempre queremos agradarle.

La persona que vive consciente de que Dios está presente en todo momento vivirá una vida muy diferente de la persona que olvida y no toma en cuenta a Dios.

El contexto literario inmediato de la revelación del nombre de Dios como «Yahveh» nos lleva a traducirlo por «el que siempre está presente». Siempre que leamos el AT y veamos el nombre «Dios» debemos recordar quién es Él y cómo quiere que le conozcamos.

La importancia del nombre establecido en la historia. La revelación de Dios del nombre «Yahveh» ocurrió en un contexto histórico distinto. Una de las más interesantes objeciones a la validez de las Escrituras la levantan críticos que señalan el pasaje de Éxodo 6.3. El versículo cita a Dios como diciendo: «Y aparecí a Abraham, a Isaac y a Jacob como Dios Omnipotente, mas en mi nombre JEHOVÁ no me di a conocer a ellos».

Los críticos son rápidos en señalar que el nombre «Yahveh» aparece mucho antes. Por ejemplo, según Génesis 15.7, Dios le dice a Abraham: «Yo soy Jehová que te saqué de Ur de los Caldeos». Y en el versículo 8 Abraham responde: «Señor Jehová, ¿en qué conoceré que la he de heredar?» No solamente Dios se dio a conocer a Abraham como Yahveh, sino que ¡Abraham también usó ese nombre!

Pero antes de seguir a los críticos y llegar

Las plagas de Éxodo fueron una poderosa demostración del significado del nombre Yahveh. ¡Dios en verdad demostró estar presente con su pueblo!

❖

a la conclusión de que hay un error en Éxodo 6.3, necesitamos notar algo importante. Este versículo no dice que el nombre «Yahveh» era desconocido. Lo que dice es que a Dios no se le conocía por ese nombre. Una cosa es tener una etiqueta puesta sobre Dios y otra cosa es entender bien el significado de esa etiqueta. Los patriarcas pueden haber usado el nombre «Yahveh», pero Dios no les había revelado su significado.

Mientras el relato bíblico de la Creación establece inmediatamente la importancia de Elohim, fueron los sucesos del período de Éxodo los que añadieron significado al nombre «Yahveh». Fue inmediatamente después de que Dios se reveló a Moisés como Yahveh, que lo envió de vuelta a Egipto en una misión de redención. En Egipto, Dios le explicó a Moisés que el Faraón se resistiría a sus demandas. Le dijo que explicara a los israelitas lo que sucedería: «Yo os sacaré... os redimiré con brazo extendido, y con juicios grandes» (v. 6). Y añadió: «y vosotros sabréis que yo soy Jehová vuestro Dios» (v. 7).

Éxodo describe las diez devastadoras plagas que siguieron. Estas plagas redujeron la tierra fértil de Egipto a una tierra estéril, y despojaron a la nación de su riqueza y poder. Estas plagas, que se presentaron por orden de Moisés y cesaron cuando Moisés lo ordenó, fueron sin lugar a dudas sobrenaturales. Demostraron la inagotable capacidad de Dios para intervenir en este mundo a favor de su pueblo. Y el acontecimiento culminante que siguió a la liberación de Israel, la apertura del Mar Rojo, sirvió para acentuar lo maravilloso de todo esto. En las plagas de Egipto, Dios llenó el nombre «Yahveh» de significado y demostró lo que significaba para su pueblo que lo experimentaran como «el que está siempre presente».

Era esta experiencia del significado del nombre «Yahveh» lo que no tenían los patriarcas. Y fue la experiencia del pueblo esclavo liberado por el gran poder lo que llenó el nombre de significado para la posteridad. Por esto Dios dijo: «Este es mi nombre para siempre; con él se me recordará por todos los siglos» (v. 15b). Cuando venga a nuestra mente el nombre «Yahveh», recordaremos el poder de Dios desatado a favor de su pueblo. «El que siempre está presente» es el poderoso Dios de milagros. Porque está presente, podemos caminar con seguridad. Y podemos seguirle adondequiera.

IMPLICACIONES DEL NOMBRE «YAHVEH» PARA HOY DÍA

A veces podemos caer en el hábito de pensar en Dios en tiempos pasado y futuro. Como cristianos, recordamos la muerte y resurrección del Hijo de Dios y esperamos su regreso. Es bueno hacer esto. Pero el nombre «Yahveh» nos recuerda que debemos conocer y experimentar a nuestro Señor como Dios de nuestro presente, pasado y futuro. Debemos caminar con Él diariamente. Debemos confiarle nuestras necesidades diarias. Debemos actuar de acuerdo con su Palabra, seguros de que Él, que está con nosotros, puede intervenir e intervendrá a nuestro favor.

Cuando entendamos y honremos a Dios como Yahveh, nunca estaremos solos.

Tal vez la visión sublime de Isaías de un Dios que es tanto trascendente como maravillosamente inmanente resuma mejor las implicaciones del nombre «Yahveh» para nosotros:

¿A qué, pues, me haréis semejante O me compararéis? dice el Santo. Levantad en alto vuestros ojos, y mirad quién creó estas cosas; él saca y cuenta su ejército; a todas llama por sus nombres; ninguna faltará; tal es la grandeza de su fuerza, y el poder de su dominio ... el Dios eterno es Jehová, el cual creó los confines de la tierra, no desfallece ni se fatiga con cansancio y su entendimiento no hay quién lo alcance. Él da esfuerzo al cansado, y multiplica las fuerzas al que no tiene ningunas. Los muchachos se fatigan y se cansan, los jóvenes flaquean y caen; pero los que esperan a Jehová tendrán nuevas fuerzas; levantarán alas como las águilas; correrán y no se cansarán; caminarán y no se fatigarán» (Is 40.25-26,28-31).

CAPÍTULO 3

NOMBRES:
MUCHOS Y MARAVILLOSOS

➤ ¿QUÉ HAY EN UN NOMBRE? —29

➤ EL DIOS ALTO Y SUBLIME —30

➤ EL DIOS TODOPODEROSO ES UN DIOS QUE CUMPLE LAS PROMESAS —33

➤ ¿CUÁLES SON LOS «NOMBRES RELACIONALES» DE DIOS? —35

➤ EL DIOS DE ABRAHAM, ISAAC Y JACOB —38

➤ ¿CUÁLES SON LOS «NOMBRES DESCRIPTIVOS» DE DIOS? —39

➤ EZEQUÍAS Y EL DIOS VIVIENTE —44

Los nombres eran particularmente importantes en el mundo bíblico. La *New International Encyclopedia of Bible Words* nos recuerda que «en las culturas bíblicas un nombre hacía más que identificar: comunicaba algo de la esencia, carácter o reputación de la persona o cosa nombrada» (p. 453, en la versión en inglés). Esto nos ayuda a entender por qué la Biblia está llena de muchos y maravillosos nombres de Dios. Y ningún nombre o título tiene la posibilidad de decir todo lo que Él es.

Al estudiar los nombres de Dios en el AT, es fascinante notar que algunos enfatizan su poder y excelencia; otros, la relación de Dios con los seres humanos, mientras que otros son descriptivos y nos ofrecen información especial sobre quién es Él. En este capítulo examinaremos los muchos nombres de Dios en el AT. Al hacerlo, no sólo conoceremos más sobre nuestro Dios, sino que también lo encontraremos. Esto es así porque Dios viene a nosotros en tales encuentros, y nos invita a responder con adoración y alabanza.

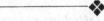

TRASFONDO BÍBLICO:
NOMBRES BÍBLICOS

En los tiempos bíblicos se esperaba que los nombres expresaran algo importante acerca de la persona o cosa nombrada. Por ejemplo, Ana, cuyo hijo Samuel nació como respuesta a la oración, escogió para él un nombre que significa «Dios oye». Asímismo, en el NT, el nombre «Bernabé» significa «el que da ánimo». (Claramente este fue el principal papel que desempeñó este amable y cariñoso cristiano del primer siglo.)

Con frecuencia, los cambios de nombre tienen un significado especial adicional. El nombre de nacimiento de Abram significaba «padre», lo que debe haber parecido un poco irónico para el patriarca sin hijos de quien leemos en Génesis. Sin embargo, cuando Abram creyó la promesa de Dios de que su descendencia sería tan innumerable como las estrellas del cielo, Dios cambió el

Jacob luchó con Dios

nombre del patriarca a «Abraham», un nombre que significa «padre exaltado» o «padre de una multitud». Podemos sentir cuán profunda fue la fe de Abraham pues se arriesgó a tomar ese nuevo nombre a pesar de la risa contenida que debe haberse dibujado en los labios de los pastores que trabajaban para él.

El patriarca Jacob también experimentó un cambio de nombre. Después de luchar toda una noche con el ángel del Señor, Dios cambió su nombre a «Israel» que significa «el que lucha con Dios».

La información anterior sugiere que cuando leemos la Biblia debemos tener a la mano un diccionario bíblico. Podemos usarlo para verificar el significado de los nombres de los hombres y mujeres importantes de los que leemos en la Palabra. Muy a menudo el nombre nos proveerá una pista vital para el entendimiento de su papel en el plan de redención de Dios.

LOS NOMBRES SUBLIMES DE DIOS

El profeta Isaías habla de una visión en la que vio «al Señor sentado sobre un trono alto y sublime, y sus faldas llenaban el templo» (Is 6.1). En esta visión, los serafines estaban alrededor del trono diciendo: «Santo, santo, santo, Jehová de los ejércitos, toda la tierra está llena de su gloria» (v. 3). La reacción de Isaías fue de temor y humildad. Cuando se enfrentó a esta revelación del Dios sentado en su trono celestial, el profeta exclamó: «¡Ay de mí! que soy muerto; porque siendo hombre inmundo de labios, y habitando en medio del pueblo que tiene labios inmundos, han visto mis ojos al Rey, Jehová de los ejércitos» (v. 5).

A través de esta visión, un atónito Isaías se dio cuenta repentinamente del inmenso abismo que existe entre cualquier ser humano y Dios. Fuimos hechos a imagen de Dios, sin embargo, Él permanece inimaginablemente diferente y más grande que nosotros. Lo que los teólogos hablan como la trascendencia de Dios quedó impreso en el profeta, e Isaías se dio cuenta inmediatamente de cuán lejos estaba de la gloria de Dios (Ro 3.23).

Lo que aquí llamo los «nombres sublimes» de Dios tienen el propósito en la Biblia de transmitir el mismo mensaje. Nuestro Dios es alto y sublime. Es un Dios de excelencia y poder. Está tan por encima de nosotros que nunca podremos sondear su grandeza y majestad. Sin embargo, por medio de ciertos nombres de las Escrituras se nos invita a echar un vistazo a su grandeza y, como Isaías, a inclinarnos en adoración delante de Él. Estos son, entonces, los nombres sublimes de nuestro Dios.

CREADOR Y HACEDOR

Génesis comienza con el relato de la creación. Elohim, el único Dios verdadero, creó todo lo que existe. La convicción de que el Señor es el Creador y la fuente de todas las cosas es fundamental para la revelación de Dios en la Biblia.

La palabra hebrea traducida «creó» (1.1) es *bara*. Aunque a menudo se usa para describir «formar algo de la nada», el énfasis bíblico está en realidad en iniciar un objeto o un proyecto. Cuando se usa como argumento fundamental de la acción de Dios, lo que se inició está claramente más allá de la capacidad de los seres humanos. Sólo Dios podía (1) crear los cielos y la tierra, (2) formar la raza humana, (3) llamar a Israel para ser su pueblo escogido, y (4) por medio del perdón, crear en los pecadores un corazón limpio y renovado. Al final de la historia, Dios creará nuevamente, y en esta ocasión creará cielos nuevos y tierra nueva.

Bara aparece en el AT en este sentido especial de comienzo por parte de Dios, en Gn 1.1,21, 27; 2.3; 5.1,2; 6.7; Nm 16.30; Dt 4.32; Sal 51.10; 89.12,47; Ec 12.1; Is 4.5; 40.26,28; 41.20; 42.5; 43.1,7,15; 45.7, 8,12,18; 54.16; 57.19; 65.17,18; Jer 31.22; Am 4.13; y Mal 2.10.

Aunque el entendimiento bíblico de Dios comienza incuestionablemente con la afirmación de que Él es Creador, el nombre «Creador» o «Hacedor» no se usa con tanta frecuencia en la Biblia. Cuando se usa, la tendencia es enfatizar el hecho de que Dios es *nuestro* Hacedor. Por eso el Salmo 95.6, dice:

Venid, adoremos y postrémonos;
Arrodillémonos delante de Jehová nuestro Hacedor.

E Isaías presenta al Señor como «Jehová, el Santo de Israel y su Formador» (Is 45.11).

Aunque este lenguaje confirma una relación especial entre Dios y el individuo o Dios e Israel, las referencias a Dios como Hacedor enfatizan también la trascendencia de Dios. El Dios que nos hizo ha demostrado por su acto de creación, estar muy por encima de nosotros. Si nos comparamos con este Dios, somos de veras insignificantes. Qué insensatez, entonces, es olvidarse «de Jehová tu Hacedor, que extendió los cielos y fundó la tierra» (Is 51.13). Y como dice 45.9: «¡Ay del que pleitea con su Hacedor! ¡El tiesto con los tiestos de la tierra!»

A pesar del énfasis del nombre «Creador» o «Hacedor» en la grandeza y trascendencia de Dios, es nuestro consuelo conocer a Dios como el Único que está por encima de todo lo que ahora existe. Isaías recuerda a sus lectores:

¿No has sabido,
no has oído que el Dios eterno es Jehová,
el cual creó los confines de la tierra?
No desfallece, ni se fatiga con cansancio.

Is 40.28

Es así porque nuestro Creador es en verdad todopoderoso e ilimitado, y es el que puede dar fortaleza al débil y levantar al caído.

JEHOVÁ DIOS

Este nombre sublime de Dios se forma combinando dos nombres primarios: Yahveh y Elohim. La combinación aparece 595 veces en el hebreo del AT y es uno de los más importantes entre los muchos y maravillosos nombres de Dios.

Este es el nombre que se usa en el relato de la creación del universo de Génesis 1 y también en los relatos de la formación de Adán y Eva, en los capítulos 2 y 3 respectivamente. Es el nombre que Moisés usó cuando ordenó al Faraón dejar ir al pueblo de Dios (Éx 7—10). «Jehová Dios» es el nombre con el que David se dirigió a Dios después de que el Señor le prometió que de su descendencia saldría el Mesías, el gobernante postrero de la historia. David reconoció la promesa y afirmó su convicción de que «Jehová Dios, tú eres Dios, y tus palabras son verdad, y tú has prometido este bien a tu siervo» (2 S 7.28).

Fue Dios nuestro Señor quien anunció al rey de Judá, poco antes de que los babilonios tomaran Jerusalén en los días del profeta Jeremías: «Jehová Dios de Israel ha dicho así ... He aquí yo traigo mal sobre este lugar» (2 Cr 34.23-24). Fue a Dios nuestro Señor a quien Jeremías suplicó, reconociendo en estas poderosas palabras la soberanía de Dios (Jer 32.16-19):

> ¡Oh Señor Jehová! he aquí que tú hiciste el cielo y la tierra con tu gran poder, y con tu brazo extendido, ni hay nada que sea difícil para ti; que haces misericordia a millares, y castigas la maldad de los padres en sus hijos después de ellos; Dios grande, poderoso, Jehová de los ejércitos es su nombre; grande en consejo, y magnífico en hechos; porque tus ojos están abiertos sobre todos los caminos de los hijos de los hombres, para dar a cada uno según sus caminos, y según el fruto de sus obras.

Muchas de las veces que se usa «Jehová Dios» es en invocaciones directas u oraciones, en las que el pueblo de Dios expresa su confianza en la autoridad soberana del altísimo. No hay otro Dios sino Yahveh, Él tiene todo poder y lo que promete sin duda lo cumplirá.

Entonces no debe sorprendernos que «Jehová Dios» sea un nombre favorito de los salmistas y de otros cuando le hablan al Señor. Qué maravilloso estímulo es saber que el Dios al que pedimos es perfectamente capaz de responder y conceder nuestras peticiones. Podemos exclamar gozosamente con el salmista:

> Porque tú, oh Señor Jehová, eres mi esperanza,
> Seguridad mía desde mi juventud.
> Sal 71.5

❖

TRASFONDO BÍBLICO:
SOBERANO SEÑOR

Mientras la tradicional y más exacta manera de traducir la frase hebrea *Yahveh Elohim* es «Jehová Dios», la Nueva Versión Internacional (NVI) y algunas otras versiones traducen el hebreo como «Soberano SEÑOR» o «SEÑOR Dios». Lo hacen porque han adoptado una filosofía de traducción conocida como

«equivalencia dinámica». Los traductores, en vez de traducir el hebreo o el griego palabra por palabra, buscan encontrar el equivalente más cercano posible en el idioma contemporáneo a lo que creen que la palabra o frase significaba para el lector hebreo o griego.

En este caso, los traductores coincidieron acertadamente que, tal como se usa en las Escrituras, la frase hebrea *Yahveh Elohim* enfatizaba el poder soberano y la autoridad de Dios. Por eso, frecuentemente, donde la Versión Reina-Valera 1960 (RVR1960) dice «Jehová Dios», la NVI usa «Soberano Señor».

Hay tanto ventajas como desventajas en este método de traducción, y ambos casos se ilustran en la traducción de *Yahveh Elohim*. La ventaja es que, a veces, al usar un equivalente dinámico como «Soberano SEÑOR» o «SEÑOR Dios» se presenta una connotación del original que el lector podría perder sin un estudio detallado de cada uso de la frase.

La desventaja se ilustra en el hecho de que mientras *Yahveh Elohim* aparece 582 veces en el hebreo se traduce siempre «Jehová Dios» en la RVR1960; otras versiones traducen esta frase hebrea como "Soberano SEÑOR" o «SEÑOR Dios». Esto significa que el lector de esas versiones nunca sabría que el texto hebreo tiene *Yahveh Elohim* en muchos otros versículos adicionales. Así que cualquiera que no tenga acceso a una concordancia hebrea y que desee hacer un estudio de alguna palabra, no tendría manera de enterarse de que hay otras ocasiones en las que se usaron estas palabras.

Ciertamente no hay nada malo en usar el principio de traducción adoptado por los traductores de esas versiones. A menudo este método saca significados en el texto bíblico que de otra manera se pueden pasar por alto. Pero para quien estudia a fondo las Escrituras, la constancia en la traducción —en la que la misma palabra o frase se interpreta de la misma manera la mayoría de veces que aparece— es asunto importante.

❖

DIOS TODOPODEROSO

En el AT hebreo, Dios se identifica como «Todopoderoso» en 48 ocasiones (31 de estas en Job). El término hebreo que se traduce «todopoderoso» es *shaddái*. En 41 de las 48 veces, se usa *shaddái* de manera independiente. En las otras siete ocasiones se conecta con *el*.

La palabra hebrea *shaddái* viene de una raíz que significa «montaña» y nos presenta a Dios como Aquel que es exaltado mucho más allá que cualquier autoridad humana. Nadie puede desafiar el control de Dios sobre su universo.

La primera mención en la Biblia de Dios como *el-shaddái* se encuentra en Gn 17.1. Dios se le apareció a Abraham y se identificó como el «Dios Todopoderoso». En ese momento, Abraham tenía 99 años y Sara tenía 89. Sin embargo, Dios le prometió a Abraham que se convertiría en padre de muchas naciones y que él y Sara tendrían un hijo al que llamarían «Isaac». El año siguiente, tal como Dios lo había prometido, Sara le dio a Abraham el hijo de la promesa.

Humanamente hablando, el nacimiento de Isaac era imposible. Sara había pasado hacía mucho tiempo la menopausia y su vientre llevaba dormido demasiado tiempo. Y a pesar de esto, ocurrió lo que Dios prometió porque nuestro Señor es verdaderamente Dios Todopoderoso.

Mientras que «Todopoderoso» es uno de los nombres sublimes de Dios, también se asocia con la capacidad de Dios de cumplir cualquier promesa que le haga a la humanidad. Porque Dios es en verdad el Todopoderoso en cuyas promesas podemos confiar, pues sus palabras son siempre fieles y verdaderas.

DIOS DE LOS EJÉRCITOS

Algunos podrían preguntarse por qué la RVR identifica a Dios como Todopoderoso sólo 27 veces, mientras que otras versiones lo hacen hasta 345 veces. La respuesta es que las otras versiones escogieron «Todopodero-

Dios demostró que su poder no tiene límite al permitir que Abraham y Sara tuvieran el hijo que les había prometido.

❖

so» para traducir dos palabras hebreas diferentes. La otra palabra es *tsabá*, tradicionalmente traducida «ejércitos», y en la mitad de las 486 apariciones de *tsabá* en el AT, la palabra está asociada con Yahveh.

La *New International Enciclopedia of Bible Words* explica por qué este nombre de Dios es tan importante.

Primero, la conexión de este término con Yahveh es importante. Yahveh identifica a Dios como el viviente, activo y siempre presente Señor que interviene en la historia en favor de su pueblo... Es importante notar que la palabra «ejércitos» está ligada con este particular nombre de Dios; esto afirma su presencia activa en la historia.

Segundo, el concepto de ejércitos se extiende más allá de las fuerzas militares humanas. Las fuerzas de los cielos, como las de la tierra, están bajo las órdenes de Dios, y la misma naturaleza puede ser llamada a la batalla en favor del pueblo de Dios (Jos 5.13-14; 10.10-19). La convicción de que «el Señor... Dios es quien ha peleado por» Israel (Jos 23.3) era básica para el entendimiento de los creyentes del AT de la relación de Israel con Dios.

Tercero, el concepto «Jehová de los ejércitos» afirma el dominio de Dios sobre todo poder terrenal (p. 34).

Dios retiene su poder sobre la humanidad. Mientras que este puede estar disfrazado y lo niegan los que rehúsan creer la verdad, viene un día cuando ejercerá abiertamente su poder como Dios de los ejércitos y hará cumplir su voluntad sobre todas las cosas. Mientras tanto, aunque ese poder puede estar velado, sigue operando en el mundo.

Es interesante notar que mientras los ejércitos israelitas que invadieron a Canaán bajo Josué fueron identificados como ejércitos del Señor (Jos 5.14-15), el nombre «Jehová de los ejércitos» no aparece hasta 1 Samuel, cerca del final de la era de los jueces. En el capítulo 1 leemos la oración desesperada de Ana en la que ruega a Dios por un hijo y expresa su voluntad de entregar a ese hijo para el servicio del Señor. Ella dirige su súplica a Dios como «Jehová de los ejércitos» (v. 11), expresando su convicción de que si Dios quiere darle un hijo, no cabe duda de que puede hacerlo.

Es importante también que los salmistas también oran con frecuencia a «Dios de los ejércitos». El Salmo 80 ilustra este punto. Allí el escritor clama: «Oh Dios de los ejércitos, restáuranos» (v. 7), «Oh Dios de los ejércitos, vuelve ahora, te rogamos» (v. 14), y nuevamente «Oh Señor, Dios de los ejércitos, restáuranos» (v. 19).

¡Cuán apropiado es dirigir oraciones al Señor como Dios de los ejércitos! Debemos reconocerle como Aquel quien, en ejercicio de su ilimitado poder, puede intervenir a nuestro favor. Porque nuestro Dios es verdaderamente exaltado arriba en los cielos, podemos orar a Él teniendo total confianza en su capacidad para responder cualquiera y cada una de nuestras oraciones.

DIOS ALTÍSIMO

Unas 14 veces en la RVR 1960 se nos presenta a Dios como el Dios Altísimo. A veces el nombre aparece solo. Otras veces se le llama el Altísimo.

Las primeras apariciones del nombre nos ayudan a entender su significado. La primera vez que se menciona el nombre es en Gn 14. Allí se describe a Melquisedec como el sacerdote del «Dios Altísimo» (v. 18). Melquisedec entonces procede a bendecir a Abraham en el nombre del «Dios Altísimo» (vv. 19,20). La próxima vez que se usa el nombre, lo pronuncia Abraham cuando se dirige al rey de Sodoma. Abraham le dice al rey: «He alzado mi mano a Jehová Dios Altísimo, creador de los cielos y de la tierra» (v. 22). La próxima vez que se usa el nombre es pronunciado por Balaam el profeta cuando dijo que su visión venía de «Jehová... del Altísimo» (Nm 24.16).

En cada uno de estos pasajes el nombre «Dios Altísimo» se usa para identificar a la Deidad suprema y distinguirla de los dioses falsos venerados por los pueblos entre los que vivía el que hablaba.

Mencioné antes que uno de los nombres hebreos primarios de Dios, *Elohim*, no tenía paralelo en los otros idiomas del antiguo Cercano Oriente. Por eso, en Génesis, cuando un cananeo hablaba de Dios, o cuando deseaba hablar a alguien más sobre el verdadero Dios, usaba el nombre «Dios Altísimo». El Dios Altísimo no era una deidad local ni tribal, sino, en las palabras de Abraham, el «Creador del cielo y de la tierra» (Gn 14.22). Ningún ídolo de los pueblos antiguos podía afirmar tal cosa.

El salmista, que usa un despliegue de nombres de Dios en su esfuerzo por presentar su excelencia, habla y se dirige a Dios como «Altísimo». Pero la unicidad del nombre se ve mejor en el libro de Daniel. Allí Nabucodonosor se da cuenta que el Señor es el Dios Altísimo y que su ley rige en el reino de la humanidad. Luego de estar un tiempo en disciplina, Nabucodonosor reconoció la soberanía del Dios de Daniel. Daniel 4.34 habla de la sumisión del gran rey:

> Más al fin del tiempo yo Nabucodonosor alcé mis ojos, y mi razón me fue devuelta; y bendije al Altísimo, y alabé y glorifiqué al que vive para siempre, cuyo dominio es sempiterno, y su reino por todas las edades.

Cuán importante es el nombre «Dios Altísimo» para nosotros hoy día. A través de la historia, los pueblos se han estremecido bajo el poder de los autócratas y se han lamentado bajo los regímenes corruptos. Sin embargo, a través de los siglos, nuestro Dios es el Dios Altísimo, gobernante de los que rechazan la verdad y también gobernante de nuestra vida. No necesitamos temer al poder de la incredulidad, ¡porque el Dios Altísimo lo gobierna todo!

DIOS GRANDE

No hay duda que esta simple frase, que es tanto un nombre como una descripción, resume los nombres sublimes de Dios. Moisés recordó a los israelitas: «Jehová vuestro Dios es Dios de dioses y Señor de señores, Dios grande, poderoso y temible» (Dt 10.17). Él está por encima de todas las cosas en las que los hombres confían o adoran. En las palabras de Isaías 46.9-10:

> Acordaos de las cosas pasadas desde los tiempos antiguos; porque yo soy Dios, y no hay otro Dios y nada hay semejante a mí, que anuncie lo porvenir desde el principio, y desde la antigüedad lo que aun no era hecho; que dije: mi consejo permanecerá, y haré todo lo que quiero.

¡Él verdaderamente es el Dios grande!

LOS NOMBRES RELACIONALES DE DIOS

Los nombres sublimes de Dios enfatizan su trascendencia. Dios verdaderamente es alto y sublime, mucho más allá de nuestra capacidad de entender, comprender o imaginar. Sin embargo, una de las más sorprendentes verdades reveladas en la Biblia es que el Dios trascendente es también inmanente. Él está totalmente involucrado en su creación y en la vida de los creyentes.

Esta maravillosa verdad se expresa en lo que podríamos llamar los nombres *relacionales* de Dios. En otras palabras, Dios se identifica a sí mismo como el *Dios de* una persona, lugar o pueblo particular. En efecto, el Señor espera que le conozcamos por la compañía que mantiene y por aquellos a quienes ha escogido para identificarse. Entre los nombres relacionales de Dios mencionados en el AT, están los siguientes:

Nombres de lugares
Dios de Bet-el
Dios de Jerusalén
Dios de la casa de Dios
Nombres personales
Dios de Sem
Dios de Abraham
Dios de Elías
Dios de Daniel
Dios de vuestro padre Abraham
Dios de su padre David
Dios de Isaac
Dios de Jacob
Dios de Nahor
Dios de Sadrac, Mesac y Abednego
Nombres de pueblos
Dios de los espíritus de toda carne
Dios de Israel
Dios de los hebreos

Con frecuencia, los nombres personales también se usan como nombres de pueblos pues en el AT se hace referencia a todos los hebreos como Jacob o Israel. Estos nombres revelan mucho sobre Dios, especialmente cuando examinamos la conexión entre el Señor y los nombres del lugar, la persona o el pueblo.

El Templo de Jerusalén era el símbolo visible de la presencia de Dios con su pueblo del AT.

❖

DIOS DE LUGARES

Era común para los pueblos del mundo antiguo identificar a Dios con lugares. La suposición era que la influencia de una deidad pagana (tal como el ídolo de Moab, 1 R 11.7) estaba limitada a esa tierra o al pueblo que vivía en ella. Frecuentemente se suponía que las guerras entre los pueblos se decidían en un campo de batalla divino. En otras palabras, los ganadores ganaban una guerra porque su deidad era más poderosa que la deidad de los perdedores.

Este limitado punto de vista no se refleja en las referencias bíblicas al Señor como el Dios de Jerusalén o el Dios de Israel. La razón es que desde los tiempos más antiguos los israelitas, en lo que a la Biblia concierne, reconocían que Dios ejercía universalmente su poder. Él no era sólo el Dios de Jerusalén o el

Dios de la tierra de Israel. Yahveh era el Dios que creó todas las cosas. Yahveh no era soberano sólo sobre su propio pueblo, sino que también era el «Dios, Dios de los espíritus de toda carne» (Nm 16.22; 27.16).

Por eso, cuando una nación enemiga lograba una victoria sobre Israel no era porque el ídolo de esa nación era más poderoso que el verdadero Dios. Más bien era porque el Señor decidía utilizar a los enemigos de Israel para disciplinar a su pueblo. Dios, por medio de Isaías, habla de Asiria como «vara y báculo de mi furor, en su mano he puesto mi ira» (Is 10.5). En otras palabras, Dios estaba haciendo la enfática promesa de enviar a Asiria contra su pueblo infiel.

Entonces, ¿qué se enfatiza cuando Dios se identifica con un lugar? Aunque no limita la soberanía de Dios solo sobre ese lugar, los nombres «Dios de Bet-el», «Dios de Jerusalén», o «Dios de la casa de Dios» declaran que esos lugares eran apartados y santos para el Señor. En otras palabras, estos son lugares donde Dios ha hecho o hará grandes cosas.

Bet-el es el lugar donde Abraham erigió un altar y adoró a Dios por primera vez en la Tierra Santa. Jerusalén es la ciudad capital del pueblo de Dios.

El Templo se convirtió en el símbolo de la presencia de Dios con su pueblo y el único lugar donde se podía hacer las ofrendas por los pecados. Allí los israelitas podían dirigirse en busca de perdón y ayuda.

TRASFONDO BÍBLICO

BET-EL

El nombre «bet-el» significa «casa [heb. *beth*] de Dios [heb. *el*]». Bet-el es uno de los lugares más importantes de la historia bíblica. Desde cerca de 3500 a.C., la desnuda cima montañosa era un centro donde se adoraba a «El», la deidad cananea. Tanto Abraham (Gn 12.8) como Jacob (28.19) adoraron al Señor allí y permitieron que el lugar retuviera el nombre «Bet-el».

Después que Josué conquistó a Canaán, unos 500 años más tarde (Jos 8.9), se entregó el distrito a la tribu de Benjamín. Durante un tiempo después de la conquista, el arca del pacto, que era el centro de la adoración de Israel, estaba en Bet-el, lugar que permaneció como un lugar importante durante la época de los jueces. Cuando el reino hebreo unido establecido por David y Salomón se dividió en 930 a.C., Jeroboam (el gobernante del reino del norte de Israel) asentó a Bet-el como un centro de adoración rival de Jerusalén.

Mientras existió el reino independiente del norte, el templo erigido en Bet-el alejó los corazones del pueblo de la auténtica adoración al Señor en su Templo de Jerusalén. El templo Bet-el fue demolido cuando los asirios derrotaron al reino del norte en el 722.

Aunque el pueblo se asentó cerca de Bet-el luego de que los judíos regresaron a su tierra natal después de la cautividad babilónica, la ciudad nunca volvió a servir como centro de adoración. El nombre «Bet-el» no se encuentra en el NT.

Fue en Jerusalén, en lo que se conocía como Monte Moriah, donde Abraham demostró su fe y se preparó para sacrificar a Isaac, en obediencia a la orden de Dios. Fue en Jerusalén donde se construyó el Templo como un símbolo de la presencia de Dios con su pueblo. Era en Jerusalén donde un día el Salvador se presentaría como el Rey de Israel sólo para que estos lo rechazaran y crucificaran (así como los romanos). Y es a Jerusalén a donde Jesús regresará para establecer el Reino de Dios en la tierra.

Al identificarse con un lugar particular en el AT, Dios también se identificaba con *lo que allí ocurrió*. Cuando examinamos los acontecimientos en Bet-el, Jerusalén y en el Templo descubrimos verdades maravillosas sobre nuestro Dios y sobre sus amorosos propósitos para la humanidad. Dios, como Dios de lugares, se revela por los acontecimientos que tuvieron lugar en esos sitios.

DIOS DE PERSONAS

Al identificarse con lugares específicos en el AT, Dios (a diferencia de los ídolos prevalecientes en el antiguo Cercano Oriente) no estaba limitándose geográficamente. En vez de eso, el Señor se reveló por medio de los acontecimientos que tuvieron lugar en esos sitios.

De igual forma, al identificarse con individuos particulares, Dios no estaba limitándose a esas personas. En lugar de esto, Dios usó su compromiso con ellos para más adelante revelar quién era Él y también para dar a conocer lo que se necesitaba para desarrollar y mantener una relación personal con Él.

Dios es inmanente (es decir, presente en todas partes). Pero Dios tiene una forma única de estar presente con los hombres y las mujeres de fe de la Biblia. No es errado decir que al identificarse como el Dios de Abraham, el Dios de Jacob o el Dios de Sadrac, Mesac y Abednego, el Señor se estaba revelando a través de la relación que tenía con estas personas (y otras) mencionadas en las Escrituras.

Dios de Abraham. El principio anterior es especialmente claro en el caso de Abram, a quien más tarde Dios llamó Abraham. El Señor se le apareció a Abram y le dio varias promesas de pacto maravillosas (Gn 12.1-3). Entre ellas estaba la promesa de que su descendencia llegaría a ser una gran nación, y de que todo el mundo sería bendito por sus descendientes. (Para un estudio más profundo de las promesas de pacto hechas a Abraham y su importancia a través de todas las Escrituras, refiérase a *Every Promise in the Bible*. Dios también dijo a Abraham que saliera de su hogar a una tierra que le mostraría.

Abraham hizo como Dios le mandó y viajó a la tierra de Canaán (v. 4). Allí Abraham recibió otra promesa. El Señor le prometió que su descendencia heredaría la tierra (v. 7). Pero Abraham no tenía ningún hijo. ¿Cómo cumpliría Dios estas promesas?

Pasaron los años, y finalmente cuando Sara ya hacía mucho que había pasado la menopausia y era físicamente imposible (desde una perspectiva humana) que diera a luz, Dios prometió que el hijo de Abraham sería su heredero y que sus descendientes serían tan innumerables como las estrellas del cielo (15.5). La Biblia nos dice que el patriarca «creyó a Jehová y le fue contado por justicia» (v. 6).

El NT hace referencia a este tema y presenta a Abraham como el prototipo de la persona de fe. Son aquellos que creen en las promesas de Dios —aunque humanamente parezca imposible que Dios pueda cumplir lo que dice— a quienes Él cuenta como justos. Y son los hijos espirituales de Abraham quienes, al igual que él, confían completamente en el Señor y sus promesas. Ellos son los que tienen una relación personal con Dios.

Al identificarse como el «Dios de Abraham», el Señor revela claramente que aceptará la confianza del hombre en Él, en lugar de la justicia que Dios requiere pero que ningún ser humano posee. Al identificarse como el Dios de Abraham, el Señor nos recuerda que es por medio de la fe —y sólo fe— que encontramos perdón y nos convertimos en hijos del Dios todopoderoso.

Dios de Abraham, Isaac y Jacob. La revelación del AT del Señor como Dios de Abraham, Isaac y Jacob tiene una importancia adicional. En tanto que la frase «Dios de Abraham» revela al Señor como Aquel que busca y merece nuestra confianza, las frases «Dios de Isaac» y «Dios de Jacob» añaden una dimensión verdaderamente nueva. Isaac y Jacob, eran el hijo y nieto, respectivamente, de Abraham. Más importante aún eran la descendencia de la persona que había heredado las promesas del pacto de Dios. Las promesas del pacto pasaron de Abraham a Isaac, y no al medio hermano de Isaac, Ismael. Las promesas del pacto luego pasaron a Jacob, y no a su hermano gemelo Esaú. La identificación del Señor como el Dios de estos tres individuos (nominalmente, Abraham, Isaac y Jacob) nos dice mucho sobre Él.

En Romanos 9, Pablo señala que esta transferencia de las promesas del pacto de una generación a otra nos revela que Dios es soberano y libre. Dios decide a quién quiere salvar sin depender de ningún acto humano para tomar estas decisiones. Al final, la decisión del Señor es por la gracia que fluye de su soberana voluntad. No se determina por ninguna supuesta buena obra que hayamos hecho.

Además, el que Dios se identifique como el Dios de Abraham, Isaac y Jacob nos recuerda que la historia humana tiene dirección y propósito. Dios ha hecho promesas de pacto que expresan lo que quiere hacer en la historia. En adición, su continua relación con los patriarcas a quienes pasaron las promesas del pacto es una garantía implícita de que la historia marcha de acuerdo a su plan.

Dios de Sadrac, Mesac y Abednego. Hay otra dimensión de la voluntad del Señor para identificarse como el «Dios de» individuos. Al Señor no le avergüenza que le conozcan como el Dios de hombres y mujeres de valor y de fe.

El relato de Sadrac, Mesac y Abednego es bien conocido. Estos tres hebreos eran administradores en el reino de Nabucodonosor. El rey les mandó a adorar un ídolo que había construido. Cuando se rehusaron a hacerlo, les dio una segunda oportunidad para obedecer. Pero los tres hebreos mantuvieron su compromiso con Dios. Le dijeron al furioso Nabucodonosor: «Nuestro Dios a quien servimos puede librarnos del horno de fuego ardiendo; y de tu mano, oh rey, nos librará. Y si no, sepas, oh rey, que no serviremos a tus dioses, ni tampoco adoraremos la estatua que has levantado» (Dn 3.17,18).

El furioso rey ordenó que arrojaran inmediatamente a los tres en un horno de fuego. Pero en lugar de morir, los tres caminaron en medio de las llamas, acompañados por una cuarta persona. Cuando los tres hebreos salieron del horno, Nabucodonosor confesó: «Bendito sea el Dios de ellos, de Sadrac, Mesac y Abednego» (v. 28). Entonces proclamó un edicto ordenando que nadie hablara nada contra este Dios so pena de muerte (v. 29).

Así que los tres hebreos que estuvieron dispuestos a morir antes que negar al Señor dieron honor y gloria a Dios. Y a Él no le avergüenza que le llamen su Dios (He 11.6).

Hemos considerado lo que estos nombres muy personales de Dios nos enseñan sobre nuestro Señor. Nos recuerdan que Él está siempre presente con nosotros, no lejos ni desinteresado. La relación de Dios con esas personas cuyos nombres están ligados con Él nos enseña mucho sobre quién es Él. Y la manera como estos individuos glorificaron a Dios nos anima a honrarlo en todo lo que decimos y hacemos, pues el Dios de Abraham, Isaac y Sadrac es también nuestro Dios. Y nosotros somos canales que el Señor usa para revelarse a otros.

Dios no vacila en identificarse con personas como Sadrac y sus amigos, quienes estaban totalmente consagrados a Él.

TRASFONDO BÍBLICO:

A PESAR DE TODO

Lo maravilloso de que Dios se identifique como el «Dios de Israel» resalta aun en un estudio superficial de la historia del AT. Cuando los israelitas fueron liberados de su esclavitud en Egipto, y a pesar de haber visto milagros sorprendentes del Señor para asegurar su libertad, continuaron dudando y rechazando su dirección.

Esto culminó en la negativa de la generación del Éxodo a entrar en Canaán cuando Dios les ordenó hacerlo (Nm 14). Como resultado, esa generación peregrinó en el desierto durante treinta y ocho años, hasta que todos los rebeldes murieron. Sólo entonces, cuando una generación nueva y obediente tomó su lugar, pudo iniciarse la conquista de Canaán.

Por unos cincuenta años después de la

Dios levantó la nación de Israel de un grupo de esclavos en Egipto.

muerte de Josué y los ancianos que habían dirigido la conquista, los israelitas permanecieron fieles a Dios. Pero entonces comenzó un tiempo de oscuridad espiritual; esa época se conoce como la era de los jueces. Por cientos de años un patrón de rebelión y luego de restauración marcó la experiencia del pueblo de Dios. Generación tras generación cayó en la idolatría. Cada generación subsiguiente condujo al juicio divino manifestado en pueblos extranjeros que invadían la tierra prometida y subyugaban a las tribus israelitas. En su desesperación, los israelitas se volvían al Señor, quien levantaba líderes para liberarlos. Aquellos jueces primeramente los liberaron del yugo extranjero y luego dirigieron al pueblo de Dios. Lamentablemente, cuando los jueces morían, el pueblo olvidaba las lecciones de la historia y rápidamente volvían a las prácticas paganas e idólatras.

Con el tiempo Dios levantó a David, quien unió a las tribus hebreas y estableció un reino fuerte que dominó el antiguo Cercano Oriente. Durante un tiempo pareció que esta edad dorada quebrantaría el patrón pecaminoso del que hablamos anteriormente. Pero trágicamente después de la muerte de Salomón, el hijo de David, el reino unido hebreo se dividió. En el norte, una serie de reyes siguió el liderazgo del apóstata Jeroboam y mantuvo una religión nacional que falsificó las legítimas instituciones del AT.

En las primeras dos décadas de división, los que estaban empeñado en la verdadera adoración del Señor emigraron al reino del sur de Judá. Durante los casi cuatrocientos años que Judá sobrevivió como un reino independiente, la nación experimentó ciclos de idolatría y de regreso a Dios, muy parecidos a los que caracterizaron la época de los jueces. Cuando gobernaban reyes piadosos, la nación tenía la tendencia a ser fiel al Señor. Pero hubo demasiados gobernantes en el sur que llevaron a su pueblo a la idolatría, y finalmente siglos de pecado dieron como resultado el castigo que Dios les mandó con la cautividad babilónica.

A pesar de la infidelidad del pueblo de Dios del AT, el Señor mantuvo su compromiso y las promesas del pacto que hizo a Abraham, Isaac y Jacob. Cuando los israelitas pecaban, Dios los disciplinaba. Pero, ¿abandonaría Dios a su amado pueblo? ¡Nunca!

DIOS DE PUEBLOS

En el AT, a Dios también se le llama «Dios de Israel» y «Dios de los judíos». A menudo, donde se identifica a Dios como el «Dios de Jacob», se piensa en el pueblo hebreo (no sólo en el patriarca Jacob).

Es sorprendente que el mismo Dios quiera que le conozcan como el «Dios de los judíos». Ciertamente el AT testifica que el pueblo de Dios le abandonó demasiado a menudo para adorar a los ídolos. Con demasiada frecuencia ignoraron los patrones de justicia pautados en la Ley de Moisés. (Por ejemplo, la injusticia y opresión a los pobres fueron comunes durante la mayoría del tiempo que Israel existió como nación.)

Aun más sorprendente es el hecho de que Dios, quien escogió a Israel, permaneció fiel a su pueblo a pesar de su apostasía. El compromiso de amor de Dios permaneció inmutable y firme. Dios expresó ese amor al hablar por medio del profeta Oseas. El Señor revela que el dolor lo desgarró cuando se vio obligado a disciplinar a su pueblo pecador:

Yo con todo eso enseñaba a andar al mismo
   Efraín,
tomándole de los brazos;
y no conoció que yo le cuidaba.
Con cuerdas humanas los atraje,
con cuerdas de amor;
y fui para ellos como los que alzan el yugo sobre
   su cerviz,
y puse delante de ellos la comida...

¿Cómo podré abandonarte, oh Efraín?
¿Te entregaré yo Israel? ...
Mi corazón se conmueve dentro de mí,
se inflama toda mi compasión.
No ejecutaré el ardor de mi ira,
ni volveré para destruir a Efraín;
porque Dios soy, y no hombre,
el Santo en medio de ti;
y no entraré en la ciudad.
   Os 11.3,4,8,9

Al identificarse como Dios de Israel y Dios de los judíos, el Señor se revela como Aquel que ama incondicionalmente a su pueblo. Él permanece fiel aun cuando seamos infieles. Verdaderamente Dios no es un ser humano, pues la clase de amor que demostró en su relación con Israel es una especie de Calvario de amor. No dejará ir al amado, aun cuando ese amor cueste la vida de su Hijo Unigénito.

Sí, Dios es inmanente. Y está íntima y activamente involucrado en nuestra vida. A través de su participación como el Dios de lugares, el Dios de personas y el Dios de su pueblo del AT, el Señor se ha dado a conocer.

NOMBRES DESCRIPTIVOS DE DIOS

Los nombres sublimes de Dios tienden a ser compuestos, por ejemplo: Dios Todopoderoso o Dios Altísimo. En estos compuestos, a menudo cada elemento puede permanecer y de hecho permanece solo. De manera que encontramos «el Todopoderoso» y «el Altísimo» solos en las Escrituras, sin la palabra «Dios».

Los nombres relacionales de Dios son aquellos en los que el Señor se revela como el «Dios de» un lugar, una persona o un pueblo. Al buscar el significado de estos nombres, debemos volver a estudiar cada lugar o persona y la manera en que Dios actuó en ese lugar o se relacionó con esa persona o pueblo específicos.

Los nombres descriptivos de Dios se caracterizan mayormente por la asociación de un adjetivo con «Dios» o «Señor», y ese adjetivo hace una declaración específica sobre Dios. En este arreglo, los nombres descriptivos tienden a ser como los nombres sublimes. En otras palabras, ensalzan a Dios y declaran alguna impresionante realidad sobre quién es Él. ¿Y quién es Él?

EL DIOS ETERNO

Olam es la palabra hebrea que se traduce «eterno» o «eternidad». La palabra aparece unas

Moisés afirmó el derecho de Dios de gobernar en los asuntos de su pueblo.

❖

300 veces en el AT, y a menudo se traduce «para siempre», «siempre», «eterno», «perpetuo», «viejo» o «antiguo». A Dios se le llama Dios eterno en sólo cuatro textos del AT. Sin embargo, este nombre descriptivo añade algo importante a nuestro entendimiento de quién es Dios. Para ser específico, el nombre *el olam*, presenta a Dios como uno que existió antes de los más remotos tiempos y que existirá perpetuamente. Dicho de manera sencilla, este nombre descriptivo nos recuerda que el Señor era, es y será para siempre.

El nombre aparece primero en Génesis 21.33. Abimelec (título antiguo de los reyes cananeos que vivieron en lo que más tarde se convertiría en la tierra de los filisteos) fue a ver a Abraham con Ficol, el comandante del ejército de Abimelec. Le pidieron a Abraham que hiciera un trato con ellos. Le dijeron: «Dios está contigo en todo cuanto haces» (v.

22). Abraham estuvo de acuerdo e hizo un juramento en el que se comprometió a tener amistad con ellos (vv. 23,24). El versículo 33 dice que después Abraham plantó un árbol tamarisco en el sitio donde se hizo el trato de amistad.

Entonces el patriarca «invocó allí el nombre de Jehová Dios eterno». Al hacerlo, Abraham afirmó su comprensión de que los tratos entre las personas son vulnerables a las fallas humanas. Pero una vez establecida, la relación con Dios es segura pues el Señor es el Dios eterno. Él permanece inmutable por toda la eternidad.

Esta verdad se repite en la bendición final de Moisés a las tribus de Israel:

El eterno Dios es tu refugio,
y acá abajo los brazos eternos.
Dt 33.27

EL DIOS DE GLORIA

Aunque se encuentra sólo una vez en el AT (en el Sal 29.3), el título es importante. El Salmo 29 es un poema de David. Este vio las huellas de Dios en la creación y declaró que el Señor es grande y poderoso. El asombro de David ante las maravillas de nuestro mundo se volvió en admiración de Yahveh, quien no sólo hizo todas las cosas sino que también las gobierna, y cuya poderosa voz todavía se oye en la tormenta. Así que David clamó:

Tributad a Jehová, oh hijos de los poderosos,
Dad a Jehová la gloria y el poder.
Dad a Jehová la gloria debida a su nombre;
Adorad a Jehová en la hermosura de la santidad.

Voz de Jehová sobre las aguas,
truena el Dios de gloria,
Jehová sobre las muchas aguas.
Voz de Jehová con potencia;
Voz de Jehová con gloria.
Sal 29.1-4

La repetición de «Jehová» y «gloria» en estos versículos es importante. En hebreo, el significado de la raíz de la palabra traducida «gloria» es «pesado» o «influyente». La idea es que no hay otro ser más importante e influyente en el universo que Yahveh, pues sólo Él es majestuoso y está por encima de todo.

DIOS EN LOS CIELOS

Esta frase descriptiva se encuentra nueve veces en el AT. Al describir al Señor como «Dios en los cielos», los escritores de las Escrituras afirman varias verdades.

Moisés entiende que la posición de Dios en los cielos le da el derecho a este de pedir a los israelitas «guardar sus mandamientos» (Dt 4.39-40). Rahab, una ciudadana de Jericó, vio la posición de Yahveh como Dios en los cielos como una posición de poder. Bien podía ayudar a Israel y derribar los muros de Jericó (Jos 2.11). Cuando se refieren al Señor como «Dios en los cielos» en 1 R 8.23; 2 Cr 6.14 y 20.6, lo que se quiere destacar es su unicidad. Las demás supuestas deidades son ídolos cuyos campos de acción se limitan a la tierra. Son invenciones de demonios con formas diseñadas por hombres.

El Salmo 115.3-6 resume hermosamente lo que significa conocer al Señor como Dios en los cielos:

Nuestro Dios está en los cielos;
todo lo que quiso ha hecho.
Los ídolos de ellos son plata y oro,
Obra de manos de hombres.
Tienen boca, mas no hablan;
Tienen ojos, mas no ven;
Orejas tienen, mas no oyen;
Tienen narices, mas no huelen.

¡Qué contraste hay entre esto y nuestro Dios en los cielos! Es una razón perfecta para que el salmista clame:

Oh Israel, confía en Jehová;
Él es tu ayuda y tu escudo.
Casa de Aarón, confiad en Jehová;
Él es vuestra ayuda y vuestro escudo.
Los que teméis a Jehová, confiad en Jehová;
Él es vuestra ayuda y vuestro escudo.
Salmo 115.9-11

Sólo el Dios de los cielos debe ser objeto de nuestra confianza pues solamente Él es nuestra ayuda y escudo.

TRASFONDO BÍBLICO:

A TI CANTAMOS

Los diferentes nombres de Dios han captado la imaginación de generaciones de creyentes. Y también han enriquecido la adoración, especialmente cuando tantos se han entretejido en los himnos que nos son tan conocidos. Tanto las palabras como la música han servido para elevar nuestros pensamientos y corazones a Dios y nos han ayudado a alabarlo por quien Él es. Estas son frases de himnos que nosotros y nuestros predecesores hemos cantado:

«Sé tú mi visión»
Altísimo Rey de los cielos,
Tú eres el Sol brillante del cielo,
Concédeme el gozo después de la lucha;
Corazón grande de mi propio pecho,
Pase lo que pase sé tú mi visión,
Oh dueño de todo.

«Maravilloso Nombre»
Maravilloso nombre, maravilloso nombre,
Maravilloso nombre es el de mi Jesús,
Jesús el buen Pastor, la Roca de los siglos,
Dios Todopoderoso, su nombre es Jesús.

«Inmortal, Invisible»
Inmortal, invisible, Dios sabio, poderoso
En luz inaccesible oculto a nuestros ojos,
Bendito y glorioso es el Anciano de días,
El Todopoderoso, el siempre victorioso
su nombre alabamos, su nombre ensalzamos.

«Adorad al Rey»
Adorad al Rey, lleno de gloria en los cielos.
Con gratitud cantaremos de su poder, de su amor;
nuestro escudo y defensa es el Anciano de días,
Pabellón de esplendor, emblema de alabanza.

Los nombres de Dios de veras enriquecen nuestra alabanza, sea que esa alabanza se cante o brote silenciosamente de un corazón lleno de amor y adoración.

EL DIOS VIVIENTE

Dios se describe como el «Dios viviente» diez veces en el AT y diez veces en el NT. La clave para entender este nombre descriptivo del Señor, se encuentra en *The Theological Wordbook of the Old Testament* [Manual Teológico del AT]. Los autores señalan: «El AT habla de la vida como una experiencia vital en lugar de un principio de vitalidad abstracto que puede distinguirse del cuerpo... La vida es la capacidad de ejercer uno su poder vital en toda su plenitud» (p. 644).

Al describir a Dios como el «Dios viviente», las Escrituras distinguen entre el Señor y todas las deidades competidoras. Solamente el Dios de la Biblia es el Dios viviente y sólo Él puede ejercer todo su poder vital a plenitud. Es significativo que cuatro de las diez apariciones de la frase «el Dios viviente» están en el contexto del insulto de Asiria al Señor pronunciado en tiempos de Ezequías. Un enviado asirio había ridiculizado la idea de que el Dios de los israelitas podía resistir el poder de Asiria mejor que las deidades de muchos otros pueblos que Asiria había conquistado. Ezequías llevó los insultos del gobernante asirio al Señor en oración. Ezequías dijo:

> Jehová Dios de Israel, que moras entre los querubines, sólo tú eres Dios de todos los reinos de la tierra; tú hiciste el cielo y la tierra. Inclina, oh Jehová, tu oído, y oye; abre, oh Jehová, tus ojos, y mira; y oye las palabras de Senaquerib, que ha enviado a blasfemar al Dios viviente.
> 2 Reyes 19.15,16

Porque Dios es el Dios viviente y tiene la capacidad de ejercer todo su poder vital, intervino en favor de Ezequías. En una sola noche el ejército asirio se vio diezmado y ninguna flecha asiria voló sobre las murallas de Jerusalén. Senaquerib volvió a su tierra y antes de que organizara otra invasión a Judá, dos de sus hijos lo asesinaron (vv. 35-37).

Porque Dios es el Dios viviente, podemos confiar en Él plenamente. Podemos enfrentar nuestros retos con valor y podemos recurrir a Él con libertad cuando estamos en necesidad.

EL SEÑOR, EL REY

Es en los Salmos donde encontramos la descripción de Dios como Rey. Por ejemplo, el Salmo 47 afirma que «el Señor, el Altísimo, es digno de ser temido, Rey grande es sobre toda la tierra» (v. 2). Cuán apropiado, entonces es decir:

Cantad a Dios, cantad;
Cantad a nuestro Rey, cantad;
Porque Dios es el Rey de toda la tierra;
Cantad con inteligencia.
Reinó Dios sobre las naciones;
Se sentó Dios sobre su santo trono.
   Salmo 47.6-8

El sustantivo hebreo traducido «rey», *mélek*, es un término importante. En el mundo antiguo, el rey era el responsable de todas las funciones de gobierno: las legislativas, las ejecutivas y las judiciales. La New International Encyclopedia of Bible Words señala que el *mélek* «proveía cualquier liderazgo y control requerido para gobernar al pueblo» (p. 376). Y esta autoridad no descansaba tanto en el oficio como en la persona que llevaba el título. La enciclopedia traza brevemente la visión de las Escrituras de Dios como Rey:

En el día que Samuel presentó a Saúl a Israel como su primer rey, recordó tristemente: «Me dijisteis: No, sino que un rey ha de reinar sobre nosotros, aunque el Señor vuestro Dios era vuestro rey» (1 S 12.12). Samuel afirmó que Dios se había comprometido a ejercer personalmente el liderazgo judicial, legislativo, ejecutivo y militar que su pueblo necesitaba. Pero Dios era invisible y los enemigos que rodeaban a Israel eran demasiado visibles. Dios se vio rechazado abiertamente; Israel demandaba un gobernante que pudieran ver. Confiarían más en un ser humano que en el Señor.

Samuel les advirtió sobre la confianza en un liderazgo simplemente humano (2 S 8.10-20). Y la Biblia registra repetidas tragedias debido a los reyes malvados e ineptos que condujeron a Israel a la apostasía.

Los profetas, muchos de los cuales vivieron en los días de la monarquía, pidieron a Israel volverse a su visión original de Dios.

Dios era el creador de Israel, el Rey y el Redentor (Is 43.15; 44.6). Debían reconocerlo como el gran Rey (Mal 1.14; Sof 3.15). Pero es Zacarías quien resume más claramente la futura esperanza de Israel: «El Señor será rey sobre toda la tierra; aquel día el Señor será uno, y uno su nombre» (Zac 14.9). Después que Dios interviene personalmente para destruir a los enemigos de Israel, estará personalmente presente en la tierra. «Y sucederá que todo sobreviviente de todas las naciones que fueron contra Jerusalén subirán de año en año para adorar al Rey, Señor de los ejércitos, y para celebrar la fiesta de los tabernáculos» (Zac 14.16).

Así que, al hablar de Dios como Rey, el AT ve su invisible pero real gobierno sobre el curso de la vida del hombre y el día venidero en que aparecerá en la tierra para poner todas las cosas bajo su control personal (pp. 376, 377).

Hay, por supuesto, otro aspecto del gobierno de Dios como Rey. David comienza el Salmo 145 con las palabras: «Te exaltaré mi Dios, mi Rey» (v. 1). Cuando alabamos a Dios como un Rey «con entendimiento», nos sometemos a sus designios. Reconocemos su derecho de determinar la clase de vida que viviremos. Y confiamos totalmente en Él para regir las circunstancias de nuestra vida.

ANCIANO DE DÍAS

Este nombre descriptivo de Dios se usa sólo en Daniel 7.9. Aun más importante, *attic*, la palabra hebrea traducida «anciano» se encuentra solamente aquí en este singular nombre de Dios. Si bien para la mayoría la frase «Anciano de días» sugiere una eminencia perdurable, lo más importante es el contexto en que se usa este nombre.

En el capítulo 7, Daniel revela una visión del futuro. Comenzando en el v. 9, el enfoque pasa de la tierra al cielo. Daniel ve tronos que eran puestos en el lugar como en un antiguo tribunal. Allí, sentado sobre su trono y ministrado por miles, está el Anciano de días. Su primer acto como juez es ver que se condene y mate a un poder maligno (anticristo). El segundo acto de Dios es establecer el dominio del Hijo del hombre (una referencia a Cristo) en la tierra. El acto final de la corte es terminar una última gran rebelión y hacer un juicio a favor de «los santos del Altísimo; y llegó el tiempo, y los santos recibieron el reino» (v. 22).

Esta es claramente una visión escatológica. El título «Anciano de días» es un nombre que nos asegura la victoria final de Dios sobre el mal. Nos recuerda que sea cual sea el mal o la injusticia que pueda perturbarnos hoy día, desde el principio, desde los tiempos antiguos, Dios se ha comprometido a establecer un reino de justicia para sus santos.

CAPÍTULO 4

LOS TÍTULOS DE NUESTRO DIOS

➤ ¿QUÉ SE IMPLICA EN EL TÍTULO «EL SANTO DE ISRAEL»? —49

➤ ¿CÓMO ES EL SEÑOR «DIOS DE JUSTICIA»? —52

➤ EL NOMBRE «DIOS NUESTRO SANADOR» ¿PROMETE SALUD A LOS CREYENTES? —54

➤ ¿A QUIÉN SE LE REVELÓ EL TÍTULO «DIOS EL QUE VE»? —57

➤ ¿EN QUÉ SE DIFERENCIAN EL PERDÓN DE DIOS Y EL NUESTRO? —59

➤ ¿ES DIOS UN «DIOS CELOSO»? —63

➤ ¿CUÁL ERA EL PAPEL DE LA LEY EN LA FE Y LA VIDA DEL AT? —65

➤ ¿IMÁGENES ESCULPIDAS E IMÁGENES MENTALES? —73

Es común en los negocios modernos. Los empleados reciben títulos en vez de aumentos salariales. O se da el título de «vicepresidente» a los vendedores para que los clientes potenciales sientan que están recibiendo un tratamiento especial. Otros ostentan títulos que no merecen. El carácter de una persona puede degradar el oficio que tiene, o deslucir su título.

Cuando hablamos de los muchos y variados títulos de Dios, sin embargo, no son necesarias ninguna de las advertencias que nos hacen sospechar de los títulos humanos. Cada título que tiene el Señor es en verdad significativo pues nos revela más sobre quién es Dios y quién es Él para nosotros. Y el carácter de Dios está infundido en cada título. Él es digno de toda la alabanza y honor que cada título implica.

Igual que con los nombres de Dios, es también posible clasificar los muchos títulos para Él que se encuentran en el AT. Hay títulos sublimes que hacen énfasis en su intrínseco poder y autoridad. Pero la mayoría de todos ellos son títulos descriptivos que muy a menudo revelan lo que Dios ha hecho o lo que Dios hará.

LOS TÍTULOS SUBLIMES DE DIOS

CREADOR DE LOS CONFINES DE LA TIERRA

En Isaías 40.28 leemos que el «Dios eterno es Jehová» y recibe el título de «Creador de los confines de la tierra». El contexto y título enfatizan «la grandeza de su fuerza, y el poder de su dominio» (v. 26), pues es Dios quien ha traído todas las cosas a existencia y quien conoce a cada estrella por su nombre. Para saber sobre Dios como Creador, véase la p. 6.

DIOS DEL CIELO Y DE LA TIERRA
DIOS DEL CIELO
DIOS DE LOS CIELOS

Si bien uno de los nombres descriptivos del Señor es «Dios en los cielos» (p. 43), Él también ostenta el título de «Dios del cielo y de la tierra», «Dios del cielo» y «Dios de los cielos». Mientras que el primer nombre se encuentra sólo en Esdras 5.11, los otros dos aparecen unas 23 veces en el AT.

En el AT, la palabra hebrea *samayim* se traduce tanto «cielo» como «cielos». La Biblia entiende los cielos como parte del universo creado. Físicamente, los cielos abarcan todo lo que hay en el cielo y sobre el cielo, incluyendo las estrellas. Pero los cielos también son el Reino de Dios. Hay un cierto paralelismo entre los cielos físicos y espirituales. Ambos están «arriba», es decir más allá de la capacidad de los seres humanos para experimentarlos directamente. Ambos son vastos y misteriosos, sólo Dios los comprende cabalmente. Por lo tanto, Isaías dice:

Mis pensamientos no son vuestros pensamientos, ni vuestros caminos mis caminos, dijo Jehová. Como son más altos los cielos que la tierra, así son mis caminos más altos que vuestros caminos, y mis pensamientos más que vuestros pensamientos.

Isaías 55.8,9

Al dar al Señor el título de «Dios del cielo» el AT nos confronta con el vasto abismo que existe entre los seres humanos y Dios, y nos recuerda que solamente Dios puede cubrir la distancia. Nosotros nunca podemos llegar al cielo para encontrarle a Él. Pero Dios se ha inclinado hasta la tierra para tocar nuestra vida. No en balde el salmista nos dice:

Dad gracias al Dios del cielo, porque para siempre es su misericordia.

Salmo 136.26

DIOS DE VERDAD

Al Señor se le da el título de «Dios de verdad» en varios pasajes del AT. Cuando Moisés se aproximaba a su muerte, «Dios de verdad» fue uno de los primeros títulos que le dio al Señor en una canción de enseñanza (que Moisés había hecho memorizar a Israel).

Dios de verdad, y sin ninguna iniquidad en él; Es justo y recto.

Deuteronomio 32.4

Está claro desde esta primera aparición del título en las Escrituras que darle el título al Señor de «Dios de verdad» está estrechamente relacionado con su carácter moral.

The New International Dictionary of New Testament Theology señala que «los hebreos reconocían la verdad *lógica* que otros también reconocían: que se puede confiar en una palabra cuando está de acuerdo con la realidad; y que para un Dios de verdad, lo mismo que para un hombre de verdad, palabra y obra son una sola cosa» (Vol. 3, p. 882). Quizás la mejor manera de traducir la mayoría de las apariciones de «verdad» (heb. *'emet*) en el AT es con la palabra «confiable», pues lo que es verdad es confiable y se puede contar con ello.

Por esto Moisés liga tan claramente el título «Dios de verdad» con «justicia» y «justo». El propósito de Dios de hacer lo justo es inconmovible. Él es la única constante moral confiable en el universo, no importa que el mundo moderno diga que la moralidad es relativa y que las acciones son «correctas para mí» sin tener como referencia ningún estándar absoluto. Como Dios de verdad, el Señor mismo es el estándar y su compromiso con lo que es correcto lo hace totalmente confiable. Podemos depender de su Palabra. Por esto, con toda seguridad, el salmista le dice al Señor:

Tú eres mi refugio, en tu mano encomiendo mi espíritu.

Salmo 31.4,5

Y no es de extrañar que Cristo mismo pronunciara estas mismas palabras en la cruz, confiado en que su Padre celestial no solo recibiría su sacrificio sino que también resucitaría al Hijo para vida eterna (Lc 23.46).

EL QUE CABALGA SOBRE LOS CIELOS
EL QUE CABALGA SOBRE LOS CIELOS DE LOS CIELOS

Estos dos títulos se encuentran en el Salmo 68. En el versículo 4 dice: «exaltad al que cabalga sobre los cielos», y en el versículo 33 invita al lector a cantar al Señor «que cabalga sobre los cielos de los cielos que son desde la antigüedad». La imagen de cabalgar en las nubes o en los cielos indica el control de Dios como el jinete controla su corcel. Dios es grande porque sólo Él controla los cielos y también el cielo de los cielos.

SANTO DE ISRAEL

El título «Santo de Israel» identifica al Señor y su relación con su pueblo del pacto. Dios es descrito como «el Santo» 50 veces en 48 versículos del AT. En la mayoría de estos versículos se le da el título completo: el Santo de Israel.

El concepto de «Santo» del AT es sumamente importante. El pensamiento subyacente es que lo que es santo no está en el plano de lo ordinario sino que se traslada al plano de lo sagrado. Sin duda Dios, quien es espléndido en su poder esencial y gloria, está infinitamente separado de su creación. Como el Santo, Dios se convierte en el foco mismo del plano sagrado.

Hay también un claro énfasis, en el AT, de lo importante que es que el pueblo de Dios mantenga una distinción entre lo secular y lo sagrado. Por lo tanto, la frase «de Israel» se añade con frecuencia a «el Santo». ¿Por qué? Primero, el título nos recuerda que Yahveh es quien *define* lo sagrado para su pueblo. Él mismo es la santidad esencial, el que estableció Israel y el estándar bajo el que Israel debía vivir.

Segundo, la frase «Santo de Israel» nos recuerda que Yahveh es quien hizo santo a Israel. En otras palabras, Dios es el que separó a los descendientes de Abraham como su pueblo.

Tercero, Dios es Aquel a quien Israel debía siempre reflejar. En Levíticos 19.2, el Señor le dijo a Moisés: «Habla a toda la congregación de los hijos de Israel, y diles:

Santos seréis, porque santo soy yo Jehová vuestro Dios».

TRASFONDO BÍBLICO:
APARTARSE Y AISLARSE

El concepto subyacente en la palabra hebrea traducida «santo» es «apartarse para Dios». En los tiempos del AT, esto involucraba separación. Por ejemplo, los implementos que se usaban para la adoración en el Templo no se empleaban para ningún otro propósito. Muchos de los más peculiares decretos de la ley ritual del A.T. tenían la intención de enfatizar que Israel fue apartado de los demás pueblos del mundo antiguo. Aunque el A.T. contiene varios ejemplos de pueblos paganos que llegaron a conocer al Señor, se mantuvo la pared de separación erigida por la Ley. No había confusión sobre qué o quién era santo para el Señor.

El evangelio introdujo un cambio radical en el concepto de santidad. El pueblo de Dios del A.T. era tanto una nación como una comunidad de fe. El pueblo de Dios del NT, formado por individuos que confiaron en Jesús como su Salvador, era una comunidad de fe, no una nación. Más bien, los cristianos fueron llamados a vivir entre pueblos paganos: vivir en los mismos edificios de apartamentos, trabajar hombro a hombro con los incrédulos y compartir comidas y costumbres con ellos. La santidad ya no se expresaba aislándose de las influencias paganas.

Nadie afirma esto tan claramente como lo hace Pablo en 1 Corintios 5.9-13.

Os he escrito por carta, que no os juntéis con los fornicarios; no absolutamente con los fornicarios de este mundo, o con los avaros, o con los ladrones, o con los idólatras; pues en tal caso os sería necesario salir del mundo. Más bien os escribí que no os juntéis con ninguno que, llamándose hermano, fuere fornicario, o avaro, o idólatra, o maldiciente, o borracho, o ladrón; con el tal ni aun co-

La Ley tenía que ver con todos los aspectos de la vida de un israelita y le recordaba constantemente al pueblo de Dios que había sido apartado para Él.

❖

máis. Porque ¿qué razón tendría yo para juzgar a los que están fuera? ¿No juzgáis vosotros a los que están dentro? Porque a los que están fuera, Dios juzgará. Quitad, pues, a ese perverso de entre vosotros.

De este pasaje derivamos varios principios. Primero, los cristianos no deben «salir de este mundo» sino más bien vivir en él como testigos. En efecto, uno de los más claros testimonios cristianos es una vida santa. Tal testimonio no es asunto «no lo hagas» o «hazlo», sino más bien de un compromiso dinámico interior para amar, buenas obras y mantenerse lejos del pecado.

Segundo, los cristianos deben ser miembros de una comunidad cristiana. Esto es, una fraternidad santa, consagrada a seguir a Jesús y que rechaza los valores contrarios de una sociedad desenfrenada. En la iglesia primitiva, era dentro de los lazos formados entre los miembros de tal comunidad santa donde los creyentes obtenían la fuerza para vivir vidas piadosas y santas en el mundo.

En ocasiones a lo largo de la historia de la Iglesia, la expresión de santidad del AT —que en verdad involucraba un elemento de aislamiento de los pueblos paganos que rodeaban a Israel— ha distorsionado el entendimiento de los cristianos respecto a lo que significa vivir una vida santa. Para los creyentes, la santidad es una calidad de vida y un sometimiento a los métodos y valores de Dios. Tal disposición mental nos permite vivir entre gente cuyas creencias y conducta no son piadosas. Es sólo cuando entendemos que la santidad es un compromiso con Dios y sus normas, aun cuando vivamos en un mundo hostil, que podemos experimentar la pureza moral y el crecimiento espiritual a los que Dios nos ha llamado en Jesucristo.

Lo que encierra la santidad. En el AT, la santidad tenía fuertes elementos rituales y morales. El elemento ritual involucraba una santidad ritual que se resumía en el requerimiento de que Israel evitara todas las cosas que Dios había definido como «inmundas», y realizara los deberes rituales prescritos. Por ejemplo, un hebreo no debía mezclar telas en un vestido ni arar con dos animales diferentes unidos en un yugo (Dt 22.10). Tales proscripciones no eran de naturaleza moral; más bien, eran rituales.

Guardar todos estos extraños mandamientos o aun los más conocidos mandamientos de no comer animales inmundos (Lv 11.24-27) nunca fue un asunto de moralidad. En vez de eso, todas esas reglas rituales eran para recordar a los israelitas que verdaderamente eran un pueblo apartado para Dios; es decir, eran diferentes de todos los pueblos que los rodeaban.

Era responsabilidad de los sacerdotes enseñar a los hijos de Israel a «discernir entre lo santo y lo profano, y entre lo inmundo y lo limpio, y ... enseñar a los hijos de Israel todos los estatutos que Jehová les ha dicho por medio de Moisés» (Lv 10.11). Israel debía ser santo en el sentido de «apartarse». También, las reglas que normaban la vida diaria, el año y el ciclo de la vida de un individuo tenían el propósito de recordar a la nación su relación especial con el Santo de Israel.

Santidad moral. Mientras que la santidad ritual era un elemento importante en el estilo de vida de Israel, también se enfatizaba la santidad moral. Los primeros mandamientos que Dios dio a Israel en el monte Sinaí fueron de carácter moral, no ritual. Una persona apartada para Dios no debía andar en idolatría, robo, mentira, inmoralidad, asesinato ni cosas por el estilo. Posteriores mandamientos de naturaleza moral frecuentemente estuvieron puntualizados con el recordatorio: «Yo soy el Señor».

Uno de los principales énfasis de los profetas era recordar a los israelitas que Dios los llamó a una vida moral y a tener siempre el propósito de hacer lo bueno. Para los que se apartaban para Dios por sus acciones había un requerimiento de santidad tanto moral como ritual.

Mientras que el AT enfatiza que una forma de vida «apartada» es lo que pide el Santo de Israel, en el NT encontramos un cambio de énfasis. Allí el énfasis está en una santidad dinámica. Es un compromiso moral que refleja la obra del Espíritu Santo dentro del ser humano. Mientras que en el AT los santos se separan de los pecadores, los creyentes del NT deben vivir vidas santas en el contexto de una sociedad humana pecaminosa y «vencer con el bien el mal» (Ro 12.21).

Finalmente, para los santos de cualquier era, el título «Santo de Israel» nos recuerda que debemos conformar nuestra vida a las perfecciones de nuestro Dios. Debemos distinguir entre lo bueno y lo malo (como enseña la Palabra de Dios), y apartarnos para Él.

LOS TÍTULOS RELACIONALES DE DIOS

Es posible tratar como relacionales algunos de los títulos de Dios. Por ejemplo, «Dios nuestro sanador» hace un claro énfasis en la relación entre el creyente y el Señor. Sin embargo, es preferible hablar de los títulos de Dios que se encuentran en el AT como títulos descriptivos. Esto es así porque la mayoría de los títulos del AT describen algo que Dios hace o hará. Por esta razón, los demás títulos de Dios que examinaremos en este capítulo se identificarán como títulos descriptivos.

LOS TÍTULOS DESCRIPTIVOS DE DIOS

¿Cómo podemos describir a Dios? En las

Escrituras, las dos funciones más comunes de los títulos descriptivos de Dios son afirmar su papel como «el que perdona». Los 38 títulos descriptivos de Dios que examinamos en este capítulo enriquecen nuestro entendimiento sobre quién es Dios y nuestro asombro ante su amor y su gracia.

DIOS DE JUSTICIA

Uno de los roles que las Escrituras adscriben al Señor es hacer justicia. Este rol está íntimamente ligado con el papel de Dios como gobernante del universo que Él creó y mantiene.

Dos raíces hebreas verbales son importantes para ayudarnos a entender las implicaciones de este título. La primera raíz, *sapat*, incorpora todas las funciones de gobierno, incluyendo la judicial. La justicia tiene que ver con los derechos del individuo y sus deberes bajo la ley, y dar a Dios el título de «Dios de justicia» significa en parte que Él establece esos derechos y deberes como Dador de la ley (Is 33.22). Dios también ejerce como Juez (Sal 7.11) e imparte justicia.

La otra raíz hebrea es *sadaq*, y las palabras construidas sobre esta raíz se traducen «justo» y «justicia». La idea subyacente es que la moral y las normas éticas existen y que nuestras acciones pueden y deben regirse por ellas. Las acciones que están en armonía con las normas son «justas», mientras que las que violan las normas son «injustas». Como Dios de justicia, el Señor no sólo establece las normas, sino que también sus acciones están siempre en armonía con ellas.

La New International Encyclopedia of Bible Words hace importantes señalamientos sobre Dios y la justicia.

A fin de cuentas nuestro entendimiento de la justicia tiene su origen en la persona que le dio la ley a la humanidad. «Él es la Roca, cuya obra es perfecta, porque todos sus caminos son rectitud; Dios de verdad, y sin ninguna iniquidad en él, es justo y recto» (Dt 32.4). Los castigos históricos de Dios a Israel por la desviación de las normas reveladas son tam-

bién un aspecto de la justicia. Una y otra vez Israel fue forzado a admitir: «Pero tú eres justo en todo lo que ha venido sobre nosotros» (Neh 9.33; cf. 2 Cr 12.5-6).

La justicia, entonces, tiene la raíz en la misma naturaleza de Dios y su carácter es la verdadera norma o estándar. Todos sus actos son justos y rectos, aun aquellos que no podemos entender. Pero en la Biblia, Dios nos ha dado normas que podemos comprender. Estos estándares, que se expresan en el AT en la Ley Mosaica y en los libros proféticos, toman la justicia del plano de lo abstracto y lo hacen un asunto práctico (p. 369).

El gran misterio en el cuadro del Señor como Dios de justicia es que también hay espacio para la misericordia. Isaías 30.18 combina los temas de misericordia y justicia:

Por tanto, Jehová esperará para tener piedad de vosotros, y por tanto, será exaltado teniendo de vosotros misericordia; porque Jehová es Dios justo; bienaventurados todos los que confían en él.

El misterio radica en que mientras la estricta justicia reclama castigo, el Señor, como Dios de justicia, invita a su pueblo a confiar en su gracia y misericordia. Isaías 30.18 claramente liga los dones de gracia y misericordia de Dios con su rol como Dios de justicia.

El AT no explica cómo puede resolverse el conflicto entre justicia y misericordia. Pero el libro de Romanos del NT explica cómo Dios manejó este aparentemente insoluble dilema moral.

Pero ahora, aparte de la ley, se ha manifestado la justicia de Dios, testificada por la ley y por los profetas; la justicia de Dios por medio de la fe en Cristo, para todos los que creen en él. Porque no hay diferencia, por cuanto todos pecaron, y están destituidos de la gloria de Dios, siendo justificados gratuitamente por su gracia, mediante la redención que es en Cristo Jesús, a quien Dios puso como propiciación por medio de la fe en su sangre, para manifestar su justicia, a causa de haber pasado por alto, en su paciencia, los pecados pasados, con la mira de manifestar en este tiempo su justicia, a fin de que él sea el justo, y el que justifica al que es de la fe de Jesús.

Ro 3.21-26

Puesto que todos hemos pecado, la justicia divina demanda que todos seamos condenados. Pero Jesús pagó la pena que exigía la justicia, con lo que permitió que Dios sea justo al mismo tiempo que ofrece a los pecadores una salvación recibida por fe. Al Cristo morir en la cruz, por fin Dios reveló cómo pudo mostrar su gracia a los santos del AT, cuyos pecados parecía haber ignorado. Antes del principio del tiempo, Dios sabía que crear la raza humana y darle libertad moral le costaría finalmente la vida de su Hijo.

¡Verdaderamente el Dios de justicia ha sido exaltado! En su compromiso de hacer lo que es correcto, no sólo que mantuvo su integridad mediante el Calvario, sino que también a través del mismo acto derramó su gracia sobre una humanidad que no la merecía.

Solo la cruz de Jesús pudo reconciliar el conflicto inherente entre la misericordia y la gracia de Dios.

DIOS DE SABIDURÍA

Después del nacimiento de Samuel, su madre Ana, que había orado desesperadamente pidiendo un hijo, alabó a Dios en una oración que se registra en 1 Samuel 2. Llena de gozo, Ana exclamó:

No hay santo como Jehová;
Porque no hay ninguno fuera de ti,
Y no hay refugio como el Dios nuestro.
No multipliquéis palabras de grandeza y altanería;
Cesen las palabras arrogantes de vuestra boca;
Porque el Dios de todo saber es Jehová,
Y a él toca el pesar las acciones.

1 S 2.2-3.

La palabra hebrea traducida «de todo saber» (v. 3) es un término general para el conocimiento típicamente obtenido por esfuerzo personal. La misma palabra se usa también para conocimiento técnico, lo que llamaríamos «saber cómo». Como un Dios de sabiduría, el Señor sabe todas las cosas, aun cuando el necio cuestiona tontamente su capacidad de saber (Sal 73.11). El Señor también tiene la sabiduría de «saber cómo», para cumplir todos sus propósitos. En el contexto de 1 Samuel, está claro que el título «Dios de sabiduría» hace énfasis en este primer aspecto del conocimiento. Dios sabe todo lo que los seres humanos dicen y hacen, y Dios utiliza este conocimiento cuando pesa las acciones de la gente.

DIOS DE MI SALVACIÓN

Este título especial de Dios aparece en el Salmo 88.1. Allí el salmista comienza:

Oh Jehová, Dios de mi salvación,
Día y noche clamo delante de ti.
Llegue mi oración a tu presencia;
Inclina tu oído a mi clamor.

Sal 88.1-2

Todo este salmo es una plegaria a Dios para que actúe y libere al creyente.

La salvación en el AT. En el AT, el concepto de salvación o liberación se enfoca en situaciones concretas. Aunque la salvación eterna no se ignora en el AT, esa doctrina no está totalmente desarrollada. Cuando los santos del AT pedían a Dios que los salvara, querían decir que los rescatara de los peligros que les rodeaban en las circunstancias inmediatas. En ese tono el salmista explica:

> Porque mi alma está hastiada de males,
> Y mi vida cercana al Seol.
> Soy contado entre los que descienden al sepulcro.
> Sal 88.3,4

También íntimamente involucrado en el concepto de la salvación está la terrible certeza de que al menos que alguien haga algo, todo está perdido. No hay manera de que la gente por ella misma pueda salir de su desesperada situación.

El salmista admite:

> Soy como hombre sin fuerza,
> Abandonado entre los muertos;
> Como los pasados a espada que yacen en el sepulcro,
> De quienes no te acuerdas ya.
> Sal 88.4,5

Al dirigirse al Señor como «Dios de mi salvación» (v. 1), el salmista reconoció a Dios como el único que podía aliviar las presiones en que vivía. Aun cuando el resto del Salmo 88 pregunta por qué Dios todavía no actuaba, la convicción profunda de que el Señor es Dios de salvación se nota en todo el salmo.

El paralelismo del NT. En el NT, el énfasis cambia de salvación situacional a salvación eterna. Todavía se ve a Dios como capaz de librarnos de circunstancias peligrosas (Fil 1.12-19). Pero lo que se celebra es la obra de Jesús que ha salvado del castigo del pecado a los que en Él creen, que salva del poder del pecado a los que creen y que salvará de la presencia del pecado a los que creen.

Mientras el énfasis difiere en los dos testamentos, hay estrechos paralelismos entre ambos. Los personajes del AT se encuentran en peligro de muerte física. El NT presenta a toda la humanidad en peligro de muerte espiritual. Los personajes del AT no tenían poder para librarse de sus enemigos. El NT presenta a toda la humanidad sin poder para librarse de la garra del pecado o escapar del castigo. En el AT clamaban a Dios pidiendo ayuda y Él los rescataba derrotando a sus enemigos. El NT presenta a Dios actuando en Cristo para derrotar la muerte y dar vida eterna a los que confían en Jesús.

Por lo tanto, aun cuando hay un énfasis diferente en los dos Testamentos, las Escrituras son absolutamente constantes en presentar la doctrina de la salvación. En cuanto a la salvación, las personas se encuentran indefensas ante las amenazas de la vida y sólo una intervención divina puede ayudarlas.

Ahora, como en los tiempos antiguos, celebramos al Señor como «el Dios de mi salvación». Él es nuestra mejor y única esperanza. Y Dios es nuestro suficiente Salvador.

JEHOVÁ TU SANADOR

Poco después de que los israelitas cruzaron el Mar Rojo al salir de Egipto, Dios les anunció: «Porque yo soy Jehová tu sanador» (Éx 15.26).

Este título, *Yahveh-rafa*, que a menudo se toma como un nombre, fue anunciado poco después que el Señor purificó un manantial de aguas amargas para que los israelitas pudieran beber. En ese tiempo, el Señor (a través de Moisés) dijo a los israelitas: «Si oyeres atentamente la voz de Jehová tu Dios, e hicieres lo recto delante de sus ojos, y dieres oído a sus mandamientos, y guardares todos sus estatutos, ninguna enfermedad de las que envié a los egipcios te enviaré a ti; porque yo soy Jehová tu sanador» (v. 26).

El título «Jehová tu sanador» ha capturado la imaginación de los cristianos a través de los siglos, especialmente cuando la gente desea el toque sanador de Dios. Muchos toman este título como una promesa de que Dios está comprometido a sanar a la gente de fe. Los que sostienen este punto de vista ligan este título del AT con Isaías 53.5 que dice «por sus llagas fuimos nosotros curados». Argumentan que la sanidad física es nuestra en la expiación, y que el creyente sólo necesita clamar por el poder de la sangre de Cristo para sanidad.

Es cierto que Dios tiene el poder de sanar y que a menudo ejerce ese poder en nuestro favor. Pero esto no significa necesariamente que Dios *tiene* que curar a los creyentes que lo pidan.

El texto de Éxodo. Éxodo 15.26, en el que Dios se titula «Jehová tu sanador», enlaza la liberación de esas enfermedades que afligieron a Egipto con la falta de fe de Israel para guardar la Ley de Dios. En el contexto, el punto que Dios señaló es claro. Dios envió plagas a Egipto porque los egipcios habían rehusado obedecer su orden. Sólo escuchando y respondiendo a los mandamientos de Dios los israelitas podían evitar plagas similares. Al llamarse «Jehová tu sanador», Dios le recordó a Israel que Él controlaba la salud de su pueblo tanto como todas las demás cosas. De la misma manera, Dios puede darnos salud, así como también puede darnos riqueza o cualquier otra bendición (Dt 8.18).

Isaías 53. Esta gran profecía que describe la muerte y resurrección de Cristo, expresa varios de los beneficios que Dios obtuvo para nosotros en la cruz. Sin embargo, la frase «por sus llagas fuimos nosotros curados» (v. 5) no necesariamente se refiere a la sanidad física. Isaías usa la imagen de la enfermedad y debilidad como una descripción del pecado, y la sanidad puede muy bien referirse a la restauración del bienestar espiritual (véase 1.5,6). Aún si la sanidad física fuera el asunto principal en 53.5, esa sanidad a la que se referiría puede muy bien tener lugar en la resurrección. Hasta entonces, tanto los creyentes

Tanto en sus días en la tierra como hoy, Jesús sana porque quiere sanar, no porque tiene que hacerlo.

como los incrédulos están sujetos a las enfermedades y otras tragedias, porque todas las personas (salvas o no) viven como pecadores en un mundo caído.

El testimonio del NT. Aunque Jesús sanó durante su estadía en la tierra, y los milagros de sanidad se describen en el libro de los Hechos, el NT no establece garantías de sanidad física. Santiago 5.13-15 es la única excepción. Allí se describe la sanidad como una respuesta a la oración de los ancianos de la iglesia combinada con el tratamiento médico (es decir, la unción con aceite). Necesitamos recordar que aun después que Pablo oró por su sanidad física, Dios no quitó la dolencia del apóstol. Pablo aprendió que la fortaleza de Dios brilla más claramente en medio de las debilidades humanas (2 Co 12.7-10).

Se mantiene el enfoque. En general, el contexto en el que las Escrituras presentan por primera vez un nuevo concepto o revelan un nuevo nombre o título es importante para nuestra interpretación. En Éxodo 15.26, donde Dios se revela como «Jehová tu sanador», el contexto exige con claridad una simple explicación. Los seres humanos se mantienen espiritualmente saludables y a menudo son más saludables físicamente cuando viven en una relación apropiada con Dios. El Señor quiere tenernos cerca de Él para que podamos estar lo más sanos y saludables posible en todo sentido. Cuando nos alejamos de Dios, nos hacemos vulnerables a las enfermedades, ciertamente como un castigo, pero también porque nos debilitamos por la separación.

Sí, Dios es nuestro sanador. Él es la fuente de salud espiritual y la persona que está en paz con Dios tenderá a vivir una vida más saludable y más feliz que la que viviría si estuviera alejada de Él.

EL DIOS QUE VENGA MIS AGRAVIOS

Este inusual título de Dios se encuentra al final del Salmo 18. En el salmo, David recuerda su liberación de muchos peligros y recuerda las victorias sobre sus enemigos, y le da todo el crédito a Dios. En vista de todo lo que Dios ha hecho por él, David clama:

Viva Jehová y bendita sea mi roca,
Y enaltecido sea el Dios de mi salvación;
El Dios que venga mis agravios.
Sal 18.46-47

Este título, «el Dios que venga mis agravios», nos recuerda dos grandes verdades que nos enseña la Biblia. La primera se expone con claridad en 2 Tesalonicenses 1. Allí Pablo describe a Cristo regresando del cielo «con los ángeles de su poder, en llama de fuego para dar retribución a los que no conocieron a Dios» (vv. 7-8). Pablo también nos recuerda que «es justo delante de Dios pagar con tribulación a los que os atribulan» (v. 6).

El Señor no vacila en revelarse como un Dios de juicio y también de gracia. Así como Dios recibirá gozosamente a los pecadores que pongan su confianza en Cristo, también castigará a los que desprecian su gracia. Cuando Dios declaró su nombre a Moisés (es decir, le reveló más de su naturaleza esencial), Dios se anunció como:

¡Jehová! ¡Jehová! fuerte, misericordioso y piadoso; tardo para la ira, y grande en misericordia y verdad; que guarda misericordia a millares, que perdona la iniquidad, la rebelión y el pecado, y que de ningún modo tendrá por inocente al malvado.
Éx 34.6,7

No es de extrañar que las Escrituras declaren: «Mía es la venganza, yo pagaré, dice el Señor» (Ro 12.19; véase Dt 32.35).

La segunda gran verdad que revela este título es que puesto que Dios ejercerá venganza, no tenemos que ejercitarla nosotros. Este es un maravilloso don dado por Dios a su pueblo. Mientras que nosotros, como sociedad, tenemos que hacer justicia, como individuos no somos responsables de entendernos con la desviación de la justicia. Cuando el culpable escape del castigo de la ley, cuando el corrupto prospere y cuando el inmoral sea elogiado por la prensa y por la gente, es un gran consuelo recordar que el Señor dice: «Mía es la venganza, yo pagaré, dice el Señor» (Ro 12.19).

Cuando el ejército del rey Saúl perseguía a David, este entró furtivamente una noche en la tienda de Saúl y encontró a su enemigo dormido. Uno de los hombres de David dijo que el Señor había entregado a Saúl en las manos de David. ¡Ese era el momento de asesinar a Saúl! Pero David rehusó hacerlo y dijo: «Vive Jehová, que si Jehová no lo hiriere, o su día llegue para que muera, o descendiendo en batalla perezca, guárdeme Jehová de extender mi mano contra el ungido de Jehová» (1 S 26.10,11). Matar a Saúl hubiera sido un asesinato, más bien personal que judicial. De esa manera David no tomó venganza por sus manos, aun cuando estaba en constante peligro por causa del celoso y hostil Saúl.

Solo Dios hace grandes maravillas y puede suplir todas nuestras necesidades.

David recordó que la venganza pertenece a Dios, y muy bien pudo ser que pensó en este incidente cuando bajo la dirección del Espíritu, dio al Señor el título de «el Dios que venga mis agravios» (Sal 18.47).

DIOS QUE VE

Una desesperada esclava egipcia que huía del cruel trato de su ama le dio este título al Señor. El nombre de la esclava era Hagar y estaba embarazada de Abraham (Gn 16.1-9).

Aunque Dios había prometido a Abraham un hijo, ninguno le había nacido de Sara, su mujer. Después de diez años de espera aparentemente inútil en Canaán, Sara se convenció de que era demasiado tarde para que diera un hijo a su esposo. Por lo que Sara siguió la costumbre establecida y, como otras esposas sin hijos, dio a su esposo una sustituta. Según la ley de aquellos tiempos, el niño de la sustituta sería de Sara, y de esa manera ella habría cumplido con su deber de darle un hijo a Abraham.

Pero Sara no había consultado a Dios, y cuando Hagar quedó embarazada, todo comenzó a ir mal. Las dos mujeres se volvieron cada vez más hostiles y finalmente Hagar, aun cuando estaba embarazada, no pudo re-sistir más y huyó a esconderse en el desierto. Pero allí el ángel del Señor le habló. El ángel, que muchos creen que era Dios mismo en forma visible, le dijo el nombre que debía ponerle al niño que todavía no nacía y le prometió un futuro brillante: «Multiplicaré tanto tu descendencia, que no podrá ser contada a causa de la multitud» (v. 10). Fue allí que Hagar llamó al Señor «Dios que ve» (v. 13).

Dios había visto la angustia de Hagar y descendió a hablar con ella. Y como Dios mira adelante, veía hacia adelante, y vio el futuro que Hagar había estado casi lista a estropear.

Hagar confió en la visión divina del futuro y regresó a la tienda de Sara.

¡Qué reconfortante es para nosotros este título de Dios! Él también ve nuestra angustia. Y Dios también ve el futuro que tiene reservado para nosotros. Porque Dios realmente nos ama, ese futuro es brillante.

AL ÚNICO QUE HACE GRANDES MARAVILLAS

AL QUE HIZO LOS CIELOS CON ENTENDIMIENTO

AL QUE EXTENDIÓ LA TIERRA SOBRE LAS AGUAS

AL QUE HIZO LAS GRANDES LUMBRERAS

AL QUE HIRIÓ A EGIPTO EN SUS PRIMOGÉNITOS

AL QUE DIVIDIÓ EL MAR ROJO EN PARTES

AL QUE PASTOREÓ A SU PUEBLO POR EL DESIERTO

AL QUE HIRIÓ A GRANDES REYES

EL QUE DA ALIMENTO A TODO SER VIVIENTE

Todos estos títulos son adscritos a Dios en uno de los más grandes salmos de alabanza. El salmista centró su atención en el Señor y describió las maravillosas obras que hizo para su pueblo. Cada línea alternada del Salmo 136 proclama: «Porque para siempre es su misericordia».

Este pasaje de las Escrituras se conoce como un «salmo histórico» porque se concentra en las obras que Dios hizo en la historia y le alaba por cada acto. El primer título es uno general que resume a los demás. Dios es el «único que hace grandes maravillas» (v. 4). El término hebreo traducido «maravillas» hace énfasis en la respuesta de la gente a los actos milagrosos de Dios. De inmediato el creyente es impactado porque los actos de Dios son grandes y maravillosos. Cada uno de los subsecuentes títulos de este salmo indica algo maravilloso que Dios ha hecho que nos llena de asombro.

Los siguientes tres títulos del salmo honran a Dios como el Creador. Al que hizo los cielos con entendimiento (v. 5). Al que extendió la tierra sobre las aguas (v. 6). Al que hizo las grandes lumbreras, el sol, la luna y las estrellas (vv. 7-9).

Los siguientes cuatro títulos nos recuerdan la liberación del pueblo de Dios de la esclavitud en Egipto y el regalo que les hizo entregándoles la tierra de Canaán. Dios «hirió a Egipto en sus primogénitos» (v. 10). El Señor «dividió el Mar Rojo en partes e hizo pasar a Israel por en medio de él» (v. 13,14).

Dios también «pastoreó a su pueblo por el desierto» (v. 16). Y por obra de Dios, los israelitas conquistaron la tierra prometida, porque el Señor «hirió a grandes reyes» (v. 17).

Es significativo que las dos maravillas que se enfatizan en este salmo son la creación que hizo Dios de todas las cosas y la liberación de Israel de la esclavitud en Egipto. A través del AT los creyentes miraron hacia atrás a estos dos acontecimientos históricos que definían el poder de Dios y demostraban su compromiso con su pueblo del pacto.

Al finalizar el salmo, el escritor añade otro título, uno que trae las maravillas de Dios a un plano contemporáneo. «El que da alimento a todo ser viviente» (v. 25). El Dios de la historia, que actuó en el pasado, está presente también con nosotros hoy día. Su gracia se revela en la provisión que ha hecho no sólo para la humanidad sino también para toda criatura.

DIOS PERDONADOR

El título «Dios perdonador» se encuentra en el Salmo 99.8. Allí el salmista recuerda al pueblo de Dios lo siguiente:

Y la gloria del rey ama el juicio;
Tú confirmas la rectitud;
Tú has hecho en Jacob juicio y justicia.
Exaltad a Jehová nuestro Dios,
Y postraos ante el estrado de sus pies;
El es santo.

vv. 4,5

Es en este contexto de celebrar la justicia y la rectitud que el salmista utiliza el maravilloso título: «Dios perdonador» (v. 8). A pesar de las faltas de Israel,

Jehová Dios nuestro, tú les respondías;
Les fuiste un Dios perdonador,
Y retribuidor de sus obras.

La yuxtaposición de perdón y venganza puede parecer extraña. Pero necesitamos entender que el perdón de pecado no implica inmunidad de sus consecuencias. El hombre que por manejar borracho estrella su auto contra un árbol, y mata a su esposa e hijo, puede clamar a Dios y recibir perdón. Pero el perdón no significa que su familia le será restaurada en esta vida. El joven que roba la tienda a punta de pistola puede volverse al Señor y recibir perdón, pero esto no significa que no irá a prisión.

Sin embargo, está claro que para el pueblo de Dios es el perdón de Él el que cuenta. La gente sin fe demuestra remordimiento, no tanto porque buscan el perdón sino porque temen el castigo. La gente de fe acepta que merece las consecuencias de sus acciones, y se regocija en la gracia perdonadora de Dios.

David, quien escribió muchos de los salmos del AT, entendía muy bien que lo que cuenta es el perdón. Lamentablemente, aprendió esta lección por experiencia personal. Después que pecó al cometer adulterio con Betsabé y asesinar a su esposo, Urías el hitita (2 S 11), David escribió sobre el conflicto interior que experimentó mientras exteriormente fingía que todo estaba bien. En el Salmo 32.3-4 reconoce:

Mientras callé, se envejecieron mis huesos
En mi gemir todo el día.
Porque de día y de noche se agravó sobre mí tu
    mano;
Se volvió mi verdor en sequedades de verano.

Para la persona sensible a Dios, el Espíritu le aflige tanto la conciencia que no tiene paz. No en balde en los versículos 1-2, David exclama:

Bienaventurado aquel cuya transgresión ha sido
    perdonada,
y cubierto su pecado.
Bienaventurado el hombre a quien Jehová no
    culpa de iniquidad,
Y en cuyo espíritu no hay engaño.

La gente que se miente a sí misma y a Dios sobre su pecado nunca conocerá la bendición del perdón de sus pecados. Como David, debemos decir: «Confesaré mis transgresiones a Jehová» en la absoluta seguridad de que cuando la confesión haya sido hecha, «tú perdonaste la maldad de mi pecado» (v. 5).

TRASFONDO BÍBLICO:

CUANDO PERDONAMOS

Pablo escribió en Colosenses 3.13: «Soportándoos unos a otros, y perdonándoos unos a otros si alguno tuviere queja contra otro. De la manera que Cristo os perdonó, así también hacedlo vosotros». De este versículo vemos que la prontitud de Dios en Cristo para perdonar a los pecadores es un ejemplo y un reto. Igual que Dios está listo y deseoso para perdonar, y mantiene siempre una actitud perdonadora hacia quienes le han ofendido, nosotros debemos mantener una actitud de perdón. Por lo tanto, mantener hostilidad e ira simplemente no es la forma en que debemos comportarnos.

De igual manera, aunque Dios exhibe una actitud de perdón hacia todos, esto no significa que estemos automáticamente reconciliados con Él. El evangelio viene con un mensaje que debe recibirse y con una oferta que debe aceptarse. Por grande que sea el deseo de Dios de perdonar, la reconciliación no puede efectuarse hasta que los pecadores reconozcan sus transgresiones y reciban el perdón de Dios mediante la fe en Cristo.

Una dinámica similar existe en nuestra relación con los demás. Libremente perdonamos a los que nos ofenden. Sin embargo, ninguna reconciliación puede tener lugar hasta que se acepte nuestro perdón. Los que no quieren reconocer que nos han hecho daño rechazarán nuestro deseo de perdonar y a lo mejor hasta lo verán como un insulto.

Es importante hacer una distinción entre una actitud perdonadora y la reconciliación. Debemos desear perdonar para que Dios desee perdonar. Pero mientras el perdón no haya sido ofrecido y aceptado, no puede restaurarse la armonía interpersonal. Sí, somos

Fue Dios quien capacitó a Israel para obtener victorias militares.

responsables de mantener una actitud perdonadora que limpie nuestro corazón de ira y hostilidad, pero no de la respuesta de otras personas a nuestra oferta de perdón.

Debemos perdonar tan incondicionalmente como el Señor perdona. Y en Cristo una puerta se abre para que los pecadores encuentren paz con Dios, pero ni Dios ni nosotros somos responsables de la armonía con los que rehúsan entrar por fe por esa puerta abierta.

Una vez que nuestros pecados son perdonados, se establece una restaurada y correcta relación con Dios. En el contexto de esa relación restaurada, Dios promete:

Te haré entender, y te enseñaré el camino en que debes andar;
Sobre ti fijaré mis ojos.
Sal 32.8

Entonces, el creyente perdonado experimenta la realidad que se describe en los versículos 10-11:

Muchos dolores habrá para el impío;
Mas al que espera en Jehová, le rodea la misericordia.
Alegraos en Jehová y gozaos, justos;
Y cantad con júbilo todos vosotros los rectos de corazón.

«Dios perdonador» (Sal 99.8). ¡Qué maravilloso título para nuestro grandioso y amante Dios!

QUIEN ADIESTRA MIS MANOS PARA LA BATALLA

Dios recibe este título sólo en el Salmo 144.1. Sin embargo, en 2 S 22.35 y en Sal 18.34, David también le da crédito a Dios por adiestrar sus manos para la guerra.

Por un lado, esta verdad acerca de Dios puede parecer extraña para la gente amante de la paz. David está claramente convencido que Dios le ha dado los dones que necesita para ser un guerrero. Si bien esta noción puede molestar a los pacifistas, ahí tenemos un papel para los guerreros de nuestro mundo pecaminoso.

Más importante, sin embargo, es que el título desafía algunas de nuestras suposiciones. Tal vez estamos acostumbrados a pensar en los dones como algo «espiritual». Por ejemplo, Dios nos ha dado dones para enseñar su Palabra, para aconsejar y mostrar compasión, etc. Pero el AT nos recuerda que las habilidades prácticas también son dones divinos. Cuando llegó el tiempo de construir el tabernáculo del AT, Moisés dijo a los israelitas: «Mirad, Jehová ha nombrado a Bezaleel hijo de Uri, hijo de Hur, de la tribu de Judá; y lo ha llenado del Espíritu de Dios, en sabiduría, en inteligencia, en ciencia y en todo arte, para proyectar diseños, para trabajar en oro, en plata y en bronce» (Éx 35.30-32).

De la misma manera, Moisés recordó a los israelitas cuando todavía estaban en el desierto: «Acuérdate de Jehová tu Dios, porque él te da el poder para hacer las riquezas» (Dt 8.18).

El título «quien adiestra mis manos para la batalla» (Sal 144.1) nos recuerda que es Dios el que nos da cualquiera de nuestras habilidades, sean las que se necesitan para ser un guerrero, un artista o un exitoso comerciante. Dios nos equipa para nuestro llamado en el mundo, así como para nuestro llamamiento dentro de la comunidad de fe. Las habilidades «seculares» que poseemos son tan dones de Dios como los dones espirituales que el Espíritu Santo imparte (1 Co 12.4-6).

ESPERANZA DE ISRAEL

Este título se encuentra en Jeremías 14.8. Allí el profeta clama por la ayuda divina en un tiempo de sequía. Dice:

> Aunque nuestras iniquidades testifican contra nosotros, oh Jehová,
>
> Actúa por amor de tu nombre;
>
> Porque nuestras rebeliones se han multiplicado,
>
> Contra ti hemos pecado.
>
> Oh esperanza de Israel,
>
> Guardador suyo en el tiempo de la aflicción.
>
> Jeremías 14.7-8

El contexto nos dice mucho sobre Dios como «esperanza de Israel» y como nuestra esperanza.

Hoy día, como en los tiempos pasados, los que se alejan del Señor traen desastre sobre ellos mismos y sobre sus seres queridos.

Dos de las palabras hebreas traducidas «esperanza», *miqweh* y *tiqweh*, implican mirar adelante ansiosamente y con confianza. Confiar en Dios es anhelar su participación y también esperarla. Cada palabra, sin embargo, también implica paciencia, porque lo que esperamos está en el futuro.

Una tercera palabra hebrea *yahal*, es dominante en los salmos y en los profetas. Esta palabra nos recuerda que mientras esperamos que Dios actúe, debemos concentrarnos en vivir vidas piadosas. Dios actuará, porque Él es nuestro libertador. Nuestra parte es esperar y encarar con valor cada nuevo día.

«Esperanza», entonces, es esencialmente un término relacional que enfatiza la confianza. Tenemos seguridad en Dios confiando en Él completamente, y así vivimos cada día sin rendirnos a la desesperación. David, en el Salmo 119, afirma: «Acuérdate de la palabra

Como «Legislador» Dios nos señala el camino para una vida feliz, saludable, y lejos de un estilo de vida que trae desastre.

❖

que le diste a este siervo tuyo, palabra con la que le infundiste esperanza. Éste es mi consuelo en medio del dolor: que tu promesa me da vida» (vv. 49-50, NVI).

Las palabras de Jeremías son particularmente significativas en vista de este concepto bíblico de la esperanza. Jeremías estaba bien consciente de los fracasos del pueblo de Dios. El profeta conocía sus iniquidades y recaídas. Sin embargo, a pesar de todos los defectos del pueblo de Dios, él continuaba siendo la «esperanza de Israel» (Jer 14.8). Dios continúa en la relación de pacto que ha establecido con su pueblo; el amor de Dios es inconmovible. Y porque Dios continúa cuidándonos, aun los pecadores y reincidentes tienen esperanza. Podemos estar cansados y sentirnos espiritualmente secos, pero no debemos perder la esperanza porque nuestro Dios es la «esperanza de Israel» y nuestra esperanza también.

DIOS CELOSO

Es el Señor quien se presenta como un «Dios celoso». Este título se encuentra seis veces en el AT (Éx 20.5; 34.14; Dt 4.24; 5.9; 6.15; Jos 24.19).

Aparece por primera vez en Éxodo 20.5, como parte de los Diez Mandamientos. El Señor ordenó a su pueblo adorarlo sólo a Él, y lo advirtió las consecuencias de volverse a dioses falsos e inclinarse ante ídolos esculpidos. El pasaje dice:

No te inclinarás a ellas, ni las honrarás; porque yo soy Jehová tu Dios, fuerte, celoso, que visito la maldad de los padres sobre los hijos hasta la tercera y cuarta generación de los que me aborrecen.

Este pasaje parece confuso para algunos que toman la advertencia de Dios sobre las consecuencias a largo plazo de alejarse de él como una amenaza de venganza. Sin embargo, cuando se entiende correctamente, el título «Dios celoso» no es una amenaza sino más bien un estímulo.

La palabra hebrea *qana'* puede traducirse «celo» o «ardiente deseo». El hebreo expresa una poderosa emoción, un deseo apasionado, que puede tener una connotación positiva o negativa. Cuando el deseo apasionado es apoderarse del honor o las legítimas posesiones de otros, el deseo es pecaminoso. En ese caso, «celo» es una traducción apropiada. Pero cuando el deseo apasionado es para el *beneficio* de otro, el deseo es bueno. En este caso, «ardiente deseo» sería una traducción más apropiada. Por tanto, cuando el Señor se presenta como un Dios celoso, reconocemos que siente una pasión real, es decir el ardiente deseo de hacernos bien.

¿Cómo entonces explicamos la referencia en Éxodo 20.5 para visitar las consecuencias de la iniquidad hasta la cuarta generación? Lo hacemos recordando que esta afirmación es una advertencia, no una amenaza. Dios ha llamado a su pueblo a adorarlo y no a volverse a las deidades paganas y a la idolatría. El mandamiento es para el bien de Israel. Sólo si Israel mantiene una relación correcta con el Señor, Él los bendecirá.

Pero ¿qué pasa si el pueblo de Dios se vuelve y se convierte en idólatra? ¡La selección del mal tendrá un impacto trágico en esa familia por generaciones!

Esto, en verdad, no nos sorprende. Vemos este fenómeno en familias de alcohólicos. Las investigaciones demuestran que aun si los hijos no se convierten en alcohólicos, el vivir en un hogar de alcohólicos afecta su vida significativa y adversamente. Lo mismo sucede en familias donde hay abuso. Los hijos de padres abusadores tienden a abusar de sus hijos, y establecen un patrón que puede persistir por varias generaciones. Y aun si no abusan, su imagen personal se ha afectado tanto que es difícil que puedan establecer relaciones saludables con su cónyuge o sus hijos.

Dicho de manera sencilla, las decisiones pecaminosas hacen eco por generaciones. En este sentido Dios visita la iniquidad de los padres sobre sus hijos. Dios ha creado a los seres humanos de tal manera que las decisiones de los padres, sean buenas o sean malas, tienen impacto sobre los hijos.

Como un Dios celoso, el Señor tiene un deseo apasionado de que tomemos decisiones que traigan bendición a nosotros y a nuestros hijos. Esto nos ayuda a entender el motivo subyacente que tiene Dios al darnos mandamientos. ¡Necesitamos conocer lo que es correcto para que podamos tomar decisiones y cumplirlas! Y es especialmente importante que nos mantengamos fieles al Señor, pues si le abandonamos, esta decisión seguramente va a tener un impacto desastroso en nosotros y en nuestra descendencia.

No debe sorprendernos que el Señor nos diga que debemos adorarle sólo a Él y alejarnos de los ídolos. Tampoco es de extrañar que un Dios que se preocupa tan intensamente por nosotros se presente en este contexto como celoso.

JUEZ DE TODA LA TIERRA

Este título se encuentra sólo en Gn 18.25, aunque no es inusual que se hable de Dios como juez. A continuación, la New International Encyclopedia of Bible Words resume las implicaciones de la descripción del AT de Dios como Juez:

El AT aclara que el máximo gobernante del universo es Dios. Todo gobierno humano se deriva de Él. A menudo, cuando el AT habla de Dios como juez, se refiere a su máxima soberanía como gobernador del universo y no simplemente a su papel como árbitro moral. Vemos claramente esta interacción en el Salmo 96.10-13, donde Dios es presentado como «juez» en todo el significado de la palabra:

Decid entre las naciones: Jehová reina.
También afirmó el mundo, no será conmo-
vido;
Juzgará a los pueblos en justicia.
Alégrense los cielos, y gócese la tierra;
Brame el mar y su plenitud.
Regocíjese el campo, y todo lo que en él
está;
Entonces todos los árboles del bosque re-
bosarán de contento,
Delante de Jehová que vino;
Porque vino a juzgar la tierra.
Juzgará al mundo con justicia,
Y a los pueblos con su verdad.

Los actos judiciales de Dios son sólo un aspecto de su gobierno. Presentar a Dios como juez es afirmar que es el gobernador de todo, no solamente con todo el derecho de mandar sino también con la responsabili-dad de castigar y condenar (p. 363, en la ver-sión en inglés).

Abraham dio al Señor el título de «Juez de toda la tierra» (Gn 18.25). Dios había di-cho a Abraham que había venido a destruir a Sodoma y Gomorra porque «el pecado de ellos se ha agravado en extremo» (v. 20). Pero esto turbó a Abraham. Pensaba que a lo mejor podría haber algunas personas buenas en esas ciudades malvadas, y le preguntó al Señor si destruiría las ciudades si hallara por lo menos cincuenta justos en ellas. Abraham evidentemente pensaba que sería injusto des-truir al «justo con el impío» (v. 23). Y Abraham estaba seguro de que Dios sería jus-to, por lo tanto le preguntó: «El Juez de toda la tierra, ¿no hará justicia?» (v. 25).

Abraham continuó presionando al Se-ñor, y al final el patriarca quedó satisfecho cuando Dios le prometió que no destruiría las ciudades si hubiera por lo menos diez justos en ellas. Para Abraham, aparentemente, este número de personas era un precio a pagar sa-tisfactorio para librar a las ciudades de Sodo-ma y Gomorra. Pero, sorprendentemente, ¡Dios no estaba satisfecho!

Los ángeles a quienes Dios envió a Sodo-ma sólo encontraron a un justo allí: Lot. Y an-tes de que la ciudad fuera destruida, Dios se aseguró de que sus ángeles sacaran de allí a Lot y su familia. ¡Dios no deseaba que ningún justo pereciera con los malvados!

A veces pensamos en el juicio divino como algo terrible y espantoso, y nos hace-mos imágenes de un Dios vengativo y (al me-nos así les parece a algunos) injusto. Sin embargo, el título de Dios como «Juez de toda la tierra» (especialmente en su contexto bíblico) no enfoca nuestra atención en el jui-cio sino en la gracia de Dios y en su propósito de hacer lo que es justo. Al castigar el pecado, Dios nunca permite que la justicia se sobre-ponga a su compromiso de amor y cuidado para con la humanidad. Podemos descansar seguros de que el Juez de toda la tierra hará lo que es justo; y al hacerlo, será mucho más justo y amoroso que lo que nosotros jamás podríamos ser.

REY
REY DE GLORIA

Refiérase a «El Señor, el Rey» en la p. 45, y a la sección «Dios de Gloria» en la p. 43.

LEGISLADOR

Isaías 33 mira a un futuro en que el pue-blo de Dios verá «al Rey en su hermosura» (v. 17). Jerusalén será restaurada y «ciertamente allí será Jehová para con nosotros fuerte, lu-gar de ríos, de arroyos muy anchos» (v. 21). Es en el contexto de este idílico escenario que el profeta explica: «Porque Jehová es nuestro juez, Jehová es nuestro legislador, Jehová es nuestro Rey; él mismo nos salvará» (v. 22). Es fascinante ver que el título «Legislador» está acuñado entre los títulos «Juez» y «Rey», en un pasaje que afirma que es este Dios, Juez, Legislador y Rey, el que nos salvará.

Ya hemos visto antes que tanto «Juez» como «Rey» son títulos positivos asignados al Señor. Pero para muchas personas, la idea de «Legislador» es confusa. ¿No son las leyes muy a menudo restrictivas y permisivas? ¿No nos obligan las «leyes» a tener patrones de vida que no hemos escogido y que a menudo resentimos?

Mientras que hay aspectos negativos en la noción de «ley», cuando se aplica a la legislación humana, simplemente este no es el caso con las leyes que Dios ha dado a su pueblo. Sí, esas leyes no son un medio de salvación y nunca pretendieron serlo, sino que las leyes de Dios siempre han sido una revelación de su bondad y una ventana hacia su carácter moral.

Las leyes de Dios también son una guía para los que desean agradarle. Los creyentes obedecen sus mandamientos, no sólo porque *deben* obedecer, sino más que nada porque así agradan y satisfacen al Señor.

TRASFONDO BÍBLICO:
LA LEY EN LAS COSTUMBRES Y VIDA DEL A.T.

El sustantivo hebreo traducido «ley» en el AT es *torah*, que significa «enseñanza» o «instrucción». En los escritos sagrados hebreos, esas instrucciones se concentraban en cómo se debía vivir antes que en hechos simplemente académicos. No debiera sorprendernos, entonces, que el punto de vista de la ley del AT sea rico y positivo. Uno queda con la impresión que un Dios paternal se inclinó cariñosamente para enseñar a su pueblo la forma en que debía vivir en su amor, y morar en amor los unos con los otros.

Moisés dijo a Israel: «Guardadlos, pues, y ponedlos por obra; porque esta es vuestra sabiduría y vuestra inteligencia ante los ojos de los pueblos, los cuales oirán todos estos estatutos, y dirán: Ciertamente pueblo sabio y entendido, nación grande es esta. Y ¿qué nación grande hay que tenga estatutos y juicios justos como es toda esta ley que yo pongo hoy delante de vosotros?» (Dt 4.6,8). En esta cita vemos un significado desarrollado de *torah*. Las instrucciones de Dios fueron instrucciones que regulaban la vida social, ceremonial y religiosa de su pueblo.

Con el tiempo, el sustantivo hebreo traducido «ley» pasó a indicar todo lo que Dios había revelado a Israel por medio de Moisés. En efecto, el término se usó para referirse a todo el Pentateuco. De esta manera, en el AT, «ley» puede referirse a la revelación divina en general, a un conjunto específico de instrucciones, a la revelación divina escrita en general o a los escritos de Moisés. Cualquiera de estos significados de *torah* («ley») son centrales en la instrucción divina que Dios entregó como un regalo a su pueblo.

La Ley era un regalo históricamente necesario. Dios había establecido una relación de pacto con Abraham y sus descendientes. Esto se ve en la liberación de los israelitas de la esclavitud en Egipto. Su continua apatía hacia Dios demostraba su necesidad de dirección y disciplina específicas (Éx 15.22—17.7). Dios proveyó esa dirección en la Ley que dio en Sinaí.

Este código legal explicaba las consecuencias de la desobediencia y de la obediencia. La persona o generación que se alejaba de la Ley encontraría desastre, mientras que la persona o generación que viviera bajo ella sería bendecida. Así que la Ley fue un gran don para el antiguo Israel. Era como una señal de carretera bien marcada, que señalaba el camino para experimentar las mejores y mayores bendiciones de Dios.

La ley del AT no era simplemente el gran código moral expresado en los Diez Mandamientos. La Ley también ofrecía una estructura total para la vida de Israel. Guiaba los actos individuales y la adoración. Estructuraba la vida social y establecía la ley criminal. Proveía la constitución de Israel como nación y designaba el sistema de adoración de Israel. En resumen, todo en la vida del creyente del AT, y más tarde en la sociedad judía, era gobernada y regulada por la Ley.

El israelita piadoso no veía esta ley como un conjunto de regulaciones rígidas y difíciles de cumplir. Antes bien, para el individuo que disfrutaba de una relación personal con el Señor, su Ley era como su voz amante que le instruía. Dos de los Salmos de David reflejan la actitud correcta que los creyentes del AT tenían respecto a la Ley:

El temor del Señor es puro: permanece para siempre.

Las sentencias del Señor son verdaderas: todas ellas justas.

Son más deseables que el oro, más que mucho oro refinado;

son más dulces que la miel, la miel que destila del panal.

Por ellas queda advertido tu siervo; quien las obedece recibe una gran recompensa.

Sal 19.9-11 (NVI)

Me regocijo en el camino de tus estatutos más que en todas las riquezas.

En tus preceptos medito, y pongo mis ojos en tus sendas.

En tus derechos hallo mi deleite, y jamás olvidaré tu palabra.

Sal 119.14-16 (NVI)

Si bien el verdadero creyente respondía en obediencia al Señor (cuya voz se reconocía en la Ley), la Ley como sistema falló en hacer justo a Israel. La nación y los individuos dentro de ella fallaron en practicar la justicia y la rectitud. A pesar de que Israel sabía lo que era bueno, generación tras generación no vivía de esta manera. Los profetas reconocieron esta limitación de la Ley, y anhelaban el día cuando Dios tomaría otro camino hacia la justicia. Jeremías anticipó un día cuando el pacto mosaico no estaría más en vigencia y cuando Dios sustituiría la Ley con un nuevo pacto. Entonces, Él pondría su «ley en su mente, y la escribiré en su corazón» (Jer 31.33).

Quienes estudiamos ahora el AT como la revelación de Dios tanto para nosotros como para Israel debemos tener cuidado de lo que pensamos acerca de la Ley. Por un lado, no debemos saltar a la conclusión de que la Ley era justa y buena porque Dios la dio a su pueblo para bendecirlo. Por otro lado, tampoco debemos concluir que la Ley es esencial para que Dios pueda formar gente buena. Después de todo, el AT promete que un día

Dios introducirá una mejor manera de producir rectitud.

Esa manera mejor de Dios es Cristo. Y el mejor método divino para hacer seres humanos verdaderamente buenos es hacer que confíen en Jesús como el que nos slva de los pecados presentes y de los pecados pasados. También deben confiar en que el Espíritu produzca su fruto en sus vidas.

Pero hay otra cualidad en las leyes de Dios que hace de «Legislador» un maravilloso título para el Señor. Las leyes de Dios señalan hacia una manera de vida que trae bendiciones y previene de tomar decisiones que acarrean desastres. Por ejemplo, cuando el Señor dice: «No cometerás adulterio», su intención no es echarnos a perder una diversión, sino más bien protegernos y proteger a nuestros seres queridos de una decisión que, aunque nos ofrezca un placer momentáneo, finalmente nos conducirá al dolor y la miseria. Las leyes que el Señor nos ha dado se originan en su profundo amor por nosotros, pues Dios verdaderamente quiere que tengamos una vida feliz y bendecida.

Entonces no debe extrañarnos que Isaías añada «Legislador» a la lista de títulos del Dios que «nos salvará» (v. 22). Con toda seguridad, cuando confiamos en Cristo, Dios nos salvará al perdonar los pecados que cometemos. Pero Dios, el Legislador, nos salvará también de la pena y el dolor al poner los postes indicadores de sus mandamientos a lo largo del camino de nuestra vida.

DIOS MISERICORDIOSO

Moisés declaró esto de forma maravillosa en su sermón a una nueva generación de israelitas que Dios preservó para entrar en la tierra prometida. Les dijo: «Dios misericordioso es Jehová tu Dios; no te dejará, ni te destruirá, ni se olvidará del pacto que les juró a tus padres» (Dt 4.31).

Es fascinante que aquí Moisés haya enfatizado la misericordia de Dios aquí, cuando podríamos tener la inclinación a relacionar más con la fidelidad de Dios los compromisos expuestos. En realidad, la explicación se encuentra en el significado de los términos hebreos traducidos más frecuentemente como «misericordia».

Una de las raíces hebreas, *raham*, se usa principalmente para expresar el amor de un superior a un inferior. Dios nos ama, no porque seamos sus iguales, sino más bien a pesar de que no alcanzamos a ser todo lo que Él es.

La otra raíz hebrea, *hanan*, se concentra en la reacción de una persona que puede ayudar a otra persona que está indefensa. El verbo implica un fuerte sentimiento de compasión que mueve a alguien a ofrecer ayuda aun cuando la otra no lo merece. Frecuentemente, *hanan* se traduce correctamente como «gracia». La *New International Encyclopedia of Bible Words* explica que «misericordia es amor condescendiente, que llega para llenar una necesidad sin considerar el mérito de la persona que recibe la ayuda» (p. 440, en la versión en inglés).

Es esta verdad la que hace el uso del título «Dios misericordioso» tan apropiado en Deuteronomio 4.31. «No te dejará ni te destruirá, ni se olvidará del pacto que les juró a tus padres». Estamos seguros en nuestra relación con Dios, no porque merezcamos su amor, sino porque Él ha determinado amarnos a pesar de lo que somos. Mirando hacia atrás a la historia del rebelde Israel, Nehemías celebra la fidelidad de Dios y recuerda que a pesar de la caída de Jerusalén y de la cautividad babilónica, «por tus muchas misericordias no los consumiste, ni los desamparaste» (Neh 9.31).

¿Cómo podemos estar seguros que Dios continuará amándonos a pesar de nuestros fracasos? El mismo versículo afirma claramente la razón: «Porque eres Dios clemente y misericordioso».

REDENTOR
REDENTOR DE LA MUERTE

En el AT un redentor era alguien que actuaba para liberar a otra persona que estaba en esclavitud o en peligro. Las palabras hebreas que expresan este concepto eran palabras ordinarias que la gente empleaba en la vida diaria. Una palabra, *padah*, se refería a una compra, en la que la propiedad se transfería de una persona a otra.

Otra palabra *ga'al* significaba «hacer la parte de un pariente». Esto se refería a que un pariente cercano tenía tanto el derecho como la obligación de ayudar a otro pariente. En tanto que el énfasis en *ga'al* está en la relación, la idea de acudir en pronta ayuda de una persona incapaz de ayudarse a sí misma está también implícita.

Una tercera palabra, *koper*, por lo general se traduce «rescate». Su significado básico es «arrepentirse ofreciendo un pago». Por ejemplo, cada año, los varones israelitas debían poner un siclo en el arca del tesoro del templo como pago simbólico por su vida. Esto servía como un recordatorio de cómo Dios preservó a los primogénitos de las familias israelitas cuando hirió a los primogénitos de los egipcios (Éx 30.11-16).

Por lo tanto, la redención era un concepto bien conocido, y en muchas maneras ordinario, en el antiguo Israel. Uno redimía algo comprándolo. Uno redimía una relación haciendo un pago que le liberaba de una obligación. Y uno reconocía el derecho de Dios de que cada israelita pagara una ofrenda anual en el Templo.

El AT aplica el vocabulario de la redención para explicar las acciones de Dios en favor de su pueblo. Y el NT utiliza también este lenguaje para explicar el significado de la muerte de Jesús en el Calvario.

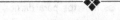

TRASFONDO BÍBLICO:

EL PARIENTE REDENTOR

El sustantivo hebreo *go'el* tiene un importante y especializado significado en el AT. Bajo la ley, un pariente cercano tenía ciertos privilegios y responsabilidades. Una de esas responsabilidades era vengar un asesinato.

Si un miembro de la familia del *go'el* era asesinado (si no era un homicidio involuntario), era deber del *go'el* hacer justicia matando al asesino.

Uno de sus privilegios era redimir de la esclavitud a un pariente pobre pagando su deuda. El pariente podía aun redimir una propiedad vendida del otro pariente, pagando lo que había recibido por la venta de la tierra. Esto explica por qué algunas versiones traducen *go'el* no simplemente como «pariente», sino más bien como «pariente redentor».

El ejemplo clásico del pariente redentor en las Escrituras es el de Booz, en el libro de Rut. Booz era un pariente cercano de Noemí, la suegra de Rut. Noemí y su esposo habían salido de Israel algunos años antes de lo que se relata en el libro. Cuando Noemí y Rut regresaron a Israel, Booz «compró» las tierras de la familia al casarse con Rut. Esto hizo que su primogénito fuera contado en la descendencia del difunto marido de Rut, quien tenía el derecho de heredar la propiedad.

El concepto de una persona que tenía el derecho de redimir a un pariente indigente y su propiedad tiene implicaciones teológicas pues tipifica la persona y la obra de Cristo. En el antiguo Israel, sólo un pariente cercano estaba calificado para redimir. Por eso, Cristo se hizo humano, para de esta manera ser nuestro pariente cercano. También, en los tiempos del AT, sólo quien poseía los recursos necesarios podía ayudar a un pariente indigente. Únicamente Cristo tenía los recursos de una vida divina infinita para pagar el precio de nuestro pecado. Por eso, después de haber sido crucificado en la cruz, se levantó de los muertos para darnos no sólo perdón sino también vida eterna.

❖

Dios como Redentor en el AT. En el Salmo 78 vemos una clara aplicación del concepto de redención en los actos de Dios en la historia. Este es un salmo histórico; en otras palabras, es un poema que repasa la historia de los israelitas y su relación con Dios. En este pasaje de las Escrituras, el salmista (Asaf) hace un recuento de los milagros que Dios realizó en favor de su pueblo.

Delante de sus padres hizo maravillas en la tierra de Egipto,
en el campo de Zoán. Dividió el mar y los hizo pasar;
detuvo las aguas como en un montón
vv. 12,13.

Asaf continúa relatando las acciones de Dios, y luego registra la respuesta de Israel:

Pero aun volvieron a pecar contra él,
rebelándose contra el Altísimo en el desierto
v. 17.

Sobre la intervención de Dios y la falta de respuesta de Israel, Asaf dice:

Y se acordaban de que Dios era su refugio,
y el Dios Altísimo su redentor.
v. 35

Todas las acciones de Dios en favor de su pueblo debían verse a través del lente de la redención. Dios acudía en ayuda de los israelitas porque había establecido una relación con ellos y había pagado el precio de hacerlos suyos. El lenguaje de redención es particularmente fuerte en el libro de Isaías, donde el profeta una y otra vez se refiere al Señor como «tu Redentor» (41.14; 43.14; 44.6,24; 47.4; 48.17; 49.7,26; 54.5,8; 59.20; 60.16; 63.16).

Cristo como Redentor en el NT. Romanos 3.23,24 afirma claramente la doctrina de la redención del NT: «Por cuanto todos pecaron y están destituidos de la gloria de Dios, siendo justificados gratuitamente por su gracia, mediante la redención que es en Cristo Jesús». Cristo pagó el precio para librarnos del pecado al sustituir con su sangre derramada la nuestra. Por ese acto de sacrificio, nos transfirió del reino de Satanás al reino de Dios. Efesios 1.7 declara así mismo: «En quien tenemos redención por su sangre, el perdón de pecados según las riquezas de su gracia».

La doctrina de la redención también ayuda a explicar la necesidad de la encarnación. En los tiempos bíblicos, sólo un pariente cercano tenía el derecho de redimir. Hebreos 2.14,15, dice: «Así que, por cuanto los hijos participaron de carne y sangre, él también participó de lo mismo, para destruir por medio de la muerte al que tenía el imperio de la muerte, esto es al diablo, y librar a todos los que por el temor de la muerte estaban durante toda la vida sujetos a servidumbre».

Jesús nació como niño para que Dios pudiera ser nuestro pariente cercano. También, Cristo murió en la cruz para pagar el precio de nuestros pecados. Y debido a la redención que Él compró, los creyentes pertenecemos a Dios para siempre. Con toda seguridad, ¡Dios en Cristo es nuestro Redentor!

Dios inició la redención de la humanidad cuando Dios el Hijo nació en nuestro mundo como un niño.

SALVADOR
LIBERTADOR

Véase el estudio sobre «Dios de mi salvación» en la p. 53.

JEHOVÁ EL PODEROSO
EN BATALLA
JEHOVÁ EL FUERTE Y VALIENTE

Estos dos títulos aparecen en Salmo 24.8. El salmo es mesiánico y se ajusta al mensaje de los Salmos 22 y 23.

El Salmo 22 anticipa la crucifixión del Mesías. Contiene imágenes proféticas del Calvario, incluyendo el grito de Cristo desde la cruz: «Dios mío, Dios mío, ¿por qué me has desamparado?» (v. 1). El salmo también describe los eventos del Calvario:

Horadaron mis manos y mis pies.
Contar puedo todos mis huesos;
Entre tanto, ellos me miran y me observan.
Repartieron entre sí mis vestidos,
Y sobre mi ropa echaron suertes.
w. 16-18.

El Salmo 23 celebra a Cristo como Pastor. El Cristo resucitado cuida de sus ovejas dirigiéndolas, guiándolas y cuidando de ellas (Jn 10).

El Salmo 24 mira más allá de la cruz y de la era presente al regreso de Jesús como el «Rey de Gloria» (v. 8).

Alzad, oh puertas, vuestras cabezas,
y alzaos vosotras puertas eternas,
y entrará el Rey de gloria.
¿Quién es este Rey de gloria?
Jehová el fuerte y valiente,
Jehová el poderoso en batalla.
Alzad, oh puertas, vuestras cabezas,
y alzaos vosotras, puertas eternas,
y entrará el Rey de gloria.
w. 7-9

El Cristo del Calvario, el que no se resiste, el exaltado y escondido Cristo que ahora pastorea a su pueblo, será un día revelado

Dios nuestra paz provee una harmonía interna y externa que no depende de las circunstancias externas.

como el Rey de la gloria. Cuando venga en poder, todo el mundo le reconocerá, porque entonces no le verán como el sereno carpintero de Nazaret, sino como «Jehová el fuerte y valiente, Jehová el poderoso en batalla».

EL SEÑOR NUESTRO HACEDOR

Véase el estudio de Dios como Creador y Hacedor en la p. 8.

EL SEÑOR ES PAZ

La frase hebrea *Yahveh Shalom*, que significa «el Señor es paz» o «el Señor es nuestra paz», no es propiamente un título de Dios, sino el nombre de un altar que Gedeón construyó en la época de los jueces. El ángel del Señor (muy probablemente Dios mismo en una forma encubierta) se le había aparecido al joven Gedeón y le había comisionado para dirigir a los israelitas contra los madianitas que estaban asolando la tierra prometida. Gedeón, sin embargo, tenía sus dudas.

Entonces, cuando el ángel del Señor realizó un milagro y se le desapareció de la vista,

Gedeón se aterrorizó. Exclamó: «Ah, Señor Jehová, que he visto al ángel de Jehová cara a cara» (Jue 6.22). En respuesta, el Señor le dijo a Gedeón: «Paz a ti; no tengas temor, no morirás» (v. 23).

Fue en ese lugar que Gedeón rápidamente construyó un altar al Señor, y le llamó «Jehová- shalom» que significa «Dios es paz» (v. 24). El nombre de ese altar ha capturado de tal forma la imaginación de muchos cristianos que «Dios es paz» o «Dios es nuestra paz» se ha convertido en uno de los títulos de Dios favoritos, y con muy buena razón.

La naturaleza de la paz. En las primeras porciones del AT, «paz» se refiere principalmente a la armonía internacional o interpersonal. También puede referirse a la salud de un individuo o a su bienestar general. Leemos en 2 Reyes 4.26 que Eliseo envía a su siervo a preguntar a un amigo sobre una emergencia. Las preguntas del sirviente fueron: «¿Te va bien a ti? ¿Le va bien a tu marido y a tu hijo?» La palabra hebrea clave en cada una de estas preguntas es *shalom*. En el lenguaje convencional, el criado le hubiera preguntado: «¿Estás bien?» Una persona que está en paz, que está en un estado *shalom*, es una persona saludable y por lo tanto «está bien».

La palabra hebrea toma un profundo significado en las últimas porciones del AT. *Shalom* se refiere a una experiencia de armonía y realización interior con Dios que refleja su bendición en nuestra vida (Sal 29.11). Los que no tienen fe nunca pueden entender o experimentar esta paz, que existe independientemente de las circunstancias externas. Dios es la fuente de paz y sanidad para los justos. Sin embargo, «los impíos son como el mar en tempestad, que no puede estarse quieto, y sus aguas arrojan cieno y lodo. No hay paz, dijo mi Dios, para los impíos» (Is 57.20-21).

La *New International Encyclopedia of Bible Words* resume el significado de la palabra «paz» en el AT:

Paz en el AT, entonces, habla de las bendiciones de la armonía interior y exterior, que vienen a una persona que vive en estrecha relación con Dios. Los creyentes pueden, como David, experimentar paz a pesar de las circunstancias peligrosas porque están conscientes de la presencia de Dios o por lo menos de sus seguras promesas. A la postre, el mundo conocerá la paz internacional e interpersonal cuando la presencia de Dios en la persona de Jesús detenga la lucha y la guerra (p. 480).

La promesa de paz del NT. El concepto de paz establecido en el AT se transfiere al NT. El significado introduce la palabra griega *eirene* cuando se usa. Varias cartas del NT nos recuerdan que nuestro Señor es el «Dios de paz» y, como tal, la fuente de nuestro bienestar (Ro 15.33; Fil 4.9; 1 Ts 5.23).

Comenzamos a experimentar paz cuando establecemos una relación personal con Dios por medio de la fe en Jesús. Romanos 5.1 nos recuerda que desde que somos justificados por fe, tenemos paz para con Dios «por medio de nuestro Señor Jesucristo». El NT también nos recuerda que tenemos la paz de Dios. Jesús dijo: «La paz os dejo, mi paz os doy; yo no os la doy como el mundo la da. No se turbe vuestro corazón ni tengáis miedo» (Juan 14.27). La única paz que el mundo puede ofrecer es el cese de las hostilidades. Pero la paz que Jesús provee es una profunda conciencia de bienestar interior independientemente de cualquier situación que podamos tener.

Por un lado, Yahveh Shalom, «el Señor nuestra paz», no es un título de Dios sino más bien el nombre que Gedeón dio a un montón de piedras para conmemorar su primer contacto con el Señor. Por otro lado, «el Señor nuestra paz» es un título de Dios correcto, porque verdaderamente Él es nuestra paz. Hacer la paz con Él y experimentar la paz que Él da es central en nuestra relación personal con el Señor.

EL DIOS QUE TE HIZO SUBIR DE LA TIERRA DE EGIPTO

Dos grandes eventos son básicos en el concepto de Dios que tenía el pueblo de Israel. Uno fue la creación del universo. Esto estableció a Dios como más grande que cualquier cosa que pudiera ser vista o imaginada en el plano visible o invisible.

◆

TRASFONDO BÍBLICO:
IMÁGENES ESCULPIDAS E IMÁGENES MENTALES

A principio de los Diez Mandamientos de Éxodo 20, encontramos la siguiente prohibición: «No te harás imagen ni ninguna semejanza de lo que esté arriba en el cielo, ni abajo en la tierra, ni en las aguas debajo de la tierra» (v. 4). Sin embargo, las Escrituras están llenas de imágenes mentales que tienen la intención de enriquecer nuestro conocimiento de Dios. ¿Por qué el Señor prohibió las imágenes esculpidas si en el AT las imágenes verbales eran no solo aceptables, sino también frecuentemente enfatizadas?

Primero, una «imagen esculpida o fabricada» se refería a algo de naturaleza material. Intentar representar a Dios con cualquier objeto material es limitar y, en algún sentido, distorsionar su naturaleza esencial. Juan 4.23,24 dice: «Los verdaderos adoradores adorarán al Padre en espíritu y en verdad; porque también el Padre tales adoradores busca que le adoren. Dios es Espíritu; y los que le adoran, en espíritu y en verdad es necesario que adoren».

Segundo, una «imagen esculpida» es algo que la gente ha fabricado. Esto se aplica a cualquier clase de imagen, ya sea de metal, dibujada o pintada. Las imágenes esculpidas representan una negación implícita de la naturaleza divina de Dios, porque Él es el Creador de todo. Las personas que intentaban representar a Dios por medio de cualquier objeto confeccionado humanamente distorsionaban su naturaleza esencial.

Tercero, la prohibición tiene su raíz en la respuesta de la humanidad a las representaciones materiales de Dios. Éxodo 20.5 dice: «No te inclinarás a ellas, ni las honrarás». Los seres humanos caídos tienden a confiar en lo que pueden ver y tocar. Y con demasiada rapidez la humanidad pasa de adorar al Dios que un objeto pudiera representar a adorar el objeto en sí como si fuera *Dios*. Cualquiera que dude de esta verdad solamente necesita revisar la historia del AT y considerar el testimonio de las religiones antiguas y modernas de la humanidad.

Las imágenes mentales que encontramos en las Escrituras son muy diferentes de las imágenes esculpidas, por las siguientes tres razones: Primero, las imágenes mentales no poseen una naturaleza material. Además, más que representar a Dios mismo, se usan simplemente para ayudar al adorador a contemplar algún aspecto de su naturaleza. Segundo, las personas no crean las imágenes mentales. Más bien son conceptos inspirados y revelados por Dios en las Escrituras.

Tercero, contemplamos las imágenes mentales en el plano del espíritu. Y además, estas nos llevan a contemplar la divina y gloriosa naturaleza del Señor.

Hay una clara y gran diferencia entre las imágenes materiales hechas por los seres humanos para representar a Dios y las imágenes mentales reveladas en las Escrituras para ayudarnos a apreciar alguna faceta de la naturaleza o el carácter divino. Las imágenes hechas se convierten rápidamente en objetos de adoración aborrecibles, mientras que las imágenes mentales sirven como una ayuda en formas aceptables de adoración. De ninguna manera las imágenes mentales de Dios reveladas en las Escrituras violan el mandamiento registrado en el versículo 4.

El otro acontecimiento fue el rescate divino de su pueblo esclavo en Egipto. La intervención de Dios en la historia en favor de su pueblo estableció de una vez por todas al Señor como un Dios digno de confianza que guarda el pacto, que pudo rescatar y proteger a su pueblo. Porque Dios demostró que podía actuar en nuestro mundo, no había manera de confundir al Señor con los ídolos que los adoradores paganos decían que eran divinos. Alegremente, entonces, Asaf registra lo que proclamó Dios: «Yo soy Jehová tu Dios, que te hice subir de la tierra de Egipto» (Sal 81.10).

JEHOVÁ PROVEERÁ

Este título es uno que también captura nuestra imaginación. *Yahweh Yireh*, que significa «Jehová proveerá», es un título que Abraham le dio al Señor.

Dios le había dicho a Abraham que llevara al Monte Moriah a su único y amado hijo Isaac. Allí, Abraham debía sacrificarlo. La orden iba contra todo lo que Abraham sabía de Dios y contra todas las promesas que este le había hecho. Lo más importante de esas promesas era su cumplimiento a través de la descendencia de Abraham. Isaac era el único hijo legítimo del patriarca, el único medio para que Dios cumpliera sus promesas del pacto.

Sin embargo, la mañana después que Dios le había dicho a Abraham lo que tenía que hacer, el patriarca se levantó temprano y tomando a Isaac y a dos sirvientes, se fue al monte que estaba a unos tres días de viaje. En el camino, el joven Isaac estaba confundido. Los burros llevaban la leña para el fuego del sacrificio. Pero ¿dónde estaba el cordero para la ofrenda? Fue en respuesta a esa pregunta de Isaac que Abraham respondió confiadamente: «Dios se proveerá de cordero para el holocausto, hijo mío» (Gn 22.8).

Y Dios sí proveyó. Cuando Isaac estaba atado sobre el altar construido por su padre, Dios habló a Abraham. El patriarca no tenía que sacrificar a su hijo, sino más bien mirar a unos arbustos cercanos, a un carnero cuyos cuernos se habían enredado en las ramas. Como Abraham había creído con toda confianza, el Señor proveyó. Por lo tanto, el patriarca llamó «el nombre de aquel lugar, Jehová proveerá» (v. 14).

El Señor no hubiera —ni podía— pedir a Abraham que entregara la vida de su único y queridísimo hijo. Sin embargo, cerca de dos mil años más tarde, haría lo que no pudo pedir a Abraham que hiciera. En ese mismo Monte Moriah, donde David construyó un altar y Salomón construyó su templo, Dios entregaría a su único y amado Hijo, Jesús. Dios ofrecería a Jesús como sacrificio y aceptaría ese sacrificio como pago por nuestros pecados, para que pudiéramos recibir perdón y vida eterna.

¿Proveerá Dios? La respuesta es ¡sí! Dios ha provisto salvación para nosotros. Y el título Yahweh Yireh debe ser uno de esos títulos que nos asombran sobremanera y despiertan nuestro amor por Dios.

JEHOVÁ EL QUE TE SANTIFICA

Este es un título que Dios mismo anunció cuando enfatizó la importancia de guardar el sábado. El anuncio se encuentra en Éxodo 31.13: «Tú hablarás a los hijos de Israel, diciendo: En verdad vosotros guardaréis mis días de reposo; porque es señal entre mí y vosotros por vuestras generaciones, para que sepáis que yo soy Jehová que os santifico». La palabra hebrea traducida «santificar» significa «apartar» o «hacer santo». Para entender más su significado véase el artículo sobre «el Santo de Israel» en la p. 49.

EL QUE OYE LA ORACIÓN

Este título se encuentra en el Salmo 65.2, donde David le dice a Dios que la alabanza le espera en Sion. David se dirige a Dios como: «Tú oyes la oración».

Aunque el título no se repite en el AT, es claro que el pueblo de Dios lo veía como una persona que oía y contestaba las oraciones. Los salmos están llenos de alabanzas y exclamaciones emocionales pidiendo ayuda dirigidas a Dios. El significado que el pueblo de Dios puso en la oración se refleja no sólo en las muchas peticiones y alabanzas registradas en el AT, sino también en el extenso vocabulario que usó en la oración. Todas las palabras hebreas que siguen pueden traducirse «oración» y cada una da matices adicionales al significado.

Palabras hebreas que significan oración. Los usos de estas palabras hebreas en las Escrituras demuestran el énfasis de la Biblia en nuestra dependencia del Señor y en su amor por nosotros.

Palal, «orar». Esta es una de las palabras hebreas más comunes que denotan oración. Expresa dependencia en Dios y también una súplica de que Dios vea la situación y actúe para llenar la necesidad del individuo.

Tepillah, «oración». Esta palabra hebrea aparece 75 veces en el AT, por lo general en pasajes narrativos que indican oración individual y en grupo. Se describen varias clases de oración con esta palabra, desde ruego a acción de gracias y confesión.

Na'. Esta partícula hebrea se encuentra unas 400 veces en el AT. Expresa ruego, aunque se traduce de varias maneras. A veces se traduce «nosotros oramos», pero en los Sal-

El nombre «el que oye la oración» tiene el propósito de darnos la confianza de llevar todo al Señor.

mos se ve con frecuencia como una interjección y traducida «Oh».

'Atar, «*rogar*». Esta palabra hebrea se traduce a menudo simplemente «orar». Sin embargo, en hebreo comunica cierto sentido de urgencia o intensidad que a menudo se pierde en las traducciones.

Sa'al, «pedir» o «inquirir». Esta palabra hebrea, que se usa unas 170 veces en el AT, indica pedir un objeto, favor o información. No es precisamente un término religioso y el sujeto también puede estar pidiéndolo de otros individuos, así como al Señor.

'Anath, «responder». Esta palabra hebrea se usa en imperativo para expresar una petición, tal como «Óyeme». Por otro lado, la palabra se refiere a la respuesta de Dios a las oraciones de su pueblo.

Paga' «*interceder*». La idea aquí es usar la influencia de uno para ayudar a otro. Esta palabra hebrea se usa en la descripción de Isaías en la obra del Salvador que viene: «Habiendo él llevado el pecado de muchos, y orado por los transgresores» (Is 53.12).

Hanan. En cierta forma, esta palabra hebrea se convierte en una súplica a Dios para que llene la necesidad del que ora. Está estrechamente relacionada con compasión o bondad.

El alcance del vocabulario de oración del AT nos ayuda a sentir cuán importante era para el pueblo de Dios que este en verdad fuera «el que oye la oración» (Sal 65.2).

Oraciones clave del AT. A los Salmos se le conoce como «el libro de oración de las Escrituras». Cualquiera que desee profundizar su vida de oración, difícilmente puede hacer algo mejor que saturarse de los Salmos, y aprender a orar como los santos del AT oraban. Hay varias oraciones registradas en el AT que son particularmente útiles para enriquecer nuestra apreciación de Dios como el que oye la oración.

Abraham intercede por Sodoma
Génesis 18.16-33

Moisés intercede por Israel
    Éxodo 32.11-14
Ana da gracias
    1 Samuel 2.1-10
David ora por su hijo enfermo
    2 Samuel 12.13-23
Salomón dedica el Templo

1 Reyes 8.22-53
Josafat busca alivio
    2 Crónicas 20.5-12
Esdras confiesa los pecados de Judá
    Esdras 9.5-15
Ezequías ora por ayuda
    Isaías 37.14-20

CAPÍTULO 5

DIOS EN EL SÍMIL Y LA METÁFORA

➤ ¿QUÉ ERA «LA ROCA» DE MATEO 16? —80

➤ DIOS COMO PADRE EN EL AT —83

➤ DIOS NUESTRO AYUDADOR —87

➤ DIOS COMO LÁMPARA —89

➤ DIOS COMO PURIFICADOR Y REFUGIO —92

Una de las cosas más encantadoras del idioma hebreo es el uso de vívidas imágenes. En vez de decir «me siento deprimido» o «me siento en verdad decaído», el hebreo antiguo decía probablemente lo siguiente:

Se han consumido de tristeza mis ojos,
mi alma también y mi cuerpo.
Porque mi vida se va gastando de dolor
y mis años de suspirar ...
y mis huesos se han consumido.
Sal 31.9,10

Mientras algunos podrían argumentar que esto es poesía, la verdad es que el hebreo antiguo tendía a pensar en imágenes antes que en conceptos abstractos. Por ejemplo, Amós llama a las mujeres ricas que vivían en el lujo a expensas de los pobres «vacas de Basán» (4.1), trayendo vívidamente a la mente la imagen del ganado gordo. Más adelante, Amós describe el «día del Señor» que viene como «de tinieblas y no de luz», y dice que

será «como el que huye de delante del león, y se encuentra con el oso» (5.18,19).

El uso de imágenes vívidas, de símiles y metáforas enriquece las Escrituras, pero también hace la traducción del AT a otros idiomas tanto un reto como un gozo. ¡Cómo se enriquece nuestro sentido de quién es Dios cuando se le llama roca o fortaleza! ¡Cuánta calidez se comunica cuando Dios se nos presenta como nuestro Pastor!

Así como los nombres y títulos de Dios que encontramos en las Escrituras nos ayudan a verle más claramente, también lo hacen las imágenes de Dios en símiles y metáforas. Esto es lo que examinaremos en este capítulo.

IMÁGENES SUBLIMES DE DIOS

Así como hay nombres y títulos de Dios que le exaltan, haciendo énfasis en su majestad y poder, así también hay imágenes sublimes de Dios.

FUEGO CONSUMIDOR
MURO DE FUEGO

Cuando Moisés advirtió a Israel sobre dejar a Dios para adorar a los ídolos, usó la siguiente metáfora: «Jehová tu Dios es fuego consumidor, Dios celoso» (Dt 4.24).

La frase «fuego consumidor» (o «fuego abrasador») se encuentra siete veces en el AT. Éxodo 24.17 nos dice que «la gloria de Jehová era como un fuego abrasador en la cumbre del monte». La metáfora de Dios como fuego consumidor hace énfasis en la ira divina y en el terror innato que siente el pecador hacia Dios. Tres versículos de Isaías ilustran este punto.

> ¡Miren! El nombre del Señor viene de lejos, con ardiente ira y densa humareda. Sus labios están llenos de furor, su lengua es como un fuego consumidor.
>
> Is 30.27 (NVI)

> Y Jehová hará oír su potente voz, y hará ver el descenso de su brazo, con furor de rostro y llama de fuego consumidor, con torbellino, tempestad y piedra de granizo.
>
> Is 30.30

> Los pecadores se asombraron en Sion, espanto sobrecogió a los hipócritas. ¿Quién de nosotros morará con el fuego consumidor? ¿Quién de nosotros habitará con las llamas eternas?
>
> Is 33.14

Mientras que la metáfora de Dios como fuego consumidor sacude de terror el corazón de los pecadores, no todas las personas se aterrorizan. Isaías contesta la pregunta «¿Quién de nosotros habitará con el fuego consumidor?» diciendo lo siguiente:

> El que camina en justicia y habla lo recto; el que aborrece la ganancia de violencias, el que sacude sus manos para no recibir cohecho, el que tapa sus oídos para no oír propuestas sanguinarias; el que cierra sus ojos para no ver

cosa mala; éste habitará en las alturas.

> Is 33.15,16

Dios aterroriza a los pecadores, pero no hay temor en el corazón de los que son de Dios, los que caminan con Él. Los creyentes que son fieles al pacto de Dios «habitarán en las alturas».

Tal vez el relato de Sadrac, Mesac y Abednego ilustra lo que estoy diciendo. Estos tres funcionarios hebreos en el imperio de Nabucodonosor rehusaron inclinarse ante un ídolo que el mandatario había erigido. Como castigo, los arrojaron en un horno de fuego.

Daniel describe el asombro del rey cuando los tres hombres salieron caminando, sin quemarse, en medio de las furiosas llamas, acompañados por una cuarta persona. Cuando los tres salieron del fuego en respuesta a la llamada del rey, todos vieron «a estos varones, [y] cómo el fuego no había tenido poder alguno sobre sus cuerpos, ni aun el cabello de sus cabezas se había quemado; sus ropas estaban intactas, y ni siquiera olor de fuego tenían» (Dn 3.27).

¡Qué imagen de liberación! Dios el fuego consumidor aterroriza a los pecadores, pero los que han conocido su gracia y le siguen al caminar en medio de las llamas, no sólo salen ilesos, sino que también se regocijan en su compañerismo con el Señor.

¿Qué entonces podemos decir de Dios como «muro de fuego»? Esta imagen se encuentra en Zacarías 2.5. Mientras Dios, como «fuego consumidor», aterroriza el corazón de los pecadores, Dios, como «muro de fuego», protege a los creyentes. Dios muestra a Zacarías a un ángel que está midiendo a Jerusalén para las futuras bendiciones prometidas a la ciudad y a su gente. El ángel le dice al profeta que vaya a anunciar las buenas nuevas. El día viene, dice el Señor, cuando seré «muro de fuego en derredor, y para gloria estaré en medio de ella».

El Dios que juzgará a los pecadores con fuego consumidor, guarda a los suyos con un

Hoy día Dios nuestra fortaleza permanece como un poderoso símbolo de seguridad.

muro de fuego. Y no nos incomodan las llamas porque caminamos con Dios.

FORTALEZA
TORRE FUERTE

En los tiempos del AT, aun las ciudades más pequeñas eran a menudo amuralladas. Los campos alrededor de la ciudad se cultivaban durante el día y los agricultores entraban dentro de los muros de la ciudad cuando llegaba la noche. Las ciudades tenían también «hijas», nombre que daban a grupos de cuatro o cinco casas que estaban fuera de los muros de la ciudad. En tiempos de peligro, la gente que vivía en estos pequeños asentamientos también corría a la ciudad amurallada para buscar protección. La ciudad amurallada era la fortaleza de los tiempos antiguos (2 S 5.7), y allí las personas se sentían seguras.

Las ciudades más grandes no sólo estaban protegidas por murallas, sino que también tenían «torres fuertes». Estas torres eran fortalezas dentro de las ciudades fortificadas, donde la resistencia podía continuar aun cuando cayeran las defensas exteriores.

Aunque las ciudades fortificadas del mundo antiguo brindaban seguridad contra las incursiones enemigas, un determinado y poderoso adversario podía tomarlas. Con máquinas de asedio atacaban las murallas. Se encendían fogatas para debilitar la piedra caliza con la que estaban construidas. A menudo se construían rampas de barro y piedra para llegar a lo alto de las murallas de la ciudad, y sobre ellas podía marchar un ejército. Aunque la fortaleza ofrecía alguna seguridad, y a pesar de lo grandes y altas que podían ser las murallas de una ciudad, la única seguridad real que un creyente podía encontrar era en Dios.

Por eso David, mirando más allá de las murallas terrenales hechas de piedra, celebra al Señor como la fortaleza en quien pone su máxima confianza. «Dios es mi defensa», exclama David en el Salmo 59.9. David escribió este Salmo mientras permanecía escondido en su casa y las tropas de Saúl vigilaban su casa, esperando para matarlo (1 S 19.11). En medio de este conflicto, David imaginaba a Dios como una fortaleza. Con toda confianza, David afirmó: «El Dios de mi misericordia irá delante de mí» (Sal 59.10).

La metáfora de Dios como una fortaleza, un fuerte o un lugar de refugio se encuentra muchas veces en el AT, principalmente en los Salmos, pero también en Is 17.10 y Jer 16.19. Sin embargo, la expresión más clara de lo que significa conocer al Señor como fortaleza se ve en el Salmo 61.3,4, donde se describe a Dios como una torre fuerte:

> Porque tú has sido mi refugio,
> Y torre fuerte delante del enemigo.
> Yo habitaré en tu tabernáculo para siempre;
> Estaré seguro en la cubierta de tus alas.

FUERTE [O FUERZA] DE MI SALVACIÓN

Esta imagen aparece sólo en 2 Samuel 22.3 y en Salmo 18.2. El sustantivo hebreo *queren* literalmente denota cuernos de animales. Simbólicamente, los cuernos dan la fuerza o el poder al animal. Por ejemplo, en Daniel 8.5,8,9,21, el «cuerno» se usa para referirse a gobernantes o naciones poderosas. Sin embargo, ningún poder humano puede prevalecer contra el Señor, que promete lo siguiente:

> Quebrantaré todo el poderío de los pecadores,
> Pero el poder del justo será exaltado.
>   Sal 75.10

El *Theological Wordbook of the Old Testament* explica la referencia a Dios como «fuerte de salvación» diciendo que puesto que «Dios es la fuente de toda verdadera salvación, se le llama el fuerte de salvación» (2:816). El hecho de que Dios es más grande que cualquier poder mundial garantiza la salvación de los suyos.

ROCA

El primer uso de roca como metáfora de Dios se encuentra en Génesis 49.24. En este versículo, Jacob llama al Señor «el Fuerte de Jacob», y dice que es «la Roca de Israel». Aquí encontramos a Jacob descansando en el Señor, su Roca, porque este ayudará y bendecirá a su descendencia.

El sustantivo hebreo *sur* (a menudo traducido «roca» o «piedra»), el más usado en esta metáfora, se refiere a peñas o formaciones masivas de piedra. Este es el material del que están hechas las montañas. Aunque «roca» tiene muchos usos metafóricos, es mayormente una metáfora que se aplica a Dios mismo.

Como la Roca, Dios es fiel (Dt 32.15), santo (1 S 6.14), fortaleza y refugio (2 S 22.3). El *Manual Teológico del Antiguo Testamento* sugiere que la impresión que permanece es de total confianza. «Él es una fuente segura de fortaleza y perdura a través de todas las generaciones» (2:762).

Cualquiera que haya pasado por las impresionantes Montañas Rocosas entenderá el temor reverencial y la seguridad que provoca la imagen de Dios como roca. No hay manera de que las montañas puedan moverse, ni tampoco los que se afirman en Dios. Como David escribió en el Salmo 62.1,2:

> De él viene mi salvación.
> Él solamente es mi roca y mi salvación;
> Es mi refugio, no resbalaré mucho.

❖

TRASFONDO BÍBLICO: LA ROCA DE MATEO 16

En Mateo 16.16, Pedro confesó que Jesús es «el Cristo, el Hijo del Dios viviente». En respuesta, Jesús le dijo: «Bienaventurado eres Simón, hijo de Jonás, porque no te lo reveló carne ni sangre, sino mi Padre que está en los cielos. Y yo también te digo, que tú eres Pedro, y sobre esta roca edificaré mi iglesia; y las puertas del Hades no prevalecerán contra ella» (vv. 17,18).

Varios líderes de la iglesia primitiva argumentaron que la «roca» es Pedro (supuestamente el primer papa), su confesión de Cristo o Cristo mismo. La primera teoría parece extraña. El sustantivo griego traducido «Pedro» significa «piedra o roca» pequeña. Sin embargo, el sustantivo griego traducido «roca», aunque construido sobre la misma raíz verbal, se refiere a una roca gigante o formación rocosa. De manera que es difícil creer que solo una piedrecilla pueda servir como el fundamento de una iglesia poderosa, especialmente cuando Jesús mismo dijo que la Iglesia estaría asentada sobre un fundamento de roca sólida.

La segunda teoría parece más probable que la primera. Pedro había confesado su fe en Jesús como el Mesías prometido (el Cristo) del AT y como el Hijo del Dios viviente. Ciertamente, nadie puede ser un verdadero cristiano si no tiene la fe de Pedro. La Iglesia está hecha de aquellos que reconocen a Jesús, no sólo como el Hijo de Dios, sino también como nuestro único Salvador y Señor. Los que creen son la Iglesia, no su fundamento.

La tercera teoría parece la más probable. Cristo mismo es la Roca sobre la que descansa la Iglesia. Esto se ajusta a la imagen de Dios como Roca (una metáfora usada en el AT). También se ajusta a la afirmación de Pablo en 1 Corintios 3.11: «Nadie puede poner otro fundamento que el que está puesto, el cual es Jesucristo».

Sí, Jesucristo es el fundamento de la Iglesia. Él es la roca sobre la que descansan nuestra fe y nuestra vida. De manera que la imagen de Dios como roca en el AT apunta claramente al Mesías.

ESCUDO

En las guerras antiguas, el escudo se usaba para la defensa. La mayoría de los escudos eran hechos de láminas de cuero de vaca endurecido, y algunos se reforzaban con clavos de metal. Los escudos se usaban en combates cuerpo a cuerpo, para desviar las espadas de los enemigos y defenderse de las piedras lanzadas desde las murallas de la ciudad. Aunque no eran armas ofensivas, eran esenciales en las batallas.

Es notable que nunca se usa la espada como metáfora al hablar de Dios. Qué fascinante resulta entonces que se describa a Dios como escudo unas doce veces en Salmos y dos en Proverbios. Tal vez el pueblo de Israel, rodeado de naciones hostiles, estaba más

El antiguo escudo representa la protección y defensa de Dios.

preocupado por la defensa que por la conquista. Lo que era importante para Israel era preservar la tierra que Dios le había dado, para que pudieran esperar al Mesías prometido y comenzar la «edad de oro». Sin ninguna urgencia por conquistar tierras extranjeras ni construir un gran imperio, lo importante para los hombres y mujeres de la tierra santa era contar con la protección del Señor.

De igual manera, hoy día no debemos a atacar a otros, pero sí necesitamos defendernos de los que son hostiles hacia nosotros a causa de nuestra fidelidad a Cristo. Qué bueno, entonces, es tener una relación con un Dios que es «escudo a los que en él esperan» (Pr 30.5).

SOL

El significado de la metáfora parece incierto simplemente porque puede interpretarse de muchas maneras. El sol es fuente de luz. Como sol, ¿revela Dios los pasos que debemos dar o nos capacita para distinguir el bien del mal? El sol es también fuente de calor. Como sol, ¿consuela Dios nuestros corazones cuando derrama su amor en los suyos? El sol es una fuente de vida, y las plantas especialmente dependen de la luz del sol. ¿Acaso la metáfora del sol tiene un énfasis agrícola?

Uno de los problemas con las metáforas es que se pueden llevar demasiado lejos. Tenemos que dejar que la Biblia misma interprete sus metáforas, especialmente las metáforas sobre Dios. Por lo tanto, necesitamos mirar el contexto en el que se usan y limitar la interpretación a su significado en ese contexto.

La metáfora de Dios como un sol se encuentra sólo en el Salmo 84.11. Está al final del Salmo, cuando los hijos de Coré expresan su admiración por la gracia de Dios hacia el pueblo, y su delicia al estar en su presencia. Escriben lo siguiente:

> Mejor es un día en tus atrios que mil fuera de
> ellos.
> Escogería antes estar a la puerta de la casa de mi
> Dios,
> Que habitar en las moradas de maldad.
> Porque sol y escudo es Jehová Dios;
> Gracia y gloria dará Jehová.
> No quitará el bien a los que andan en integri-
> dad.
> Sal 84.10,11

Dios, como el sol, es fuente de gracia y gloria. Él derrama bendiciones sobre todos los que viven bajo su calor. Los que viven cerca de Dios comparten su luz, mientras que los que «habitan en las moradas de maldad» tropezarán en el frío y en las tinieblas.

IMÁGENES RELACIONALES DE DIOS

Las metáforas que más vigorosamente describen a Dios en el AT son relacionales. Mientras apreciamos esos pasajes en los que se ve a Dios como roca o escudo, realmente nos maravillamos cuando Dios se presenta en apariencia humana como padre, esposo, pastor y ayudador del creyente.

PADRE

El sustantivo hebreo traducido «padre» ('ab), aparece 1191 veces en el AT. En sólo unos pocos de estos pasajes, «padre» es una metáfora de Dios. En la mayoría de los casos, «padre» indica descendencia biológica, se refiere a un padre o un abuelo. En efecto, en las genealogías hebreas, «padre» a menudo indica un antepasado más distante.

Sin embargo, «padre» se usa también en otros sentidos. A veces, «padre» es simplemente una expresión de respeto y se usa cuando un ciudadano común se dirige a un gobernador o sacerdote o cuando un siervo se dirige a su amo. «Padre» también se usa para el fundador de un gremio, tribu o línea familiar. Por ejemplo, cuando Génesis 4.21 habla de Jubal como el «padre de todos los que tocan arpa y flauta» sencillamente quiere decir que inventó instrumentos tanto de cuerda como de viento.

En el AT, pocas veces se identifica a Dios como «Padre». Debemos examinar varias de estas referencias para discernir lo que está y lo que no está implicado en esta metáfora.

Dios como el Padre de Israel, (Dt 32.6). En la canción profética que Moisés enseñó a Israel cerca del final de su vida, pidió a la nación mostrar respeto y honra a Dios.

> ¿No es él tu padre que te creó?
> El te hizo y te estableció.
> Dt 32.6

Está claro en este pasaje que la metáfora de Dios como Padre tiene su origen en que Dios estableció y redimió a Israel. Israel debe su existencia al Señor, y por eso le debe a Él el respeto que se le debe a un padre.

La mayoría de las referencias a Dios como Padre en el AT, lo describen como el creador de Israel como nación. Porque Dios trajo a Israel a existencia, la nación le debe el respeto que merece un padre humano. Por eso es que Dios dice lo siguiente al rebelde pueblo de Israel por medio de Jeremías:

> ¿Cómo os pondré por hijos, y os daré la tierra deseable, la rica heredad de las naciones? Y dije: Me llamaréis: Padre mío, y no os apartaréis de en pos de mí. Pero como la esposa infiel abandona a su compañero, así prevaricasteis contra mí, oh casa de Israel.
>
> Jer 3.19,20

En este y otros pasajes claves del AT, (Is 63.16; Jer 31.9; Mal 1.6), la paternidad de Dios es grupal antes que individual y está basada en su creación de la nación.

Dios como el padre de David (Sal 89.26). En este salmo profético, Dios le dice de David: «Él clamará: Mi padre eres tú». Otros pasajes en el AT dicen que David o su hijo Salomón tenían una relación con Dios como Padre (2 S 7.14; 1 Cr 17.13; 22.10; 28.6). Sin embargo, cuando examinamos tales pasajes, es claro que Dios es un «padre» para David o Salomón, en el mismo sentido que es un «padre» para Israel. Dios trajo a existencia la línea real de David. Dios es el fundador y creador, y en este sentido es un «padre».

Dios como «Padre de los huérfanos» (Sal 68.5). Una de las virtudes divinas por la que David alaba a Dios es ser «padre de huérfanos y defensor de viudas».

El rol de un padre en la sociedad patriarcal del AT era claro. Él era la cabeza de la familia y como tal debía respetarse. Pero como cabeza familiar, el padre era también responsable de su bienestar. El padre debía cuidar por el bienestar físico de su esposa e hijos y debía proveerles alimento y techo. Además, era responsable del bienestar espiritual de la familia, y debía enseñar y disciplinar a sus hijos. Describir a Dios como el «padre de huérfanos», significaba que Dios mismo tomaba la responsabilidad de cuidar de aquellos que no tenían padre biológico.

Dios actúa como un padre al preocuparse y cuidar de los suyos.

Muchas provisiones de la Ley del AT fueron diseñadas para asegurar que las viudas y los huérfanos recibieran cuidados. La Ley dio a las viudas y a los pobres el derecho de espigar (recoger lo que quede de la cosecha) en los campos de otros. La Ley estipulaba que debía recogerse un diezmo cada tercer año para el cuidado de los pobres. La Ley proveía préstamos sin interés y aun el perdón de las deudas. De esta manera, Dios trabajaba como padre de los huérfanos, haciendo provisión para ellos y cuidando de sus necesidades.

Dios también actuaba como un padre al cuidar de Israel. Esto se ilustra en un sinnúmero de pasajes. Dios cuidó de Israel a lo largo de los años de peregrinar por el desierto, «como trae el hombre a su hijo» (Dt 1.31). De la misma manera, Dios también disciplinaba a su pueblo «como castiga el hombre a su hijo» (Dt 8.5). David dice, continuando con la misma analogía: «Como el padre se compadece de los hijos, se compadece Jehová de los que le temen» (Sal 103.13).

Aunque el AT sí usa las relaciones paterno filiales para ayudar a Israel a entender los motivos que hay detrás de las acciones de Dios, ninguna de estas analogías indica que existió una verdadera relación padre-hijo entre el Señor y los israelitas como individuos, o entre Dios e Israel.

Cuando Jesús habló de una relación padre-hijo con Dios que los creyentes podían experimentar, estaba exponiendo algo realmente nuevo, como veremos en el capítulo 7. Esto es así porque el AT limita con cuidado el uso de la metáfora del Padre. Dios es movido por un amor como el de un padre, para cuidar a Israel. Sin embargo, la metáfora donde Dios se revela como un Padre se limita a su papel como creador del pueblo del pacto y el fundador de la línea davídica. Es sólo en el NT que Dios se revela como nuestro Padre en el más profundo y personal sentido.

ESPOSO, MARIDO

El matrimonio es la institución básica de cualquier sociedad. Desde el principio, tuvo la intención de ser la unión de un hombre y una mujer que se comprometen a vivir juntos en la tierra. El compromiso es totalmente básico para el concepto bíblico del matrimonio. Cada cónyuge debe ser fiel al otro. Cada uno debe estar profundamente consciente que forman una unidad indisoluble y deben trabajar como uno.

Entonces no debe sorprendernos que los profetas vieran paralelismo entre el matrimonio y la relación de Israel con Dios. Israel era la esposa y Dios era el esposo. Trágicamente, mientras Dios permanecía como el esposo fiel, Israel actuaba como una esposa infiel.

Dios como esposo (varios pasajes en Isaías y Jeremías). Isaías es el primero en hacer una referencia explícita a la analogía. En 54.4,5, Dios consuela a una infiel Israel:

No temas, pues no serás confundida;

y no te avergüences, porque no serás afrentada,
sino que te olvidarás de la vergüenza de tu juventud,
y de la afrenta de tu viudez no tendrás más memoria.
Porque tu marido es tu Hacedor;
Jehová de los ejércitos es su nombre;
y tu Redentor, el Santo de Israel;
Dios de toda la tierra será llamado.
  Is 54.4,5

Aunque Israel había sido infiel al Señor, Dios mantuvo su compromiso con su pueblo.

Jeremías usa la analogía para revelar la trascendencia de la idolatría de Judá, y también como una base para el llamado de Dios a su pueblo para que se vuelva a Él en arrepentimiento y fe.

Convertíos, hijos rebeldes, dice Jehová, porque yo soy vuestro esposo.
  Jer 3.14

También

Como la esposa infiel abandona a su compañero, así prevaricasteis contra mí, oh casa de Israel, dice Jehová.
  Jer 3.20

La esperanza de Israel para el futuro descansa en la voluntad de Dios de hacer un nuevo pacto con su pueblo, uno diferente al pacto mosaico, «porque ellos invalidaron mi pacto, aunque fui yo un marido para ellos» (Jer 31.32).

El caso de Oseas. La más conmovedora revelación de las implicaciones del papel divino como esposo en el AT se encuentra en el libro de Oseas. Oseas era un profeta que ministró en el reino del norte de Israel del 750-715 a.C. (En el 722 a.C., los asirios conquistaron la tierra y deportaron a su gente).

Dios llamó a Oseas no sólo a predicar a Israel, sino también a modelar, en su relación con su esposa, la relación que existía entre

Dios e Israel. El profeta nos dice que Dios le dijo: «Ve, tómate una mujer fornicaria» (1.2). En otras palabras, Oseas debía casarse con una mujer que fuera (o se convertiría en) una prostituta.

El nombre de esta mujer era Gomer. Con el tiempo, ella abandonó a su esposo y a sus hijos para vivir con varios amantes. Durante esos difíciles años, Oseas continuó amando a Gomer. Aun cuando un amante tras de otro la abandonaba, Oseas se preocupó de que no le faltara techo ni alimento (2.8). Finalmente, Gomer se vio obligada a venderse como esclava por sus deudas. Cuando sucedió eso, Oseas la compró y la llevó a su casa (3.2,3).

Los capítulos 1—3 de Oseas relatan la historia del profeta y su esposa y, al hacerlo, revela el corazón y las intenciones de Dios hacia Israel. Cuán heridos y enojados estaban Oseas y Dios, y cómo esas emociones parecían al principio endurecer sus corazones contra Gomer e Israel. Sin embargo, la esposa infiel era todavía amada. En efecto, a pesar de tal infidelidad, Oseas y Dios harían todo el esfuerzo para traer de regreso a sus respectivas esposas.

> En aquel tiempo, dice Jehová,
> me llamarás Ishi [esposo mío],
> y nunca más me llamarás Baali [mi señor].
> Y te desposaré conmigo para siempre;
> te desposaré conmigo en justicia,
> juicio, benignidad y misericordia.
> Y te desposaré conmigo en fidelidad,
> y conocerás a Jehová.
> Os 2.16,19,20

Como esposo, Dios se presenta en el AT como una persona absolutamente fiel. Él se mantiene comprometido con Israel, su esposa, a pesar de su infidelidad. Al final, Dios actuará para cambiar el corazón de la esposa infiel. En ese día, Dios e Israel estarán unidos para siempre.

PASTOR

El papel del pastor del AT era cuidar, proteger y proveer pastos para sus ovejas. Los pastores vivían en los campos con sus rebaños la mayor parte del año. Cuando las estaciones cambiaban, ellos encontraban hierba y agua para que comieran y bebieran las ovejas.

La primera referencia a Dios como pastor es temprana. Jacob es la primera persona en las Escrituras en usar esta metáfora, identificando a Dios como «el nombre del Pastor, la Roca de Israel» (Gn 49.24).

A los gobernantes también se les llamaba pastores. Los reyes de Israel eran llamados por Dios para que «apacentasen a mi pueblo» (Israel) (1 Cr 17.6). Salmo 78.72 nos dice que David «Y los apacentó conforme a la integridad de su corazón, los pastoreó con la pericia de sus manos». Los gobernantes humanos que Dios dio a Israel tenían la encomienda de cuidar a su pueblo y mantener sus corazones sintonizados con el Señor. Aun el gobernante de Persia, Ciro, es llamado «mi pastor» (Is 44.28) por el Señor, porque Ciro alentaría el retorno de los exiliados desde Babilonia a Judá.

Jeremías describe a los líderes religiosos de su día como pastores, pero como unos que «se infatuaron, y no buscaron a Jehová» (Jer 10.21). Estos fueron pastores que abandonaron al Señor y que «han destruido mi viña, hollaron mi heredad, convirtieron en desierto y soledad mi heredad preciosa» (Jer 12.10).

La infidelidad de los pastores comisionados para cuidar las ovejas de Dios, los hijos de Israel, condujo a la ruina espiritual y literal de la nación. No es de extrañar que el Señor hiciera que Ezequiel profetizara juicio contra los pastores de Israel que sólo «¡se apacientan a sí mismos! ¿No apacientan los pastores a los rebaños?» (Ez 34.2).

Ezequiel presentó una promesa especial. Puesto que los líderes seculares y religiosos de Israel habían fallado, Dios dijo: «Como reconoce su rebaño el pastor el día que está en medio de sus ovejas esparcidas, así reconoceré mis ovejas, y las libraré» (v. 12). Ezequiel transmite la promesa de Dios: «Yo apacentaré mis ovejas» (v. 15).

La imagen de Dios como el Pastor de su pueblo tiene raíces en los primeros libros del AT

❖

El profeta, entonces, revela que el descendiente de David, el Mesías, «las apacentará» (v. 23) y «les será por pastor». Esta identificación del Pastor venidero, tanto con Dios como con el Mesías, es una fuerte evidencia de la deidad de Cristo. Miqueas 5.4, dice del Mesías: «Y él estará, y apacentará con poder de Jehová, con grandeza del nombre de Jehová su Dios; y morarán seguros, porque ahora será engrandecido hasta los fines de la tierra».

El AT hace lo siguiente:

- Presenta a Dios como Pastor
- Identifica a los reyes como pastores
- Identifica a los líderes religiosos como pastores
- Condena el fracaso de ambos para cuidar el rebaño de Dios
- Promete que un día Dios mismo pastoreará a Israel en la persona del

Mesías, el más grande descendiente de David.

El ministerio pastoral de Dios. Dios se presenta como el pastor de Israel. Interesantemente, David veía a Dios como su pastor personal. El Salmo 23 aclara que, en el AT, la metáfora de Dios como pastor transmite una estrecha relación personal con el Señor y de una manera más poderosa que la metáfora de Dios como Padre. Nótese en este Salmo cómo Dios cumple el papel de un pastor:

Jehová es mi pastor;
nada me faltará.   [Dios provee]
En lugares de delicados pastos
me hará descansar;
Junto a aguas de reposo
me pastoreará.   [Dios dirige]
Confortará mi alma;
Me guiará por sendas de
justicia por amor de su   [Dios ofrece
nombre.   dirección moral]
Aunque ande en valle
de sombra de muerte,   [Dios da paz]
No temeré mal alguno,
porque tú estarás conmigo;   [Dios protege]
Tu vara y tu cayado me infundirán aliento.
Aderezas mesa delante de mí en
presencia de mis angustiadores;   [Dios salva]
Unges mi cabeza con aceite;
mi copa está rebosando.   [Dios bendice]
Ciertamente el bien y la misericordia
me seguirán todos los días de mi vida,
Y en la casa de Jehová
moraré por largos días.   [Dios da vida eterna]

Las ovejas de Dios. Al presentar a Dios como pastor, la Biblia también presenta a los creyentes como sus ovejas. Difícilmente esta es una metáfora halagadora. Las ovejas están muy lejos de ser animales inteligentes. La razón por la que necesitan que un pastor las acompañe es simplemente porque las ovejas carecen del sentido requerido para cuidarse por sí mismas. Sin constante supervisión, irían a lugares donde podrían perderse, lastimarse u otros animales podrían capturarlas. En Isaías 53.6, donde se describe el sacrificio en sustitución del Mesías venidero, se nos recuerda que «todos nosotros nos descarriamos como ovejas, cada cual se apartó por su camino».

Es sólo en el NT donde se entiende el importe total de la identificación de Dios como nuestro pastor. Jesús habla de sí mismo como el Buen Pastor. Él cuida tanto a sus ovejas que dio su vida por ellas. Sin embargo, aun en el AT, la metáfora de Dios como pastor comunicó poderosamente a su pueblo que Él los amaba de manera individual y como nación. Con David, cada creyente del A.T. podría alegremente decir lo siguiente:

¡Jehová es mi pastor!

¡Jehová es mi pastor!

¡Jehová es mi pastor!

Sal 23.1

AYUDADOR

David, quien aclamó a Dios como su Pastor en el Salmo 23, dice en el Salmo 54.4 que «Dios es el que me ayuda». La palabra hebrea traducida «ayudador», ʻezer, se refiere a una persona que viene para ofrecer ayuda a otra.

El *Theological Dictionary of the Old Testament* describe los usos del verbo hebreo del que se deriva el sustantivo. Aunque con frecuencia se tiene en mente la ayuda militar, el verbo también indica ayuda personal, particularmente en los Salmos.

Se ve al Señor como el ayudador de los menos privilegiados: los pobres (Sal 72.12) y los huérfanos (Sal 10.14; cf. Job 29.12). El salmista confiesa que no tienen ninguna ayuda aparte de Dios (Sal 22.11; 107.12). Él está consciente de la ayuda divina en tiempo de enfermedad (Sal 28.7), en tiempo de opresión por parte de los enemigos (Sal 54.4), o en tiempo de gran sufrimiento (Sal 86.17). La mano de Dios (Sal 119.173) y sus leyes (Sal 119.175) eran fuentes de ayuda para el salmista (2:661).e

Como Ayudador, Dios quiere y puede estar junto al creyente en cualquiera y en todas las necesidades. Por eso el salmista exclama con gozo: «Jehová está conmigo entre los que me ayudan; por tanto, yo veré mi deseo en los que me aborrecen» (Sal 118.7).

Es interesante que este mismo sustantivo hebreo ʻezer es usado por Dios para describir a Eva. Después que Dios creó a Adán, el Señor le dio una ayuda idónea. Nada apropiado podía hallarse en la creación animal para él, por lo tanto el Señor formó a Eva de la costilla de Adán. Cuando Dios le trajo a Eva, él reconoció inmediatamente que ella compartía su identidad como ser humano. Porque ellos tenían mucho en común, Eva pudo establecer una verdadera relación personal con Adán. Fue en el contexto de esa relación que ejerció como su ayudadora.

Cuando Dios creó a la raza humana, nos dio su imagen y semejanza (Gn 1.26,27). De alguna manera misteriosa, nos hizo lo suficientemente semejantes a Él para que pudiéramos compartir una relación íntima. Como nuestro ayudador, Dios viene a nuestro lado, siente lo que sentimos y sabe lo que sabemos. También viene a nuestro lado para ayudarnos en el tiempo de necesidad.

IMÁGENES DESCRIPTIVAS DE DIOS

Las metáforas y símiles se usan para ayudarnos a entender mejor a Dios y qué quiere ser para nosotros. Para cumplir este propósito, se habla de Dios de diferentes maneras. Por ejemplo, en el AT, nos presentan al Señor como lámpara, alfarero y purificador. Cada una de estas imágenes (y más) nos transmiten una comprensión fresca de lo que el Señor quiere ser para nosotros.

REFUGIO

David dice de Dios: «Tú eres mi refugio; me guardarás de la angustia; con cánticos de liberación me rodearás» (Sal 32.7). Isaías también se refiere a un refugio. Pero el profe-

Dios es nuestro lugar de refugio. Nos volvemos a Él en cualquier momento de dificultad.

varón como escondedero contra el viento, y como refugio contra el turbión; como arroyos de aguas en tierra de sequedad, como sombra de gran peñasco en tierra calurosa.

GUARDADOR

Cuando el salmista escribió: «Jehová es tu guardador» (Sal 121.5), escogió un sustantivo hebreo común cuya raíz verbal aparece cientos de veces en el AT. El significado subyacente es «ser responsable por alguien o algo», ya sea que se refiera a guardar los mandamientos de Dios, o a vigilar las posesiones de otras personas.

Hace mucho tiempo Caín le preguntó a Dios: «¿Soy yo acaso guarda de mi hermano?» (Gn 4.9). La pregunta de Caín fue una negación de su responsabilidad. Sin embargo, permanece el hecho de que él era responsable de amar a su hermano. Trágicamente, sin embargo, Caín mató a Abel. Al llamarse nuestro Ayudador, el Señor nos confirma su protección. Él ha aceptado su responsabilidad por nuestro bienestar y nunca nos abandonará.

LÁMPARA

La «lámpara» a la que se refieren las Escrituras era un recipiente poco profundo lleno de aceite de oliva en el que se metía un pedazo de linaza para que sirviera como mecha. Cada noche, en los hogares hebreos, esa lámpara se dejaba prendida, indicando así que el hogar estaba ocupado. De manera que la ausencia de una lámpara simbolizaba que el hogar estaba desocupado.

Cuando Proverbios 20.20 advierte que «al que maldice a su padre o a su madre, se le apagará su lámpara en medio de las tinieblas», el dicho refleja la promesa de la ley de larga vida a los que honran a su padre o madre (Éx 20.12). Los que ignoran el mandamiento y maldicen a sus padres pueden esperar morir jóvenes, dejando su casa oscura y vacía. El mismo mensaje se transmite en Proverbios 24.20: «Porque para el malo no habrá buen fin, y la lámpara de los impíos será apagada».

ta siente desprecio por aquellos que hacen de sus mentiras su refugio, y advierte que las aguas del juicio de Dios barrerán el refugio de los malvados (Is 28.15,17).

El sustantivo hebreo traducido «refugio» viene de un verbo que significa «ocultar». Para otros, el creyente puede parecer vulnerable y expuesto. pero todo el tiempo tiene un escondite al que puede retirarse. Allí, en la presencia de Dios, sabe que está seguro. Mientras el pecador trata de parapetarse detrás de las mentiras, el creyente se vuelve a Dios y encuentra paz en la oración.

Hay otra referencia a Dios como refugio. Esta vez es una referencia al Mesías. Pero aquí encontramos una palabra hebrea muy diferente. Cuando Cristo reine, nuestro lugar de refugio ya no será un secreto. Isaías 32.1,2 nos dice:

He aquí que para justicia reinará un rey, y príncipes presidirán en juicio. Y será aquel

La gente del antiguo Israel también usaba lámparas para iluminar su camino cuando caminaba fuera de casa. Este uso se refleja en el Salmo 119.105, donde David escribe: «Lámpara es a mis pies tu palabra y lumbrera a mi camino». La imagen aquí era también bien entendida por los lectores originales del texto hebreo. Una lámpara moderna arroja un rayo de luz bien adelante de la persona que la sostiene. Pero la lámpara de los tiempos bíblicos solamente proyectaba su círculo de luz alrededor de la persona que la sostenía, iluminando sólo el siguiente paso en el camino.

Hoy día tendemos a querer mirar bien adelante, como si quisiéramos conocer lo que nos depara el futuro. Sin embargo, independientemente de los planes que tengamos, el futuro permanece escondido delante de nosotros. Todo lo que podemos en verdad hacer es tener cuidado de que el siguiente paso que demos en la vida esté guiado por la Palabra y el Espíritu de Dios. Es esta verdad la que David tenía en mente, cuando dijo: «Tú eres mi lámpara, oh Jehová; Mi Dios alumbrará mis tinieblas» (2 S 22.29). No conocemos nuestro futuro, pero Dios sí. En su tiempo, Él nos mostrará el siguiente paso que debemos dar, y de esta manera nos guiará a lo largo del camino.

Una lámpara apagada simboliza un hogar sin Dios.

LUZ
LUZ DE LAS NACIONES

Tanto luz como tinieblas son metáforas poderosas aplicadas en una variedad de formas en el Antiguo y el Nuevo Testamentos. Pero ¿qué quiere decir David cuando escribe: «Jehová es mi luz y mi salvación; ¿de quién temeré?» (Sal 27.1).

La *New International Encyclopedia of Bible Words* resume las maneras en las que se usa «luz» en el AT:

> Dios puso el sol en el cielo para «alumbrar sobre la tierra» (Gn 1.15). Acompañó a Israel a través del desierto en una columna de fuego «para alumbrarles» (Éx 13.21). Estos hechos históricos proveen imágenes que fueron recogidas y desarrolladas por los salmistas. Dios es llamado «mi luz y mi salvación» (Sal 27.1). Es sólo en la relación con el Señor que la vida de uno es iluminada, porque «En tu luz veremos la luz» (Sal 36.9). La luz se relaciona a la revelación divina (Sal 43.3; 119.30), con vida (Sal 49.19; 56.13), con salvación (Sal 27.1), y con la presencia de Dios (Sal 89.15; 90.8). El pueblo de Dios es llamado a caminar «a la luz de Jehová» (Is 2.5), y los profetas prometen que un día Dios mismo vivirá entre los hombres, reemplazando al sol como su «luz perpetua» (Is 60.19-20).

Como veremos, el NT, presenta a Jesús como *la luz del mundo* (Jn 8.12). El hecho que la experiencia de David con Dios como luz y salvación un día estará disponible para todos los que han creído en Cristo se predice claramente en el AT.

En lo que se han llamado «canciones del siervo» de Isaías, pasajes que se refieren a la

La imagen de Dios como alfarero hace énfasis en su capacidad soberana para moldear la historia y la vida humana.

❖

ALFARERO

Hay pocas imágenes que produzcan una reacción más fuerte que la de Dios como el alfarero y los seres humanos como el barro. Isaías 64.8 afirma esta verdad claramente:

> Ahora pues, Jehová, tú eres nuestro padre; nosotros barro, y tú el que nos formaste; así que obra de tus manos somos todos nosotros.

Para algunos, la imagen es perturbadora porque parece describir a los seres humanos como entidades pasivas que no tienen verdadera responsabilidad o influencia sobre el curso de sus vidas. En la superficie, esta noción parece estar fortalecida por el uso de la metáfora que hace el profeta:

> Vuestra perversidad ciertamente será reputada como el barro del alfarero. ¿Acaso la obra dirá de su hacedor: No me hizo? ¿Dirá la vasija de aquel que la ha formado: no entendió?
>
> Is 29.16

Y otra vez:

> ¡Ay del que pleitea con su Hacedor! ¡El tiesto con los tiestos de la tierra! ¿Dirá el barro al que lo labra: Qué haces; o tu obra: No tiene manos?
>
> Is 45.9

> ¿No podré yo hacer de vosotros como este alfarero, oh casa de Israel? dice Jehová. He aquí que como el barro en la mano del alfarero, así sois vosotros en mi mano, oh casa de Israel.
>
> Jer 18.6

venida del Mesías como el siervo de Dios, Isaías 42.6,7 lo presentan como «luz de las naciones, [7] para que abras los ojos de los ciegos, para que saques de la cárcel a los presos, y de casas de prisión a los que moran en tinieblas».

En otra canción del siervo, Dios dice lo siguiente:

> Poco es para mí que tú seas mi siervo para levantar las tribus de Jacob, y para que restaures el remanente de Israel; también te di por luz de las naciones, para que seas mi salvación hasta lo postrero de la tierra.
>
> Is 49.6

De esta manera, la salvación parece ser el énfasis principal en pasajes que describen a Dios o a su Mesías como luz. Es el reconocimiento de Dios como nuestro Salvador lo que abre nuestros ojos y nos libera de las tinieblas en las que viven todos aquellos que no le conocen.

Sin embargo, cuando miramos el contexto de estos versículos rápidamente vemos que la imagen de Dios como alfarero de ninguna manera niega la responsabilidad humana.

En Isaías 29.15, el profeta ridiculiza a los que «se esconden de Jehová». Ciertamente, «ellos han volteado las cosas» (v.16). Actúan como si antes que Dios, ellos fueran el Creador, o antes que Dios, ellos fueran soberanos sobre todas las cosas.

En Isaías 45.9, el profeta se dirige a los que luchan contra su Hacedor. Esto, también, es trastornar las cosas. Comparadas con Dios, las personas son como fragmentos, pedazos rotos de una vasija de barro. Pueden luchar contra otras personas, fragmento contra fragmento, pero qué absurdo es imaginarse que las personas podrían triunfar luchando contra Dios, el Alfarero.

En Jeremías 18.6 el profeta advierte a una rebelde casa de Israel: «¿No podré yo hacer de vosotros como este alfarero?» Judá ha olvidado que el Señor es Dios, en control soberano de la historia. Él es capaz de establecer y derribar reinos. De manera que Dios dice a su pueblo: «conviértase ahora cada uno de su mal camino, y mejore sus caminos y sus obras» (v. 11).

En cada contexto el Señor está hablando a los que actúan como si Él fuera irrelevante y ellos fueran capaces de determinar su futuro sin Él. La imagen de Dios como alfarero es un recordatorio que, comparados con el Señor, somos simplemente barro. En contraste, la referencia de Isaías 64.8 es una afirmación de confianza expresada por un creyente que sabe que Dios es soberano y se regocija en esa realidad.

Se ha sugerido que sólo hay que recordar dos reglas para caminar con Dios:

Regla 1: Recuerde que Dios es el Señor.

Regla 2: Recuerde que nosotros no lo somos.

Israel y Judá olvidaron estas dos reglas básicas. En la analogía de Dios como el alfarero y los seres humanos como el barro, Él le está simplemente recordando a su pueblo estas reglas y llamándolos a volver a Él en arrepentimiento y fe.

PURIFICADOR

Malaquías 3.2 compara a Dios con un «fuego purificador». El versículo 3 dice: «Y se sentará para afinar y limpiar la plata; por-que limpiará a los hijos de Leví, los afinará como a oro y como a plata, y traerán a Jehová ofrenda en justicia».

El purificador, en los tiempos antiguos (como en los nuestros) sometía el metal que debía ser purificado a calor intenso. Cuando el metal se derrite y hierve, las impurezas suben a la superficie y el purificador las remueve. Gradualmente el metal se purifica, y se vuelve más y más puro. De la misma manera, Dios nos permite experimentar tiempos duros y difíciles. Pero su propósito es siempre como el del purificador: No hacer daño sino purificar. El propósito de Dios es que nosotros[9] también podamos ser para Él una ofrenda de justicia.

El NT recoge esta misma imagen en 1 Pedro 1.7. Allí el apóstol recuerda a los que están atormentados por varias pruebas que «sometida a prueba vuestra fe, mucho más preciosa que el oro, el cual aunque perecedero se prueba con fuego, sea hallada en alabanza, gloria y honra cuando sea manifestado Jesucristo».

En cualquier época, Dios quiere que los sufrimientos que retan nuestra fe sean sólo para nuestro bien.

REFUGIO

David dice: «Jehová será refugio del pobre, refugio para el tiempo de angustia» (Sal 9.9). La palabra hebrea traducida «refugio» puede significar también «fortaleza» o «altura segura».

Antes que los israelitas conquistaran la tierra prometida, Dios le dijo a Moisés que estableciera «ciudades de refugio» (Nm 35.11). En los primeros días de la historia de Israel no había policía nacional ni local para hacer cumplir las leyes y capturar a los criminales. Es verdad que los ancianos locales dirimían las disputas, pero cuando una persona mataba a otra, la responsabilidad para traer al asesino a la justicia pertenecía al «vengador de la sangre» (Dt 19.12). Esta persona era el pariente más cercano de la persona asesinada. El vengador era el responsable de encontrar y ejecutar al asesino, como se establecía en Génesis 9.6 y Números 35.21.

Había siempre la posibilidad de que alguien pudiera matar a otro accidentalmente. En este caso, la muerte no sería un asesinato. El problema, sin embargo era que en el ardor de la ira por la muerte de un pariente, el vengador de la sangre podría encontrar y matar al responsable de la muerte, antes de que se determinara si el crimen era asesinato u homicidio accidental.

Por esto aparecieron las ciudades de refugio. Una persona que mataba a otra debía huir inmediatamente a la ciudad de refugio más cercana. Debía permanecer allí hasta que los ancianos de su ciudad pudieran oír su caso.

Si se determinaba que la muerte fue intencional, el ofensor era remitido al vengador. Pero si se determinaba que la muerte fue accidental, el ofensor debía permanecer en la ciudad de refugio hasta la muerte del sumo sacerdote de esa época. Entonces el ofensor sería libre de regresar a su casa y el vengador de la sangre no podría hacerle daño.

Los sitios de estas ciudades de refugio se seleccionaban cuidadosamente. Se colocaba de tal manera que cualquiera en Israel estuviera a un día de camino de la ciudad de refugio pues sólo allí podía estar a salvo.

¡Qué cuadro de nuestra relación con Dios! A pesar de que somos culpables de muchos pecados, Dios ha provisto un refugio que está accesible para nosotros inmediatamente. Podemos correr a Él en nuestros tiempos de dificultades, y sólo en Él estaremos eternamente seguros.

CAPÍTULO 6

❖

CRISTO EN EL ANTIGUO TESTAMENTO

➤ MESÍAS, EL PRÍNCIPE —*94*

➤ JESÚS, EL FOCO DE LAS CANCIONES DEL SIERVO DE ISAÍAS —*97*

➤ ¿POR QUÉ NO ESTÁ LA PALABRA «TRINIDAD» EN LA BIBLIA? —*100*

➤ JESÚS COMO EL «DESEADO DE TODAS LAS NACIONES» —*103*

➤ ¿CUÁL ES LA PRIMERA PREDICCIÓN DE JESÚS EN LA BIBLIA? —*109*

Muchos de los nombres y títulos en el AT se le dan al Mesías. El término «mesías» significa el «ungido». El título «Cristo» en el NT tiene este mismo significado y es la traducción griega de la palabra hebrea.

En los tiempos del AT, las personas especiales escogidas para servir a Dios y a la nación eran separadas para su misión ungiéndolos con aceite de oliva. Así fueron ungidos Aarón y sus hijos al consagrarlos como sacerdotes de Israel (Éx 28.41; 29.7), y los reyes de Israel eran ungidos así cuando se les encargaba el oficio real (Jue 9.8; 1 S 16.12).

Al predecir la aparición de una persona que sería llamada «Mesías», la práctica de unción del AT profetizaba su papel. El Mesías sería Sacerdote y Rey. Como Sacerdote, representaría al pueblo delante de Dios y ofrecería un sacrificio que restauraría la armonía entre el pueblo y Dios. Como Rey, conquistaría el mal, castigaría a los pecadores y establecería el gobierno de Dios en la tierra.

Estos dos ministerios, el sacerdotal y el real, se reflejan en los nombres y en los títulos dados al Mesías en el AT. Estos nombres y títulos también establecen otra importante verdad. El Mesías venidero, aunque ser humano, iba a ser Dios mismo.

Algunos han excusado el fracaso de los líderes religiosos del primer siglo en reconocer a Jesús como el Mesías porque no vino como el conquistador profetizado en el AT. Otros mantienen una fanática oposición a sus pretensiones de ser el Hijo de Dios y por lo tanto uno con el Padre (en otras palabras, igual a Él en naturaleza y en esencia; Juan 10.30). Sin embargo, cuando examinamos los nombres y títulos del Mesías en el AT, descubrimos que la razón para el rechazo de Jesús por parte de los líderes religiosos no puede explicarse simplemente como una falta de conocimiento de quién debía ser el Mesías.

La Biblia explica claramente que el Mesías iba a ser Dios encarnado y que serviría a Dios como Sacerdote y Rey. Algunos pasajes

El título Mesías, el Ungido, enfatiza la comisión de Cristo de llevar a cabo una misión para Dios.

❖

que presentan los nombres y títulos del Mesías enfatizan en su deidad, ministerio sacerdotal o su comisión real. Sin embargo, en muchos pasajes estos nombres o títulos se entremezclan.

NOMBRES PRIMARIOS DE CRISTO EN EL ANTIGUO TESTAMENTO

Entre los muchos nombres y títulos de Cristo revelados en el AT varios pueden llamarse primarios. Son «primarios» porque le identifican inequívocamente. Al mismo tiempo, el contexto del pasaje bíblico a menudo indica claramente sus ministerios.

EL UNGIDO (MESÍAS)

Como mencionamos antes, se ungía a los individuos con aceite para comisionarlos para algún servicio especial para Dios y su pueblo.

En una sorprendente profecía especificando «setenta semanas» de una orden para restaurar y edificar Jerusalén, el profeta Daniel anuncia la venida del Mesías, el Príncipe que «terminará con el pecado», «hará expiación por la iniquidad», «traerá la justicia perdurable» (Dn 9.24). Daniel también predice la muerte del Mesías «más no por sí» (v. 26), la subsecuente destrucción de Jerusalén y la aparición de un enemigo que profanará el santuario de Dios hasta que sea derrotado (v. 27).

En esta profecía, que mezcla los aspectos sacerdotales y reales del ministerio del Mesías, se le da también el divino título de «Santo de los santos» (v. 24).

❖

TRASFONDO BÍBLICO:

LAS SETENTA SEMANAS DE DANIEL

Daniel descubre la promesa de Jeremías de que la cautividad durará 70 años (Jer 25.11-14). Ahora, en el 538 a.C., los años señalados están casi completos. Así que Daniel le pide a Dios que actúe.

El ángel Gabriel se le aparece a Daniel en oración, para darle la respuesta de Dios. Le dice a Daniel que una cantidad de tiempo está determinada «sobre tu pueblo y sobre tu santa ciudad, para terminar la prevaricación y poner fin al pecado y expiar la iniquidad, para traer la justicia perdurable, y sellar la visión y la profecía, y ungir al Santo de los santos» (v. 24). Esta es una profecía única ya que en lugar de ser indefinida en cuanto al tiempo, toda la profecía se enfoca en el tiempo y anuncia con anticipación un marco de tiempo profético.

Algunos han tomado estas cifras en el sentido literal, según fue la clara intención de Daniel. La mejor interpretación, viendo cada «tiempo» como un año y cada «semana» o «siete», como siete años, lleva al «decreto de restaurar a Jerusalén» dado por Artajerjes a Esdras en el 458 a.C. Los primeros siete (49 años) nos llevan al 409 a.C., cuando Nehemías y Esdras completan la tarea de amurallar y poblar la ciudad. El siguiente grupo de 62 sietes (434 años), nos trae al 26 d.C. y al bautismo de Jesús (p.ej., la unción del «Santo de los santos») (cf. Mt 4; Lc 4).

¿Y qué del último grupo de siete años? Daniel dice que «después de las sesenta y dos semanas se quitará la vida al Mesías» (v. 26). «Quitar la vida» se usa en el AT para indicar ejecución (Lv 7.2; Sal 37.9; Pr 2.22). Esto es «después» de la unción. De esta manera, el texto implica un lapso de tiempo indeterminado entre la semana sesenta y nueve y la semana setenta. El período final de siete años comienza cuando un gobernante malvado venga y haga un tratado con el pueblo de Dios, que romperá a los tres años y medio.

Para quienes toman la profecía de una manera literal, el cuadro de Jesús crucificado sobresale como un gran consuelo. Así lo hace un hecho desconocido de la profecía del AT: que el Mesías sufrirá y morirá, y que existe un gran lapso de tiempo entre la primera y Segunda Venida de Jesús. Cuando finalmente se cierre esta brecha, la última semana de Daniel, como las primeras sesenta y nueve, verá cumplirse la profecía tan literal y sorprendentemente como Daniel identificó los imperios de Grecia y Roma.

The Illustrated Bible Handbook
pp. 371-372

La predicción de Daniel respecto al Mesías no es el único lugar donde se afirma su deidad. El Salmo 2, reconocido por los antiguos comentaristas judíos y por los cristianos, como un salmo mesiánico, habla de «las gentes» (v. 1) que se amotinan «contra Jehová y contra su ungido» (v. 3). Entonces, en los versículos 7- 9, el Mesías habla:

Yo publicaré el decreto;
    Jehová me ha dicho:
    Mi hijo eres tú;
    Yo te engendré hoy.

Pídeme, y te daré por
    herencia las naciones,
    Y como posesión tuya
    los confines de la tierra.
Los quebrantarás con vara de hierro;
    Como vasija de alfarero
    los desmenuzarás.

Aquí, el Mesías, en su papel real como conquistador, es identificado como el Hijo de Dios.

Los pasajes que presentan al Mesías (el Cristo) como el Ungido establecesen con claridad que la persona que vendrá a tratar con el pecado y a implantar su gobierno justo es ciertamente Dios mismo.

RENUEVO

El término «renuevo» es una metáfora común para las relaciones familiares. De igual manera que una rama crece de un árbol, así se dice metafóricamente que el Mesías es el «renuevo justo» de David (en otras palabras, un descendiente de ese rey; Jer 23.5). En forma similar, Isaías 11.1 predice que «saldrá una vara del tronco de Isaí [padre de David], y un vástago retoñará de sus raíces». Jeremías 33.15 cita al Señor diciendo: «Haré brotar a David un Renuevo de justicia». Pero el Mesías es más que un descendiente de David. Es también llamado «el renuevo de Jehová» (Is 4.2). Jeremías es aun más claro al dar al Mesías el título divino *Yahveh sidkenu*. Jeremías 23.6 dice:

En sus días será salvo Judá,
    e Israel habitará confiado;
y este será su nombre
    con el cual le llamarán:
JEHOVÁ, JUSTICIA NUESTRA.

En pasajes donde se identifica al Mesías como el Renuevo, se afirma tanto su naturaleza humana como su deidad. No había base para que los líderes religiosos del tiempo de Jesús se escandalizaran de que al presentarse

El título mesiánico «Renuevo» enfatiza que Jesús era descendiente de David,
y por lo tanto su derecho de gobernar a Israel.

a sí mismo como el Mesías, Jesús también afirmara su deidad.

¡El hecho de que el Prometido sería Dios mismo se muestra claramente en el AT!

Pero, ¿qué aspecto del ministerio del Mesías es evidente cuando se habla de Él como Renuevo? En Isaías y Jeremías se enfatiza en el papel del Mesías como conquistador y gobernante. Jeremías 23.5 dice que: «Reinará como Rey, el cual será dichoso, y hará juicio y justicia en la tierra». Isaías 11.2-4, dice:

Y reposará sobre él el Espíritu de Jehová;
espíritu de sabiduría y de inteligencia,
espíritu de consejo y de poder,
espíritu de conocimiento y de temor de Jehová.
Y le hará entender diligente en el temor de
Jehová.
No juzgará según la vista de sus ojos,
ni argüirá por lo que oigan sus oídos;

sino que juzgará con justicia a los pobres,
y argüirá con equidad por los mansos de la
tierra;
y herirá la tierra con la vara de su boca,
y con el espíritu de sus labios matará al impío.

Zacarías, sin embargo, hace énfasis en el ministerio sacerdotal del Renuevo. En 3.9, descubrimos que el Señor, a través de su Siervo, el Renuevo «quitará el pecado de la tierra en un día». En 6.12,13 leemos que «el varón cuyo nombre es el Renuevo ... se sentará y dominará en su trono, y habrá sacerdote a su lado».

En el Mesías, en Cristo, los ministerios de sacerdote y rey están unidos. En su muerte, Jesús, nuestro Sumo Sacerdote, ofreció su sangre como un sacrificio purificador. Y cuando Jesús regrese, vendrá a gobernar.

EMANUEL

Este nombre se asocia con la que quizás es la profecía más famosa de la Biblia. El profeta Isaías, unos setecientos años antes de Cristo, es enviado al rey Acaz de Judá. El rey está aterrorizado porque Rezín de Siria y Peka de Israel, están negociando un tratado con miras a invadir Judá. Isaías tiene buenas nuevas: la conspiración fracasará.

Sin embargo, cuando Isaías le dice a Acaz que pida una señal (es decir, un milagro para verificar que el mensaje viene verdaderamente de Dios), el rey apóstata se rehúsa. En respuesta, Isaías declara: «Por tanto, el Señor mismo os dará señal: He aquí que la virgen concebirá, y dará a luz un hijo, y llamará su nombre Emanuel» (Is 7.14). Isaías continúa y, refiriéndose a su bebé Sher-Jashub a quien lleva en brazos, le dice a Acaz que antes que el niño sea lo suficientemente grande para ser destetado, los dos reyes a los que Acaz teme no serán una amenaza para Judá (vv. 15,16).

La segunda profecía fue cumplida cuando Asiria derrotó a estas dos naciones hostiles. Esta fue una profecía a «corto plazo» cumplida dentro de un lapso corto, autenticando así que el mensaje del profeta venía de Dios. Esa profecía cumplida no sólo demostró que Isaías era un vocero de Dios, sino que también garantizó la profecía «a largo plazo» de un nacimiento virginal, ¡y mucho más!

El niño prometido no sólo iba a ser milagrosamente concebido, sino que también iba a tener un nombre que en hebreo significa «Dios con nosotros». En efecto, la forma en que el nombre es construido da un énfasis ligeramente diferente: «¡CON NOSOTROS está Dios!». Dios no está solamente con nosotros en el sentido tradicional, sino que va a estar en un sentido único. El que nacerá de una virgen es Dios ¡y viene a la tierra como un verdadero ser humano! Él va a estar con nosotros en nuestra humanidad, nacerá en el mundo como un infante, igual que nosotros y, sin embargo al mismo tiempo, completamente Dios.

SIERVO DE JEHOVÁ

Muchos capítulos de Isaías se dedican a la descripción de una persona llamada el siervo de Jehová. Se desprende con claridad de estos pasajes, llamados «las canciones del siervo», que Dios había escogido a Israel para ser su siervo, encargado de glorificarlo entre las naciones. Pero Israel falló en su misión. De manera que Isaías presenta la venida de un individuo de Dios que le servirá como Siervo y que cumplirá la misión que Dios le dé.

Podemos entender mejor este título de Cristo en el AT, resumiendo los capítulos en los que aparece el Siervo.

Isaías 42.1-3. La gentileza del siervo se enfatiza en los versículos 1-3, mientras que en los versículos 4-9 se describe su misión. El siervo de Jehová va a redimir a los perdidos y a rescatar a los cautivos. Los versículos 10-13 revelan que la obra del siervo dará a los pueblos de la tierra una nueva canción para cantar, una canción de alabanza al Señor.

Isaías 42.14-25; 43.1-28. Esta segunda «canción del siervo» presenta a Israel como el siervo fracasado de Dios (42.14-25). Israel no sólo fracasó en hacer la voluntad divina, sino que tampoco respondió a su disciplina. Sin embargo, Israel no debe temer porque Dios redimirá a su pueblo (43.1-13) y borrará los pecados de su pueblo (vv. 14-28).

Isaías 49. Isaías ahora presenta a un individuo llamado desde el vientre para ser el siervo de Dios que alumbrará para los gentiles el camino a Dios. Sería

por pacto al pueblo [de Israel],
para que restaures la tierra,
para que heredes asoladas heredades.
para que digas a los presos:
Salid.
vv. 8,9

La frase «pacto al pueblo» que vemos aquí y también en 42.6, es una referencia al nuevo pacto de Jeremías 31.31-34, que Cristo inauguró con su muerte en el Calvario.

Cuando el siervo de Jehová haya cumplido su misión de redención, redimiendo a Israel y humillando a los poderes hostiles del mundo, todo el mundo sabrá que el Señor es el Redentor de Israel.

Isaías 50. En contraste con el desobediente Israel, el Siervo de Jehová será fiel a Dios, aun cuando su obediencia traiga sufrimiento. Al final, el siervo será vindicado por el mismo Señor (vv. 1-9). Los que confían en Dios obedecerán «la voz de su siervo» y confiarán «en el nombre de Jehová» (v. 10).

Isaías 52.13—53.12. Esta canción comienza con la afirmación de Dios: «He aquí mi siervo será prosperado, será engrandecido y exaltado, y será puesto muy en alto» (52.13). Pero Isaías continúa diciendo que, al principio el siervo no será reconocido. Más que nada, será «despreciado y rechazado entre los hombres, varón de dolores, experimentado en quebranto» (53.3).

Isaías 53 describe la muerte del siervo, en la que es «herido por nuestras rebeliones, molido por nuestros pecados» (v. 5). Este sorprendente pasaje profético no sólo describe la muerte de Cristo en el Calvario, sino que también hace absolutamente claro su propósito redentor. El capítulo también describe su resurrección y exaltación, todo porque llevó «el pecado de muchos y oró por los transgresores» (v. 12).

Robert T. France resumió la servidumbre de Jesús tal como se revela en Isaías:

El siervo fue escogido por el Señor (42.1; 49.1) y dotado del Espíritu (42.1). Fue enseñado por el Señor (50.4) y encontró su fuerza en él (49.2,5). Fue la voluntad del Señor que sufriera (53.10); fue débil, sin atractivo y despreciado por los hombres (52.14; 53.1-3,7-9); manso (42.2); dócil (42.3); sufrido (50.6; 53.7). A pesar de su inocencia (53.9) fue sujeto a continuo sufrimiento (50.6; 53.3,8-10); casi reducido a la deses-

peración (49.4). Pero su confianza estaba en el Señor (49.4; 50.7-9); le obedeció (50.4-5) y perseveró (50.7) hasta que venció (42.4; 50.8,9).

Los muchos capítulos de Isaías dedicados a Jesús como el siervo de Jehová hacen de este título uno de los más importantes entre los nombres y títulos de Jesús en el AT.

UN NIÑO NACIDO
UN HIJO DADO
ADMIRABLE
CONSEJERO
DIOS FUERTE
PADRE ETERNO
PRÍNCIPE DE PAZ

A Isaías se le ha llamado el evangelista del AT. Esto se debe en parte a la segunda mitad de la profecía de Isaías, que hace énfasis en la salvación antes que en el juicio. Pero la razón principal es que su libro está lleno de imágenes y profecías referentes a la venida del Salvador.

Una de las más claras y poderosas de estas profecías se encuentra en Isaías 9.6-7. Allí Isaías escribe:

Porque un niño nos es nacido, hijo nos es dado,
y el principado sobre su hombro;
y se llamará su nombre
Admirable, Consejero, Dios Fuerte,
    Padre Eterno, Príncipe de Paz.
Lo dilatado de su imperio y la paz no tendrán límite,
sobre el trono de David y sobre su reino,
disponiéndolo y confirmándolo en juicio y en justicia
desde ahora y para siempre.
El celo de Jehová de los ejércitos hará esto.

Las referencias a David y su trono hacen inequívocamente claro que este pasaje es sobre el Mesías. No sólo predice un gobierno duradero y pacífico del Mesías, sino que también contiene varios nombres y títulos.

Un niño es nacido. El título es una clara re-

Las frecuentes referencias al trono de David enfatizan que Jesús nació rey y que al final de la historia Él reinará sobre todo.

ferencia a la humanidad del Mesías. Él llegará al mundo como un niño a través del proceso normal de nacimiento. Como Isaías escribió más tarde: «Subirá cual renuevo delante de él, y como raíz de tierra seca; no hay parecer en él, ni hermosura; le veremos, más sin atractivo para que le deseemos» (Is 53.2). Cuando Jesús vivió en la tierra no pareció tener nada especial. En un sentido, fue simplemente un fiel judío del primer siglo que trabajaba como carpintero. Después de la muerte de José, asumió la responsabilidad de cuidar a su madre y a sus medio hermanos y hermanas más jóvenes.

Lo sorprendentemente ordinario de Jesús se resalta en los Evangelios. Cuando Jesús vino a Juan el Bautista para ser bautizado, Juan, quien probablemente era primo de Jesús, al principio se rehusó (Mt 3.13-15). La razón para esto no fue porque entendiera la identidad mesiánica de Jesús. Más bien, Juan

se dio cuenta que Jesús era realmente una buena persona, alguien que no necesitaba un bautismo que significaba un compromiso para cambiar la manera de vivir.

El bautismo de Juan implicaba confesión de pecados por los que uno necesitaba arrepentirse. Pero Juan estaba seguro que esto era inapropiado para Jesús. Sólo cuando Jesús señaló que con este bautismo se identificaría con la justicia y el mensaje de Juan, accedió este último a bautizarlo.

El siguiente día Juan identificó a Jesús ante algunos de sus discípulos como el Cordero de Dios y dijo: «Yo no le conocía; pero el que me envió a bautizar con agua, aquél me dijo: Sobre quien veas descender el Espíritu y que permanece sobre él, ése es el que bautiza con el Espíritu Santo» (Jn 1.33).

Aun los que conocían mejor a Jesús, al verle verdaderamente como una persona buena, no veían en Él nada sobrenatural.

Como un niño nacido humanamente, Jesús no tenía ni garbo ni forma especial que hiciera que la gente que le miraba le aclamara inmediatamente como su Mesías y Rey.

Hijo nos es dado. El Salvador, aunque nació en este mundo como un niño, fue más que eso. Isaías 9.6 le da el título de «Hijo nos es dado». Este título claramente nos recuerda Juan 3.16:

> Porque de tal manera amó Dios al mundo que dio a su Hijo Unigénito para que todo aquel que él cree, no se pierda, más tenga vida eterna.

Aunque el AT no implica abiertamente la doctrina de la Trinidad (el NT sí lo hace), la posterior revelación aclara que Dios ha existido desde la eternidad en tres Personas: el Padre, el Hijo y el Espíritu Santo. Mirando hacia atrás desde la perspectiva del NT, entendemos perfectamente la profecía de Isaías de un «Hijo nos es dado». Y entendemos que el Mesías prometido tenía que ser las dos cosas al mismo tiempo: completamente humano y completamente divino.

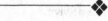

TRASFONDO BÍBLICO:
LA TRINIDAD

Los cristianos nunca han podido explicar la Trinidad ni aun entender cómo un Dios existe en tres personas... Aunque nos confundimos rápido cuando tratamos de conceptualizar la Trinidad y nuestras analogías no sirven de mucho, en verdad no nos enredan las así llamadas contradicciones lógicas. Después de todo, los seres humanos tampoco entienden muchas cosas del universo material. ¿Por qué debemos creernos capaces de comprender a Dios? Pero la verdadera razón por la que no nos perturba nuestro fracaso de entender la Trinidad es

porque las Escrituras nos enseñan tanto sobre la Trinidad como la unicidad de Dios. Dios es tres. El lenguaje plural se encuentra en el AT. El nombre de Dios usado en Génesis 1, *Elohim*, es plural, y al crear a los seres humanos, Dios usa un lenguaje plural: «Hagamos al hombre a nuestra imagen, conforme a nuestra semejanza» (Gn 1.26). Aun la palabra hebrea que se usa en la gran afirmación de Israel: «Oye Israel: Jehová nuestro Dios, Jehová uno es» (Dt 6.4), usa un término hebreo que enfatiza la pluralidad en la unidad. Más allá de esto, miramos hacia atrás y vemos un AT lleno referencias al Espíritu de Dios, y sospechamos que, en muchos ejemplos, el «ángel del Señor» era Jesús pre-encarnado.

Vemos estas indicaciones de pluralidad en el AT porque miramos hacia atrás basándonos en las perspectivas reveladas en el NT, donde encontramos marcadas afirmaciones. Vemos a Jesús presentado como uno que estaba con Dios y que era Dios desde la eternidad (Jn 1.1-3). Oímos a Jesús hablar del Padre como «el único verdadero Dios» y todavía afirmar que «yo y el Padre uno somos» (Jn 10.30; 17.5). En afirmaciones sobresalientes, la Biblia habla de Jesús como Dios encarnado, «uno con», y sin embargo «distinto de» el Padre (Fil 2.5-11; Col 1.15-20). De la misma manera, Jesús identifica al Espíritu Santo como uno consigo mismo (Jn 14.15-17). Se le da atributos divinos (1 Co 2.1-11; Hch 9.14) y es identificado con Dios en sus hechos (2 Co 12.4-6). En Efesios 1, vemos el rol del Padre, del Hijo y del Espíritu Santo, siendo cada uno de ellos reconocido como Dios. No podemos entender cómo puede ser esto, pero nos sentimos tranquilos con el conocimiento que la Biblia nos da, de un solo Dios que existe eternamente como tres: Padre, Hijo y Espíritu Santo.

Zondervan Dictionary of Christian Literacy
pp. 358, 359

Admirable, Consejero. La palabra hebrea en Isaías 9.6, *péle*, significa «admirable» en el

El título «pendón» refleja que un día los gentiles, así como los judíos, seguirán a Jesús, el Mesías de Dios.

sentido de una maravilla o milagro. Asaf describe al Señor como «el Dios que hace maravillas» (Sal 77.14). La forma verbal de esta palabra hebrea se encuentra en Éxodo 3.20, donde Dios promete a Moisés: «Heriré a Egipto con todas mis maravillas».

El nombre «Admirable», «Consejero» (Is 9.6) indica claramente que el niño nacido que también es un Hijo dado, es un milagro. Su naturaleza y existencia sólo pueden explicarse como una intervención sobrenatural de Dios, y no como el proceso normal de causa y efecto en el universo material.

«Admirable, Consejero», es un nombre compuesto en hebreo, y el segundo componente es «consejero». La raíz, yadís, significa «aconsejar», «avisar», «proponer» o «planificar». Mientras la mayoría toma el nombre «Admirable, Consejero» para sugerir que los planes y propósitos del Mesías para la humanidad son maravillosos, parece más apropiado ver en este título una referencia al hecho de que el milagro del Mesías cumplirá el plan y propósito eterno de Dios.

Dios fuerte. El Salmo 89.8 describe a Dios como fuerte. En realidad, Dios es fuerte y poderoso. Esto se enfatiza en Isaías 42.8, donde Dios dice: «Yo Jehová; este es mi nombre; y a otro no daré mi gloria, ni mi alabanza a esculturas». De manera que llamar al Mesías «Dios fuerte» (6.9) es equivalente a identificar al niño milagro, que también es un Hijo, con Yahveh mismo.

La declaración de Jesús de ser uno con el Dios del AT está claramente en armonía con las enseñanzas de las Escrituras respecto al Mesías, el Cristo. Cualquier rabí del primer siglo, familiarizado con las Escrituras del AT hubiera entendido la profecía de Isaías y su importancia.

Padre eterno. Este es un tercer título compuesto que Isaías 9.6 da al Mesías venidero. E.W. Hengstenberg, en *Cristology of the Old Testament* [La Cristología del Antiguo Testamento], explica:

Esto permite una explicación en dos partes. Por un lado podemos suponer que «Padre de la eternidad» es lo mismo que «Padre eterno», cuando el significado fuera que el Mesías no lo es, como debe ser el caso de un rey terrenal, sin embargo excelente, que deja a su pueblo después de un corto reinado pero rige sobre ellos y les bendice por siempre. O podemos explicar esto por el uso del arábico, en el que quien *posee* algo se le llama el padre de eso. Por ejemplo, padre de misericordia, misericordioso. Tenemos más razón para suponer que este uso es el que se adopta aquí, puesto que especialmente respecto a los nombres propios, esto ocurre con frecuencia en hebreo. Así por ejemplo, Padre de fortaleza, fuerte; Padre de la gloria, glorioso; Padre de bondad, bueno; Padre de compasión, compasivo; Padre de paz, pacífico. Según todas estas analogías, Padre de eternidad es lo mismo que eterno. Según ambas explicaciones, la última de las cuales es la preferida, aquí se le adscribe un atributo divino al Mesías (p.196, en la versión en inglés).

Antes de todo tiempo, antes que el mundo fuera creado, el Mesías venidero existió eternamente, y Él es la fuente de todo lo que ahora existe.

Aquí nuevamente tenemos un título que afirma sin lugar a dudas la absoluta deidad del niño-Hijo que iba a nacer. La deidad del Mesías, el Cristo enviado por Dios, se muestra de forma tan clara que sólo los que quieran hacerse los ignorantes podrían negarla.

Príncipe de paz. Este es el cuarto y último título compuesto del Mesías en Isaías 9.6. El nombre, que implica el «gobernante que trae paz», sirve como transición natural al versículo 7: «Lo dilatado de su imperio y la paz no tendrán límite». El que viene se sentará en el trono de David y regirá sobre su reino «disponiéndolo y confirmándolo en juicio y en justicia desde ahora y para siempre». (Véase «El Señor es paz» de la p. 70).

OTROS NOMBRES Y TÍTULOS DEL ANTIGUO TESTAMENTO

Este título se encuentra en Isaías 11.10, que afirma que en el tiempo del Mesías, «la raíz de Isaí, la cual estará puesta por pendón a los pueblos, será buscada por las gentes». Los títulos aquí hacen contraste. La raíz es lo que hay debajo de la tierra, de donde nacen el tronco y las ramas. La raíz está presente pero difícilmente es prominente. Así que Isaí es el comienzo de la línea de David, de la que vendrá el Mesías. Por otro lado, un pendón o bandera (también insignia o estandarte) es muy visible, siendo el punto de reunión para todos. El Mesías que vendrá de la línea de Isaí será realmente prominente.

La imagen del Mesías como pendón refleja un incidente que tuvo lugar durante la peregrinación de Israel por el desierto. Una plaga de serpientes venenosas causó terror en el campamento israelita. Dios le dijo a Moisés que hiciera una réplica de una serpiente y la colocara en lo alto de un poste «y cualquiera que fuere mordido y mirare a ella, vivirá» (Nm 21.8). Más tarde, Jesús comparó su muerte con ese evento. Dijo: «Y como Moisés levantó la serpiente en el desierto, así es necesario que el Hijo del hombre sea levantado, para que todo aquel que en él cree, no se pierda, más tenga vida eterna» (Jn 3.14,15).

Jesús, de la raíz de Isaí, fue levantado en la cruz, y sigue estando en lo alto, para que todo el mundo pueda tener fe en Él y ser salvo.

COMPAÑERO, COMPAÑERO MÍO

En Zacarías 13.7, Dios, por medio del profeta habla de la muerte de su pastor (véase p. 171). El profeta registra las palabras de Dios, como sigue:

> Levántate, oh espada, contra el pastor,
> y contra el hombre compañero mío,
> dice Jehová de los ejércitos.
> Hiere al pastor,
> y serán dispersadas las ovejas.

Esta también es una profecía mesiánica a la que se hace referencia en los Evangelios. En efecto, Jesús la citó a sus discípulos la última noche de su vida en la tierra: «Heriré al pastor, y las ovejas del rebaño serán dispersadas» (Mt 26.31; Mr 14.27).

Lo significativo aquí es que el título «compañero mío» (Zac 13.7) presenta nuevamente al Mesías Pastor como igual a Dios.

PACTO DEL PUEBLO

El concepto de pacto es vital en la descripción del AT de la relación entre Dios y el pueblo. Cuando un pacto que Dios ha hecho con los seres humanos está a la vista, «pacto» tiene la fuerza de una promesa o juramento. Para un mayor análisis de los pactos bíblicos, véase el volumen compañero de esta serie, *Every Promise in the Bible* [Todas las promesas de Dios en la Biblia].

En Isaías 42.6 y 49.8, el Señor habla de su siervo como un «pacto». Dios le dice a su siervo, el Mesías: «Yo, Jehová, te he llamado en justicia, y te sostendré por la mano; te guardaré y te pondré por pacto al pueblo, por luz de las naciones» (42.6). Más tarde, Dios habla nuevamente por medio del profeta: «En tiempo aceptable te oí, y en el día de salvación te ayudé; y te guardaré y te daré por pacto al pueblo» (49.8).

Como es común en el AT, «el pueblo» es una referencia a Israel, el pueblo escogido de Dios. Jeremías 31.31,32 aclara que Dios quiere un día «hacer un nuevo pacto con la casa de Israel y con la casa de Judá. No como el pacto que hice con sus padres el día que tomé su mano para sacarlos de la tierra de Egipto». Según el v. 34, este nuevo pacto traerá perdón y transformación al pueblo de Dios «porque perdonaré la maldad de ellos, y no me acordaré más de su pecado».

Según Isaías 42.6, el Mesías de Israel será «luz de las naciones». Mas aún, el Mesías *será* el pacto. La promesa de perdón del pacto no es hecha *por* el Mesías, sino *en* el Mesías. De esta manera, fue en la Última Cena que Jesús le dijo a sus discípulos sobre «el nuevo pacto en mi sangre, que por vosotros se derrama» (Lc 22.20). Es claro que en los nombres y títulos de Cristo en el AT se puede anticipar la misión redentora de Jesús.

DESEADO DE TODAS LAS NACIONES

El 17 de octubre de 520 a.C., el profeta Hageo entregó un segundo mensaje de Dios al pueblo de Judá. Después de la destrucción de Jerusalén en el 586 a.C., los judíos habían sido deportados de su tierra y llevados a Babilonia. En el 538 a.C., 42.360 judíos regresaron a Judea por un decreto concedido por Ciro de Persia, quien había conquistado el imperio babilónico. Cuando llegaron a Judea, los judíos que regresaron erigieron inmediatamente un altar para adorar. También pusieron los cimientos de un segundo templo en el sitio donde una vez había estado el templo de Salomón.

La vida, sin embargo, era difícil para los que regresaron y no completaron el templo. Por unos dieciocho años el pueblo luchó para vivir de la tierra. Y entonces Dios habló a través de Hageo y su contemporáneo Zacarías, urgiendo al pueblo para poner nuevamente a Dios primero y contemplar la obra del templo.

El pueblo respondió al primer mensaje de Hageo, entregado el 29 de agosto, y con entusiasmo se dispusieron a completar el templo. El tema del segundo sermón de Hageo era que Dios estaba con ellos y que el templo en el que estaban trabajando se llenaría de gloria un día. El Señor prometió: «Y haré temblar a todas las naciones, y vendrá el Deseado de todas las naciones; y llenaré de gloria esta casa» (Hag 2.7). La predicción de que Dios llenaría de gloria el segundo templo se cumplió cuando Jesús, Dios mismo, entró en él un milenio más tarde.

Pero ¿qué podemos decir del título «Deseado de todas las naciones» de Hageo 2.7? Una de las promesas del pacto que Dios hizo a Abraham alrededor del 2100 a.C. fue que sería «una nación grande y fuerte, y habiendo de ser benditas en él todas las naciones de la tierra» (Gn 18.18) en su descendencia. Salomón recoge este pensamiento cuando dice respecto al Mesías «benditas serán en él todas las naciones» (Sal 72.17). Isaías 66.18 también anticipa a un tiempo cuando «todas las naciones... vendrán y verán mi gloria».

Mientras las naciones (es decir, el mundo gentil) tropezaban en la oscuridad, ignorantes de Dios y sin querer verle, el Mesías permanecería como su única esperanza. Todo lo que una persona desea y necesita está disponible para nosotros en Cristo. En este sentido, Cristo es, y un día será reconocido por todos, el Deseado de todas las naciones» (Hag 2.7).

TRASFONDO BÍBLICO:

EL SEGUNDO TEMPLO

El templo que Salomón terminó de construir en el 959 a.C. (1 R 6.38) fue destruido por los babilonios en el 586 a.C. (2 R 25.9). El regreso fue posible porque Ciro rey de Persia, derrocó el imperio babilónico, alteró la política babilónica y permitió que los pueblos exiliados regresaran a sus lugares de origen. Los judíos que regresaron se comprometieron a construir el templo. En efecto, llevaron de vuelta los vasos de oro y plata que habían sido usados en el templo salomónico y que habían sido tomados por los babilonios.

Aunque los cimientos se pusieron rápidamente, la oposición al proyecto de construcción hizo que el trabajo se detuviera por dieciséis años (aproximadamente desde el 536-520 a.C.; 4.24). Fue necesario el ministerio combinado de los profetas Hageo y Zacarías para volver a encender el celo religioso (5.1). Como resultado de su influencia, el trabajo en el segundo templo comenzó nuevamente en el 520 a.C. (v. 2), y se terminó en el 515 a.C. (6.15).

La reconstrucción del templo era una importante afirmación de fe. Pero la motivación tenía raíces más profundas. Los primeros profetas habían delineado el plan de Dios para el futuro de Israel. Habían tenido la visión de una gran guerra y un juicio divino mundial. También habían previsto el adveni-

miento del Mesías, un libertador que surgiría de la línea real de David.

En sus profecías, el Templo de Jerusalén desempeñaba un importante papel. Ezequiel vio la gloria de Dios volviendo a Jerusalén y asentándose en el nuevo Templo que había sido construido para recibir su presencia (Ez 43.1-5). También Miqueas tuvo la visión de todas las naciones viniendo humildemente al Templo de Dios (Mi 4.1-4). De igual manera, Isaías tuvo esta misma visión (Is 2.2-4). Por lo tanto, ¡sólo si se reconstruía el Templo el Salvador podía aparecer!

Por siglos, el segundo templo fue expandido y su terreno extendido. La más grande expansión y embellecimiento del templo comenzó alrededor del 19 a.C., bajo el rey Herodes el Grande. Los trabajadores completaron la parte principal del proyecto en diez años, pero las otras partes del trabajo continuaron por varias décadas más (Jn 2.20). La estructura no se completó en su totalidad hasta alrededor del 64 d.C., bajo Herodes Agripa.

Para la época de Cristo, el Templo herodiano era una de las estructuras más impresionantes del mundo antiguo (Mt 24.1). Lo hicieron con grandes bloques de piedra incrustada con adornos de oro y sus edificios eran de resplandeciente mármol blanco. Fue allí, en los terrenos del Templo, que Jesús enseñó. Y fue allí que expulsó a los cambiadores de monedas, diciendo que el santuario de Dios debía ser usado como casa de oración, y no como una cueva de ladrones (21.12,13).

Por quinientos años, el segundo templo permaneció en Jerusalén como un mudo testimonio de la esperanza del pueblo de Dios de que un Libertador aparecería un día. Sin embargo, cuando Cristo vino, fue rechazado por su pueblo (Jn 1.11) y finalmente fue crucificado (19.17). Después de cuatro décadas de la crucifixión de Jesús, los romanos, bajo Tito, destruyeron el Templo junto con los restos de Jerusalén (70 d.C.). En las tierras labradas donde la ciudad y el Templo habían sido construidos, esparcieron sal y se les prohibió a los judíos entrar en ellas.

A pesar de este catastrófico final, el segundo templo había cumplido con su propósito. Había permanecido allí por medio milenio, esperando que apareciera el Salvador. Y Él apareció cumpliendo con la obra de la salvación para nosotros. Entonces, cumplido su propósito, el segundo Templo se desvaneció en la historia. A pesar de su grandeza, su esplendor se perdió en el resplandor del que vino como «la luz del mundo» (8.12).

SANTO

«Santo» es uno de los títulos sublimes de Dios (p. 49). Sin embargo, el mismo título se le da al Mesías en el Salmo 22.3 y 89.18. Tal vez la más impactante aplicación de este título a Cristo, se ve en 16.10:

Porque tú no dejarás mi alma en el Seol,
ni permitirás que tu Santo vea corrupción.

En el primer sermón registrado de los Hechos, el apóstol Pedro citó el Salmo 16.10 como evidencia de que la resurrección de Cristo estaba en plena armonía con el AT. En el día de Pentecostés, mientras hablaba a miles en Jerusalén, Pedro argumentó que Jesús de Nazaret «varón aprobado por Dios entre vosotros, con las maravillas, prodigios y señales» (Hch 2.22), era el Salvador prometido. Pedro señaló lo siguiente:

A éste, entregado por el determinado consejo y anticipado conocimiento de Dios, prendisteis y matasteis por manos de inicuos, crucificándole; al cual Dios levantó, sueltos los dolores de la muerte, por cuanto era imposible que fuese retenido por ella. Porque David dice de él:

Veía al Señor siempre delante de mí;
Porque está a mi diestra, no seré conmovido.

Por lo cual mi corazón se alegró, y se gozó mi lengua,
Y aun mi carne descansará en esperanza;
Porque no dejarás mi alma en el Hades,
Ni permitirás que tu Santo vea corrupción.
Me hiciste conocer los caminos de la vida;
Me llenarás de gozo con tu presencia.

Varones hermanos, se os puede decir libremente del patriarca David, que murió y fue sepultado, y su sepultura está con nosotros, hasta el día de hoy. Pero siendo profeta, y sabiendo que con juramento Dios le había jurado que de su descendencia en cuanto a la carne, levantaría al Cristo para que se sentase en su trono, viéndolo antes habló de la resurrección de Cristo, que su alma no fue dejada en el Hades, ni su carne vio corrupción.

Aquí nuevamente vemos un título divino, «Santo», adscrito al Mesías. Sin duda, el Cristo prometido es identificado como Dios en el AT.

REY DE GLORIA

El título «Rey de Gloria» aparece sólo en el Salmo 24, un salmo que es claramente mesiánico. Para un estudio detallado de este título y su uso en el salmo, véase la p. 64.

VARÓN DE DOLORES

Este título familiar se encuentra en Isaías 53.3, la poderosa visión anticipada que contiene muchos detalles de la muerte y resurrección del siervo de Dios, Jesús. El título refleja el hecho que durante todo el ministerio terrenal de Jesús como el siervo de Dios, su vida estuvo llena de sufrimiento. La palabra hebrea traducida «dolores», es a menudo traducida «enfermedades», y esta traducción es apropiada en la medida que entendamos que los sufrimientos de Cristo fueron de naturaleza tanto física como espiritual. Sí, Él fue crucificado. Pero Jesús fue también rechazado por el mismo pueblo. Él vino para salvar. En esto, el Mesías fue verdaderamente un «varón de dolores».

Una imagen de una piedra cabeza del ángulo o piedra angular nos recuerda que Jesús ha sido siempre el elemento central en el plan de salvación de Dios.

CABEZA DEL ÁNGULO
LA PIEDRA QUE LOS
EDIFICADORES RECHAZARON
CIMIENTO ESTABLE

Estos títulos distintivos del Mesías se encuentran en los Salmos. El título «cimiento estable» se encuentra en Isaías 28.16:

He aquí que yo he puesto en Sion por fundamento una piedra,
piedra probada, angular, preciosa, de cimiento estable;
el que creyere no se apresure.

Un título paralelo: «la piedra que desecharon los edificadores» viene del Sal
118.22. El *Revel Bible Dictionary* describe la
piedra del ángulo como sigue (p. 254):

La piedra clave en una estructura, ya sea la
angular o cimiento (Job 38.6; Jer 51.26) o la
cabeza del ángulo (la primera o la última piedra colocada), sirve como una imagen del
Mesías, el alfa y la omega de Dios, el primero
y el último. Los escritores del NT parecen
apegados al Sal 18.22: «La piedra que los
edificadores rechazaron ha venido a ser la
cabeza del ángulo» porque lo citan cinco veces (Mt 21.42; Mr 12.10; Lc 20.17; Hch
4.11; 1 P 2.7). A pesar del rechazo de su pueblo, Jesús es precioso para los que lo reconocen como la piedra del ángulo de su salvación.

En Efesios, Pablo describe a la Iglesia
como un edificio, «un templo santo» construido por el ministerio de los apóstoles y

prefetas, «con Cristo Jesús como la principal piedra del ángulo» (2.20).

Una imagen similar se encuentra en 1 Corintios 3.11, donde el apóstol afirma: «Porque nadie puede poner otro fundamento que el que está puesto, el cual es Cristo Jesús». No hay ninguna otra manera que una persona pueda edificar su vida a menos que el Mesías, Jesucristo, sea la figura central y fundamental.

TRASFONDO BÍBLICO

COLOCACIÓN DE LA PIEDRA ANGULAR

Durante el reinado del piadoso rey Josías (640-609 a.C.), se hizo un sorprendente descubrimiento. Se encontró un libro perdido de la ley de Dios en el Templo. Josías había llegado al trono a la edad de ocho años. Había experimentado una conversión personal a la edad de dieciséis, y a la edad de veinte había decidido restaurar el Templo y adorar al Señor.

La restauración se aplazó por mucho tiempo. El abuelo de Josías, Manasés, que había gobernado por 55 años (697-642 a.C.) demostró ser el más malvado de los reyes de Judá. Un consagrado enemigo a la adoración de Yahveh durante la mayor parte de su vida, Manasés había cerrado el Templo, erigido ídolos paganos en Jerusalén, asesinado sacerdotes y profetas, y quemado todas las Escrituras que pudo hallar.

No es de extrañar, entonces, que Josías y sus reformadores se emocionaran al descubrir una copia perdida de la Ley de Dios en el Templo. Inmediatamente Josías hizo que le leyeran el rollo. Por sus palabras, el rey se dio cuenta cuánto se había alejado del camino de Dios el pueblo de Judá. Josías se dedicó a restablecer la adoración a Yahveh y la vigencia de su Ley en Judá.

Pero ¿dónde se encontró el libro de la Ley? Probablemente nos equivocaríamos al asumir que estaba olvidado en algún polvoriento anaquel pues Manasés se había ocupado de destruir todas las copias de las Escrituras. Es probable que se debió a una práctica seguida en el mundo antiguo y que los Estados Unidos también la tenían antes del siglo XX. Esa práctica consistía en colocar documentos en las piedras del cimiento, y particularmente en las piedras angulares de edificios importantes.

En los Estados Unidos, la práctica tenía el propósito de dejar una «cápsula de tiempo» que contuviera, para la posteridad, imágenes del período en el que fue construido el edificio. La motivación de esta práctica en los tiempos antiguos no es tan cierta y puede haber sido simbólica. Pero cualquiera que haya sido la razón, la práctica es bien probada. Es posible que los trabajadores de Josías, mientras hacían reparaciones de ampliación en el Templo (que había estado abandonado por cerca de medio siglo), encontraron la Ley de Dios preservada en los cimientos del santuario que habían sido colocados más de tres siglos antes.

PRÍNCIPE DE LOS PRÍNCIPES

La frase hebrea traducida «Príncipe de los príncipes» (Dn 8.25), significa «líder de líderes» o «líder supremo». El contexto más amplio del pasaje describe a una persona que llamamos el anticristo. Él será un rey «altivo de rostro y entendido en enigmas» (v. 23). Finalmente se levantará contra el «Príncipe de los príncipes» (v. 25), el supremo gobernante del universo, Dios mismo. Después de este levantamiento, el anticristo «será quebrantado no por mano humana».

Cuando comparamos esta con otras profecías concernientes a la futura rebelión (2 Ts 1.7,8; 2.8), es claro que esta será sofocada por Cristo. En su Segunda Venida, Jesús será revelado como el supremo gobernante, el Príncipe de los príncipes, quien establecerá firmemente su gobierno sobre toda la tierra.

OPROBIO DE LOS HOMBRES

El Salmo 22.6 es el origen de este título del Mesías. Esto hace eco del tema de Isaías 53; esto es, que la gente rechazará al Mesías antes de que cumpla su misión y abra la puerta para una relación salvadora con Dios. El Salmo 22 no sólo describe al Mesías en estos términos dolorosos, sino que también predice las mismas últimas palabras que le dijeron a Jesús en la cruz los enemigos que le ridiculizaron en su momento de sufrimiento (Mt 27.39-44; Lc 23.35,36).

> Más yo soy gusano, y no hombre;
> oprobio de los hombres, y despreciado
>   del pueblo.
> Todos los que me ven me escarnecen;
> estiran la boca, menean la cabeza, diciendo:
> Se encomendó a Jehová; líbrele él;
> sálvele, puesto que en él se complacía.
> Sal 22.6-8

RAÍZ DE ISAÍ

Léase sección «Otros nombres y títulos del Antiguo Testamento» en la p. 102.

SEÑOR

Miqueas 5.2 predice: «Pero tú, Belén Efrata, pequeña para estar entre las familias de Judá, de ti me saldrá el que será Señor en Israel; y sus salidas son desde el principio, desde los días de la eternidad».

Este conocido versículo señala con exactitud al pequeño pueblo de Belén como el lugar del nacimiento del Mesías, y se lee en incontables iglesias cada Navidad. El versículo hace énfasis tanto en el nacimiento como en el destino del Mesías. Aunque nació infante, el niño de Belén estaba destinado a ser Rey.

La palabra hebrea traducida «señor» es *mashál*, que simplemente significa «gobernar» o «tener dominio». El *Theological Wordbook of Old Testament* comenta que esta palabra, como sucede con otras «palabras de supervisión, gobierno, debe ser definida en relación con la situación de la cual surge la función» (Vol I, p. 534). Muchos de los profetas del AT dejan ver con claridad que al final de la historia Cristo regirá en forma suprema, habiendo derrotado a todos los enemigos de Dios y establecido la paz en su universo.

SIMIENTE

La palabra hebrea traducida «simiente» significa «generación» o «descendencia». Este nombre o título se encuentra en Génesis 3.15, donde aparece la primera profecía bíblica sobre el Mesías.

En el Edén, Dios advirtió a Adán que no comiera el fruto de un árbol en particular. Después de que Adán y su esposa Eva desobedecieron la orden divina, el Señor encontró a la pareja caída escondida en el jardín. Allí, Dios les explicó las consecuencias de su trágica decisión. Pero primero Dios habló a Satanás, quien había actuado a través de una serpiente para engañar a Eva y conducir a la primera pareja al pecado.

> Y pondré enemistad entre ti y la mujer,
> y entre tu simiente y la simiente suya;
> esta te herirá en la cabeza,
> y tú le herirás en el calcañar.
> Gn 3.15

Eva entendió esto como una promesa de restauración de la primera pareja al estado de inocencia. Así que cuando tuvo su primer hijo, dijo: «Por voluntad de Jehová he adquirido varón» (Gn 4.1). Eva no podía haber estado más equivocada, pues ese hijo, Caín, creció para asesinar a su hermano Abel.

Sin embargo, permaneció la promesa divina de que un descendiente aplastaría la cabeza de Satanás (Ro 16.20). El Salvador destruiría el poder del diablo, a pesar del hecho de que él mismo sería magullado (es decir crucificado) en la batalla cósmica (Col 2.14,15; Hch 2.14,15).

La promesa mesiánica registrada en Génesis 3.15 fue repetida a Abraham después de que había entrado en la tierra de Canaán. Dios le dijo a Abraham: «A tu descendencia daré esta tierra» (Gn 12.7). Mientras aquí la palabra hebrea es apropiadamente traducida «descendientes», es en efecto una palabra singular que literalmente significa «simiente».

No es inusual que una palabra funcione tanto en singular como en plural, dependiendo del contexto. Sucede lo mismo con la palabra hebrea traducida «simiente». Pablo, tomando nota de este significado dual, argumentaba que hay un profundo significado teológico al Dios seleccionar de la palabra hebrea, que podría usarse para muchos descendientes o para un descendiente. Gálatas 3.16, dice lo siguiente acerca de Génesis 12.7:

Ahora bien, a Abraham fueron hechas las promesas, y a su simiente. No dice: Y a las simientes, como si hablase de muchos, sino de uno: Y a tu simiente, la cual es Cristo.

Esta interpretación del texto del AT por el Espíritu Santo, afirma que en Cristo, el Mesías prometido de Israel, se cumplen todas las promesas de Dios. También, a través de Cristo, la simiente de la mujer y la simiente de Abraham, la humanidad puede encontrar redención.

ESTRELLA DE JACOB

El título mesiánico «Estrella de Jacob» (Nm 24.17) fue dado por un profeta pagano. Un hombre llamado Balaam que vivió cerca del 1450 a.C., había ganado reputación como vidente con poderes sobrenaturales. Cuando la gran multitud de israelitas a quienes Moisés había libertado de Egipto se acercaba a las tierras de Moab y Madián, Balaam fue contratado para maldecir a Israel. La gente de ese tiempo creía que tal maldición debilitaría el poder de un enemigo, haciéndolo así fácil de derrotar.

Balaam sacrificó ganado y trató varias veces de maldecir al pueblo de Dios. Sin embargo, todo lo que Balaam pudo expresar

¡fueron bendiciones antes que maldiciones! Es en el contexto de estas bendiciones que se registran en Números 23 y 24, que Balaam gritó lo siguiente, en 24.17:

Lo veré, mas no ahora;
Lo miraré, mas no de cerca;
Saldrá estrella de Jacob,
Y se levantará cetro de Israel,
Y herirá las sienes de Moab,
Y destruirá a todos los hijos de Set.

Aunque el término hebreo traducido «estrella» no solía usarse en figuras reales en Israel, se usa en este sentido en Isaías 14.12. El uso era también común en otras culturas del antiguo Cercano Oriente. La referencia paralela a «cetro» (Nm 24.17) aclara que Estrella, en este versículo, es una figura real. La figura real que el vidente pagano predijo emergería como el conquistador de los enemigos de Israel. Sin embargo, esto no sería en el día de Balaam.

La pregunta «cuándo» fue contestada aproximadamente un milenio y medio más tarde, cuando Jesús nació. Mateo 2.2 nos cuenta de magos del Oriente que viajaron a Judea en busca del niño que había nacido Rey de los judíos. Estos hombres, magos del antiguo Imperio Persa, eran eruditos versados no sólo en escritos religiosos sino también en astronomía y otras ciencias. Cuando llegaron a Jerusalén, explicaron su venida diciendo: «Hemos visto su estrella en Oriente y hemos venido para adorarle».

La estrella que representaba al futuro gobernante de Israel había aparecido en los cielos. El tiempo para que el prometido gobernante de Israel apareciera, había llegado al fin.

❖

TRASFONDO BÍBLICO:

LOS ASTRÓLOGOS

La profecía de Balaam registrada en Núme-

La mayoría de los eruditos bíblicos piensan que la referencia de Balaam a una estrella que saldría de Judá es la referencia que alertó a los magos del nacimiento de Jesus.

❖

ros 23 y 24 se ve a menudo como la fuente de interpretación de los magos que, como dice Mateo 2.1-12, buscaron al niño Cristo un milenio y medio más tarde. ¿Quiénes eran estos magos? ¿Qué disciplina les condujo a la interpretación de un fenómeno observado en el cielo? ¿Qué era la estrella de Navidad?

Los magos eran miembros de una clase erudita que emergió en la antigua Persia como consejeros de reyes poderosos. Los magos originales eran entrenados en agricultura, matemáticas, historia, ocultismo y, especialmente, en astronomía y astrología. En el mundo antiguo, las dos últimas disciplinas se unieron. No era sólo para estudiar y seguir los movimientos de las estrellas y planetas, sino que se creía que las estrellas in-

fluían en el curso de las naciones y especialmente en el destino de las familias reales. Sin duda, la constante y cuidadosa observación de los cielos lo que provocó que descubrieran la inusual estrella que brillaba en su cielo occidental. Pero ¿cómo pudieron discernir el significado de la estrella?

El AT estaba entre las obras estudiadas en los días del imperio persa. Babilonia era un centro de enseñanza judía y especialmente la fuente de lo que se conoce como el Talmud Babilónico (que tiene la misma importancia en mucho del judaísmo con el Talmud de Jerusalén). Los magos, cuya sed de conocimiento era indudablemente insaciable, podían haber estado familiarizado con los escritos sagrados hebreos y quizás sentían curiosidad por sus profecías.

Pero ¿cuál era la naturaleza de la «estrella» que los magos vieron y reconocieron? Se han sugerido muchas teorías. Quizás la estrella era:

1. Una supernova, pues fulguraba en el cielo nocturno con un brillo sin paralelo.
2. Una rara conjunción de Júpiter y Saturno, que son los planetas más brillantes del cielo.
3. Un cometa resplandeciente que iba por el cielo.
4. Una aparición sobrenatural de la gloria de Dios.
5. Un ángel que Dios envió, pues muchas veces en los escritos antiguos llaman estrellas a los ángeles.

Los astrónomos han reconstruido la condición de los cielos cerca del tiempo del nacimiento de Jesús. Piensan que varios de los fenómenos mencionados quizás ocurrieron en el antiguo Cercano Oriente. Por ejemplo, una supernova se observó en marzo o abril del 5 a.C. Una conjunción de Júpiter y Saturno ocurrió en mayo, octubre y diciembre del 7 a.C. Y una conjunción de Júpiter y Venus pudo haber sido vista el 17 de junio del 2 a.C.

Lo más probable es que nunca sabremos con seguridad la naturaleza exacta de la estrella de Navidad. Sin embargo, con toda seguridad fue vista y se entendió su significado. Además, los magos de Oriente viajaron a Judá para adorar al Rey de los judíos. Más que todo, como nos recuerdan los membretes pegados en los parachoques de los carros hoy día, la gente sabia todavía busca al Mesías.

❖

CAPÍTULO 7

LOS NOMBRES Y TÍTULOS DE DIOS EN EL NUEVO TESTAMENTO

➤ ¿QUÉ AÑADE El NT AL NOMBRE «PADRE»? —113

➤ ¿QUÉ HACE DIOS EL PADRE? —119

➤ ¿PREDESTINA DIOS EL PADRE A LAS PERSONAS? —120

➤ ¿QUÉ CERCA DEBEMOS ESTAR PARA SENTIR A DIOS EL PADRE? —123

➤ DIOS DE TODA GRACIA —127

➤ ¿CÓMO PODEMOS IDENTIFICAR UNA SECTA? —132

➤ ¿QUÉ DICE SOBRE DIOS EL TÍTULO «LUZ»? —135

➤ ¿QUÉ NOMBRES Y TÍTULOS DE DIOS HAY EN APOCALIPSIS? —137

La revelación de Dios en el AT fue descubriéndose lenta y gradualmente a través de los siglos. Las tradiciones sobre la creación, la caída y el diluvio estuvieron entretejidas en la conciencia humana desde el principio. Sin embargo, las historias fueron gradualmente confundidas y corrompidas, especialmente a medida que los seres humanos buscaron distanciarse de un Dios que temían y no entendían.

Entonces, alrededor del 2100 a.C. en Mesopotamia, Dios habló a un hombre llamado Abram y le hizo una serie de promesas maravillosas. Estas promesas, expuestas en lo que llamamos el pacto de Abraham, establecieron el curso de la historia y mostraban lo que Dios quería hacer para proveer redención para la humanidad. En esos primeros tiempos, los hebreos conocían a Dios simplemente como Elohim, el Dios Altísimo, y sus características distintivas eran ser el Creador de todo y el Dios de Abraham.

El siguiente gran momento profético ocurrió más de medio milenio más tarde, alrededor del 1450 a.C., cuando el Señor se le apareció a Moisés y le comisionó liberar a los descendientes de Abraham, los israelitas, de la esclavitud en Egipto. En ese tiempo, Dios le reveló a Moisés su nombre personal, Yahveh, Jehová. Cuando Moisés confrontó a Faraón y fue llamado para traer los juicios milagrosos sobre Egipto, se revelaron otras características de Dios. El Señor se hizo conocer no sólo como Creador, sino también como Redentor. Dios era uno que podía y usaría su poder para intervenir en el tiempo y espacio en favor de su pueblo del pacto.

En todo el AT, el nombre creador de Dios, Elohim, y su nombre profético y redentor Yahveh, eran primarios, pero a medida que pasaron los siglos, los videntes y profetas que Dios envió a Israel, y los que registraron la historia del pueblo de Dios, ampliaron nuestro conocimiento de Él al darnos nuevos nombres, títulos e imágenes. Esta rica herencia de la revelación de Dios del AT, es fundamental para entender el NT. Ningún nombre, título o imagen de Dios del AT se descarta.

Todos permanecen iguales y lo que revelan sobre la naturaleza, carácter y propósito de Dios es tan válido ahora como lo fue en la época del AT.

Sin embargo, hay algo que llama la atención en cuanto a la visión del NT. Primero, mientras la revelación del AT tuvo lugar en milenios, la revelación del NT se completó sólo en seis *décadas*, esto es, de los 40 d.C. hasta el fin del primer siglo. En el AT, como velas que se van encendiendo una a una en un período de días y semanas, la luz se fue haciendo gradualmente más brillante. En cambio, en el NT fue como la aparición del sol después del eclipse. Lo que había estado escondido en la sombra de repente se iluminó con una luz irresistiblemente brillante.

Segundo, mientras que los nombres, títulos e imágenes del Dios del AT lo revelan *acertadamente*, el NT revela a Dios *completamente*. Mientras que la revelación del Dios del AT está en armonía con un Dios que existe en tres Personas, sólo el NT define a estas personas como Padre, Hijo y Espíritu Santo. Mientras que los nombres y títulos del AT dan una idea de la obra de cada persona de la Deidad, sólo el NT define esas obras.

En el AT Dios se revela como el Pastor, sin embargo, sólo en Cristo vemos lo que significa para Dios venir a nosotros como el Buen Pastor que da su vida por sus ovejas. Mientras que el AT revela a Dios como Padre en un sentido limitado, el NT revela a la primera persona de la Trinidad como *nuestro* Padre, quien nos invita a tener una relación personal con Él como hijos espirituales de su familia celestial.

Cuando llegamos al NT, entonces, edificamos sobre todo lo que nos enseña el AT sobre Dios. Y también añadimos nombres, títulos e imágenes del Padre, del Hijo y del Espíritu Santo que revelan a cada persona de la Trinidad con una claridad y agudeza difícil de lograr en la antigua revelación. En el NT, el sol sale detrás de las nubes y, en lo que parece como un momento en el tiempo, ¡Dios se presenta ante nuestros ojos de una manera maravillosa, sublime e impresionante en toda su gracia y gloria!

NOMBRES Y TÍTULOS DE DIOS EL PADRE

Dios, el Padre, es por lo general identificado como la primera persona de la Trinidad. En el NT, «Padre» se usa con frecuencia en tándem con «Hijo» para distinguir la primera y segunda personas de la Trinidad. Aunque hay algún sentido en que Jesús pudo decir: «Porque el Padre mayor es que yo» (Jn 14.28), Cristo también afirmó que el Padre y el Hijo eran al mismo tiempo uno en naturaleza y esencia (10.30). Aunque la Trinidad es un misterio que no entendemos, es también una realidad que el NT enseña con claridad. Es esta verdad la que nos lleva a considerar por separado los nombres y títulos de cada persona de la Divinidad.

LOS NOMBRES Y TÍTULOS DE DIOS EL PADRE EN LOS EVANGELIOS

Cuando leemos los Evangelios, una de las primeras cosas que notamos es la ausencia de los nombres y títulos de Dios del AT. Zacarías se refiere a él como «el Señor Dios de Israel» (Lc 1.68), y una maravillada multitud reaccionó ante los milagros de Jesús alabando al: «Dios de Israel» (Mt 15.31). Pero estas son las únicas referencias del evangelio al «Dios de Israel».

Igualmente, hay sólo dos referencias al «Dios de Abraham, el Dios de Isaac y el Dios de Jacob» (Mr 12.26; Lc 20.37), y son citas de Éxodo 3.15. Hay siete referencias al «Señor tu Dios» en los Evangelios y cada una de estas también se halla en un pasaje del AT citado por Jesús (Mt 4.7, 10; 22.37; Mr 12.30; Lc 4.8,12; 10.27). El único otro título familiar de Dios del AT, es una referencia al «Altísimo». Se encuentra en las palabras del ángel Gabriel cuando habló a María anunciándole que Dios le había escogido como la madre del Mesías (Lc 1.35).

Además de estas pocas referencias, los Evangelios se refieren a Dios el Padre simplemente como «Dios» o como «Padre».

DIOS

Hay unas 293 referencias a Dios en 260 versículos de los Evangelios. La palabra griega usada en estas referencias es *theos*. Este era el término griego común para deidad. Pero los griegos creían en muchos dioses y diosas, quienes eran como los seres humanos en que tenían motivos tanto bajos como honorables. La New International Encyclopedia of Bible Words dice lo siguiente sobre estas deidades:

> Estaban limitadas en sus poderes. Típicamente, a los dioses griegos no les interesaban los mortales, aunque podían sentirse inclinados a ayudarles a veces.
>
> En la filosofía griega posterior, los dioses y diosas de la mitología se descontinuaron y se pensaba que la deidad era más como un principio o fuerza abstracta. El concepto bíblico de Dios, como está definido en el AT, era desconocido al pensamiento griego.
>
> Así, cuando se usó *theos* en la Septuaginta y en el NT, fue purificado y transformado. Las vagas nociones de los griegos se limpiaron y se importaron las imágenes claras del AT El Dios del NT, es el Dios del AT (p XXXXXX).

La era de los Evangelios permaneció esencialmente como parte de la era del AT. No fue sino hasta que la muerte de Cristo instituyó el nuevo pacto, que comenzó la era del N.T. Por lo tanto, como señala el autor arriba citado, el «Dios» de los Evangelios no es el *theos* de los griegos, sino más bien el *Elohim-Yahveh* del AT. Cuando los que hablan en el NT usan el término «Dios», el Dios al que se refieren es el Creador y Redentor, cuya naturaleza y carácter están develados en las Escrituras del AT

Gabriel identificó a Dios como «el Altísimo» cuando le informó a María que había sido escogida para ser la madre del Mesías.

PADRE

Aunque el término «Dios» se balancea en los Evangelios por la revelación del AT, ocurre una sorprendente transformación de otro título de Dios del AT. En los Evangelios, es Jesús quien de forma casi exclusiva se refiere a Dios como «Padre»: unas 137 veces en Juan, 64 veces en Mateo, 56 veces en Lucas y unas 18 veces en Marcos. Al hablar de Dios como «Padre», Jesús transformó el título en un nombre; un nombre que se convierte en primario para Dios, la primera persona de la Trinidad.

Dios como el Padre de Jesús. León Morris, en su *New Testament Theology* [Teología del Nuevo Testamento], tiene una extensa discusión sobre la relación entre el Padre y Jesús. Su resumen es digno de tomarse en cuenta.

Jesús hizo énfasis en «una secreta» relación entre los creyentes y Dios como «su Padre celestial».

La asociación que hace Juan entre el Padre y el Hijo comienza en el prólogo. Allí encontramos que *Logos* era en el principio con Dios y era Dios (1.1, cf. v. 18). Al final del evangelio, Tomás le dice a Jesús: «Mi Señor y mi Dios» (20.28). Jesús fue acusado de hacerse igual a Dios (5.18) y de hacerse Dios (10.33). Él es únicamente del Padre (1.14; cf. 16.27,28), está en el «seno del Padre», y reveló al Padre (1.18). La palabra «seno» denota intimidad y afecto, y aquí indica que viene a nosotros desde el mismo corazón de Dios. Es por esta estrecha relación que puede revelarnos a Dios de la manera en que lo hace. Él nos da un conocimiento genuino e íntimo del Padre por su relación con Él. Él «vino de Dios» (8.42).

Jesús tiene una relación especial con Dios porque sólo Él ha visto al Padre (6.46). Los judíos reconocieron que consideraba a Dios como su Padre en un sentido especial; ellos vieron esto como una blasfemia y trataron de matarlo por eso (15.18) y le preguntaron a Jesús que dónde estaba su Padre (8.19). Cuando Jesús dijo: «Subo a mi Padre y a vuestro Padre, a mi Dios y a vuestro Dios» indicó que hay una diferencia entre su relación con el Padre y la nuestra.

Es una persistente tendencia de la enseñanza de Juan que el Padre y el Hijo son en algún sentido uno (10.30). Esto debe entenderse cuidadosamente pues también hay un significado cuando Jesús dijo: «El Padre es mayor que yo» (14.28). Esto probablemente puede entenderse en términos de encarnación, lo que significa una aceptación voluntaria de ciertas limitaciones. Pero que los dos son muy cercanos está claro en este Evangelio. Jesús vino «en el nombre» de su Padre (5.43). Repetidamente adscribió su enseñanza al Padre (8.38,40; 12.49,50; 14.24) y dijo que recibía órdenes de Él (10.18; 14.31; 15.10). Las obras que hizo fueron «los negocios del Padre» que le había dado para que hiciera (5.36; cf. 10.32,37); y las hizo «en el nombre» del Padre (10.25); de hecho, fue el Padre morando en Cristo quien las hizo (14.10). La frase «de Dios» caracteriza su relación; Él es «el Hijo de Dios» (1.34 y muchas otras referencias), «el Cordero de Dios» (1.29,36), «el pan de Dios» (6.33), «el Santo de Dios» (6.33).

Conocer al Hijo es conocer al Padre (8.19; 14.7,16.3); ni el Padre ni el Hijo se pueden conocer por separado. Dios está con Jesús quien es un «maestro venido de Dios» (3.2); ver al Hijo es ver al Padre (14.9). Hubo personas que vieron y odiaron tanto al Hijo como al Padre (15.23-24). Así que Cristo conoce al Padre y el Padre conoce al Hijo (10.15), el Padre está en Él y Él está en el Padre (10.38). Todo lo que el Padre tiene es del Hijo (16.15) y viceversa (17.10). Cada uno está en el otro (17.21) y los dos son una unidad (17.11-22). Cristo dice: «Nadie viene al Padre sino por mí» (14.6) (pp. 248, 249).

Como Morris tan acertadamente resume,

muchas referencias a Dios como Padre en los Evangelios y especialmente en Juan, describen la relación especial entre Dios el Padre y Jesús. Dios es el Padre de Jesús y Jesús es el Hijo de Dios en un sentido único. Aunque nuestra relación con Dios como nuestro Padre puede ser parecida a una relación entre un padre y un hijo, la relación entre Dios el Padre y Jesús es significativamente diferente.

Sin embargo, como leemos en los Evangelios, notamos que al nombrar a Dios como «Padre», se dice también algo especial acerca de la relación de los creyentes con Dios.

Dios como nuestro Padre. Cuando los discípulos le pidieron a Jesús que les enseñara a orar (Lc 11.1), las primeras palabras que les enseñó a pronunciar fueron «Padre nuestro» (v. 2). Estas dos palabras indican una sorprendente transformación del «Padre como Creador» del AT, a «nuestro Padre» con una íntima relación personal de los Evangelios y las epístolas del NT. Tal vez la mejor manera de captar el significado de que Dios es por naturaleza «Padre» y que Él escogió a través de Cristo ser «nuestro Padre», es mirar pasajes especialmente relevantes en los Evangelios.

Vuestro Padre que está en los cielos (Mt 6.1-8). En el Sermón del monte Jesús habló de Dios como «su Padre» en los cielos. Aunque los religiosos hipócritas hacían obras de caridad, oraban y ayunaban públicamente para establecer una reputación de piedad, los verdaderos hijos de Dios debían nutrirse «en secreto» de una relación con Él. Sí, ellos debían hacer obras de caridad, orar y ayunar, pero debían evitar las ostentaciones y demostraciones públicas, seguros de que su Padre celestial sabía todo lo que hacían para honrarlo y que Él les recompensaría eternamente.

Padre nuestro (Mt 6.9-13). En esa ocasión Jesús les dijo a sus discípulos que debían dirigir sus oraciones a Dios como «Padre nuestro». Durante el primer siglo, así como más tarde en el judaísmo, quienes dirigían oraciones a Dios tenían mucho cuidado de demostrar el mayor respeto posible. Las típicas oraciones rabínicas (citadas por Jacob Neusner en *The Clasics of Judaism* comenzaban así:

> Bendito eres tú, Dios nuestro, Rey del mundo (p. 438).

Alabado seas tú, Señor nuestro Dios y Dios de nuestros padres, Dios de Abraham, Dios de Isaac, Dios de Jacob, grande, poderoso, venerado Dios, sublime, que otorga bondadosa misericordia y es el Dueño de todas las cosas (p. 424).

Aunque estas oraciones son muy piadosas y reflejan una visión de Dios con raíces en el AT, su tono es muy diferente a la intimidad y simplicidad expresadas en las palabras de Jesús, y enseñadas a nosotros para usarlas cuando oramos. Aunque lo que conocemos como el Padrenuestro reconoce el dominio de Dios sobre todas las cosas y su soberanía en nuestra vida, esas primeras palabras «Padre nuestro» (Mt 6.9), colocan a esta oración en un contexto relacional que es radicalmente nuevo.

TRASFONDO BÍBLICO:

EL PADRENUESTRO
MATEO 6.9-13

La Oración	La actitud del Reino
Padre nuestro...	Afirma una relación personal con Dios
Que estás en los cielos...	Reconoce a Dios como Señor de todo
Santificado sea tu nombre...	Honra a Dios como vivo, poderoso y real
Sea hecha tu voluntad...	Se somete ahora completamente
como en el cielo, también en la tierra...	a la voluntad de Dios como una guía para la vida en la tierra
Danos hoy nuestro pan	Reconoce la participación

de cada día...	de Dios en nuestras experiencias diarias y su provisión a todas nuestras necesidades
Perdónanos nuestras deudas como también nosotros perdonamos...	Expresa predisposición para vivir como personas perdonadas y perdonadoras
No nos metas en tentación, más líbranos del mal	Pide protección de las tribulaciones siempre asociada con el establecimiento del Reino de Dios en la tierra

Illustrated Bible Handbook (p. 474)

Vuestro Padre celestial sabe (Mt 6.25-34; Lc 12.22-34). Jesús le dijo a sus discípulos: «No os afanéis por vuestra vida, qué comeréis o qué beberéis». El hecho que Dios es Padre para los seguidores de Jesús debe liberarlos de la ansiedad de suplir sus necesidades básicas. En vez de eso, deben «buscar primero el Reino de Dios y su justicia». Ciertamente el Dios que alimenta a las aves y viste a los lirios, cuidará de los que son sus hijos espirituales.

Vuestro Padre os da buenas cosas (Mt 7.7-11). Jesús animó a sus discípulos a orar enseñándoles que aun las personas malas dan buenas cosas a sus hijos. «Cuánto más», dijo Jesús, «vuestro Padre celestial dará buenas cosas a los que le pidan».

Si vuestro padre fuese Dios (Jn 8.37-47). Cuando los enojados líderes religiosos confrontaron a Jesús sobre su pretensión de que Dios era su Padre, dijeron que su relación con Él se basaba en que eran descendientes de Abraham. Por lo tanto, en el sentido del AT, Dios era Padre por ser el creador o fundador de una línea. Jesús, sin embargo, desechó esta pretensión como inválida. Si los líderes religiosos hubieran sido verdaderamente descendientes *espirituales* de Abraham, hubieran amado a Jesús porque Él vino del Padre a quien Abraham había conocido y en

quien había confiado. La hostilidad de los líderes religiosos hacia Jesús demostraba que su herencia espiritual se remontaba a Satanás, «porque él era mentiroso y Padre de mentira».

Jesús enseñó que sólo los seres humanos que confían en Él tienen una relación con Dios como su Padre. Y solamente ellos pueden contar con los beneficios eternos de esa relación, como explicó Jesús en su Sermón del monte.

La presentación que Jesús hizo de Dios como «Padre nuestro» (Mt 6.9), establece dos verdades sorprendentes. Primero, en su naturaleza esencial, Dios es Padre, con todo el amor de un padre para su familia. Como un buen Padre, Dios vela por los suyos, responde a sus oraciones, satisface sus necesidades y siempre les da buenas cosas.

Segundo, no todos los seres humanos tienen una relación Padre-hijo con Dios. Sólo los que confían en Jesús, el Hijo de Dios y Dios el Hijo, tienen una íntima relación personal con el Creador que está implícita en su nombre: «Padre».

Reflejos de las enseñanzas de los Evangelios en las Epístolas. Así como los nombres, títulos e imágenes del AT llenan el término «Dios» de significado, así también lo hacen las enseñanzas de Jesús sobre Dios el Padre llevadas a las Epístolas del NT. Lo que Jesús enseñó sobre Dios como el Padre y como nuestro Padre, se refleja en las Epístolas.

Aquí encontramos cinco veces la frase «Dios y Padre de nuestro Señor Jesucristo» (Ro 15.6; 2 Co 1.3; 11.31; Ef 1.3; 1 P 1.3). Esto continúa la identificación de Dios como el Padre de Jesús. Tres veces se enlaza la frase «Dios el Padre y el Señor Jesucristo» y dos veces como la fuente de gracia y paz (Ef 6.23; 1 Ts 1.1; 2 Ts 1.2), haciendo énfasis en la unidad de Jesús con el Padre. Diez veces se habla de Dios como «Dios nuestro Padre», haciendo énfasis en la relación que existe entre Dios como Padre y los creyentes en Jesús (Ro 1.7; 1 Co 1.3; 2 Co 1.2; Gá 1.3; Ef 1.2; Fil 1.2; Col 1.2; 2 Ts 1.1; 2.16; Flm 1.3).

Examinaremos algunos de estos versículos cuando estudiemos en las Epístolas sobre la revelación de los roles de Dios el Padre. Por ahora es claro, sin embargo, que el foco de Jesús en Dios como Padre, no sólo su Padre, sino también como el Padre y como nuestro Padre, nos dio una nueva manera de mirar a Dios y esa nueva revelación ha dado forma a la fe cristiana.

LOS NOMBRES Y TÍTULOS DE DIOS EL PADRE EN LOS HECHOS DE LOS APÓSTOLES

Varios de los nombres y títulos de Dios del AT se encuentran en el libro de los Hechos. Como en los Evangelios, los nombres y títulos del AT se encuentran más frecuentemente en citas, o cuando un evangelista se dirige a una audiencia judía. Dios es el «Señor del cielo y de la tierra» (17.24) y el «Señor de todos» (10.36). Él es el «Dios de Abraham, de Isaac y de Jacob» (3.13; 7.32), y el «Dios de nuestros padres» (3.13; 5.30; 22.14; 24.14). Él es también el «Dios de la gloria» (7.2).

Sin embargo, Lucas (escritor de los Hechos), prefiere con frecuencia usar simplemente el término «Dios». Esto ocurre 163 veces en 154 versículos. Y, como el término *theos* se encuentra en los Evangelios con el significado traído del AT, en el libro de los Hechos, se introduce *theos* con el mismo significado, más todo lo que fue revelado sobre Dios por Jesús cuando estaba aquí en la tierra. El término «Padre», para designar a Dios, se usa cuatro veces en los Hechos, dos de estas por Jesús (Hch 1.4-7).

El uso más común dado a Dios el Padre en los Hechos es «Señor». De las 103 veces que se usa el término, por lo menos 37 son referencias específicas al Señor Jesús, y dos son referencias al Espíritu Santo como «el Espíritu del Señor» (5.9; 8.39). El resto de referencias parecen ser a Dios el Padre. Como Señor, el Padre añade a la Iglesia a los que han de ser salvos (2.47), y levantó a Jesús como profeta (3.22). Como soberano Señor, el Padre «hizo los cielos y la tierra, el mar y lo

Las referencias a «Dios» en los Hechos están llenas del rico significado de todos los nombres y títulos de Dios que encontramos en el AT.

que en ellos hay» (4.24). Como Señor, el Padre perdona (8.22), envía ángeles a rescatar a los santos (12.7) y a castigar a los malvados (v. 23), y abre los corazones para recibir el evangelio (16.4). En efecto, el evangelio es la «palabra del Señor Jesús» (19.10).

Entonces se ve a Dios el Padre en los Hechos activamente involucrado, junto al Espíritu Santo, en crear y dar forma a la Iglesia de Jesús. El Padre también responde a las oraciones del pueblo de Jesús, y guía y protege a los que están encargados de proclamar el evangelio en el mundo.

LAS OBRAS DE DIOS EL PADRE EN LAS EPÍSTOLAS

El número de nombres y títulos adscritos a Dios el Padre en el NT rivaliza con los que se encuentran en el AT. Antes de mirarlos, sin embargo, sería útil revisar las obras específicamente adscritas a Dios el Padre en las Epístolas.

UN PANORAMA GENERAL

Dios el Padre es, con Jesús, la fuente de gracia y paz para los creyentes (Ro 1.7; 1 Co 1.3). Cristo fue levantado de los muertos por el Padre (Ro 6.4). Él es la fuente no sólo de todas las cosas sino de nuestra vida en Cristo (1 Co 8.6). Cuando llegue el fin, Cristo entregará el reino al Padre (1 Co 15.24).

El Padre es compasivo y es «el Dios de toda consolación» (2 Co 1.39). El Padre, con Jesús, escogió a Pablo para ser un apóstol (Gá 1.1). El Padre nos ha bendecido con toda bendición espiritual en Cristo (Ef 1.3). Como Padre glorioso, Dios contesta las oraciones intercesoras (v. 17). El Padre es sobre todos y por todos y en todos (4.6).

El Padre nos ha calificado para «participar de la herencia de los santos en luz» y «nos ha librado de la potestad de las tinieblas y trasladado al reino de su amado Hijo» (Col 1.12,13). El Padre nos ha amado y dado «consolación eterna y buena esperanza por gracia» (2 Ts 2.16). El Padre nos ha dado un nuevo nacimiento a una esperanza viva por la resurrección de Cristo (1 P 1.3). El Padre también juzga las obras de cada persona imparcialmente (v. 17).

Hoy día los creyentes que caminan en la luz tienen compañerismo con el Padre y con Jesús (1 Jn 1.3). Y el Padre nos ha prodigado su amor llamándonos «hijos de Dios» (3.1).

EFESIOS 1

En Efesios 1, el apóstol Pablo distingue el papel en la provisión de salvación de cada persona de la Trinidad. En resumen, era el rol del Hijo redimir a la humanidad perdida muriendo por ella (vv. 7-12), y era el rol del Espíritu Santo morar en los creyentes como garantía de su final salvación (vv. 13,14). Los versículos 3-6 resumen el rol de Dios el Padre:

Bendito sea el Dios y Padre de nuestro Señor Jesucristo, que nos bendijo con toda bendición espiritual en los lugares celestiales en Cristo, según nos escogió en él antes de la fundación del mundo, para que fuésemos santos y sin mancha delante de él, en amor, habiéndonos predestinado para ser hijos suyos por medio de Jesucristo, según el puro afecto de su voluntad.

Independientemente de la postura que uno pueda adoptar sobre la naturaleza de la predestinación, está claro que el Padre fue quien planificó, determinó, escogió y quiso la salvación de todos los creyentes. Él fue el que diseñó el plan de salvación, en tanto que el Hijo y el Espíritu ejecutaron el plan del Padre.

Está claro también que Dios el Padre se presenta en el NT como una persona distinta del Hijo y del Espíritu Santo, con un papel específico que desempeñar en nuestra salvación. Además es evidente que en toda circunstancia Dios es verdaderamente un Padre para nosotros, Él nos ama y nos cuida como miembros de su familia.

PREDESTINACIÓN Y ELECCIÓN

Efesios 1 trata el asunto de la predestinación y la elección. Como la doctrina es tan fácilmente distorsionada y porque es central en nuestro entendimiento del papel de Dios el Padre, quiero concentrarme en este tema.

Probablemente ninguna otra doctrina ha causado más disputa entre los cristianos o ha preocupado más a los corazones de los individuos. ¿Escoge Dios soberanamente a los individuos para la salvación? ¿Está el resto de la humanidad absolutamente sin esperanza? Si la elección es de esta manera, ¿cómo podemos saber si estamos entre ese grupo selecto?

Por un lado, los que creen en la predestinación absoluta insisten que sólo esta doctrina protege la libertad y la soberanía de Dios, y hace de la salvación algo que es verdaderamente por gracia. Por otro lado, los que niegan la predestinación absoluta insisten que la doctrina roba a los seres humanos la libertad, coloca a Dios en el rol de un monstruo injusto, y hace una burla de la oferta de salvación del Evangelio para «el que quiera».

La doctrina de la predestinación está estrechamente conectada con otras creencias que caracterizan diferentes sistemas teológicos. Como los eslabones son tan complejos, es imposible explicar de forma tan breve una posición que los armonice. De manera que en este artículo quiero discutir las creencias entrelazadas de dos maneras cristianas representativas de entender lo que la Biblia enseña, y luego exploraré el uso que la Biblia da a las palabras «predestinar» y «elección».

Predestinación y elección en el calvinismo. El calvinismo es una de las principales tradiciones teológicas protestantes, representadas por las iglesias reformada y presbiteriana. El calvinismo hace énfasis tanto en la soberanía de Dios como en la ruina humana a causa del pecado. Un entendimiento cristiano de Dios debe comenzar con el reconocimiento de que en verdad Él está en control total de todos los sucesos del universo. Dios planificó todo desde antes de la Creación, y su poder garantiza que todos sus propósitos se cumplirán. En todo esto, Dios tomó las decisiones libremente, movido sólo por su amor y gracia, y sin que se afectaran por las decisiones que Él sabía que tomarían los seres humanos.

El hecho que la salvación descansa completamente en la acción de Dios de llevar a cabo su propósito, se demuestra en las enseñanzas bíblicas sobre el pecado. La caída de Adán arruinó la raza, haciendo imposible para cualquier ser humano escoger obedecer o responder a Dios. Las decisiones humanas son hechas libremente, pero el pecado ha pervertido tanto a los seres humanos, que esas libres decisiones de personas no salvas nunca estarán en verdadera armonía con la voluntad de Dios.

Por lo tanto, tanto la soberanía de Dios

como la depravación de la humanidad hacen claro que es absolutamente necesaria una obra activa de Dios, para cambiar a las personas en el interior y que así puedan escoger creer y salvarse. La predestinación es la simple confesión de que la salvación personal es resultado del propósito de Dios y su acción en nosotros.

Es importante notar que mientras Dios decide escoger a los destinados a la salvación y actúa para moverlos por irresistible gracia, no predestina a los no salvos en el mismo sentido. Es decir, Dios no escoge activamente a los que se perderán para la condenación, ni actúa para moverlos a la incredulidad. Su actividad está enfocada en la salvación. Es sólo la pecaminosidad humana y su rebeldía a responder a Dios lo que resulta en condenación.

La predestinación y la elección en el wesleyanismo. El wesleyanismo, representado por la Iglesia Metodista y la Wesleyana, refleja una posición arminiana. Dios es soberano y sus propósitos se cumplirán en nuestro universo. Aunque Dios conocía desde la eternidad a las personas que serían salvas, no las predestinó en el calvinista sentido activo e irresistible. En vez de eso, Dios proveyó a la humanidad con suficiente gracia que, a pesar del impacto del pecado, cualquier persona puede escoger o responder al evangelio.

Argumenta que el pecado no ha tenido un drástico impacto en los seres humanos como se supone en el calvinismo. Aunque la libre voluntad de la persona debe ser ejercida en cooperación con la gracia de Dios, la decisión del individuo ni inicia ni amerita la salvación. La salvación es todavía completamente por gracia. Dios ha podido estructurar todas las cosas en el universo según su plan, no porque actúa para hacer que algunos crean, sino porque Él conocía desde el principio quienes escogerían creer.

La predestinación en las Escrituras. La palabra griega para «predestinar» aparece sólo seis veces en el NT (Hch 4.28; Ro 8.28-30; 1 Co 2.7; Ef 1.5,11). Significa «señalar antes de tiempo» o «predeterminar». En cada referencia bíblica, lo que Dios ha predeterminado está cuidadosamente identificado. En Hechos 4.28 son los eventos que culminaron con la crucifixión de Jesús, los que se desarrollaron según Dios había «antes determinado que sucediera». En Romanos 8.29, a los que aman a Dios «los predestinó para que fuesen hechos conforme a la imagen de su Hijo».

El pasaje de 2 Corintios 2, mira al plan de redención de Dios, llamándolo «destinado para nuestra gloria antes del principio del tiempo». Efesios 1.5 se enfoca otra vez en los creyentes, afirmando que en amor Dios nos predestinó «para ser adoptados hijos suyos por medio de Jesucristo, según el puro afecto de su voluntad».

Los calvinistas ven estos versículos como prueba de su posición. Los wesleyanos, sin embargo, dicen que ninguno de estos pasajes dicen algo sobre el papel de la voluntad humana en el creer. En vez de eso, son aquellos que creen quienes están predestinados, no a la salvación sino a la adopción como herederos y conforme a la imagen de Jesús. Aunque «predestinar» aparece sólo una media docena de veces, otras palabras que se traducen «señalado», «determinado» o «destinado», afirman el control final de Dios sobre todas las cosas.

La elección en las Escrituras. Tanto el Antiguo como el Nuevo Testamentos describen con frecuencia a Dios tomando decisiones. Por ejemplo, Dios escogió a Jerusalén, donde se edificaría su Templo. Lo más importante, Dios escogió a Israel de entre todos los pueblos del mundo (véase, p.ej. Dt 7.6; Sal 32.12; Is 14.1; 45.4). Dios también escogió a individuos. Escogió a Abraham (Gn 18.19; Neh 9.7), a Moisés (Sal 106.23), y a David (1 R 8.16; 1 Cr 28.4).

En cada caso, estas decisiones fueron libres, motivadas solamente por el amor y el propósito de Dios. Lo vemos con claridad en Deuteronomio 7.7,8: «El Señor no puso su amor en vosotros ni os escogió por ser vosotros más numerosos que otro pueblo, pues erais el más pequeño entre todos los pueblos; mas porque el Señor os amó y guardó el juramento que hizo a vuestros padres».

El apóstol Pablo recoge este tema en Romanos 9 y argumenta contra los que tratan de encontrar una razón para la elección de Dios en algún supuesto mérito humano o derecho heredado. Dios escogió a Isaac pero rechazó a Ismael. Jacob y Esaú eran gemelos, sin embargo, antes de su nacimiento, antes de que hubieran «hecho ni aun bien ni mal, para que el propósito de Dios conforme a la elección permaneciese, no por las obras sino por el que llama», su madre supo que Dios había escogido al más joven para recibir las promesas del pacto (vv. 6-13).

El punto de Pablo es que «no depende del que quiere ni del que corre, sino de Dios que tiene misericordia» (v. 16). Todo descansa en la gracia, y la gracia, que fluye únicamente del carácter y del amor de Dios, se expresa en la decisión libre y soberana de Él.

Cuando se rastrean en el AT las referencias que tratan con las decisiones de Dios, está claro que en el pasado el Señor determinó ofrecer la salvación que su Iglesia ahora disfruta. Pero los cristianos todavía discuten si estos pasajes indican que Él escogió a algunos para salvación y no escogió a otros. Está claro, sin embargo, que en la mayoría de los contextos del NT, las decisiones de Dios están conectadas con la comunidad creyente antes que con los cristianos por individual.

¿Cómo explicamos estos diferentes puntos de vista sobre la elección y la predestinación? Parece que cada campo ha escogido hacer énfasis en diferentes aspectos de la enseñanza bíblica. El calvinista hace énfasis en la soberanía de Dios y en la pecaminosidad de los seres humanos. El wesleyano enfatiza en la oferta de salvación del evangelio para todo el que cree y en el amor de Dios para los seres humanos perdidos. Los wesleyanos no creen que el pecado haya tenido el impacto totalmente destructivo en los humanos, como creen los calvinistas. Ni niegan la soberanía de Dios. Ni niegan que los seres humanos sean pecaminosos y perdidos. Ni niegan el poder transformador del evangelio. Pero las diferencias en el énfasis han llevado a estos desacuerdos sobre la predestinación y la elección.

Entonces, ¿qué posición es correcta? En el NT se enseñan dos verdades lógicamente contradictorias. Primero, todo lo relacionado a la salvación se atribuye a la decisión libre y soberana de Dios. La salvación no es una empresa de equipo, parte de Dios y parte del hombre. Segundo, los seres humanos son personas responsables, invitadas y llamadas a hacer una decisión real sobre el evangelio.

Aunque estas dos verdades parecen lógicamente contradictorias, no hay contradicción bíblica. Dios decide y los seres humanos están invitados a decidir. Muchos están convencidos que la decisión de Dios va por encima de toda otra consideración y que sólo la predestinación puede expresar adecuadamente esa realidad. Otros están convencidos que la decisión de una persona es libre, sin embargo hecha sin violar la libertad final de Dios para cumplir todos sus propósitos y planes.

El impacto personal de la predestinación. La predestinación es una doctrina que ha confundido a mucha gente desde su primera articulación. Algunos están enojados porque sienten que la predestinación implica injusticia de parte de Dios. Otros están profundamente atribulados pues temen no estar entre los escogidos. Cada incertidumbre momentánea les convence que en verdad no creen o que su creencia es menos que una fe salvadora. Probablemente mientras que una persona se enfoque en la doctrina de la predestinación antes que en Cristo, estará sentenciada a sentirse confundida.

Martín Lutero señala una vía de escape: «Cuando un hombre comienza a discutir la predestinación, la tentación es como un fuego inextinguible; mientras más disputa, más se desespera. Nuestro Señor Dios se opone a esta disputa y por eso ha provisto el bautismo, la Palabra, los sacramentos y varias seña-

les. En esto debemos confiar y decir: "Soy bautizado; creo en Jesucristo; ¿por qué me preocupa si estoy o no predestinado?" Él nos ha dado un terreno para pararnos que es Jesucristo y por medio de Él podremos ir al cielo. Él es el único camino y la única puerta al Padre».

¡Qué sabio fue Lutero! La salvación no depende de la creencia o el rechazo de la predestinación. Es a Jesús a quien Dios coloca delante de nosotros, prometiéndonos perdón de pecados a todos los que creemos en Él. Cuando conocemos al Señor en gloria, podemos descubrir que nuestra salvación era predestinada en todo el sentido de la palabra. O podemos descubrir que nuestra respuesta al evangelio simplemente fue conocida de antemano. Pero lo que contará entonces, y lo que cuenta ahora, es que nuestra fe está puesta en Jesús y sólo en Jesús. Sea que nuestra fe haya sido o no predestinada, nuestra fe nos ha salvado.

Sin descartar la doctrina o el importante asunto que trata, los cristianos podemos todavía decir con Lutero: «Creo en Jesucristo, ¿por qué me preocupa si soy o no soy predestinado?» Creo que Jesús es mío y yo soy suyo... para siempre.

LOS NOMBRES Y TÍTULOS DE DIOS EL PADRE EN LAS EPÍSTOLAS

ABBA

De todos los nombres de Dios, *Abba* es la expresión más poderosa de intimidad en la nueva relación del creyente con el Padre. En Romanos 8.15, el apóstol Pablo escribió: «Pues no habéis recibido el espíritu de esclavitud para estar otra vez en temor, sino que habéis recibido el espíritu de adopción, por el cual clamamos: ¡Abba Padre!»

En cada contexto, el nombre «Abba» está asociado con nuestra adopción por Dios. Es importante entender lo que significaba la «adopción» en el primer siglo en el mundo romano. Las raíces de las referencias de Pablo

Los creyentes están invitados a venir a Dios, el Creador y Gobernador del Universo, y dirigirse a Él como «Papito».

❖

a la adopción, están en el Imperio Romano antes que en el mundo griego o judío. En el sistema legal romano, la autoridad de un padre sobre su familia era una realidad fundamental. Como un acto legal, la «adopción» transfería a un individuo de la autoridad de su antiguo *pater familias* a la autoridad del que lo adoptaba. La New International Encyclopedia of Bible Words explica:

En la adopción, se rompían las antiguas relaciones de un individuo. Las deudas y obligaciones antiguas eran canceladas. Se ponía a la persona bajo la autoridad del padre de su nueva familia. El padre era considerado propietario de todas las posesiones del adoptado y se creía que tenía el derecho de controlar la conducta de este. El padre también tenía el derecho de disciplinar y era responsable de las acciones del nuevo hijo o hija.

¿Qué significa para nosotros que Dios nos haya adoptado? Significa que ya no tenemos que ver con nuestros antiguos amos (cf. Gá 3.26—4.7). Ahora debemos total obediencia a Dios el Padre, y todo lo que tenemos es suyo. Por su parte, Dios se compromete a guiarnos y disciplinarnos a fin de que podamos traer crédito a su familia.

Por su parte, Dios nos ha dado el Espíritu Santo para garantizar nuestra liberación de todo lo que alguna vez nos esclavizaba (Gá 4.6-7). La presencia del Espíritu nos asegura que en la resurrección experimentaremos a cabalidad de todos los beneficios que corresponden a los herederos del reino (Ro 8.23) (p. 21, en la versión en inglés).

Con la relación legal descrita arriba, viene la más íntima de las relaciones personales expresadas en este nombre. «Abba» era una de las primeras palabras pronunciadas por un niño judío o árabe, que simplemente significa «papito».

CREADOR

Un concepto fundamental del AT es que Dios es el Creador de todo lo que existe. Tres referencias del NT se refieren específicamente a Dios el Padre como Creador.

En Romanos 1, Pablo escribe sobre la respuesta de la humanidad a Dios. En este contexto, «Dios» se usa como en el AT, sin distinguir las personas de la Trinidad. En general, cuando «Dios» se usa de esta manera en el NT, es mejor asumir la referencia al Padre como representante de las tres personas de la Trinidad.

En Romanos 1, Pablo argumenta que lo que puede ser conocido sobre Dios por el testimonio de la creación, es evidente a todos, no sólo porque es lógico asumir que un sistema tan complejo y balanceado tenía que ser creado, sino también porque Dios implantó en los seres humanos conocimiento intuitivo sobre Él que es activado por la creación (vv. 19,21). La prueba de que los seres humanos en realidad son pecadores y están separados de Dios, es que a pesar de conocer a Dios, las personas han cambiado «la verdad de Dios por la mentira, honrando y dando culto a las criaturas antes que al Creador, el cual es bendito por los siglos» (v. 25). En Colosenses 3.10, Pablo escribe que el creyente ha sido resucitado con Cristo a una nueva vida, y es en efecto una nueva persona que «conforme a la imagen del que lo creó, se va renovando hasta el conocimiento pleno». Aquí, se distingue a Dios el Padre de Cristo, y se describe al Padre como el Autor de esa nueva creación que es la transformación del creyente por una obra especial de Dios en la conversión.

La última referencia a Dios como Creador, donde nuevamente se ve claramente al Padre, está en 1 Pedro 4.19. Pedro escribió sobre el sufrimiento que los cristianos podían experimentar al seguir al Señor. El apóstol concluye sus palabras de ánimo, escribiendo: «De modo que los que padecen según la voluntad de Dios, encomienden sus almas al fiel Creador, y hagan el bien».

Al reconocer a Dios como Creador, entonces, la respuesta apropiada para los inconversos sería reconocerlo y adorarlo. Para los creyentes, la respuesta apropiada es reconocerlo como la fuente de nuestra vida y reflejar su carácter en nuestras palabras y obras. También, cuando pasamos por pruebas como creyentes, sólo debemos confiar en Dios como el fiel Creador, confiando completamente en su sabiduría, conocimiento, amor y poder.

PADRE DE GLORIA
PADRE DE MISERICORDIA
PADRE DE LAS LUCES
PADRE DE LOS ESPÍRITUS

Cuando estudiamos el nombre de Cristo en el AT, como el «Padre de la eternidad» (p. 125), mencionamos que en hebreo y en árabe llamar a alguien «padre de» algo, es lo mismo que atribuirle esa cualidad. Así, la frase «Padre Eterno» (Is 9.6) identificaría a Cristo como eterno y llamar a Dios «Padre de misericordia» (2 Co 5.13), significaría identificarle como misericordioso.

El Padre de gloria. Al seguir esta convención del AT, llamar a Dios el «Padre de gloria» sería lo mismo que llamarlo el glorioso. Ciertamente, este es el sentido de Efesios 1.17 que habla del «Dios de nuestro Señor Jesucristo» como el «Padre de gloria». Él es el Padre glorioso pues su don de conocimiento a los que en Él creen (esto es, para que sepamos cuál es la esperanza a que Él nos ha llamado y cuáles las riquezas de la gloria de su herencia en los santos), seguramente le trae gloria a Él.

El Padre de misericordia. La traducción plural «Padre de misericordias» en 2 Corintios 1.3, podría traducirse «Padre de compasión», para hacer énfasis en la naturaleza compasiva de Dios. En su compasión por los suyos, Dios consuela a los creyentes en aflicción para que nosotros, a su vez, podamos compartir el consuelo con otros que están en similares pruebas. En efecto, Dios en su compasión puede permitirnos experimentar problemas y dificultades para equiparnos a fin de poder consolar a otros.

El Padre de las luces. En el NT, cuando se identifica a Dios como el «Padre de X», y «X» está en plural en vez de en singular, entran en vigencia diferentes convenciones lingüísticas. Consideraremos la frase «Padre de las luces» de Santiago 1.17. Santiago está escribiendo sobre las tentaciones y también sobre nuestra tendencia a culpar a Dios cuando nos encontramos en una situación en la que somos tentados. Santiago señala que lo que experimentamos como tentaciones (lo que nos empuja a hacer algo equivocado o pecaminoso, o la debilidad que nos hace caer) tiene sus raíces en nuestra naturaleza pecaminosa y no en Dios o en la situación. Santiago dice que Dios «no puede ser tentado por el mal, ni él tienta a nadie» (v. 13).

Sin embargo, Dios está en control de las situaciones en las que nos encontramos. ¿Cómo, entonces, explicamos la participación de Dios en lo que experimentamos como tentaciones? La respuesta de Santiago es que «toda buena dádiva y todo don perfecto desciende

Al llamar a Dios el «Padre de las luces», Santiago enfatiza en que sus acciones son constantes como la conducta de las estrellas en los cielos.

❖

de lo alto, del Padre de las luces, en el cual no hay mudanza ni sombra de variación» (v. 17). ¿Qué quiere decir Santiago?

Lo más probable es que las «luces» a las que se refiere aquí, son las estrellas, conocidas por su regularidad y su movimiento constante. Los astrónomos antiguos usaban el término «sombras movedizas» para describir lo que ellos veían como movimiento irregular de algunos planetas. Lo que Santiago dice al llamar a Dios el «padre de las luces», es que es totalmente constante en todo lo que hace. Cuando se trata de su relación con nosotros, Él es constante en dar forma a cada situación y experiencia como una buena dádiva buena y perfecta.

Las tentaciones, entonces, no son trucos divinos que pretenden hacernos tropezar. Cualquier «tentación» asociada con situaciones está enraizada en nosotros, no en la situación. Al ponernos en una dificultad o situación dolorosa, Dios busca nuestro bien. Aunque nosotros vemos las situaciones como fuente de tentación, en realidad cada situación es una oportunidad para responder en fe, con el compromiso de hacer lo que es correcto. Toda situación, aunque sea difícil, es una oportunidad para crecer en la madurez de nuestra vida cristiana. ¡Es en verdad una buena dádiva!

Padre de los Espíritus. Este título de Dios aparece en Hebreo 12.9. El autor está escribiendo sobre la disciplina. Dice que los hijos que son disciplinados por sus padres muestran respeto hacia ellos y aprenden de la disciplina. Dice: «Por otra parte, tuvimos a nuestros padres terrenales que nos disciplinaban y los venerábamos. ¿Por qué no obedeceremos mucho mejor al Padre de los Espíritus, y viviremos?» (Otras versiones traducen el pasaje como «Padre de nuestros espíritus»).

El punto del escritor está bien claro. Nuestros padres humanos se preocupan por nuestra vida en la tierra y nos disciplinan como creen que nos ayudan a ser más productivos y exitosos aquí y ahora. Pero Dios es el Padre de nuestro espíritu. Su preocupación es que seamos productivos y exitosos en nuestra relación con Él, tanto ahora como en la eternidad. No sólo Dios se preocupa muchísimo por nosotros como Padre, sino que también tiene una perspectiva que difiere radicalmente de la de nuestros padres humanos.

Al decir que teníamos respeto por nuestros padres humanos, el escritor de Hebreos está aludiendo a que los hijos no siempre entienden el propósito que tienen los padres para disciplinarlos. La perspectiva de un hijo está limitada a su presente, mientras que un padre se preocupa por su futuro. Los hijos simplemente tienen que aceptar el hecho que «el padre (o la madre) sabe más» y muestran respeto aceptando la disciplina, aun cuando no entiendan a cabalidad su propósito.

De igual manera, muchas veces nos encontramos en circunstancias dolorosas cuyo propósito no podemos entender. Como hijos de Dios, debemos mostrar respeto hacia Él, creyendo que tiene un buen propósito en todo lo que está sucediendo. También debemos mostrar respeto manteniendo nuestra confianza y obedeciéndole diariamente. Como Padre de nuestro espíritu, Dios sabe lo que es mejor para nosotros. Cada situación en la que nos coloca es en verdad una buena dádiva sin considerar si vemos o no algo bueno en ello.

DIOS DE TODA GRACIA

El título «Dios de toda gracia» sólo aparece en 1 Pedro 5.10. «Gracia» es uno de esos términos a los que se da un significado único en la Biblia. En el primer siglo, la palabra griega usada en el NT, *charis*, simplemente significaba mostrar bondad o favor. También se usaba en expresiones que indicaban gratitud por un favor. En las Epístolas del NT, la palabra que más bien indicaba aprobación por una cualidad humana agradable, se convirtió en un término teológico técnico para comunicar los más profundos sentimientos

del corazón por todo lo que Dios ha hecho por nosotros en Cristo.

Efesios 2.1-10 resume con claridad las realidades básicas expresadas en el concepto bíblico de gracia:

> Y él os dio vida a vosotros, cuando estabais muertos en vuestros delitos y pecados, en los cuales anduvisteis en otro tiempo, siguiendo la corriente de este mundo, conforme al príncipe de la potestad del aire, el espíritu que ahora opera en los hijos de desobediencia, entre los cuales también todos nosotros vivimos en otro tiempo en los deseos de nuestra carne, haciendo la voluntad de la carne y de los pensamientos, y éramos por naturaleza hijos de ira, lo mismo que los demás.
>
> Pero Dios, que es rico en misericordia, por su gran amor con que nos amó, aun estando nosotros muertos en pecados, nos dio vida juntamente con Cristo (por gracia sois salvos) y juntamente con él nos resucitó y así mismo nos hizo sentar en los lugares celestiales con Cristo Jesús, para mostrar en los siglos venideros las abundantes riquezas de su gracia en su bondad para con nosotros en Cristo Jesús. Porque por gracia sois salvos por medio de la fe; y esto no de vosotros pues es don de Dios; no por obras para que nadie se gloríe. Porque somos hechura suya, creados en Cristo Jesús para buenas obras, las cuales Dios preparó de antemano para que anduviésemos en ellas.

En este pasaje, Pablo describe a los seres humanos como totalmente perdidos, espiritualmente muertos y bajo la ira divina. En esta deplorable condición, los pensamientos y las acciones humanos expresan el pecado que ha corrompido nuestra misma naturaleza de manera que estamos absolutamente sin esperanza. Pero Dios nos ama a pesar de nuestra pecaminosidad, y Él obró a través de Cristo para hacernos espiritualmente vivos. Dios no sólo nos dio vida espiritual, sino que también nos levantó en Cristo, sacándonos de las profundidades de la condenación al

Como el Dios de toda gracia, nuestro Señor nos busca
en nuestra impotencia.

mismo cielo. Lo que Dios ha hecho por nosotros en Jesucristo, las riquezas de su gracia, se
exhibirá por toda la eternidad, de manera
que el universo entero pueda maravillarse.

En vista de esto y de otros pasajes como
este (p.ej. Ro 4; 5.15-21 y 11.1-6), podemos
decir que «gracia» es la acción gratuita de
Dios. Se basa en la muerte y resurrección de
Jesús y está motivada por el amor. La gracia
de Dios redime a los pecadores que creen e
impone su justicia en ellos.

❖

TRASFONDO BÍBLICO:

GRACIA

Gracia es un término bíblico vital que hace

una afirmación básica sobre cómo Dios se
relaciona con los seres humanos. Para apreciar el mensaje de la Biblia, debemos entender mejor la gracia.

El concepto de gracia tiene su total expresión en el NT No hay un paralelismo exac-
to en el AT. Sin embargo, un término hebreo
hesed, es el que más se aproxima. Este habla de favor, o de ser misericordioso. El Salmo 51.1 describe claramente la fuerza de
esta hermosa idea del AT.

David exclamó: «Ten piedad de mí, oh
Dios, conforme a tu misericordia, conforme
a la multitud de tus piedades borra mis rebeliones». La petición de David revela su sentido de impotencia. Él se volvió de su
autosuficiencia y dependió únicamente de la
compasión amorosa del Señor. La naturaleza

de Yahveh como un Dios cariñoso y amante fue la base para la súplica de David.

Charis es el término griego comúnmente traducido como «gracia» en el NT En la antigua cultura griega, la palabra indicaba un favor o un beneficio dado. *Charis* también se usaba para referirse a una respuesta de gratitud. Pablo usó *charis* como un término teológico técnico para referirse a lo que Cristo ha hecho y para denotar todo lo que el evangelio afirma sobre lo que es una relación personal con Dios.

Las religiones humanas tratan de aproximarse a la relación con Dios desde un común punto de vista. Suponen que las personas pueden agradar a Dios con sus acciones y que estar en relación con Dios depende, en alguna medida, de lo que una persona hace. Esto convierte a la salvación en un premio, algo que la persona merece.

El cristianismo entiende que tener una relación con Dios es algo totalmente diferente. Las personas son vistas como espiritualmente perdidas, es decir, muertas en sus delitos y pecados (Ef 2.1). No pueden agradar a Dios porque el pecado está entretejido con la tela de su ser. Es sólo por la libre y espontánea acción de Dios en Jesús que viene la salvación. Aun la justicia que marca cada vez más la experiencia del cristiano, es un resultado de la acción de Dios en nosotros, no es simplemente esfuerzo humano.

La religión se concentra en el yo, confía en las obras de la Ley y resulta en condenación. En contraste, el cristianismo se concentra en el Mesías, descansa en su obra salvadora para nosotros, y resulta en una nueva vida y justicia personal. Todo esto se expresa en el concepto de la gracia del NT

Efesios 2.1-10 es un pasaje clave del NT respecto a la gracia. Los versículos 1 y 2 revelan que alguna vez la humanidad estaba muerta en sus «delitos y pecados» y «siguiendo la corriente de este mundo, conforme al *príncipe de la potestad del aire*» (Esto último es una referencia a Satanás). Aquí descubrimos que en su estado caído, las personas están espiritualmente sin esperanza (Ro 5.6).

Efesios 2.4 y 5, declara: «Por su gran amor con que nos amó, aun estando nosotros muertos en pecados, nos dio vida juntamente con Cristo (por gracia sois salvos). Los versículos 8 y 9 revelan que la gracia de Dios actúa en nosotros «por medio de la fe, y esto no de vosotros, pues es don de Dios, no por obras para que nadie se gloríe».

La gracia ve a los seres humanos como impotentes. También, la gracia presenta a Dios como amante, Creador compasivo quien, movido sólo por su gran bondad, ha actuado en Cristo para librarnos a todos los que creemos, de la esclavitud del pecado. El Señor, libre e incondicionalmente les da vida eterna, y esto se convierte en el fundamento de una rectitud práctica.

Aunque es importante ver el papel de la gracia de Dios en la salvación, es también importante darse cuenta que la gracia es la clave para una experiencia cristiana vital. Tal vez el impacto se nota de forma más clara en la visión que Pablo tiene de una vida santa que explica en Romanos 6—8. En el capítulo 6, Pablo demostró que los creyentes están unidos por la fe en la muerte y resurrección de Jesús. Esa unión les libera de una apreciación legalista de la vida cristiana, en la que sus propios esfuerzos son la clave para agradar a Dios. En vez de eso, esa unión los coloca en el plano de la gracia. Ahora pueden confiar en que Dios les capacitará para hacer lo bueno y lo justo. A medida que se entregan a Dios y confían en Él diariamente, el Señor domina su innata incapacidad y les capacita para hacer su voluntad.

La gracia no es simplemente una orientación para tener una relación con Dios. Es también una manera práctica de vivir la vida cristiana. Si tratamos de seguir al Señor con nuestras fuerzas, fracasaremos (Gá 5.49). Pero si confiamos en Cristo y el Espíritu Santo tendremos éxito en vivir una vida cristiana santa.

Romanos 7 ilustra estas verdades al describir el fracaso de Pablo de alcanzar la justicia por medio de la obediencia a la Ley. En el capítulo 8, Pablo describe la gran libertad que experimentó cuando aprendió a confiar en la gracia y a contar únicamente con el Espíritu Santo dentro de él para ayudarle a hacer lo bueno. La gracia, entonces, no es sólo el camino de salvación, sino también un camino de vida. La gracia es una continua confianza en Dios para hacernos santos, aun cuando primero confiamos en Él para perdonar nuestros pecados.

¿Qué significa para nosotros reconocer y confiar en la gracia de Dios? Significa que aceptamos la imposibilidad de agradar a Dios por nuestros esfuerzos. También significa que reconocemos el gran amor de Dios expresado en Jesús y que confiamos en Dios para darnos la bienvenida en su familia por Jesús. Más que nada, significa que continuamos confiando en Jesús mientras vivimos diariamente. Contamos con su fuerza para capacitarnos para tomar las decisiones que agradan a nuestro Señor. Cuando conocemos el gran corazón de amor y compasión que Dios tiene, que le llevó a salvarnos, nos acercaremos «confiadamente al trono de la gracia» (He 4.16)

Aunque el título «Dios de toda gracia» aparece sólo en 1 Pedro 5.10, la «gracia», en el sentido más amplio que vimos arriba, se encuentra no menos de 106 veces en 98 versículos. Es en verdad un término que explica la fe cristiana pues el Padre como «Dios de toda gracia», ha decidido llamarnos «a su gloria eterna en Jesucristo».

DIOS DE TODA CONSOLACIÓN

Este título se encuentra sólo en 2 Corintios 1.3. En ese contexto Pablo explica que Dios nos consuela en todas nuestras tribulaciones. Al hacerlo, nos equipa para consolar a otros que están afligidos «por medio de la consolación con que nosotros somos consolados por Dios» (v. 4).

Las palabras griegas traducidas «consuelo» aparecen más de 100 veces en el NT, en formas verbales y sustantivas. Pero esas formas tienen diferentes significados en griego,

desde «invitar» hasta «exhortar». En las 17 veces donde se encuentra la traducción «consuelo» (1 Co 14.3 y nueve veces en 2 Co 1; 2.7; 7.6,7; 13.11; Fil 2.1; Col 4.11), el significado es «venir a consolar y animar». Dios nos consuela en nuestras aflicciones dándonos el valor que necesitamos para vivir en medio de los momentos más difíciles. Él es en verdad el «Dios de toda consolación».

DIOS DE PAZ Y DE AMOR

Aunque este título del Padre aparece solamente en 2 Co 13.11, es reforzado por múltiples referencias en las Epístolas al amor de Dios y a la paz que Él trae. El versículo anterior es la despedida de Pablo a los creyentes corintios. El apóstol escribió: «Por lo demás, hermanos, tened gozo, perfeccionaos, consolaos, sed de un mismo sentir, y vivid en paz; y el Dios de paz y de amor estará con vosotros».

Dios de amor. «Amor» es otra palabra griega que los escritores del NT escogieron para añadirle un nuevo significado. Por lo menos tres palabras estaban disponibles para los escritores del N.T. Una, *eros*, estaba relacionada con la pasión y el deseo sexual. Otra, *fileo*, estaba asociada con la amistad y el disfrute mutuo de una relación. Una tercera palabra, *agape*, significaba cariño, afección. El NT adoptó esta tercera palabra y la transformó usándola como el término explicativo de la actitud de Dios hacia los seres humanos expresada a través de Jesucristo.

Podemos sentir la profundidad del significado dado a *agape*, con sólo mirar un pasaje en el que esta palabra es central, Romanos 5.6-10.

Porque Cristo, cuando aun éramos débiles, a su tiempo murió por los impíos. Ciertamente, apenas morirá alguno por un justo; con todo pudiera ser que alguno osara morir por el bueno. Más Dios muestra su amor para con nosotros, en que siendo aun pecadores, Cristo murió por nosotros. Pues mucho más, estando ya justificados en su sangre, por él seremos salvos de la ira. Porque si siendo enemigos, fuimos reconciliados por Dios por la muerte de su Hijo, mucho más, estando reconciliados, seremos salvos por su vida.

Mientras que *eros* expresaba deseo por alguien a quien encontrábamos atractivo, y *fileo* expresaba disfrute de un afecto entrañable, *agape* vino a expresar la firme decisión de Dios de actuar en beneficio de un enemigo, aun a precio de la vida de su Hijo.

El compromiso de Dios en Cristo para con los pecadores transformó para siempre el concepto de amor. El amor pasó del plano de la emoción al plano de la decisión. El amor pasó del plano del beneficio personal, al plano del autosacrificio. Y el amor pasó del plano de preocuparse de los asuntos de uno a preocuparse de lo que beneficiará a otro.

El NT habla de tres relaciones de amor. Existe el amor de Dios por los seres humanos, el amor del creyente por Dios y el amor de los creyentes entre sí. En cada caso el significado de «amor» es definido por la expresión de Dios de su amor en Jesucristo. En cada caso «amor» es un compromiso consciente de beneficiar a otro, cualquiera que sea el costo para nosotros. Por esto Dios el Padre lleva el muy apropiado título de «Dios de amor».

Dios de paz y de amor. Mientras el título de «Dios de paz y de amor» aparece solamente en 2 Corintios 13.11, Dios el Padre es titulado «Dios de paz» cinco veces (Ro 15.33; 16.20; Fil 4.9; 1 Ts 5.23; He 13.20). La New International Encyclopedia of Bible Words dice que «en las Epístolas, "paz" es más a menudo esa integridad restaurada que Jesús trae a nuestra relación con Dios y con otros, aunque no puede separarse del sentido interior de bienestar que la acompaña» (p. 481, en la versión en inglés). Los versículos del NT que usan este título sugieren varios aspectos de la paz que Dios provee.

Librarnos del temor: «Y el Dios de paz aplastará en breve a Satanás bajo vuestros pies» (Ro 16.20).

Cristo demostró tener poder sobre la vida y la muerte al llamar a Lázaro de su tumba.

Compañerismo con Dios: «Lo que aprendisteis y recibisteis y oísteis y visteis en mí, esto haced; y el Dios de paz estará con vosotros» (Fil 4.9).

Transformación e integridad interior: «Y el mismo Dios de paz os santifique por completo; y todo vuestro ser, espíritu, alma y cuerpo, sea guardado irreprensible para la venida de nuestro Señor Jesucristo (1 Ts 5.23). También, «Y el Dios de paz que resucitó de los muertos a nuestro Señor Jesucristo, el gran pastor de las ovejas, por la sangre del pacto eterno, os haga aptos en toda buena obra para que hagáis su voluntad, haciendo él en vosotros lo que es agradable delante de él por Jesucristo, al cual sea la gloria por los siglos de los siglos» (He 13.20,21).

DIOS NUESTRO SALVADOR

Este título aparece seis veces en las Epístolas del NT (1 Ti 1.1; 2.3; Tit 1.3; 2.10; 3.4; Jud 1.25). El título «Salvador» se le da tanto al Padre como a Jesús, como en Tito 1.3 y 4. Para más información, véase la discusión «Salvador» en el capítulo 8, p. 183.

DIOS DA VIDA A LOS MUERTOS DIOS LLAMA LAS COSAS QUE NO SON, COMO SI FUESEN

Estos títulos se encuentran en Romanos 4.17. Juntos indican el poder milagroso de Dios. En contexto, el apóstol Pablo repasa la historia y registra que el nacimiento de Isaac, el hijo de Sara y Abraham, fue un milagro. El útero de Sara estaba seco para concebir un hijo. Ya tenía noventa años y hacía mucho tiempo que había pasado la menopausia. Sin embargo, Dios prometió que ella y Abraham tendrían un hijo, aun cuando esto significara dar vida a un útero muerto y llamar a existencia a un niño que todavía no había nacido.

El apóstol Pablo ve en este relato del NT un anticipo no solo de la resurrección de Jesús, sino también del don de vida para los que creen en Él. Más adelante, en 8.11, el apóstol nos recuerda que «si el Espíritu de aquel que levantó de los muertos a Jesús mora en vosotros, el que levantó de los muertos a Cristo Jesús vivificará también vuestros cuerpos mortales por su Espíritu que mora en vosotros». Dios, como Aquel que da vida a los muertos, puede infundir nueva vida aun en nuestras personalidades pecaminosas, de manera que podamos vivir vidas piadosas agradando al Señor.

SANTO

En las Epístolas, este título de Dios se encuentra sólo en 1 Juan 2.20. Dios se identifica frecuentemente como el «Santo» en el AT (véase la discusión que comienza en la p. 105). Aquí Juan escribe: «Pero vosotros tenéis la unción del Santo, y conocéis todas las cosas».

Aquí «unción» se refiere a la capacitación divina, especialmente para discernir la verdad. El Espíritu Santo es quien nos capacita y nos unge. También, el Espíritu es el regalo de Dios el Padre para el que cree. Por lo tanto, «Santo» aquí se refiere al Padre antes que al Espíritu Santo.

TRASFONDO BÍBLICO:

CUESTIONAMIENTO A LAS SECTAS

No le toma mucho tiempo a los estudiantes de teología descubrir que las denominaciones cristianas tienden a tener sus peculiaridades. Un grupo enfatizará en la soberanía de Dios y defenderá la predestinación. Otro grupo enfatizará en el amor de Dios y defenderá el libre albedrío. Algunos insistirán que hablar lenguas es evidencia de la verdadera espiritualidad, mientras que otros insistirán que este don espiritual desapareció cuando se escribió y distribuyó el último libro del NT (Apocalipsis).

Es importante recordar que esta clase de debate es esencialmente un asunto de familia. En otras palabras, las denominaciones y grupos que mantienen uno u otro punto de vista son realmente «cristianas». Cada una confía en Cristo para la salvación y toman su postura sobre la encarnación (esto es, la muerte física y la resurrección literal de nuestro Señor).

Hay otros grupos religiosos, sin embargo, cuyos miembros pueden usar las mismas palabras que los cristianos pero que no son verdaderos seguidores del Salvador. Estos grupos son sectas, pues sus enseñanzas niegan las verdades esenciales del cristianismo y su «fe» no está puesta en el Jesús de la Biblia.

Cuando una persona representando una «iglesia» o grupo con el que usted no está familiarizado comience una conversación, ¿qué preguntas puede hacerle que le ayuden a diferenciar entre un creyente cuyos puntos de vista difieren de los suyos, y un miembro de una secta cuyos fundamentos teológicos no son del todo cristianos? He aquí algunas preguntas y las respuestas que podría recibir. Las respuestas a la derecha deben advertirle que está hablando con un miembro de una secta y no con un cristiano genuino.

Preguntas	Respuesta cristiana	Respuesta de una secta
¿Cree que Jesús es Dios?	Sí	Jesús es un dios. Jesús se convirtió en un dios.
¿Cree que Dios existe como tres Personas?	Sí	El Padre, el Hijo y el Espíritu son aspectos del único Dios.
¿Cree que Jesús es el Creador?	Sí	Jesús es un ser creado. Jesús hizo el universo pero aún así es un ser creado.
¿Cree en la encarnación de Jesús?	Sí	Jesús fue sólo un ser humano a quien Dios usó.
¿Cree en la resurrección física de Jesús?	Sí	La resurrección de Jesús fue espiritual no de naturaleza física.

A través del Espíritu, Dios capacita a los cristianos para distinguir lo falso de lo verdadero. Somos capacitados para distinguir los anticristos de los genuinos maestros enviados por Dios. Aunque el Espíritu dentro de nosotros nos da discernimiento, hay también una prueba objetiva que podemos usar para identificar a los falsos maestros (anticristos). Juan señala que «el que niega al Hijo tampoco tiene al Padre» (2.23), y también «todo espíritu que no confiesa que Jesucristo ha venido en carne, no es de Dios; y este es el espíritu del anticristo» (4.3).

Ninguna enseñanza que niegue la completa humanidad y la completa divinidad de Jesucristo es digna de confianza. Tal persona no es cristiana.

REY DE LOS SIGLOS, INMORTAL, INVISIBLE ÚNICO Y SABIO DIOS

Estos títulos de Dios se encuentran en 1 Timoteo 1.17. Son parte de una expresión de alabanza que surge de Pablo en vista de la gracia dada a él en Cristo. Para este Dios, el único Rey que es eterno, inmortal, invisible y sabio, Pablo dice: «Sea honor y gloria por los siglos de los siglos. Amén».

Rey. Afirmar que Dios es Rey, es colocar su soberanía sobre todo. Para examinar detalladamente las raíces de este título en el AT, véase la discusión que comienza en la p. 151.

De los siglos. La *New Internation Enciclopedia of Bible Words* ofrece la siguiente explicación: «Esencialmente, lo eterno es lo que no está limitado por el tiempo. Lo eterno no tiene principio y no tiene fin, sino que permanece fuera de y más allá del tiempo. Dios es así. Su naturaleza (Ro 1.20) y sus propósitos (Ef 3.11) son sin tiempo, pues Él creó el universo material y puso en movimiento los procesos por los que se mide el tiempo» (p. 150, en la versión en inglés).

Al ser eterno, Dios es realmente único y más allá de toda comparación. Aunque es Creador, es más que esto. Él es el que es, era y será por siempre.

Inmortal. Dos palabras griegas, *aphtarsia* y *aphtaartos* (se encuentran un total de 15 veces en el NT), pueden traducirse tanto por «inmortal» como «incorruptible». Sin embargo, al traducirse, estas palabras griegas transmiten el concepto de inmunidad en decadencia. Desde la caída, nuestro universo ha estado muriendo, sujeto al deterioro y la decadencia. Toda la naturaleza, Pablo dice en Romanos 8, está sujeta a la «vanidad» (v. 20) y a la «corrupción» (v. 21).

En contraste, Dios permanece ileso a esta clase de cambio. Él es incorruptible (Ro 1.23; 1 Ti 1.17). Aun más, Dios ha plantado su semilla incorruptible dentro de nosotros (1 P 1.23), nos ha librado de la esclavitud a las fuerzas de la muerte y la decadencia. Finalmente, seremos resucitados de los muertos para compartir con Cristo una vida de resurrección que es como la vida de Dios. Y porque la vida de Dios es en realidad eterna, los que tenemos esa vida por la fe en Cristo, viviremos para siempre con el Señor.

Invisible. El hecho que Dios es invisible (es decir, no puede verse), se expresa cuatro veces en el NT (Ro 1.20; Col 1.15; 1 Ti 1.17,Hch 11.27). Lo «visible» es cualquier cosa que pueda percibirse a través de la vista. Decir que Dios es invisible o hablar de una realidad invisible (Col 1.16), no arroja duda sobre su realidad. Significa simplemente que debemos percibir lo invisible por otros medios distintos a la vista.

Primera de Pedro 1.8 pone lo invisible en perspectiva. Dios el Padre y Jesucristo son aquellos a quienes «amáis sin haberles visto, en quienes creyendo, aunque ahora no lo veáis, os alegráis con gozo inefable y glorioso». Con los ojos de la fe, rompemos el velo que hay entre las realidades materiales y espirituales y, aunque no podamos ver a Dios con nuestros ojos, podemos y debemos experimentar su presencia.

Único y sabio Dios. Este título se encuentra en Jud 25. (Algunos manuscritos griegos antiguos borran «sabio», *sofos*, de manera que el texto original diría «el único Dios». Pero asumamos que los manuscritos que sirven de base para nuestra traducción están correctos). El grupo de palabras del que viene *sofos* se usaba para indicar conocimiento filosófico o especulativo. Pero ese no es el sentido en el que el grupo de palabras se usa en el NT.

En el NT, «sabiduría» es la capacidad para evaluar situaciones de la vida real y tomar la decisión correcta. Nuestro «único y sabio Dios» es a quien miramos para hacer decisiones prudentes en nuestra vida. En lo concerniente a las decisiones de Dios, son siempre sabias pues Él entiende cada asunto involucrado en toda decisión. Además, siempre actúa en armonía con su carácter que es perfecto y bueno.

DADOR DE LA LEY

Aunque el AT describe claramente a Dios como el dador de la Ley de Israel, este título se encuentra sólo una vez en el NT, en Santiago 4.12: «Uno solo es el dador de la Ley, que puede salvar y perder; pero tú, ¿quién eres para que juzgues a otro?» Sin embargo, algunas otras versiones (que han utilizado diferentes manuscritos griegos) dicen: «No hay más que un solo Legislador y Juez» (NVI).

Aunque Dios es incuestionablemente visto en toda la Biblia como el dador de los Diez Mandamientos, este título en Santiago implica más que esto. Dios es nuestro dador de la ley en el sentido de ser la fuente de todos los patrones de lo que es correcto y equivocado, pues esto fluye de su carácter. En realidad, Dios ha plantado en el corazón de cada ser humano el conocimiento de lo que constituye un asunto moral (Ro 2.14,15).

El hecho que todos los patrones éticos tienen su fuente en el carácter de Dios, le hacen el único auténtico Juez de otros. Dios, que nos conoce perfectamente, es el único que puede evaluar no solamente la conducta, sino también los motivos y las intenciones. Santiago está hablando contra los que «calumnian» a otros (4.11). Sólo el «Dador de la ley» (v. 12) puede juzgar si las acciones de una persona están en armonía con su perfecto patrón moral. Como Dador de la ley, sólo

Como legislador y juez, Dios mide a los seres humanos
por las normas de su perfecto caracter.

Dios tiene el derecho y la obligación de juzgar a otros por la Ley que refleja su carácter.

TRASFONDO BÍBLICO:

«JUZGAR» EN EL NUEVO TESTAMENTO

Lucas, Santiago y Pablo tratan con este tema. Cada uno dice claramente que los creyentes no deben asumir la tarea de evaluarse el uno al otro. «Uno solo es el dador de la ley, que puede salvar y perder; pero tú, ¿quién eres para que juzgues a otro?» (Stg 4.12). Pablo desarrolla este tema en Ro 14. Enseña que Jesús murió y resucitó «para ser Señor así de los muertos, como de los que viven. Pero tú, ¿por qué juzgas a tu hermano? O tú también, ¿por qué menosprecias a tu hermano?» (14.9,10).

Estas cortantes prohibiciones de juzgar a veces causa confusión cuando se comparan con dos pasajes del NT que hablan de la disciplina de la Iglesia y del arreglo de las disputas (1 Co 5). En el caso de la disciplina, la Iglesia no está llamada a juzgar a otros, sino a tomar una posición con Dios contra las acciones que Él ha especificado claramente en su Palabra como pecado. En las disputas entre creyentes, deben evaluarse los hechos particulares de la situación. En estos casos debemos juzgar en el sentido de discernir.

En contraste, «juzgar» en Santiago y Romanos involucra una actitud crítica hacia las creencias, motivos o convicciones de otra persona. Tal manera de juzgar es estrictamente prohibida por Dios.

Illustrated Bible Handbook, p. 521

LUZ

«Luz» es un término importante en el NT. Jesús afirmó que Él es la «luz del mundo» (Jn 8.12). Este título tiene implicaciones que se exploran tanto en los Evangelios como en las Epístolas.

Sin embargo, en un pasaje muy importante del NT, se habla de Dios el Padre como Luz. En efecto, Juan afirma allí que «Dios es Luz». Porque este pasaje es tan importante, definitivamente necesitamos entender lo que Juan dice cuando afirma: «Dios es luz y no hay ningunas tinieblas en él». Los versículos 5-10 dicen lo siguiente:

> Este es el mensaje que hemos oído de él, y os anunciamos: Dios es luz y no hay ningunas tinieblas en él. Si decimos que tenemos comunión con él, y andamos en tinieblas, mentimos, y no practicamos la verdad; pero si andamos en luz, como él está en luz, tenemos comunión unos con otros, y la sangre de Jesucristo su Hijo nos limpia de todo pecado. Si decimos que no tenemos pecado, nos engañamos a nosotros mismos, y la verdad no está en nosotros. Si confesamos nuestros pecados, él es fiel y justo para perdonar nuestros pecados y limpiarnos de toda maldad. Si decimos que no hemos pecado le hacemos a él mentiroso, y su palabra no está en nosotros.

Juan comienza su primera epístola llamando nuestra atención a vivir en compañerismo con Dios. Esto es algo que el apóstol ha experimentado y quiere que nosotros experimentemos también (vv. 3,4).

Sin embargo, si queremos experimentar verdadero compañerismo con Dios, debemos darnos cuenta que Él es luz y que «no hay ningunas tinieblas en él» (v. 5). Entender este título de Dios (y comprender la enseñanza de Juan) depende del entendimiento de una característica particular de la luz. Donde hay luz, nada está escondido o mal representado. En la luz, todo está expuesto por lo que realmente es. Juan así, está diciendo que para tener compañerismo con Dios, debemos «caminar en la luz» (v. 7). Debemos vivir nuestra vida con Dios con una inflexible honestidad.

Luego de explicar este principio, Juan introduce el tema del pecado pues es el *fingimiento acerca del pecado* lo que estorba nuestro compañerismo con Dios. No podemos decir que tenemos compañerismo con Dios si pretendemos que no pecamos. Cuando somos honestos acerca de nuestros pecados y los confesamos a Dios, «él es fiel y justo para perdonar nuestros pecados» (v. 9) y

para continuar el proceso de limpieza iniciado por el Espíritu Santo. Si, por otro lado, nos mentimos a nosotros mismos y a Dios, diciendo que «no tenemos pecado» (v. 8), estamos caminando en tinieblas y fuera del compañerismo con Dios.

Algunos insisten que «caminar en la luz» (v. 7) significa vivir una vida sin pecado. Esta interpretación, sin embargo, es totalmente equivocada pues Juan dice que si estamos caminando en la luz, la sangre de Cristo «nos limpia de todo pecado». Pero si estuviéramos realmente sin pecado no necesitaríamos la limpieza espiritual de Dios. Juan también menciona que los que dicen que no tienen pecado se engañan a ellos mismos y la verdad no está en ellos (v. 8). Solamente siendo honestos sobre la verdadera naturaleza de nuestros pensamientos y obras pecaminosas nos exponemos al poder transformador de Dios.

Muchos cristianos excusan su ira como «justa indignación», ponen una etiqueta piadosa en el chisme y lo llaman un «decir la verdad». Sólo siendo verdaderamente sensibles al Espíritu de Dios y queriendo reconocer ante nosotros y ante Dios la verdadera naturaleza de nuestros pensamientos y acciones es que experimentamos compañerismo con el Señor, quien es la Luz.

SEÑOR TODOPODEROSO

En 2 Corintios 6.18, se refiere a Dios el Padre como el «Señor Todopoderoso». Para un estudio más completo del título «Señor Todopoderoso», véase la p. 33.

DIOS EL SEÑOR

El nombre «Dios el Señor» aparece en 1 P 3.15. Sin embargo, en otras versiones basadas en diferentes manuscritos griegos dicen: «Cristo como Señor». Para estudiar mejor este pasaje y el título «Señor» aplicado a Jesús en las Epístolas del NT, véase la p. 156.

SEÑOR DE PAZ

Este título aparece solamente en 2 Tesalonicenses 3.16: «El mismo Señor de paz os dé siempre paz en toda manera». Para una

Como nuestro sumo sacerdote, Jesús nos representa delante del trono de Dios, y nos asegura la salvación por medio de su sacrificio.

discusión de los títulos que incluyen «paz», véanse las pp. 70, 71.

MAJESTAD EN LOS CIELOS

Hebreos 8.1 describe a Jesús como el sumo sacerdote de los creyentes, sentado a la derecha de la «Majestad en los cielos». Hebreos 1.3 usa una imagen similar para describir a Jesús. Se dice que Él terminó la obra de redención y ahora está sentado a la derecha de la «Majestad en los cielos». En cada versículo, la palabra griega traducida «Majestad» es *megalosunes*. El término es usado en el NT en lugar del nombre divino, y significa «altura» o «majestad». *Megalosunes* también se encuentra en Judas 1.25, donde Judas termina adscribiendo: «Gloria y majestad, imperio y potencia, ahora y por todos los siglos».

DIOS ALTÍSIMO

Este título de Dios distintivo del AT se encuentra en el NT sólo en Hebreos 7.1, donde el escritor se refiere a Melquisedec como el sacerdote del Dios Altísimo (Gn 14.18-20). Para estudiar más este título, véase la p. 34.

SALVADOR

Tanto Dios el Padre como Jesús reciben este título. Ambos están íntima y activamente involucrados, con el Espíritu Santo, en el proceso de traer salvación a la humanidad. Para estudiar en detalle la importancia del término «Salvador» y «salvación», véase la p. 69.

LOS NOMBRES Y TÍTULOS DE DIOS EL PADRE EN APOCALIPSIS

El libro de Apocalipsis es un documento único en el NT. Clasificado como literatura apocalíptica, contiene sorprendentes visiones de los juicios divinos asociados con el triunfo final de Dios sobre el mal. En este contexto, Dios es constantemente visto como el poder máximo del universo, ejerciendo ese poder para derrotar al enemigo y establecer la victoria del bien de una vez por todas. Cuando miramos a los nombres y títulos de Dios en este último libro del NT, es importante recordar que cada uno realza y da expresión al tema del libro.

Los nombres se discuten según el orden en que aparecen en Apocalipsis, muy probablemente escrito por el apóstol Juan en los 90 d.C.

EL QUE ES, QUE ERA Y QUE HA DE VENIR

Este título se encuentra por primera vez en Apocalipsis 1.4, donde se menciona a cada persona de la Trinidad. Juan escribe: «Gracia y paz a vosotros, del que es y que era y que ha de venir, y de los siete espíritus que están delante de su trono y de Jesucristo» (vv. 4,5). El título es también usado en 11.17, donde se refiere también al Padre como el «Señor Dios Todopoderoso». Aquí el Padre es alabado porque «has tomado tu gran poder y has reinado». Un título muy similar se encuentra en 16.5, donde un ángel alaba a Dios «porque has juzgado estas cosas».

Este título acentúa la eternidad de Dios. Sólo Él existe más allá del tiempo y antes de la creación del mundo. Como tal, Dios es el máximo poder en el universo. En las escenas que se describen en Apocalipsis, Dios el Hijo viene de la eternidad al tiempo, no para sufrir por nosotros sino para triunfar.

SEÑOR DIOS TODOPODEROSO

Como otros títulos, este también hace énfasis en el poder de Dios. Se encuentra en Ap 4.8; 15.3, 16.7 y 21.22. En 4.8 vemos una clase especial de seres angélicos cuyo papel es alabar continuamente a Dios tanto santo como eterno. En 15.3, Dios es alabado por su victoria sobre la bestia, un enemigo que aparece al final de la historia.

En 16.7, nuevamente se dirige a Dios como «Señor Dios Todopoderoso», y otra vez el tema de la alabanza angélica enfatiza en que Dios ha actuado ahora en juicio. En 21.22, Juan describe el establecimiento de un nuevo cielo y una nueva tierra después que el pecado y el mal hayan sido juzgados y desterrados. El Señor Dios Todopoderoso que creó todas las cosas, será conocido por toda la eternidad por su victoria sobre el pecado y el mal. Esta es una victoria más importante que cualquiera ganada durante el curso previo de la historia.

DIOS VIVO

Dios es descrito como el «Dios vivo» en Apocalipsis 7.2. Este título también tiene raíces en el AT que se discuten en la p. 44.

DIOS DE LA TIERRA DIOS DEL CIELO

Cada uno de estos títulos se encuentra en Apocalipsis 11, el primero en el v. 4 y el segundo en el v. 13. El capítulo 11 describe el juicio derramado sobre la tierra durante un período de 1260 días. Durante este tiempo, dos testigos con protección sobrenatural, anuncian el juicio de Dios. El ministerio de estos dos testigos, a pesar de todos los esfuerzos de la gente por matarlos, demuestra la posición del Señor como el «Dios de la tierra» (v. 4). Él está en control de todo lo que sucede. Posteriormente en el capítulo, Juan describe la fuente celestial de los juicios que afligen la tierra. Esto refuerza la verdad que el Señor es el «Dios del cielo» (v. 13).

REY DE LOS SANTOS

La mayoría de los nombres o títulos de Dios que aparecen en Apocalipsis, se encuentran en expresiones de alabanza ofrecidas por los ángeles y los creyentes. Esto es verdad en el 15.3, que dice: «Grandes y maravillosas son tus obras, Señor Dios Todopoderoso. Justos y verdaderos son tus caminos, Rey de los santos». Algunos manuscritos griegos, sin embargo, dicen: «Rey de las naciones» o «Rey de las edades». Sin considerar qué versión prefiramos, la verdad principal permanece clara. Dios es alabado porque sus juicios no eran solamente purificadores sino también llenos de gracia. Porque Dios ha actuado, las naciones, tanto como el pueblo de Dios, le adorarán.

> Grandes y maravillosas son tus obras,
> Señor Dios Todopoderoso;
> justos y verdaderos son tus caminos,
> Rey de los santos.
> ¿Quién no te temerá,
> oh Señor, y glorificará tu nombre?
> Pues solo tú eres santo;

por lo cual todas las naciones vendrán y te adorarán,
porque tus juicios se han manifestado.
> Apocalipsis 15.3,4

SEÑOR NUESTRO DIOS TODOPODEROSO

En un capítulo que describe el regreso triunfal de Cristo y la destrucción de los enemigos de Dios, el Padre es justamente llamado el «Señor Dios Todopoderoso» (Ap 19.6). Esto nos afirma que al final Dios el Padre reinará. Además, todos le reconocerán como el «Señor Dios Todopoderoso» (v. 6).

CAPÍTULO 8

NOMBRES Y TÍTULOS
DE JESUCRISTO

➤ ¿POR QUÉ EL NOMBRE «YO SOY» CASI HIZO QUE JESÚS FUERA APEDREADO? —148

➤ ¿CUÁL ES EL REINO DEL REY JESÚS HOY DÍA? —151

➤ JESÚS, EL HIJO DE DIOS —159

➤ ¿QUÉ PASAJES ENFATIZAN EN LA HUMANIDAD DE JESÚS? —162

➤ MINISTERIOS DE JESÚS, NUESTRO SUMO SACERDOTE —167

➤ ¿CUÁL ERA LA MISIÓN DE JESÚS COMO EL CRISTO? —175

➤ JESÚS COMO CABEZA, NO SÓLO DE LA IGLESIA —181

➤ EL CALVARIO COMO EL SACRIFICIO DE SANGRE DE JESÚS —185

➤ JESÚS COMO PROFETA —189

El NT contiene muchos nombres y títulos de Dios el Padre y del Espíritu Santo. Pero una rápida revisión de los nombres y títulos de Jesucristo, deja claro que Él es sin duda el centro de la revelación del NT. La descripción que los cuatro Evangelios hacen de su vida en la tierra, ocupan aproximadamente la mitad del NT. Y el NT da a Jesucristo ¡más de noventa nombres y títulos! A través de estos entendemos mucho mejor la deidad, humanidad y misión de Jesús como el único Salvador de la humanidad.

NOMBRES Y TÍTULOS QUE ENFATIZAN LA DEIDAD DE JESÚS

Ningún lector cuidadoso de los Evangelios puede decir que Jesús falló en identificarse como Dios, o que desde el principio los cristianos han creído firmemente en la absoluta deidad de Jesús como Dios encarnado. Esta doctrina es tan central para el cristianismo bíblico, que el apóstol Juan confiesa «que Jesucristo ha venido en carne» (1 Jn 4.2), la prueba objetiva central para distinguir a los verdaderos cristianos de los falsos profetas y maestros (vv. 3,15). Además, muchos de los nombres y títulos de Jesús usados en el NT enfatizan en su deidad.

TODOPODEROSO

«Todopoderoso» es un nombre descriptivo de Dios en el AT (véase la p. 33). Es también un nombre primario de Dios el Padre en Apocalipsis que enfatiza el poder del Señor ejercido en su triunfo final sobre el pecado y el mal. En 1.8, Jesús se identifica como el Todopoderoso, así como por un título llevado sólo por Cristo: «el Alfa y la Omega».

EL ALFA Y LA OMEGA

Este peculiar título aparece junto con «el Todopoderoso» en Apocalipsis 1.8. También se encuentra en dos pasajes, casi al final del Apocalipsis. En Apocalipsis 21.6, Dios el Padre, sentado en su trono, dice: «Yo soy el Alfa y la Omega, el principio y el fin». Luego, en 22.12,13, Cristo afirma:

He aquí yo vengo pronto, y mi galardón conmigo, para recompensar a cada uno según sea su obra. Yo soy el Alfa y la Omega, el principio y el fin, el primero y el último.

Es significativo que el título se usa para el Padre y para el Hijo intercambiablemente. Y veremos que en Apocalipsis 1.8 los otros títulos dados al Padre también se aplicarían al Hijo. Respecto a este versículo, el Zondervan NIV Bible Commentary (Vol II), dice lo siguiente:

De los muchos nombres de Dios que revelan su carácter y recuerdan sus obras, hay cuatro que se destacan en este versículo. (1) «Alfa y Omega», son la primera y la última letras del alfabeto griego. Su mención aquí es similar al «primero» y «último» en el v. 17, y más adelante se aclara por el «principio» y «fin» en 21.6 y 22.13. Sólo este libro se refiere a Dios como el «Alfa» y la «Omega». (2) Él es la fuente absoluta de toda la creación y de la historia, y nada hay fuera de Él. De manera que Él es el «Señor Dios» de todo. (3) Él es «el que es, que era y que ha de venir». 4) Él está continuamente presente con su pueblo como el «Todopoderoso» (lit. «el que tiene su mano sobre todo»).

La aplicación del título «Alfa y Omega», tanto para el Padre como para el Hijo, es evidencia incontrovertible de la absoluta deidad de Cristo.

AMÉN

Aunque la palabra «Amén» aparece frecuentemente en el NT, sólo en Apocalipsis 3.14 es una persona de la divinidad identificada como «el Amén». «Amén» es la transliteración de una palabra hebrea que se refiere a algo que es firme, confiable o verdadero. Los Evangelios comunican que Jesús frecuentemente presentó una enseñanza importante diciendo «amén, amén»; una frase que las versiones modernas traducen con frecuencia por «verdaderamente, verdaderamente».

Como «el Amén» (Ap 3.14), Jesús es el fundamento confiable sobre el que descansan las promesas de Jesús. Segunda de Corintios 1.20 dice respecto a Jesús: «Porque todas las promesas de Dios son en el Sí y en el Amén, por medio de nosotros para la gloria de Dios». Jesús no sólo confirma las promesas de Dios, sino que también asegura el cumplimiento de los planes del Padre.

BIENAVENTURADO Y SOLO SOBERANO

En 1 Timoteo 6.15, Pablo llama a Jesús «el bienaventurado y solo Soberano». La NVI lo traduce: «Al único y bendito Soberano».

La importancia del título «Soberano» se refleja en las frases que le siguen: «Rey de reyes y Señor de señores». Estas frases definitorias también se encuentran en Apocalipsis 4.14 y 19.16, y se asocian con el triunfo final de Cristo en su Segunda Venida. De esta manera, llamar a Jesús el «bienaventurado y solo Soberano» (1 Ti 6.15) es adscribirle la máxima autoridad y poder, algo que sólo corresponde a Dios.

ESTRELLA RESPLANDECIENTE DE LA MAÑANA

Jesús enuncia este inusual título descriptivo. En Apocalipsis 22.16 leemos: «Yo, Jesús, he enviado mi ángel para daros testimonio de estas cosas en las iglesias. Yo soy la raíz y el linaje de David, la estrella resplandeciente de la mañana».

Hay otros dos pasajes que también se refieren a la estrella de la mañana. En 2 Pedro 1.19 habla del día que amanece y de la estrella de la mañana que se levanta en el corazón de los creyentes. Y Apocalipsis 2.28 registra la promesa de Jesús de dar a los que vencieren «la estrella de la mañana».

Los comentaristas difieren en cuanto al significado de este título. La mayoría está de acuerdo que en los tiempos antiguos, la estrella de la mañana, Venus, era conocida como el heraldo del amanecer. Cuando aparecía, supuestamente anunciaba la llegada del día. Si esta es la idea detrás de la declaración de Jesús de ser «la estrella resplandeciente de la mañana» (22.16), entonces, tal vez estaba diciendo que anunciará en su Segunda Venida el amanecer del nuevo día de Dios.

Otros ven en el título una alusión a Números 24.17, que predice la aparición de un Rey que está destinado a regir y a derrotar a los enemigos de Israel. Otros todavía ven el concepto griego de las estrellas como regidoras del destino de la humanidad. Con relación a esto, ven el don de Cristo de la estrella de la mañana a los que vencieren como símbolo de su destino de participar con Jesús en el gobierno de la creación.

Cualquiera que sea la base para la analogía, el título «resplandeciente estrella de la mañana» (Ap 22.16) presenta a Jesús como el cumplimiento de los propósitos de Dios y el Gobernante de la eternidad.

RESPLANDOR DE SU GLORIA

Al llamar a Jesús «el resplandor de su gloria» (He 1.3), el escritor de Hebreos afirma que Jesús es a través de quien se irradia la gloria de Dios. El Manual Bíblico Ilustrado dice que «aquí hay una fuerte afirmación de la plena deidad de Jesús. Él es la fuente radiante de esa gloria que, en el AT, señala la misma presencia de Dios» (p. 742, en la versión en inglés).

«Gloria» es un término importante en el AT. Cuando se usa en referencia a los seres humanos indica algo impresionante o valioso. Y cuando se usa para Dios, el concepto de gloria está estrechamente conectado con su propia revelación. La New International Encyclopedia of Bible Words dice lo siguiente:

«Gloria» implica mucho más que una revelación de Dios de lo que Él es. Implica una invasión del universo, una expresión de la activa presencia de Dios entre su pueblo. Por lo tanto, el AT constantemente conecta el término «gloria» con la presencia de Dios entre

Israel (p.ej. Éx 29.43; Ez 43.4,5; Hag 2.3). La gloria de Dios es revelada al venir a estar con nosotros, su pueblo, y al mostrarse, por medio de sus acciones, en nuestro mundo.

Jesús, entonces, es el resplandor de la gloria de Dios, es tanto Dios presente con nosotros como Dios revelado a nosotros. Cristo es, sin duda, Dios.

AURORA

El título «Aurora» aparece sólo en Lucas 1.78. Este versículo es parte de un himno de alabanza expresado por Zacarías, el padre de Juan el Bautista. En él, Zacarías alaba a Dios porque Juan le servirá como profeta y dará el conocimiento de la salvación, «por la entrañable misericordia de nuestro Dios, con que nos visitó desde lo alto la aurora».

Muchos ven en esta expresión profética la descripción de Malaquías de un día futuro cuando Dios intervendrá activamente en la historia. Malaquías 4.2 habla de que «nacerá el Sol de justicia, y en sus alas traerá salvación». La imagen de un sol naciente también se encuentra en Sal 84.11, que dice: «Porque sol y escudo es Jehová Dios». Como la «Aurora» (Lc 1.78), Jesús no solamente cumple la profecía, sino que también es y tiene que ser el Señor el Dios del AT.

EMANUEL

¡Dios con nosotros! Mateo 1.23 cita la profecía de Isaías 7.14 sobre niño que nacería de una virgen y que este niño sería el Hijo de Dios. En su venida a la tierra, el Hijo es, en un sentido único, «Dios con nosotros». Véase el estudio de este nombre en la p. 97.

❖

TRASFONDO BÍBLICO:

ENCARNACIÓN

El concepto de la encarnación está contenido en el nombre «Emanuel». «Encarnación» significa «hacerse carne». Refleja la enseñanza de que, en Jesús, Dios tomó una verdadera naturaleza humana y se hizo hombre. He resumido esta importante doctrina en otro trabajo.

Esto fue difícil de entender aun para algunos cristianos primitivos. Y la idea ha sido ridiculizada por los escépticos antiguos y modernos. Sin embargo, está claramente enseñada en la Biblia y es básica para nuestra fe. En la persona de Jesucristo, Dios ha venido a nosotros en carne. Esta es la doctrina cristiana de la encarnación. Creemos que Dios perforó la barrera entre lo que se ve y lo que no se ve y, en uno de los milagros más grandes de la historia, Dios se hizo un verdadero ser humano.

La Biblia no intenta explicar esta realidad pero clara e insistentemente enseña sobre ella. El Evangelio de Juan comienza identificando a Jesús como el Verbo que «era con Dios, y el Verbo era Dios» (Jn 1.1). Este Verbo se hizo carne «y habitó entre nosotros ... lleno de gracia y de verdad» (Jn 1.1-14). El eternamente existente Verbo (Palabra), se hizo carne convirtiéndose en un verdadero ser humano, quien por unos pocos años vivió entre otros seres humanos en el planeta tierra.

Gálatas 4.4-5 recoge el tema de la preexistencia; esto es, que el que vino fue el Hijo con el Padre desde la eternidad. Este pasaje nos dice: «Pero cuando vino el cumplimiento del tiempo, Dios envió a su Hijo, nacido de mujer y nacido bajo la ley, para que redimiese a los que estaban bajo la ley, a fin de que recibiésemos la adopción de hijos».

Filipenses 2 es una de las expresiones bíblicas más claras y poderosas sobre la encarnación. Presenta a Jesucristo «el cual, siendo en forma de Dios, no estimó el ser igual a Dios como cosa a que aferrarse». Como ser humano, el Hijo de Dios «se humilló a sí mismo, haciéndose obediente hasta la muerte, y muerte de cruz». Ahora exaltado, Jesús ha recibido «un nombre que es sobre todo nombre» y oirá que «toda lengua confiese que Jesucristo es el Señor» (Fil 2.5-11).

Un cuarto pasaje se encuentra en Colosenses. Allí se describe a Jesús como la «(expresa) imagen (la exacta representación) del Dios invisible». «Porque en él fueron creadas todas las cosas, las que hay en los cielos y las que hay en la tierra, visibles e invisibles ... Y él es antes de todas las cosas, y todas las cosas en él subsisten ... por cuanto agradó al Padre que en él [Jesús] habitase toda plenitud» (Col 1.15-19). Fue a Jesús a quien Dios invistió de humanidad y quien es el agente de salvación. Por medio de Jesús, Dios decidió «reconciliar consigo todas las cosas ... haciendo la paz mediante la sangre de su cruz» (Col 1.20). Y el mismo pasaje hace énfasis en que la encarnación no es una mera ilusión. Dios nos ha reconciliado «en su cuerpo de carne, por medio de la muerte» (Col 1.22).

Dado que la Biblia enseña la encarnación, ¿por qué hacer de esto un motivo de discusión? ¿Por qué no ver la encarnación de Cristo como algo central para la fe cristiana? Simplemente porque mucho depende de eso.

Antes del primer siglo d.C., los filósofos perdieron la esperanza de alguna vez realmente conocer a Dios. Él era absolutamente «otro». Dios podía ser «quien quiera» o «lo que quiera», ya sea el «inmóvil movedor» de Aristóteles, o el «espíritu puro» del neoplatonismo. Se había removido tanto a Dios del universo de la humanidad que era inescrutable. Y entonces, en un oscuro y pequeño país, situado en los linderos del poderoso Imperio Romano, llegó este Dios inescrutable. No vino en majestad, sino como un niño. Vivió como un verdadero ser humano, no entre los agitadores políticos, sino entre la gente común. Y murió, no como una víctima sino como un Victorioso. Como Dios el Creador entró en su propio universo, el Dios escondido que la humanidad había perdido la esperanza de conocer estaba completamente develado. Y porque Dios actuó para libertar a la humanidad de la esclavitud del pecado, el Dios distante que la humanidad temía, fue descubierto para estar amorosamente cerca, invitándonos a cada uno de nosotros a conocerle verdaderamente en una relación personal íntima.

Esta es, por supuesto, la verdadera razón para la encarnación. La ruina del pecado había devastado a toda nuestra raza, alejándonos de Dios y distorsionando nuestra perspectiva de que éramos en realidad «enemigos en nuestra mente haciendo malas obras» (Col 1.21). Sólo la intervención personal de Dios podía tratar finalmente con el pecado, revelar todo su amor por nosotros y transformarnos de enemigos en hijos. Nadie podía hacer por nosotros lo que hizo Jesús y por eso Él tuvo que venir, movido por la necesidad impuesta por el profundo amor de Dios.

Sí, los cristianos creemos en la encarnación. Creemos que Dios nos amó tanto que entró en el universo y tomó una naturaleza humana. Creemos que nos amó tanto que vivió entre nosotros y murió por nosotros. Y porque creemos, reconocemos a Jesús de Nazaret como absolutamente Dios, y le adoramos.

The Zondervan Dictionary of Christian Literacy, pp. 207-209.

LA IMAGEN MISMA DE SU SUSTANCIA [DE DIOS]

Este título descriptivo de Jesús se encuentra en Hebreos 1.3, y es particularmente importante. En nuestro día, una «imagen» sugiere la copia de la cosa real. Pero esta noción no aplica a la frase griega traducida «imagen misma » (otras versiones la traducen como «exacta representación»). La Bible Reader's Companion explica: «La frase "la exacta representación de su ser" es el charackter. En el primer siglo, esto indicaba la impresión de un cuño, como la impresión en las monedas. Jesús "tiene el sello" de la misma divina naturaleza» (p. 855, en la versión en inglés). Esta frase, entonces, indica una identidad con Dios tan completa que Cristo representa perfectamente lo que el Padre es.

FIEL Y VERDADERO

La frase aparece como nombre o título sólo en Apocalipsis 19.11. Se encuentra en una vívida descripción del retorno de Jesús como Conquistador y Juez. Los versículos 11-16 son tan poderosos y presentan de manera tan clara a Jesús como Dios, que son dignos de citarse aquí:

Entonces vi el cielo abierto; y he aquí un caballo blanco, y el que lo montaba se llamaba Fiel y Verdadero, y con su justicia juzga y pelea. Sus ojos eran como llama de fuego, y había en su cabeza muchas diademas; y tenía un nombre escrito que ninguno conocía sino él mismo. Estaba vestido de una ropa teñida de sangre; y su nombre es EL VERBO DE DIOS. Y los ejércitos celestiales, vestidos de lino finísimo, blando y limpio, le seguían en caballos blancos. De su boca sale una espada aguda, para herir con ella a las naciones, y él las regirá con vara de hierro; y él pisa el lagar del vino del furor y de la ira del Dios Todopoderoso. Y en su vestidura y en su muslo tiene escrito este nombre: REY DE REYES Y SEÑOR DE SEÑORES.

Después de leer este pasaje de las Escrituras, no puede haber duda de que el Jesús que aquí se presenta es Dios.

PRIMOGÉNITO

En el NT, el título «primogénito» (del griego protokos) aparece nueve veces. Dos veces se refiere a Jesús de una manera literal. Lucas 2.7 dice que Jesús fue el «primogénito» de María. María y José ofrecieron el sacrificio del templo requerido por cada primogénito varón nacido a una pareja (v. 23). Hay una referencia histórica a la liberación de Dios del primogénito de los israelitas durante el período del Éxodo (He 1.6).

En la mayoría de los casos, sin embargo, el título «primogénito» es usado por Jesús en un sentido teológico técnico que tiene sus raíces en el AT. Algunas sectas, ignorando las raíces bíblicas, enseñan que llamar a Jesús «primogénito» implica que más que ser completamente Dios, el Hijo fue una creación del Padre. Esta concepción equivocada del término como es usado en el NT, es claramente refutada por los muchos pasajes, nombres y títulos de Jesús que claramente enseñan que el Hijo es y siempre fue Dios.

En el AT, «primogénito» traduce el término hebreo bakar, una palabra que literalmente significa «ser nacido primero». Es importante entender el papel del hijo primogénito en una familia hebrea. El primogénito recibía una doble porción de los bienes de la familia (Dt 21.17), y tenía el derecho de recibir una bendición especial de su padre (Gn 27). La bendición que el primogénito recibía incluía el liderazgo de la familia y el derecho a los activos intangibles de la familia. En el caso de Isaac y Jacob, los activos intangibles eran las promesas del pacto de Dios que pasaban a ellos desde Abraham, y a través de ellos a sus descendientes. El primogénito, entonces, era la cabeza de la familia a través de la que se canalizaban las bendiciones materiales y espirituales.

Con esto en mente, podemos ver la importancia teológica del título «primogénito» dada a Jesús. Como «el primogénito entre muchos hermanos» (Ro 8.29), Jesús es a través de quien vamos a ser bendecidos con una transformación interior que a la postre nos hace espiritualmente como Él. Como el «primogénito de toda creación» (Col 1.15), Jesús está en control del universo. Y como «el primogénito de entre los muertos» (Col 1.18; Ap 1.5) Jesús es Aquel a través de quien la bendición de resucitar se transmite a su cuerpo espiritual, la Iglesia.

El título «primogénito» lejos de subordinar a Jesús, lo exalta, «que en todo tenga la preeminencia» (Col 1.18), «el soberano de los reyes de la tierra» (Ap 1.5).

SEÑOR DE GLORIA

Este título, que se encuentra en 1 Co 2.8, refleja un modismo hebreo y puede parafrasearse «glorioso Señor». El concepto de la gloria de Dios se trata en la p. 143, bajo el título «Resplandor de su gloria».

DIOS

En los Evangelios, los Hechos y las Epístolas, las referencias a Dios (theos) son típicamente a Dios el Padre (véase p. 145). De esta manera, los escritores del NT mantenían una distinción entre las tres Personas de la Trinidad: Padre, Hijo y Espíritu Santo. Se refieren a Jesús como «Jesús», «Cristo», «Jesucristo», el «Señor Jesucristo» y el «Hijo de Dios».

Esta afirmación, sin embargo, no significa de ninguna manera que Jesús sea visto en el NT como menor a Dios. Durante su vida en la tierra, los enemigos de Jesús entendieron sin lugar a dudas que Él reclamaba igualdad con el Padre como Dios (Jn 5.18; 8.57-59), y trataron de asesinarlo por blasfemia. Una de las afirmaciones más fuertes de la deidad de Jesús se encuentra en el prólogo al Evangelio de Juan, donde el apóstol identifica a Jesús como el Verbo y el Verbo como Dios (1.1,2,18; véase también el artículo sobre el título de Jesús como Verbo, en la p. 160).

Otros pasajes del NT también enfatizan

en la preexistencia y deidad de Jesús. En Col 1.19, Pablo escribe que «en él [Jesús] habitase toda plenitud [de la deidad]». Tal vez la expresión más clara de que Jesús es Dios, se encuentra en Filipenses 2.6-10. Allí el apóstol traza la entrada de Cristo en la raza humana, que involucró la renuncia temporal a todas las prerrogativas (aunque no a la realidad) de la deidad para que Él pudiera sufrir y morir por nosotros.

> El cual [Jesús], siendo en forma de Dios, no estimó el ser igual a Dios como cosa a qué aferrarse, sino que se despojó de sí mismo, tomando forma de siervo, hecho semejante a los hombres; y estando en la condición de hombre, se humilló a sí mismo, haciéndose obediente hasta la muerte, y muerte de cruz. Por lo cual Dios también le exaltó hasta lo sumo, y le dio un nombre que es sobre todo nombre, para que en el nombre de Jesús se doble toda rodilla de los que están en los cielos, y en la tierra, y debajo de la tierra; y toda lengua confiese que Jesucristo es el Señor, para gloria de Dios Padre.

Aunque como Dios, el Hijo Jesús está más alto que los ángeles, en la encarnación Él «fue hecho poco menor que los ángeles» para que pudiera elevarnos a Dios.

Hay muchos otros pasajes que hacen énfasis en la deidad de Jesús. Por ejemplo, el escritor de Hebreos dedica su primer capítulo para demostrar que, como Dios, Jesús es más alto que los ángeles, aun cuando «fue hecho un poco menor que los ángeles ... a causa del padecimiento de la muerte» (2.9).

En realidad, después de demostrar desde el AT que Cristo debe en verdad ser Dios, el escritor argumenta que es totalmente apropiado que «por cuanto los hijos participaron de carne y sangre, él también participó de lo mismo, para destruir por medio de la muerte al que tenía el imperio de la muerte».

De esta manera, aunque la mayoría de las referencias a «Dios» en el NT son para el Padre, queda claro que Jesús también siempre ha sido Dios.

HEREDERO DE TODO

Este título se presenta en Hebreos 1.2. El pronunciamiento del Hijo de Dios como «heredero de todo», es hecho por el mismo Dios. La palabra hebrea a la que se remite este título es yaras, que significa «tomar posesión» o «heredar». El énfasis en el AT es sobre el derecho de heredar o poseer lo que pertenece al Padre. Por medio de la fe en Jesús, nos convertimos en hijos espirituales de Dios y herederos de sus promesas eternas (Gá 4.7; Ro 4.13). Pero sólo Jesús ha sido designado por el Padre como «heredero de todo» (He 1.2), porque a través de Jesús, Dios también hizo el universo.

SANTO DE DIOS

El AT habla de Dios como el «Santo de Israel» (véase p. 49). «Santo» es también el nombre de Dios el Padre en el NT (véase la p.

132). Pero el título «Santo» también se aplica al Mesías en el AT (véase p. 105). No debe sorprendernos entonces encontrar este título aplicado a Jesús en los Evangelios.

Lo que puede ser sorprendente es que en Marcos 1.24 y Lucas 4.34, este título fue pronunciado por los demonios que reconocieron a Jesús y fueron reprendidos por Él. Ellos sintieron su naturaleza divina, oculta por su carne ante los ojos de sus contemporáneos. Marcos 1.23-25 ilustra:

> Pero había en la sinagoga de ellos un hombre con espíritu inmundo, que dio voces, diciendo: ¡Ah! ¿qué tienes con nosotros, Jesús nazareno? ¿Has venido para destruirnos? Sé quién eres, el Santo de Dios. Pero Jesús le reprendió diciendo: ¡Cállate y sal de él! Y el espíritu inmundo, sacudiéndole con violencia, y clamando a gran voz, salió de él.

No solamente que los demonios reconocieron a Jesús como el Santo de Dios, sino que también Cristo demostró su poder sobre estos siervos de Satanás echándolos fuera de aquellos a quienes poseían.

Juan 6.69 es otro pasaje donde el título «Santo de Dios» aparece en unos pocos manuscritos griegos. (Esta traducción aparece en la NVI). Aquí encontramos un registro de la confesión de fe de los discípulos de Jesús. Ellos también penetraron el velo de la humanidad de Cristo, y usando el título «Santo de Dios» en el sentido del AT de designar al Mesías prometido, los discípulos reconocieron a Jesús como el cumplimiento de la promesa de Dios de venir a vivir entre la humanidad, primero para salvarnos y finalmente para gobernarnos.

YO SOY

«Yo Soy» es la traducción tradicional de cuatro consonantes que componen el nombre personal de Dios del AT, Yahveh. Esos nombres, los más importantes del AT, se estudian ampliamente en el capítulo 2 de este libro.

Jesús se llamó a sí mismo el «YO SOY» (Jn

8.58). En ese tiempo fue atacado por un grupo de escribas y fariseos enojados, líderes religiosos cuya autoridad Jesús había socavado con sus enseñanzas. Estos líderes debatían disgustados la pretensión de Cristo de representar a Dios en la tierra, y ridiculizaban su oferta de libertar a los que creyeran en Él. Los escribas y fariseos insistían que, como descendientes de Abraham, eran libres y nunca habían estado en esclavitud. Ellos hicieron esta declaración a pesar de que Roma dominaba a Judá.

Jesús, sin embargo, hablaba de la libertad espiritual y de la esclavitud del pecado. Sin embargo, los líderes religiosos seguían insistiendo que ellos eran de la descendencia de Abraham y por lo tanto de la familia de Dios. Jesús rechazó su pretensión. Si ellos hubieran sido del linaje de Abraham, hubieran procedido como lo hizo Abraham cuando Dios le habló. Al rechazar a Jesús como el Mesías, los líderes de Israel mostraron que estaban relacionados espiritualmente con Satanás. Jesús continuó diciendo que Abraham había mirado hacia adelante, hacia el día del Mesías, con regocijo. Los líderes religiosos se mofaron ante esta declaración diciendo: «Aún no tienes cincuenta años, ¿y has visto a Abraham?»

En respuesta, Jesús hizo una afirmación que los que le escuchaban entendieron claramente que era una declaración de su deidad:

> De cierto, de cierto, os digo: Antes que Abraham fuese, yo soy. Tomaron entonces piedras para arrojárselas; pero Jesús se escondió y salió del templo; y atravesando por en medio de ellos se fue.
>
> vv. 58,59

Al hacer esta declaración, Jesús se identificó a sí mismo como Yahveh, el Dios del AT que había hablado a Moisés (Éx 3.14), y quien durante toda la historia de los israelitas ha sido el centro de la revelación misma.

JUEZ

En 2 Ti 4.8 a Jesús se le da el título de

Los anuncios públicos se hacían en el «tribunal» (bema) en Corinto.

«juez». De hecho, Pablo llama a Cristo «el juez justo» y espera el momento cuando Cristo, como juez, lo premiará por haber «peleado la buena batalla» y «por guardar la fe» (v. 7).

A pesar de que sólo se usa una vez, no hay duda que el título «juez» pertenece con todo derecho a Cristo. Jesús afirmó que Dios había dado al Hijo «autoridad de hacer juicio, por cuanto es el Hijo del Hombre» (Jn 5.27). Todo lo que se dice sobre Dios como juez es también verdad de Cristo, en cuyas manos han sido colocadas las obras de juicio como de salvación. Véanse también los comentarios sobre «Juez de toda la Tierra» (p. 134) y «Legislador» (p. 64).

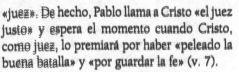

TRASFONDO BÍBLICO:
EL DÍA DEL JUICIO

Las palabras en griego en el NT traducidas por «juez» o «juicio» significan «evaluar» o «distinguir». A veces estas palabras se usan en el sentido legal, presentando a Dios como un juez sentado en el estrado y la humanidad como los criminales frente al tribunal.

Los cristianos creemos que Dios es el único calificado para juzgarnos pues sólo Él puede evaluar bien nuestras acciones y confiamos que su juicio es justo. Pero también creemos que Dios ha llegado ya a su veredicto. La Biblia revela no sólo los patrones por los que Dios evalúa, sino también las conclusiones a las que ha llegado. Dicho de manera más clara, la evaluación de Dios es que «no hay justo ni aun uno» (Ro 3.10), «por cuanto todos pecaron y están destituidos de la gloria de Dios» (v. 23).

Todo lo que resta es que estas conclusiones se expresen en un juicio que los cristianos estamos convencidos nos espera adelante. Pablo habló del juicio futuro a los burlones escépticos de Atenas: «[Dios] ha establecido un día en el cual juzgará al mundo con justicia, por aquel varón a quien designó» (Hch 17.31). A Jesús, quien vivió la única vida perfecta de la historia, se le ha concedido la autoridad para juzgar (Jn 5.22,27), y su veredicto ya ha sido anunciado. El mundo «ya ha sido condenado» (3.18). Cuando venga el día del juicio, todos los que se encuentren frente al tribunal divino para ser evaluados por lo que hayan hecho, serán arrojados en lo que la Biblia llama «el lago de fuego» (Ap 20.15).

Los cristianos toman esta revelación de los fracasos humanos como uno de los más grandes regalos de Dios. ¿Por qué? Porque Dios ha anunciado su juicio y nuestra sentencia mucho tiempo antes de que sea ejecutada. Según 2 Pedro 3.9, la ejecución ha sido pospuesta por la bondad y la tolerancia de Dios para dar a los seres humanos una oportunidad de arrepentirse y creer. Hasta que venga el día del juicio, los seres humanos están invitados a reconocer su pecado y a volverse a Cristo en fe, para el perdón. Para aquellos que creen en Jesús no hay condenación, porque Él ya llevó nuestro castigo y nos ofrece vida eterna en Él (Jn 5.21-30).

Viene un día del juicio, pero para los cristianos, el día del juicio es pasado. El día del juicio pasó hace más de dos mil años cuando el Hijo de Dios murió por nuestros pecados en el Calvario. Lo que nos espera ahora es vida, una eternidad con nuestro Redentor y Señor.

EL JUSTO

En Apocalipsis 15.3,4, Juan oye al cielo reverberar en alabanza a Dios y al Cordero. En el «cántico de Moisés ... y el cántico del Cordero», Dios no sólo recibe alabanzas por sus grandes y maravillosas obras, sino también por ser «justo y verdadero» en sus caminos. Cuando nos damos cuenta que la justicia es una característica fundamental de Dios, no debe ser sorpresa descubrir que Jesús es también llamado el «Justo».

En el que con probabilidad es el primer sermón evangelístico predicado después de la resurrección de Jesús, Pedro acusó a los que le escuchaban de negar «al Santo y al Justo» (Hch 3.14). Esteban también usó este título en su poderosa condenación a los líderes religiosos judíos, por lo que fue apedreado hasta morir. Esteban exclamó: «¿A cuál de los profetas no persiguieron vuestros padres? Y mataron a los que anunciaron de antemano la

venida del Justo, de quien vosotros ahora habéis sido entregadores y matadores» (7.52).

Es casi como si Pedro y Esteban escogieran el título «Justo» para destacar el contraste entre la vida que Jesús vivió y la injusticia perpetrada contra Él por su propio pueblo.

En la primera epístola de Juan, él asegura a los creyentes a quienes escribe que cuando ellos pecan, tienen un Abogado ante el Padre, «a Jesucristo, el justo» (1 Jn 2.1). El concepto de justicia se aplica igualmente a la obra salvadora de Dios al perdonar los pecados de los creyentes y castigar a los pecadores. La New International Encyclopedia of Bible Words examina ambos aspectos de la justicia divina.

Romanos 3 desarrolla el primer tema. Porque todos hemos pecado, debemos ser redimidos. La salvación es gratuita, es un don de gracia, mediante «la redención que es en Cristo Jesús». Pablo explica que «Dios puso como propiciación por medio de la fe en su sangre, para manifestar su justicia, a causa de haber pasado por alto, en su paciencia, los pecados pasados, con la mira de manifestar en este tiempo su justicia, a fin de que él sea el justo, y el que justifica al que es de la fe de Jesús» (Ro 3.25,26).

El señalamiento de Pablo es que Dios, como gobernante del universo, está moralmente obligado a condenar la culpa. Puesto que todos han pecado, Dios podría recibir críticas por no condenar a los santos del AT. La muerte de Cristo ha demostrado finalmente que hay una base sobre la que Dios, como juez, podría en una forma válida dejar a los pecados sin castigo. Y el sacrificio voluntario de Jesús provee esa base sobre la que Dios puede ser justo y ofrecer salvación a la humanidad. Gracias a la cruz, Dios puede permanecer fiel a su compromiso moral con lo que es justo y aún así absolver a los pecadores (1 Jn 1.9).

El segundo tema se encuentra en algunos pasajes del NT. Dios no es injusto al castigar a los pecadores. En 2 Tesalonicenses, Pablo describe gráficamente el destino de los que «no conocieron a Dios, ni obedecen al evangelio de nuestro Señor Jesucristo» (1.8). Cuando Cristo regrese, serán castigados eternamente. Pablo afirma que «es justo delante de Dios pagar con tribulación a los que os atribulan, ⁷y a vosotros que sois atribulados, daros reposo con nosotros» (1.6,7). El énfasis en el justo castigo también se ve en otros lugares del NT (Ro 3.5,6; 9.14, He 2.2; Ap 15—16).

Es importante notar que en estos pasajes bíblicos Dios no se defiende ni trata de explicar sus acciones. Después de todo, Dios es el estándar de moralidad del universo. Los seres humanos pueden resistir y desafiar la «humanidad» de las decisiones de Dios. Pero Dios mismo es la medida de su justicia. Así, la Biblia simplemente afirma que Dios es justo. Tanto en la salvación como en la condenación, las acciones de Dios están en completa armonía con su carácter justo (pp. 371-372, en inglés).

¿Qué significa, entonces, dar a Jesús el título de Justo? La mejor respuesta es que en Él, ambos aspectos de la justicia divina encuentran su más plena expresión. En Jesús, el amor perdonador de Dios ha sido derramado de tal manera que puede mostrar su gracia a los pecadores. Y en el regreso de Jesús a la tierra desde el cielo, Él será quien ejecutará el juicio de Dios sobre los que no respondieron en obediencia a su revelación.

REY

Como descendiente de David, Jesús estaba cualificado para ocupar el trono de Israel. Cumplir con este requisito era una característica primaria del Mesías prometido del AT (Mt 1.1—2.6). En los Evangelios, el título «Rey» se aplica a menudo a Jesús al final de su vida terrenal. Fue Pilato, como romano e incrédulo, el que insistió en que debía ponerse un rótulo sobre Jesús cuando colgaba de la cruz, para proclamar que era «REY DE LOS JUDÍOS» (Mt 27.37; Mr 15.26; Lc 23.38; Jn 19.19).

Cuando Jesús regrese, será reconocido como el final gobernante, el «Señor de seño-

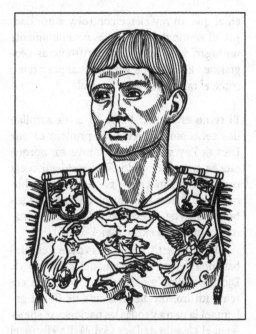

El «reino» de Augusto era el mundo romano dondequiera que se reconocía su autoridad.

❖

res y Rey de reyes» (Ap 17.14). Sin embargo, para entender lo que significa ahora reconocer a Jesús como nuestro Rey, necesitamos entender más de lo que significaba el término en el siglo I d.C.

El significado del reino. Hoy día pensamos en un reino como un distrito geográfico con fronteras nacionales. Un «rey» es una persona que rige un reino. Pero en los tiempos bíblicos, un reino no era tanto una tierra, sino más bien la esfera de autoridad de la que disfrutaba un gobernante. Y esta autoridad no necesitaba tener fronteras geográficas.

Aunque el reino del emperador romano Augusto se extendía por todo el imperio, la autoridad de, por ejemplo, el rey de Frigia, era reconocida aun por los friginianos que vivían en el Imperio Romano. Igualmente ahora, reconocemos la autoridad del gobierno del país donde vivimos pero como ciudadanos del Reino de Jesús, reconocemos la autoridad de Cristo como suprema.

En el NT, también, un reino es un campo

en el que un rey ejerce control y autoridad. Así, el «reino de Dios» no es necesariamente un lugar, y no necesita tener fronteras geográficas. El Reino de Dios es cualquier reino sobre el que Dios ejerce control.

El reino en el AT. En el AT se desarrollan dos conceptos de reino. El primero es que Dios es Rey sobre todo el universo, porque está en control de todo. Sin considerar si ese control es reconocido o no por los seres humanos, la influencia controladora de Dios sobre el curso de los eventos y de la vida humana, sin embargo existe (Dn 4.34,35).

Por supuesto, los profetas del AT esperaban una futura expresión del gobierno de Dios que fuera visible e inequívoca. En ese reino futuro, un descendiente de David gobernará la tierra y todas las naciones se someterán al Ungido de Dios (Sal 2). En efecto, el AT de manera uniforme y constante espera un día cuando la tierra será gobernada por el Mesías, y «el reino será del Señor» (Abd 21). Es sobre este reino que Jesús regirá como **Rey de reyes y Señor de señores**, al final de la historia (Ap 19.16).

El reino en el NT. El NT asume ambos aspectos del Reino de Dios expresados en el AT. En verdad, después de su resurrección, los discípulos de Jesús le preguntaron si este era el tiempo cuando «restauraría el reino a Israel» (Hch 1.6). Jesús respondió: «No os toca a vosotros saber los tiempos y las sazones que el Padre puso en su sola potestad» (v. 7). El reino que los profetas previeron, será establecido cuando Cristo regrese. Pero hasta entonces, Dios ejercerá su gobierno de una manera totalmente inesperada. En otras palabras, ¡emergerá una forma de gobierno no revelada en el A.T!

Esa forma del Reino de Dios es una escondida en la que los creyentes reconocen a Cristo como rey y se someten a su voluntad. Mientras tanto, los incrédulos a nuestro alrededor están ciegos a la realidad de este reino. La estructura del reino escondido de Cristo se revela en los Evangelios, y la manera cómo vamos a vivir como ciudadanos del Reino de Jesús se desarrolla en las Epístolas.

El presente reino de Jesús en los Evangelios. El Sermón del Monte (Mt 5—7) se entiende mejor como la afirmación de Jesús de cómo la gente de cualquier edad vive cuando reconoce la soberanía de Dios y se abandona a su voluntad. La New International Encyclopedia of Bible Words, presenta el siguiente resumen:

> Las bienaventuranzas describen los valores de una persona viviendo un estilo de vida del reino (Mt 5.3-12). Jesús entonces da una serie de ilustraciones, mostrando cómo los valores interiores encuentran expresión en ese estilo de vida (5.17-42). Como rey, Jesús obra para transformar el carácter de sus súbditos. Jesús, en su Reino presente, está trabajando en nuestro ser interior para cambiar nuestra conducta exterior. Jesús continúa mostrando cómo podemos experimentar este poder transformador. Nos concentramos en nuestra relación «en secreto» con el Señor, no en la piedad visible (6.1-18). Damos prioridad a buscar el Reino de Dios y su justicia, y confiamos en nuestro Padre para suplir nuestras necesidades materiales (6.19-33). Nos relacionamos con otros ciudadanos del Reino como hermanos y hermanas, y rechazamos toda pretensión de un derecho para juzgarlos o controlarlos (Mt 7.1-14). En vez de confiar en líderes humanos, confiamos en las simples palabras de Jesús y nos sometemos a obedecerle (p. 380, en inglés).

El reino, como se describe en los Evangelios, es un reino escondido, cuya existencia no es visible para los que rehúsan creer. Pero para los que se someten a Jesús como Rey y gustosamente le obedecen, el presente Reino de Dios es real.

Mateo 13 presenta una serie de parábolas sobre el Reino. Estas parábolas contrastan la presente forma de gobierno de Jesús con la

TRASFONDO BÍBLICO:

Parábolas sobre el Reino en Mateo 13	Forma esperada según lo profetizado	Forma inesperada para la época del Nuevo Testamento
1. Sembrador, vv. 3-9, 18-23	El Mesías recupera a Israel y las demás naciones	Las personas responden de forma distinta al evangelio
2. Trigo y la cizaña, vv. 24-30, 36-43	Los ciudadanos del Reino gobiernan con el Rey	Los ciudadanos viven entre la gente del mundo hasta el tiempo de la cosecha
3. Semilla de mostaza, vv. 31,32	Se inicia el Reino con poder y gloria	El Reino parece insignificante al principio. Su grandeza es una sorpresa
4. Levadura, v. 33	Sólo los justos entran al Reino	Se implanta el Reino en los pecadores y crece en ellos para llenar la personalidad con rectitud
5. Tesoro escondido, v. 44	El Reino es público y para todos	El Reino está escondido, para búsqueda individual
6. Perla de gran precio, vv. 45, 46	El Reino le ofrece todas las cosas de valor a sus ciudadanos	El Reino nos llama a rendir todo lo que consideramos de valor

forma de gobierno descrita en el AT y esperada por los judíos del primer siglo.

El presente reino de Jesús en las Epístolas. Pablo nos dice que por Cristo, los creyentes han sido liberados «de la potestad de las tinieblas, y trasladado al reino de su amado Hijo» (Col 1.13). Como ciudadanos del presente Reino de Jesús (1 Co 15.50; Gá 5.21; Ef 5.5; Stg 2.5), reconocemos a Jesús como nuestro Rey. Al hacer su voluntad aquí en la tierra, no sólo nos convertimos en la viva ex-presión del presente Reino de Dios, sino que también nos colocamos bajo la soberanía del Rey Jesús, quien controla cada circunstancia de nuestra vida. Y porque el Rey Jesús está presente dentro de los suyos, el sin igual poder de Dios puede hallar expresión sobrenatural a través de nuestra vida.

LUZ

Anteriormente exploramos el significado del título «luz» según se aplica a Dios el Padre en 1 Juan (véase la p. 135). Es aun más significativo que a Cristo se le llama «la luz del mundo» (Jn 8.12) y que en la Biblia hay muchas otras referencias a Él como la «luz».

La luz y las tinieblas son metáforas naturales que se encuentran en todos los idiomas y culturas. En el AT, la luz se relacionaba con salvación (Sal 27.1), con revelación divina (43.3; 119.130) y con la presencia de Dios (89.15). El pueblo de Dios debe caminar en la «luz del Señor» (Is 2.5) y permanecer fiel en su sometimiento a Él.

En el NT, las referencias a Jesús como «luz», primeramente tienen que ver con iluminación: «Yo soy la luz del mundo» (Jn 8.12). También declaró: «El que me sigue no andará en tinieblas, sino que tendrá la luz de la vida». Los que no confíen en Jesús tropezarán en las tinieblas pues sólo Él puede proveer perspectiva sobre la realidad y vida (3.16-21). Los que responden por fe a las buenas nuevas de Jesús son liberados de las tinieblas para ser hijos de luz (Ef 5.8; Col 1.12). Y se convierten en luces para la gente del mundo (Mt 5.1-6).

Varios pasajes claves en el Evangelio de Juan demuestran la importancia del título de Cristo como «luz del mundo» (8.12).

Juan 1.4-9. Jesús es la verdadera luz. Cuando entró en el mundo, reveló la realidad a todos los seres humanos, capacitándolos para ver lo que no había sido claro antes de su venida. En el mensaje del evangelio, la luz de Jesús continúa resplandeciendo en nuestro mundo entenebrecido por el pecado, revelando una vida eterna que existe más allá de nuestros mezquinos años en la tierra.

Juan 3.19-21. La venida de Jesús derramó una luz brillante que reveló las profundidades del amor de Dios hacia el hombre. La reacción de la humanidad hacia ese amor demuestra la realidad de nuestro alejamiento de Dios por causa del pecado. Antes que dar la bienvenida a la luz que Jesús derrama, la mayoría de las personas se hunden más y más profundamente en las tinieblas espirituales.

El v. 19 dice: «Y esta es la condenación: que la luz vino al mundo, y los hombres amaron más las tinieblas que la luz, porque sus obras eran malas».

Juan 8.12. Sólo siguiendo a Jesús, la luz del mundo, las personas pueden ser libres de las tinieblas del pecado y recibir vida eterna. Como la luz del mundo, Jesús ilumina la realidad del pecado de la humanidad y revela la profundidad del amor de Dios. Solamente en la luz de Jesús podemos encontrar salvación.

VIDA

Jesús dijo a sus discípulos: «Yo soy el camino, la verdad y la vida. Nadie viene al Padre sino por mí» (Jn 14.6). A través de toda la Biblia se contrasta la «vida» con la «muerte». Ambas se usan como metáforas poderosas para las realidades espirituales. Aunque la Biblia presenta al pecado humano como la fuente de la muerte biológica y espiritual, Dios es la fuente y el dador de nuestra vida aquí en la tierra, de vida espiritual y vida eterna. Tanto el Padre como el Hijo, «tienen vida» en sí mismos (5.26). De manera que ellos son la fuente de todos los aspectos de la vida.

Varios pasajes claves del NT presentan el tema de la vida relacionada a Jesús.

- Juan 3.15-26. La persona que confía en Jesús recibe vida eterna. En contraste, quienes lo rechazan reciben eterna condenación.

- Juan 5.21-26. Jesús tiene «vida en sí mismo» (v. 26). Él es quien posee todo aspecto de la vida, desde lo biológico hasta lo eterno.

- Juan 6.27-29. Jesús bajó del cielo para traer el don de la vida eterna a la humanidad.

- Juan 10.10-28. Como el Buen Pastor, Jesús dio su vida para poner la vida eterna al alcance de sus discípulos.

- Juan 11.1-44. Jesús es la «resurrección

y la vida» (v. 25). Su poder sobre la muerte se demuestra al devolver la vida a Lázaro. Él mismo es la promesa de resurrección y vida sin fin a los que creen en él.

Como la vida, Jesús es el único antídoto para el pecado. Él es también la única esperanza para librarnos de la sentencia de muerte eterna que pesaba sobre nosotros, por causa de nuestro pecado. Porque Jesús verdaderamente es vida y dador de vida, nuestra esperanza en verdad es real.

TRASFONDO BÍBLICO:
LA PERSPECTIVA SOBRE LA VIDA EN EL NUEVO TESTAMENTO

En el NT, el enfoque pasa de nuestra vida biológica a nuestra vida espiritual. Ahora, también la muerte es vista en su aspecto como separación de Dios, como el ser cortado de la fuente de la vida y del ser.

Hay varias palabras en el idioma griego para vida. *Bios* enfoca lo externo: el estilo de vida de una persona, su riqueza y posesiones. Esta palabra se usa rara vez en el NT, y cuando se hace, tiene una connotación negativa (Lc 8.14; 1 Jn 2.16). *Psuche* se usa para la vida consciente, y a menudo significa la persona interior o la personalidad. Jesús dio su vida (su mismo ser) como rescate para nosotros (Mt 20.28). Y Jesús advierte que para salvar la vida (*psuche*, lo interior, el ser), una persona tiene que rendirse ante el Señor. Sólo cuando nos rendimos a Jesús, podemos alcanzar todo nuestro potencial y convertirnos en las personas que podemos ser.

La tercera palabra griega es *zoe*, y en el NT es un término teológico. Lleva nuestra visión de esta tierra a la vida que se extiende más allá del tiempo y la eternidad. Esta es la palabra distintiva con la que los cristianos estamos más preocupados, a medida que ex-

ploramos lo que la Biblia enseña sobre la vida y la muerte espirituales.

En el NT, esta vida se contrasta con la muerte. Adán y Eva pecaron y trajeron a nuestra raza muerte, separación de Dios y corrupción de las capacidades y poderes humanos. Con esa maldición vino la muerte biológica también. Pero Jesús nos trae vida en todo el sentido del término. Él restaura nuestra relación con Dios, nos hace libres para hallar realización y finalmente nos librará de la corruptibilidad a través de una resurrección gloriosa. Como dijo Jesús: «De cierto, de cierto os digo: el que oye mi palabra y cree al que me envió, tiene vida eterna; y no vendrá a condenación, más ha pasado de muerte a vida. De cierto, de cierto os digo: Viene la hora, y ahora es, cuando los muertos oirán la voz del Hijo de Dios; y los que la oyeren vivirán. Porque como el Padre tiene vida en sí mismo, así también ha dado al Hijo el tener vida en sí mismo» (Jn 5.24-26). La relación con Jesús libera la vitalidad de una vida espiritual nueva, que la Biblia llama eterna.

La visión de la Biblia de vida eterna contiene una promesa de una existencia personal sin fin de compañerismo con Dios. Los cristianos agonizantes pueden enfrentar a la muerte con la seguridad de que su fin biológico es nada menos que un nuevo comienzo. Adelante está la resurrección, cuando se cumpla la promesa de que «sorbida es la muerte en victoria» (1 Co 15.53-55).

Pero la vida eterna significa aun más que eso para nosotros. El don de Dios de vida en Cristo, significa que «lo viejo se ha ido, lo nuevo ha venido». Podemos experimentar realización por ser lo que la humanidad creada originalmente tenía que ser: criaturas que glorifican a Dios y disfrutan de Él ahora y para siempre.

The Zondervan Dictionary of Christian Literacy (pp.242,243)

Tomás se convenció de que Jesús es el Señor cuando Cristo le mostró
las huellas de los clavos en sus manos.

SEÑOR

El sustantivo griego *kyrios* es muy a menudo traducido «Señor» en el NT.

En la manera ordinaria de hablar, *kyrios* a menudo servía como un término de respeto cuando se usaba para dirigirse a un superior. En tales casos, «maestro» o «señor» eran traducciones apropiadas. Frecuentemente, cuando se dirigen a Jesús como «Señor» en los Evangelios, el que habla está simplemente mostrando el respeto acostumbrado para un maestro o rabí, antes que reconociendo a Jesús como Dios. Sin embargo, cuando Jesús habló de sí mismo como «Señor del día de reposo» (Mt 12.8), o cuando Tomás confesó a Jesús como «Señor mío y Dios mío» (Jn 20.28), el término griego traducido «Señor» refleja claramente el nombre de la deidad del AT.

Es significativo que después de la resurrección de Jesús, la Iglesia, inmediata y constantemente lo reconoció como Señor. Esta afirmación constituyó una confesión de fe en su plena deidad. Filipenses 2.9-11 indica que el título «Señor» es «el nombre que es sobre todo nombre, para que en el nombre de Jesús se doble toda rodilla, tanto de los que están en el cielo como de los que están en la tierra y los que están debajo de la tierra y toda lengua confiese que Jesucristo es el Señor, para gloria de Dios Padre».

¿Qué significa entonces para Cristo ser Señor y para nosotros reconocerlo como tal? Primero, significa que Él tiene toda la autoridad. Todo está sujeto a Él, porque es Dios (Ef 1.21; 1 P 3.22). Segundo, significa que Jesús ejerce autoridad personal sobre los creyentes. En Romanos 14, Pablo señala que el señorío de Jesús sobre cada persona significa que cada individuo es responsable ante Él de sus acciones y convicciones. No vamos a juzgar a otro sino más bien a reconocer que sólo Cristo ejerce autoridad sobre nuestros compañeros creyentes.

Tercero, el que Jesús es el Señor significa que ejerce autoridad penetrante sobre su Iglesia. Vivimos «en», «bajo» y «a través» de nuestro Señor. Estas frases aparecen repetidamente en el NT, recordándonos que la presencia y el poder de Jesús son centrales en nuestra experiencia espiritual. Cuarto, al final de la historia, el señorío de Cristo será obvio para todos, porque estará demostrado por su regreso y victoria final sobre el pecado.

Dios nos llama a reconocer a Jesús como Señor, y debemos honrarlo como Dios. Pero más que eso, debemos voluntariamente someternos a él y a su voluntad. La clave para una experiencia vital con Cristo no está simplemente en convenir que Jesús es el Señor sino en someternos a su voluntad, a fin de que Él pueda hacer todo lo que su señorío implica en nuestra vida.

SEÑOR DEL DÍA DE REPOSO

Jesús se identificó como el Señor del día de reposo en una ocasión que se registra en Mateo 12.8 y en Lucas 6.5. Los rabíes del primer siglo estaban especialmente preocupados en obedecer los mandamientos de recordar el día de reposo y guardarlo como santo (Éx 20.8). Las escrituras hebreas especificaban que ningún trabajo debía realizarse el día de reposo.

Trágicamente, los expertos en la Ley Mosaica se asignaron a sí mismos la tarea de definir «trabajo» con minuciosos detalles. Según sus reglas, restregar las espigas de trigo para comer mientras iban por un camino, era definido como «trabajo». De manera que cuando los líderes religiosos vieron a los discípulos de Jesús haciendo esto en el día de reposo, censuraron a Jesús por ello (Mt 12.1,2). Más tarde, en ese día, los líderes religiosos criticaron a Jesús por curar a un hombre con una mano seca en día de reposo (vv. 9-13).

Fue durante la controversia sobre el trabajo del día de reposo, que Jesús se llamó a sí mismo «Señor del día de reposo» (v. 8). Como Dios, Jesús había dado a los israelitas el mandamiento en cuanto al día de reposo. Entonces Jesús, el Señor del día de reposo, era el único que podía dar una interpretación definitiva de lo que implicaba y no implicaba el mandamiento. En su entendimiento legalista del día de reposo, los líderes religiosos habían perdido el significado del día santo y habían hecho sus tradiciones humanamente planeadas, que distorsionaban la intención original de Dios, del mismo peso que la Palabra de Dios.

UNIGÉNITO

En la Biblia, se entiende que esta palabra significa el objeto del amor especial del padre. A Isaac se le llama el «unigénito» (He 11.17) de Abraham, aun cuando Isaac tenía un medio hermano llamado Ismael.

Jesús se identifica como el «unigénito» de Dios en Juan 1.14,18; 3.16,18; y 1 Juan 4.9. Lejos de sugerir que Jesús era creación de Dios el Padre, «unigénito» enfatiza el profundo amor que Dios el Padre ha tenido siempre por Jesús, su Hijo.

PRÍNCIPE

En su segundo sermón evangelístico registrado, Pedro anunció que «Dios ha exaltado con su diestra por Príncipe y Salvador» a Jesús (Hch 5.31). Esta es la única referencia a Jesús en el NT como Príncipe, aunque se habla del Mesías en estos términos en el AT. Allí, se le llama en realidad el «Príncipe de los príncipes» (véase la p. 108), un título que enfatiza en la autoridad que le ha sido dada a Jesús sobre todo.

ROCA

En el AT se hace constante referencia a Dios como Roca, una metáfora que sugiere los bloques para construcción que hay en las montañas. Esta imagen comunica la idea de fuerza, confianza y seguridad (véase p. 80). En el NT, Cristo es llamado «Roca» sólo en 1 Corintios 10.4. Pablo está repasando la experiencia de Israel con Dios durante el exilio. El apóstol dice que «todos bebieron la

Los milagros de Cristo dieron validez a su reclamo de ser Hijo de Dios.

❖

misma bebida espiritual; porque bebían de la roca espiritual que los seguía, y la roca era Cristo».

Este pasaje es una advertencia. Aunque Israel disfrutó de muchos privilegios espirituales, esto no hizo al pueblo de Dios inmune a la tentación de la idolatría. De manera similar, los privilegios espirituales de los corintios, incluyendo su participación en Cristo, no significaban que podían esperar inmunidad, especialmente si estaban expuestos a la misma clase de tentación.

Algunos comentaristas creen que la referencia de Pablo a la roca que seguía a los israelitas, es un ejemplo de midrash (o interpretación rabínica). Dicen que la roca de la que Israel sacó dos veces agua, se movía con ellos (Éx 17.5-7; Nm 20.10). Pero el pensamiento de Pablo se entiende mejor como una referencia al hecho de que la gracia de Dios seguía a Israel a través de la peregrinación por el desierto y que Cristo, la Roca espiritual, nunca los abandonó.

HIJO DE DIOS

Este es uno de los principales nombres divinos de Jesús. Aparece 40 veces en el NT; de estas, 16 en las Epístolas y una en Apocalipsis. Sólo en Mateo 27.54 se presenta la frase como posiblemente algo menos que una afirmación de la deidad. La RVR1960 traduce la frase del centurión como sigue: «Verdaderamente este era el Hijo de Dios». Sin embargo, otras versiones indican que esta afirmación podía haberse traducido «un hijo de Dios» o «un hijo de un dios».

Durante los ataques de Satanás para inducir a Jesús al pecado, el diablo le dijo: «Si tú eres el Hijo de Dios» (4.3,6). Al referirse a Jesús de esta manera, Satanás tácitamente admitió la deidad de Jesús porque el «si» usado por Satanás tiene en griego el sentido de «puesto». En otras palabras, puesto que Jesús era el Hijo de Dios, Él debía llamar a sus poderes como Dios para cambiar las piedras en pan. En respuesta, Jesús dijo: «No sólo de pan vivirá el hombre» (v. 4) lo cual indica que decidió confiar en el Padre para llenar sus necesidades físicas.

Como el Hijo de Dios, Cristo echó fuera demonios. Estos espíritus malignos sabían claramente la identidad de Jesús como el Hijo de Dios, y se refirieron a Él como tal (Mt 8.29; Mr 3.11; Lc 4.41).

Pablo comienza el libro de Romanos señalando que Dios el Padre confirmó la declaración de Cristo de su deidad. Jesús «fue declarado Hijo de Dios con poder, según el Espíritu de santidad, por la resurrección de entre los muertos» (1.4). La resurrección de Jesús, una inequívoca obra de Dios, sirve como la documentación de la identidad de Jesús de parte del Padre, como Dios el Hijo.

Un estudio cuidadoso de la Biblia no deja duda acerca de la absoluta deidad de Jesús. John Jefferson Davis, en su Handbook of Basis Bible Texts, enumera los siguientes pasajes claves que dicen quién es Jesús:

TRASFONDO BÍBLICO:

JESÚS, EL HIJO DE DIOS

Igual a Dios, la segunda persona de la Trinidad	Is 9.6; Mi 5.2; Jn 1.1-3; 6.38; 8.56-58; 17.4,,5; Gá 4.4-5; Fil 2.5-7; Ap 22.12,, 13,, 16
Nacimiento virginal, concebido por obra del Espíritu Santo	Is 7.14; Mt 1.18-25; Lc 1.26-38
Sin pecado natural, limpio de pecado	Lc 1.35; Jn 8.29,, 46; 14.30-32; Hch 3.14; 2 Co 5.21; He 4.15,, 26,, 28; 9.14; 1 P 1.18,, 19; 2.22,, 23; 1 Jn 3.4,, 5
Total y completamente Dios, con títulos divinos	Is 9.6; Mt 26.63-66; Mr 1.2,, 3; Lc 1.17; 3.1; Hch 2.21
Poseedor de atributos divinos	Mt 28.20; Jn 1.1; 17.5; Ef 1.22,, 23; Fil 21.5-7; Ap 22.13
Poseedor de poder divino	Jn 1.3,, 14; 5.21,, 26; 11.25; Col 1.16,, 17, He 1.2
Poseedor de prerrogativas divinas	Mt 25.31,, 32; Mr 2.5-7; Jn 5.22,, 27; Hch 8.59
Igual en todo sentido al Padre	Jn 1.1; 20.28; Tit 2.13; He 1.8; 1 P 1.1
Resucitado en el cuerpo y llevado al cielo para guiar y fortalecer su Iglesia	Mt 28.29; Lc 24.36-39,, 50,, 51; Jn 20.19; Hch 1.1,, 2,, 9-11; Ro 1.2-4; 15.3-6,, 17,, 20; 1 Co 2.32,, 33; Ef 1.19-21; Fil 2.9-11; He 4.14; 7.26; Ap 1.5

PIEDRA

«Piedra» es una de las imágenes de Cristo en el AT. El Mesías prometido debe ser una preciosa piedra angular, un fundamento seguro, y sin embargo, la piedra que desecharon los edificadores. En cada imagen, el Mesías es la piedra angular sobre la que el edificio de Dios está fundado o Aquel que completa la estructura.

La imagen de la piedra que rechazan los edificadores es a lo que más frecuentemente se refiere el NT. Jesús es presentado como la piedra rechazada en Mt 21.42; Mr 12.10; Lc 20.17 y Hch 4.11. En cada pasaje, los «edificadores» son los líderes espirituales de Israel que rehusaron reconocer a Cristo como el elemento crítico de su fe. En Romanos 9.32 y 22, Pablo se refiere a Isaías 8.14, donde el profeta presenta la piedra angular de Dios como «piedra para tropezar y tropezadero para caer».

Pedro también cita este mismo pasaje con referencia a los que rechazan a Jesús como el Mesías (1 P 2.7,8). Los versículos 4-5 ponen todo el asunto en perspectiva:

Acercándoos a él, piedra viva, desechada ciertamente por los hombres, mas para Dios escogida y preciosa, vosotros también, como piedras vivas, sed edificados como casa espiritual y sacerdocio santo, para ofrecer sacrificios espirituales aceptables a Dios por medio de Jesucristo. Por lo tanto también está contenido en las Escrituras:

He aquí, pongo en Sion la principal piedra del ángulo, escogida, preciosa; y el que creyere en él, no será avergonzado.

Por lo tanto, para aquellos que creen, Él es precioso, pero para los desobedientes,

La piedra que los edificadores desecharon,
Ha venido a ser la cabeza del ángulo,
y Piedra de tropiezo, y roca que hace caer.

Jesús es el centro de nuestra fe. Nosotros, que le hacemos la piedra del ángulo, nos convertimos en piedras vivas en la nueva creación de Dios. Para los que no confían en Él, Cristo es la piedra de tropiezo cuyo rechazo sella su eterna condenación.

VERDAD

La declaración de Jesús de ser «el camino, la verdad y la vida», se registra en Juan 14.6. Esto significa que Él es el camino a Dios, la verdad acerca de Dios y la fuente de la vida de Dios.

Es importante entender el concepto bíblico de «verdad». Tanto en el AT como en el NT, la idea subyacente es de confianza, enraizada en que lo que es verdad está por necesidad en completa armonía con la realidad. Cuando Jesús afirma que la Palabra de Dios es verdad (Jn 17.17), está afirmando que cada palabra de Dios está en total armonía con la realidad. Por esto, podemos confiar completamente en la Palabra de Dios y, como vivimos por ella, llegaremos a conocer (por experiencia) «la verdad y la verdad nos hará libres» (Jn 8.32).

Como la Verdad, Jesús es Aquel donde toda realidad encuentra su enfoque. Sólo en Él desaparecerán todas las ilusiones de la humanidad. Solamente en Él seremos capaces de conocer y vivir la vida que Dios quiere para nosotros.

VERBO

Juan comienza su Evangelio no con el relato del nacimiento de Jesús, sino más bien con afirmaciones sobre la preexistencia de Jesús como Dios, antes de la creación del universo. El apóstol nos presenta al Cristo preencarnado, dándole el título de «el Verbo» (Jn 1.1). Los versículos 1-3, dicen lo siguiente:

En el principio era el Verbo, y el Verbo era con Dios, y el Verbo era Dios. Este era en el principio con Dios. Todas las cosas por él fueron hechas, y sin él nada de lo que ha sido hecho, fue hecho.

El versículo 14 declara: «Y aquel Verbo fue hecho carne, y habitó entre nosotros (y vimos su gloria, gloria como del unigénito del Padre), lleno de gracia y de verdad». Está claro que Juan identifica a Jesús como el Verbo eterno. Pero ¿cuál es el significado del nombre o título «el Verbo»?

El griego antiguo tenía dos términos primarios para «verbo». Rhema generalmente indicaba una palabra o expresión específicas. Logos, la palabra escogida por Juan, tenía una aplicación más amplia. La frase «palabra de Dios» se enfoca en la comunicación. Dios nos ha hablado, revelándonos tanto la verdad como a sí mismo.

Al llamar a Jesús «el Verbo» (v. 1), Juan nos recuerda que la encarnación de Jesús expresa de manera tan completa quién es Dios, que Cristo podía decir: «A Dios nadie le vio jamás; el unigénito Hijo, que está en el seno del Padre, él le ha dado a conocer» (v. 18).

Entonces, el Verbo comunica la vital autoexpresión de Dios por medio de su total participación en su universo y en nuestra vida. Cuando aceptamos la Palabra de Dios, afirmamos que la Biblia es la revelación de Dios a nosotros. Pero también confesamos nuestra creencia de que Dios se ha expresado plena y perfectamente en Jesús. Cristo nos muestra quién es el Padre y lo que quiere ser para nosotros.

NOMBRES Y TÍTULOS QUE ENFATIZAN LA HUMANIDAD DE JESÚS

El Jesús de las Escrituras es un verdadero ser humano. Vivió entre nosotros como hombre. Experimentó hambre y sed, conoció el agotamiento y sintió el rechazo de su pueblo. Muchos pasajes bíblicos hacen inequívocamente claro que aunque es eternamente Dios, también Jesucristo fue completamente humano.

Hay un incidente particularmente significativo. Antes de que Cristo comenzara su ministerio público, el Espíritu Santo le llevó al desierto. Allí Jesús ayunó por cuarenta días y cuarenta noches. Entonces, cuando Jesús estaba físicamente débil y exhausto, Satanás lo tentó. Muchos años antes, el demonio había tenido éxito al tentar a Eva y Adán. Ahora, Satanás quería inducir a Jesús (el segundo Adán) al pecado. El diablo quería engañar a Jesús para que este abandonara la voluntad de Dios (Mt 4.1,2).

La primera tentación se enfocó en que, porque Jesús era verdadero ser humano, estaba hambriento. El hambre, que abandona a una persona durante un largo ayuno hasta que todas las reservas del cuerpo se hayan consumido, había regresado. La primera tentación de Satanás se concentró en este hecho. Así que le dijo a Jesús: «Si [puesto que] eres

Como el Verbo de Dios, Cristo siempre ha sido la persona de la Trinidad que se comunica con los seres humanos.

◆

Hijo de Dios, di que estas piedras se conviertan en pan» (v. 3).

Jesús, que más tarde haría milagros más importantes, rehusó hacer lo que el diablo le sugirió. En vez de eso, le respondió citando Deuteronomio 8.3: «Escrito está: No sólo de pan vivirá el hombre, sino de toda palabra que sale de la boca de Dios» (Mt 4.4).

Jesús era la prueba viviente de la realidad de esta verdad. Él había dejado a un lado las prerrogativas de la deidad para vivir en la tierra como un verdadero ser humano (Fil 2.5-7). De esa manera, el Hijo de Dios enfrentaría las tentaciones de Satanás confiando sólo en los recursos disponibles para nosotros. Jesús rehusó realizar un milagro para satisfacer su hambre, porque las sugerencias de convertir las piedras en pan habían venido de Satanás, no de Dios. Como ser humano, Jesús estaba sujeto a hacer la voluntad de Dios, sin

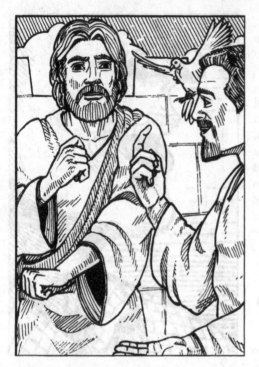

Jesús se sobrepuso a las tentaciones de Satanás dependiendo solo en recursos de su propia naturaleza humana, lo que estableció un ejemplo para nosotros.

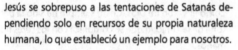

importar lo grande que pudieran parecer los beneficios de actuar por su cuenta.

Al afirmar: «No sólo de pan vivirá el hombre» (Mt 4.4), Jesús se puso del lado nuestro. Él no «haría trampa» usando recursos que no están disponibles para nosotros, sus compañeros seres humanos (He 2.17,18). Jesús estaba determinado a vivir su vida en la tierra, sujeto a las mismas limitaciones bajo las que nosotros vivimos. Ni aun los milagros de Jesús serían realizados en su propio poder, sino más bien en el poder del Espíritu, para que la voluntad del Padre pudiera cumplirse (Mt 12.28).

No es sorprendente, entonces, encontrar que muchos de los nombres y títulos de Jesús del NT. enfatizan en su humanidad antes que en su deidad. Tal vez la maravilla más grande del universo es que Dios el Hijo decidió convertirse en ser humano.

TRASFONDO BÍBLICO:

PASAJES QUE ENFATIZAN LA HUMANIDAD DE JESÚS

«Entonces Jesús fue llevado por el Espíritu al desierto, para ser tentado por el diablo. Y después de haber ayunado cuarenta días y cuarenta noches, tuvo hambre» (Mt 4.1,2).

«Y entrando él en la barca, sus discípulos le siguieron. Y he aquí que se levantó en el mar una tempestad tan grande que las olas cubrían la barca; pero él dormía» (Mt 8.23,24).

«Y Jesús crecía en sabiduría y en estatura, y en gracia para con Dios y los hombres» (Lc 5.2).

«Mirad mis manos y mis pies, que yo mismo soy; palpad, y ved; porque un espíritu no tiene carne ni huesos, como veis que yo tengo» (Lc 24.39).

«Y el Verbo se hizo carne y habitó entre nosotros» (Jn 1.14).

«Y estaba allí el pozo de Jacob. Entonces Jesús, cansado del camino, se sentó así junto al pozo» (Jn 14.6).

«Después de esto, sabiendo que ya todo estaba consumado, dijo: para que la Escritura se cumpliese: Tengo sed» (Jn 19.28).

«Más cuando llegaron a Jesús, como le vieron ya muerto, no le quebraron las piernas. Pero uno de los soldados le abrió el costado con una lanza, y al instante salió sangre y agua» (Jn 19.33,34).

«Así que por cuanto los hijos participaron de carne y sangre, él también participó de lo mismo... Por lo cual debía ser en todo semejante a sus hermanos, para venir a ser misericordioso y fiel sumo sacerdote en lo que a Dios se refiere, para expiar los pecados del pueblo. Pues en cuanto él mismo padeció siendo tentado, es poderoso para socorrer a los que son tentados» (He 2.14,17, 18).

EL POSTRER ADÁN

La genealogía de Lucas sigue la línea de Jesús hasta Adán, estableciendo que Jesús es un ser humano real. Pablo ve una relación aun más significativa entre Jesús y Adán. En 1 Corintios 15.45, el gran capítulo del apóstol sobre la resurrección, dice. «Fue hecho el primer hombre Adán alma viviente» luego dice; «el postrer Adán espíritu vivificante» (1 Co 15.45).

El primer Adán inició nuestra raza, pero su caída en el pecado llevó a la humanidad lejos de Dios. El postrer Adán, Jesús, inició una renovación de la humanidad y dirigió el regreso a Dios de la humanidad creyente.

Pablo desarrolla este tema en Romanos 5.12-21. Compara y contrasta al primero y al último Adán, «como el pecado entró en el mundo por un hombre, y por el pecado la muerte, así la muerte pasó a todos los hombres» (v. 12). Esta fue la oscura contribución de Adán al milenio de tragedia y aflicción que siguió. Pero fue también a través de un hombre justo que «vino a todos los hombres la justificación de la vida. Porque así como por la desobediencia de un hombre, los muchos fueron constituidos pecadores, así también por la obediencia de uno, los muchos serán constituidos justos» (vv. 18,19).

Nuestra herencia de Adán es una herencia de pecados, muerte y separación. Pero ahora, mediante la fe, pertenecemos a Cristo, el fundador de una nueva raza espiritual, y nuestra herencia en Él es justicia y vida.

NOVIO

Las Escrituras ven el matrimonio como un estado en el que hay deleite. La novia y el novio son presentados como encontrando gozo el uno en el otro (Sal 45.9; Cnt 1.1-8,14; Jer 7.34; 16.9). La boda era principalmente el punto central de la alegría. La celebración a menudo duraba una semana, y durante este tiempo el novio y la novia eran tratados como rey y reina.

Cada uno de los Evangelios sinópticos dice que Jesús adoptó esta imagen cuando respondió a una pregunta sobre el ayuno (Mt 9.15; Mr 2.19,20; Lc 5.34,35). En los tiempos antiguos, el ayuno era una señal de luto y dolor. En contraste, la boda era un símbolo de alegría y celebración. Los discípulos de los fariseos y aun Juan el Bautista ayunaban. Sin embargo, durante el ministerio terrenal de Jesús, sus seguidores comerían y beberían porque Jesús era el Novio y sus seguidores eran los invitados que debían acompañarle a la boda. Ellos no podían ayunar mientras él, el Novio, estaba con ellos.

La selección de Jesús por esta metáfora resaltó claramente la realidad de su humanidad. La gente se sentía bien en su presencia y le buscaba para ayuda, consejo y enseñanza. Estar alrededor de Jesús era una fuente de alegría para muchos, fueran discípulos o pecadores. Jesús estaba lleno de un amor tal, que hacía que muchos que estaban a su derredor (excepto los líderes religiosos, que eran sus enemigos) se sintieran como que estaban celebrando.

Hay, por supuesto, implicaciones más profundas a la imagen de Cristo como Novio. Cuando llegaba el tiempo para que una pareja judía se casara, el novio y sus amigos salían de su casa y viajaban hasta el hogar de la novia. Este viaje, por lo general, se hacía al caer la noche y los invitados del novio llevaban lámparas. El grupo festivo reía y cantaba a medida que se acercaba al hogar de la novia. Allí, la novia y sus amigas le estaban esperando con sus lámparas (Mt 25.10). Estaban ansiosas por la llegada del novio y listas para acompañar a la novia hacia el hogar del novio, donde tendría lugar la boda.

Los profetas del AT, usaron la imagen de

Como el hijo mayor, Jesús trabajó como carpintero con José.

❖

la novia y el novio para describir la relación entre Dios e Israel. Descubrimos, que en el futuro, llegará la gran restauración de Israel. Será como una boda, no sólo por el gozo que producirá, sino también porque marcará la unión de Dios con su pueblo.

Jesús adoptó este lenguaje profético. De este modo, en Mateo 25.1-3, lo aplicó a su regreso a la Iglesia. Después de su muerte y resurrección, Jesús regresaría al cielo. Como el Novio de la Iglesia, su regreso no sería por mucho tiempo. Sin embargo, Jesús les aseguró que regresaría como el Novio, ansioso de reunirse con nosotros, su Novia, que lo espera.

EL CARPINTERO

Marcos 6.3 indica que Jesús trabajó como carpintero. El segundo evangelio si-

nóptico habla de un tiempo cuando Jesús, después que había ganado alguna fama como maestro y sanador itinerante, regresó a Nazaret. El día de reposo fue invitado a enseñar en la sinagoga de su pueblo (vv. 1,2).

Ser invitado a enseñar no era usual. El servicio de la sinagoga comenzaba con la recitación de bendiciones, seguida de una lectura del Pentateuco. Ya en el siglo I d.C. los cinco primeros libros del AT habían sido organizados en varios cientos de lecturas, lo que llevaba a la congregación por todos los libros de Moisés cada tres años. La lectura de la Tora era seguida por una lectura de Haftorah, los Profetas. Después de esto, un miembro de la congregación o visitante, era invitado para hacer comentarios espontáneos de las escrituras leídas. Por eso, cuando Jesús volvió a Nazaret después de ministrar en otros lugares, era natural que la gente curiosa de su pueblo quisiera oír lo que tenía que decir.

Según Marcos 6.2,3, los que estaban en la sinagoga estaban sorprendidos y decían: «De dónde tiene este estas cosas? ¿Y qué sabiduría es esta que le es dada, y estos milagros que por sus manos son hechos? ¿No es este el carpintero, hijo de María, hermano de Jacobo, de José, de Judas y de Simón? ¿No están también aquí con nosotros sus hermanas? Y se escandalizaban de él». Este breve pasaje nos dice mucho sobre la humanidad de Cristo.

Jesús trabajó en Nazaret como carpintero. En los tiempos bíblicos, el hijo mayor por lo general aprendía el oficio de su padre. Esto sugiere que José había sido un carpintero y que como un joven, Jesús había sido el aprendiz de José. El que Jesús fuera llamado «el carpintero» (Mr 6.3) por la gente de Nazaret, sugiere que José había muerto y que Jesús ya no era visto más como «el hijo del carpintero», sino más bien como «el carpintero».

El Revell Bible Dictionary describe el trabajo de un carpintero del primer siglo y explica la reacción de la gente de Nazaret.

¿Qué hacían los trabajadores de la madera en los tiempos bíblicos? La madera por lo general era escasa en Palestina y la mayoría de las casas se construían con piedra, pero las vigas del techo y las puertas, se hacían de madera. Los barcos pesqueros que navegaban por el Mar de Galilea eran de madera y su construcción demandaba de habilidades especiales. Probablemente José y Jesús, que trabajaban en Nazaret, a varias millas de distancia del mar, hacían instrumentos de labranza como arados y segaderas y muebles para las casas de sus vecinos: sillas, mesas y armazones de camas.

Los vecinos de Jesús encontraban difícil de entender que el carpintero que había hecho yugos para los animales, fuera el Mesías. Es fácil perder la visión de Dios en un lugar común. Nosotros tampoco nos damos cuenta que nuestro Señor muy a menudo se revela en las cosas simples de la vida diaria (p.195, en inglés).

Jesús asumió el papel de jefe de familia. Después que José murió (la posibilidad más probable dadas todas las evidencias bíblicas), Jesús, como el hijo mayor, se convirtió en la cabeza de la familia. Por lo tanto, era responsable del cuidado de su madre pues en la antigüedad todas las propiedades de la familia pasaban al hijo mayor, no a la viuda.

El cuarto Evangelio dice que cuando Jesús colgaba de la cruz, vio a su madre María, y a un discípulo llamado Juan parado cerca de ella. Allí, como el último acto antes de su muerte, el Salvador dirigió la atención de María hacia Juan, y le dijo: «Mujer, he ahí a tu hijo» (Jn 19.26). Luego, dirigió la atención de Juan hacia María, y le dijo: «He ahí a tu madre» (v. 27). El texto dice: «Y desde aquella hora el discípulo la recibió en su casa».

Es impresionante ver que, estando en la cruz, Jesús fue conmovido por la preocupación muy humana de un hijo por el bienestar de su madre. En realidad, Jesús era humano en todo el sentido de la palabra.

Jesús creció en una familia con hermanos y hermanas. Algunos tratan de explicar que la enseñanza clara de Juan 7.5, diciendo que el sustantivo griego adelphos, que usualmente se traduce «hermano», puede también traducirse «primo». Este argumento, sin embargo, tiene su raíz en el deseo de algunos de ver a María como una perpetua virgen, antes que como una madre judía que amaba a su esposo y se regocijaba en el privilegio de darle muchos hijos (Mt 13.55,56).

Para Jesús, el nacimiento de hermanos y hermanas significó crecer en una familia numerosa. Como el hijo mayor, Jesús indudablemente ayudó a cuidar de sus hermanos menores. Difícilmente podemos imaginar una infancia más normal para un joven judío del primer siglo. Es impresionante que aun después de que Cristo había llegado a ser bien conocido en Galilea, «ni aun sus hermanos creían en él» (Jn 7.5). No podían imaginarse que su hermano era también el Hijo de Dios.

Cristo era tan completa y verdaderamente humano, como hijo, vecino y hermano, que la realidad de su mesianismo fue al principio negada por sus mismos familiares. (Más tarde, algunos de los hermanos de Jesús llegaron a creer. Por ejemplo, Santiago llegó a ser el líder de la iglesia de Jerusalén, así como el autor de la epístola que lleva su nombre.) Solamente necesitamos mirar la reacción de la gente de Nazaret y de la familia de Jesús que lo conocían mejor, para estar convencidos de que Dios el Hijo se había convertido en un verdadero ser humano en su encarnación.

NIÑO

Isaías profetizó: «Porque un niño nos es nacido, Hijo nos es dado» (Is 9.6). Esta profecía indica claramente que el Mesías prometido iba a ser tanto un ser humano, entrando en el mundo a través del proceso natural del nacimiento, como Dios el Hijo, dado sobrenaturalmente.

Con frecuencia los Evangelios se refieren a Jesús como un niño, estableciendo cuida-

Las primicias, la primera parte madura de la cosecha, se ofrecían a Dios en acción de gracias por el resto de la cosecha.

❖

dosamente el hecho de su completa naturaleza humana. Mateo 1.18 dice que María, que había sido dada en matrimonio a José, pero que todavía no tenía relaciones sexuales con él, fue hallada «que había concebido del Espíritu Santo». En el útero de María, Jesús se desarrolló como lo hace cualquier feto humano. Lucas 2.7 describe la entrada de Jesús en el mundo por medio del nacimiento natural de un niño: «Y dio a luz a su hijo primogénito, y lo envolvió en pañales, y lo acostó en un pesebre». Como infante y niño, Jesús fue dependiente de sus padres como cualquier niño. Cuando Herodes quiso matar al nacido Rey de los judíos, José, habiendo sido advertido en un sueño, tomó al niño y a su madre y huyó a Egipto (Mt 2.14). Jesús, que en ese tiempo era indefenso, fue cuidado y alimentado por José y María.

Lucas 2.51 dice que aun después de que tuvo doce años, continuaba sujeto y obedien-

te a sus padres. También vemos que Jesús «crecía en sabiduría y en estatura» (v. 52).

En todo esto vemos claramente la evidencia de la completa humanidad de Jesús. Fue concebido, nació y creció como un niño. Primera de Timoteo 3.16 afirma esta verdad: «E indiscutiblemente, grande es el misterio de la piedad: Dios fue manifestado en carne, justificado en el Espíritu, visto de los ángeles, predicado a los gentiles, creído en el mundo, recibido arriba en gloria». ¡Verdaderamente el niño Cristo nacido en Belén era al mismo tiempo Dios el Hijo!

LAS PRIMICIAS

En 1 Corintios 15.20-24, Pablo se refiere a Jesús como «primicias»:

> Más ahora Cristo ha resucitado de los muertos; primicias de los que durmieron es hecho. Porque por cuanto la muerte entró por un hombre, también por un hombre la resurrección de los muertos. Porque así como en Adán todos mueren, también en Cristo todos serán vivificados. Pero cada uno en su debido orden: Cristo, las primicias; luego los que son de Cristo en su venida.

Las raíces históricas. El título «primicias» (1 Co 15.20) se remonta a un principio establecido en la Ley Mosaica. La Nelson Encyclopedia of the Bible define las primicias como sigue:

> El primogénito, niño, animal o primeras partes de cualquier cosecha, los que en el pensamiento hebreo se consideraban santos y pertenecientes al Señor. Las primicias, como un anticipo de más por venir, se ofrecían a Dios en acción de gracias por su bondad en proveerles (p. 791).

En el versículo 20, el Jesús resucitado es presentado como las «primicias», es decir, la primera entrega de una cosecha de vida eterna. Así como Jesús resucitó, así lo harán todos los seres humanos que crean en Él.

En el versículo 21 Pablo argumenta que

«por cuanto la muerte entró por un hombre, también por un hombre la resurrección de los muertos». Este es un tema recurrente en las Epístolas. Fue sólo porque Cristo compartió nuestra naturaleza humana que estaba calificado para llevar nuestros pecados. Y es por nuestra unión espiritual con Cristo, el hombre que murió y resucitó, que hemos sido liberados de la maldición del pecado y recibimos nueva vida por nuestra fe en Él. Más que nada, fue la resurrección de Cristo como hombre, que hizo de Él las «primicias». En otras palabras, Él es el anticipo seguro y cierto de lo que está todavía por venir para nosotros los que creemos.

SUMO SACERDOTE

El libro de Hebreos enfatiza que Cristo es «misericordioso y fiel sumo sacerdote en lo que a Dios se refiere» (2.17). El sumo sacerdocio de Jesús se menciona en no menos de ocho de los trece capítulos de Hebreos. Estos capítulos, que contienen unas quince referencias al sumo sacerdocio de Jesús, hacen claro que Jesús tuvo que haber sido humano.

Trasfondo del AT. El papel del sumo sacerdote en la religión de Israel estaba claramente establecido en el AT. El Revell BibleDictionary ofrece el siguiente resumen:

Las funciones del sumo sacerdote en el AT se explican en Deuteronomio 33.8-10. Los sacerdotes, de la tribu de Leví y de la familia de Aarón, (1) guardaban el pacto de Dios (2) enseñaban los preceptos y la Ley, y (3) ofrecían incienso y sacrificio en el altar de Dios. Al enseñar la Ley de Dios, los sacerdotes hablaban a los hombres de parte de Dios. Al presentar ofrendas y sacrificios, los sacerdotes hablaban a Dios por los hombres. De esa manera, su papel era de mediadores, queriendo unir a Dios con su pueblo del pacto.

Cualquiera de los sacerdotes podía enseñar la Ley escrita de Dios y ofrecer sacrificios a favor de los que cometían pecados sin intención. Pero el sumo sacerdote era único.

Sólo el sumo sacerdote llevaba sobre su pecho, en un sagrado saco, el Urim y el Tumim. Por medio del Urim y el Tumim Dios daba direcciones específicas respecto a su voluntad en situaciones no especificadas por la Palabra escrita. Además, sólo el sumo sacerdote podía entrar en el Lugar Santísimo el día de la expiación. Allí ofrecía la sangre de un sacrificio, haciendo expiación por todos los pecados del pueblo de Dios, tanto los no intencionados como los intencionales (Lv 16). En estos dos ministerios, el sumo sacerdote era el único mediador del pacto que Dios hizo con Israel. De esa manera, en estas funciones, el sumo sacerdote era un prototipo, o retrato viviente, de Jesucristo.

Hebreos describe los ministerios de Jesús como Sumo Sacerdote. Jesús hizo expiación por los pecados (2.17); intercedió ante Dios por los pecadores (4.15) y se ofreció a sí mismo en el Calvario. Jesús hizo el sacrificio necesario para ganar nuestro perdón (8.3).

El sacerdocio de Cristo y la humanidad de Jesús. El libro de Hebreos hace claro que sencillamente Jesús debió haber sido humano para servir, como lo hace, en calidad de nuestro sumo sacerdote (2.14-18).

Jesús tenía que ser humano para entender cabalmente la naturaleza y necesidades humanas. Hebreos 2.17 señala que Jesús «debía ser en todo semejante a sus hermanos, para venir a ser misericordioso y fiel sumo sacerdote». Si Jesús iba a representar a la humanidad delante de Dios, era necesario que sufriera, fuera tentado o probado en carne propia (v. 18), de manera que pudiera ayudar a los que pasan por las mismas situaciones.

Un señalamiento similar se hace en 4.15,16. Se nos dice que «no tenemos un sumo sacerdote que no pueda compadecerse de nuestras debilidades, sino uno que fue tentado en todo según nuestra semejanza, pero sin pecado. Acerquémonos pues, confiadamente al trono de la gracia, para alcanzar misericordia y hallar gracia para el oportuno socorro».

Ser tentado no implica pecar, sino más bien tener una debilidad humana natural. Así como estamos sujetos a las presiones del hambre, los dolores, las frustraciones y el rechazo, Jesús también, al vivir una vida humana, se sujetó a todas estas presiones. Vivió con nuestras debilidades; debilidades que son intrínsecas a la condición humana. Sin embargo, lo hizo sin rendirse a ninguna tentación y sin caer en pecado.

Jesús entiende lo que significa ser humano y lo que significa ser débil. De manera que él puede simpatizar con nosotros. Podemos venir a Él valientemente, ya sea pidiendo misericordia después de haber caído en las tentaciones, o pidiendo gracia para ayudarnos a resistir las tentaciones, porque él conoce por experiencia lo que es ser como uno de nosotros.

Jesús tenía que ser humano para calificar como nuestro Sumo Sacerdote. Hebreos 5.1 dice: «Todo sumo sacerdote tomado de entre los hombres es constituido favor de los hombres en lo que a Dios se refiere, para que presente ofrendas y sacrificios por los pecados». Ningún ángel podría servir como nuestro sumo sacerdote. Ni siquiera Dios el Hijo podría cumplir tal función, si no hubiera tomado nuestra humanidad. De manera que fue absolutamente necesario que el Padre nombrara a Jesús representante de la humanidad. Cristo necesitaba ser humano para ofrecerse como un sacrificio expiatorio por los pecados y así llevar a los pecadores creyentes a Dios.

Aunque Jesús fue calificado por su humanidad para ser nuestro sumo sacerdote, también tenía que ser nombrado para este oficio por el Padre. Podríamos inicialmente concluir que esto sería un problema pues todos los sacerdotes del AT tenían que ser de la familia de Aarón de la tribu de Leví. La línea de la familia de Jesús venía de la tribu de Judá, no de Leví (v. 14). El asunto se resuelve cuando nos damos cuenta que Dios estaba reemplazando el sistema levítico con un nue-

vo Sacerdote que ofrecería un nuevo sacrificio, bajo un nuevo pacto. Dios nombró a Jesús como sumo sacerdote según el orden de Melquisedec, no de Aarón (7.11).

Con el tiempo, los sacerdotes aarónicos murieron y fueron reemplazados por otros. Pero, como señala el escritor de Hebreos, no hay registro en las Escrituras de la muerte de Melquisedec (v. 3). Esta persona, que fue tanto un sacerdote como un rey, es mencionado brevemente en las Escrituras como una bendición para el patriarca Abraham (Gn 14.18-20). Pero aparte de este pasaje, no sabemos nada sobre el nacimiento ni la muerte de Melquisedec.

El versículo 17 cita la promesa de Dios en el Salmo 110.4, de que el Mesías sería un «sacerdote para siempre según el orden de Melquisedec». Como nuestro Señor resucitado, Jesús nunca morirá otra vez. Él está siempre disponible para representarnos delante del trono de Dios.

El escritor de Hebreos concluye que en Jesús, el Dios hombre, tenemos un sumo sacerdote que satisface nuestras necesidades espirituales. Sólo Él es «santo, inocente, sin mancha, apartado de los pecadores, y hecho más sublime que los cielos» (He 7.26). Una vez más vemos claramente que la Biblia presenta a Jesús no solamente como el Hijo de Dios sino también como un verdadero ser humano.

JESÚS DE NAZARET NAZARENO

Quince veces en los Evangelios y en Hechos a Cristo se le llama «Jesús de Nazaret». Cuatro veces en estos documentos se refieren a Jesús como «el nazareno».

Algunos creen que al llamarle a Jesús «el nazareno» la gente estaba simplemente identificándolo con su pueblo de Nazaret. Sin embargo, es más probable que al principio fuera usado para distinguir a Jesús, el Mesías (el Ungido de Nazaret) de otros judíos de ese día que llevaban el nombre de «Jesús».

Es importante que nos demos cuenta que no había muchos nombres entre los que una pareja judía podía escoger los nombres de sus hijos o hijas. Los nombres dados a los hijos eran nombres familiares pasados de generación en generación. Era costumbre en el Imperio Romano que una mujer llamada Julia, por ejemplo, nombrara a sus tres hijas «Julia». Ellas entonces serían conocidas como Julia Mayor, Julia Secunda y Julia Tertia; es decir, Julia la primera, Julia la segunda y Julia la tercera.

Es muy probable que «Jesús» («Josué» en hebreo o arameo) fuera uno de los nombres judíos comunes usados por el pueblo de Dios. Comprensiblemente, entonces, la gente identificaba al Jesús de los Evangelios como «Jesús de Nazaret». En otras palabras, Él era ese Jesús (diferente a cualquiera otro llamado «Jesús»).

Una vez aclarado esto, hay un significado aun más grande al identificar al Mesías como «Jesús de Nazaret». Así como el primer siglo es un período específico en el tiempo, Nazaret de Galilea es un lugar específico en el espacio.

Por lo tanto, llamar al Salvador «Jesús de Nazaret» nos recuerda que el relato de Jesús ni es un mito ni es una de esas historias fantasiosas que encontramos en las religiones paganas sobre los falsos dioses y diosas. Antes bien, Dios el Hijo, llamado «Jesús de Nazaret» entró en nuestro mundo de espacio y de tiempo. Él es una figura histórica, una persona que realmente vivió, murió y resucitó en el mundo real. Para testificar lo histórico de todos estos eventos registrados en el NT, tenemos el testimonio de personas que conocieron y hablaron del Mesías como «Jesús de Nazaret».

HOMBRE
HIJO DEL HOMBRE

De vez en cuando la gente se refería a Jesús como ese «hombre». Por ejemplo, después de ver uno de los milagros de Jesús, aun sus discípulos se preguntaban: «¿Qué hombre es este?» (Mt 8.27).

Esos pocos pasajes en los que se habla de Jesús como un simple hombre, palidecen en su significado ante uno de los títulos favoritos de Jesús. No menos de 82 veces en los Evangelios, Jesús se refiere a sí mismo como «el Hijo del Hombre». Por esta razón podemos decir que el título «Hijo del Hombre» era particularmente significativo para Jesús. Este título no sólo era importante para Él, sino que también tenía gran importancia teológica. La New International Encyclopedia of Bible Words lo resume concisamente:

Primero, el título Hijo del Hombre enfatiza en la humanidad de Jesús. En el AT, «hijo de hombre» se usa para dirigirse a Ezequiel. En el contexto de ese libro, está claro que el título simplemente significa «hombre» y lleva un especial énfasis en la distinción entre la humanidad y Dios. El NT hace claro que Jesús tomó sobre sí la verdadera naturaleza humana y la implicación del título afirma (y enfatiza) su humanidad.

Segundo, se usa en vez de «Yo». Hay muchos pasajes en los que parece mejor tomar la frase de esta manera (Mt 12.8; 17.22; 19.28; 20.18,28).

Tercero, identifica a Jesús como el centro de la profecía escatológica del AT. Daniel reportó su visión del fin de la historia, diciendo: «Miraba yo en la visión de la noche, y he aquí con las nubes del cielo venía uno como un hijo de hombre, que vino hasta el Anciano de días, y le hicieron acercarse delante de él. Y le fue dado dominio, gloria y reino, para que todos los pueblos, naciones y lenguas le sirvieran; su dominio es dominio eterno, que nunca pasará, y su reino uno que no será destruido» (Dn 7.13-14). La frase «como hijo de hombre» significa indudablemente que Daniel vio un ser que, en contraste con la exótica figura que había descrito (7.1-12), simplemente parecía humano. Pero a la frase se le da mayor significado en los pasajes escatológicos de los Evangelios. Jesús es el ser humano que Daniel vio, quien cumplirá la profecía de Daniel en los tiempos futuros (Mt 13; 24; Mr 13).

Cuarto, identifica a Jesús con la humanidad en su sufrimiento por nosotros. A menudo esta frase fue escogida por Jesús cuando habló de su sufrimiento y muerte venidera

Pedro, quien conocía a Jesús como amigo antes de convertirse en discípulo, se sorprendió al reconocer la deidad de Jesús.

(Mt 12.40). Jesús el Hijo del Hombre vino del cielo (Jn 3.13), pero tuvo que ser crucificado y sufrir por nosotros para que todos los que creen en Él puedan tener vida eterna (Jn 3.14).

Es difícil agotar la importancia del título «Hijo del Hombre». Pero no hay duda que trata de llamar nuestra atención a Jesús como totalmente humano, para que nos demos cuenta de los sufrimientos de Jesús por nosotros y para despertar nuestra admiración que el eterno Hijo de Dios en verdad entró al mundo para traernos, victorioso, su eterna gloria.

MAESTRO

En el Evangelio de Lucas, se dirigen a Jesús como «maestro» unas seis veces, cinco de ellas por sus discípulos y una por los leprosos que pedían su ayuda (17.13). El término está en mayúscula en algunas versiones como si fuera el título de la deidad. Sin embargo, el sustantivo griego que Lucas usa, que se encuentra sólo en su evangelio, es epistates que podría traducirse «jefe» o «comandante».

Aunque esta palabra implica autoridad para dar órdenes, no indica autoridad ilimitada.

Es interesante notar que los discípulos usaron este término durante las primeras etapas de su relación con Jesús (Lc 5.5; 8.24,45; 9.33,49). Aunque rápido se sorprendieron con Jesús y su autoridad sobre la naturaleza, enfermedad y aun demonios, todavía no se habían dado cuenta de su identidad mesiánica. Sólo después, en el Evangelio de Lucas, que los discípulos comenzaron a dirigirse a Jesús como «Señor».

HIJO DE DAVID

Los Evangelios se refieren a Jesús como el «Hijo de David» 16 veces. La frase establece que Jesús era descendiente de David y por lo tanto, miembro de la línea real. A José, también, se refieren como un hijo de David (Mt 1.20), pero no en el mismo sentido que Jesús. Mientras que José era un descendiente de David, Jesús era el Hijo de David, es decir, el Mesías prometido que iba a venir de la línea del más grande rey de Israel.

Tanto Mateo como Lucas presentan genealogías de Jesús. Cada genealogía trataba de establecer el linaje de Jesús, y así su derecho al trono mesiánico como un descendiente legítimo del rey David. Sin embargo, la genealogía de Lucas va más allá, trazando los antepasados de Cristo hasta Adán. Jesús fue en realidad un verdadero ser humano, un miembro de nuestra raza, cuyas raíces pueden ser seguidas hasta el primer hombre, Adán. Así, el título «Hijo de David» mira tanto a la identidad de Jesús como ser humano con una familia específica y conocida, como a su papel como el tan prometido Mesías.

TRASFONDO BÍBLICO:

LAS DOS GENALOGÍAS DE JESÚS

La Biblia contiene listas de nombres que rastrean la genealogía humana ancestral del Mesías. Estas se encuentran en Mateo 1.1-7 y Lucas 3.23-38. Algunos han visto un conflicto en las dos genealogías porque en un punto la lista de antepasados diverge. La explicación para esto y algo del significado de estas dos genealogías la encontramos en el *Diccionario Bíblico Revell* (pp. 423, 425, en inglés).

Las genealogías bíblicas incluyen característicamente sólo de antepasados escogidos. Vemos esto en la lista de Lucas que contiene unos 20 antepasados entre David y el exilio, mientras que Mateo tiene solamente 14. Una diferencia significativa entre las dos es que Mateo sigue la ascendencia de Jesús por Salomón y los reyes de Judá, mientras que Lucas sigue la ascendencia por Natán, el hijo de David y Betsabé (1 Cr 3.5). Las dos primeras explicaciones asumen (1) que Mateo sigue la línea legal y Lucas la línea biológica de José o (2) que Lucas da la genealogía de María, mientras que Mateo enumera la genealogía de José. Este segundo punto de vista es apoyado por la maldición de Jeremías sobre Joacim, un rey de la línea de Salomón, cuyos descendientes nunca iban a ocupar el trono de Israel, aun cuando

el derecho legal era suyo (cf. Jer 22.30; Mt 1.11). Si esta segunda explicación es correcta, el derecho legal de Jesús al trono está establecido por el lado de José, puesto que su descendencia biológica está establecida a través de María. Este punto de vista puede estar reflejado en Romanos 1.3, que afirma que Jesús «era del linaje de David según la carne».

Otros dos rasgos de estas genealogías son: (1) Cada genealogía guarda la doctrina del nacimiento virginal. Cristo era el hijo «según se creía, de José» (Lc 3.23; Mt 1.16); (2) Mateo incluye cuatro mujeres en la genealogía de Jesús, lo que se opone a la práctica hebrea, y aun más raro es la lista de mujeres seleccionadas: Tamar (Mt 1.3), que quedó embarazada de su suegro, (Gn 38); Rahab (Mt 1.5) que fue la prostituta creyente que sobrevivió a la destrucción de Jericó, (Jos 2; 6.25); Rut (Mt 1.5), que fue una moabita, y Betsabé (Mt 1.6), que fue la mujer adúltera de Urías, una víctima de la pasión de David (2 S 11; 12). La gracia de Dios no solamente llegó para salvar a estas mujeres, sino que también les colocó en la ascendencia del Redentor.

Por tanto, las genealogías muestran que Jesús cumple las expectativas mesiánicas de Israel y por medio de la encarnación, la redención que Cristo ganó es para toda la humanidad.

RABÍ

Los Evangelios registran catorce incidentes en los que se dirigen a Jesús como «Rabí». Sólo Lucas decidió no registrar ningún incidente.

En los tiempos antiguos, «rabí» era un título de respeto. Se usaba para dirigirse a una persona que se reconocía como experta en la Ley de Moisés. Juan 1.38 dice: «Ellos le dijeron: Rabí (que traducido es Maestro), ¿dónde moras?»

Ya en el siglo I d.C., la forma usual para obtener el conocimiento necesario de la Ley y

Nicodemo, un miembro del Sanedrín, admitió que los líderes religiosos estaban bien conscientes que Jesús era un maestro que Dios les había enviado.

así ganar el reconocimiento de rabí, era aprendiendo de un reconocido experto en la Ley.

El ansioso estudiante se convertiría en discípulo de un reconocido rabí y por varios años viviría con él. El estudiante escucharía las enseñanzas del rabí, observaría su manera de vivir, le haría preguntas y trataría de imitar no sólo las enseñanzas de su maestro, sino su forma de vida.

Durante los años en los que un discípulo pasaba con un rabí, se esperaba que le sirviera y se esperaba que el rabí supliera sus necesidades a través de lo que le daban aquellos que buscaban el consejo del rabí, o que simplemente deseaban asociarse con Él. El beneficio del estudiante era que un día sería reconocido personalmente como rabí. El beneficio del rabí era que sus conocimientos e interpretaciones personales pasarían a otros y llegarían a ser parte integral del judaísmo.

Una razón por la que la élite religiosa se resintió con Jesús fue porque había dejado repentinamente sus herramientas de carpintero y comenzado a enseñar y predicar como rabí. Antes de primero ser discípulo de un rabí, Jesús había comenzado a enseñar con una autoridad que parecía aun más grande que la de los sagaces más reconocidos del judaísmo (Mt 7.29).

Sin embargo, era claro, aun para los religiosos, que Jesús verdaderamente era un experto en el saber y en la Ley del AT. Aun Nicodemo, un miembro del Sanedrín que vino a visitar a Jesús una noche al comienzo del ministerio público del Salvador, se dirigió a Jesús como «rabí» y confesó que «sabemos que has venido de Dios como maestro; porque nadie puede hacer estas señales que tú haces, si no está Dios con él» (Jn 3.2).

«Rabí», entonces, era un título que no tenía ninguna implicación de deidad, sino que se le concedía a un hombre quien, como otras personas, se esforzaba para entender el significado profundo de la Ley de Dios. Aunque «Rabí» era un título de máximo respeto dentro de la comunidad judía del primer siglo, también era un título muy humano. Aunque comunicaba profundo respeto, era un respeto que de ninguna manera significaba adoración.

Todos estos nombres y títulos de Jesús: «el postrer Adán», «el Novio», «el Carpintero», «Niño», «Primicias», «Sumo Sacerdote», «Jesús de Nazaret», «Hijo de Hombre», «Maestro», «Hijo de David» y «Rabí», enfatizan que Jesús vivió como un ser humano. En todo sentido, el Mesías fue como nosotros, excepto que en Él no existía la inclinación natural de la humanidad hacia el pecado (He 4.14).

NOMBRES Y TÍTULOS QUE ENFATIZAN LA MISIÓN DE JESÚS

Las Escrituras asignan a Jesús nombres y títulos que hacen énfasis en su deidad y en su humanidad. Pero Jesús también ostenta nombres y títulos que nos permiten conocer su misión aquí en la tierra, y subsecuentemente en el cielo. Cuando consideramos estos nombres y títulos, nos impresionamos no simplemente por quién es Jesús, sino también por quién es Jesús para nosotros.

ABOGADO

Juan nos dice que «si alguno hubiere pecado, abogado tenemos para con el Padre, a Jesucristo el Justo» (1 Jn 2.1). El sustantivo griego traducido «abogado» es parakletos. Es usado solamente por Juan en el NT, por lo general en referencias al Espíritu Santo. Sin embargo, en este versículo, Juan usa parakletos en un sentido legal, uno que estaba bien establecido en el primer siglo d.C.

En los tiempos bíblicos, el parakletos era

un «ayudante en la corte». Cuando pecamos, Jesús pasa adelante y apela a la eficacia de su sangre ofrecida como sacrificio en pago por nuestros pecados. Como dice el versículo 2: «Y él es la propiciación por nuestros pecados; y no solamente por los nuestros, sino por los de todo el mundo».

APÓSTOL

En Hebreos 3.1, Jesús es llamado «Apóstol y Sumo Sacerdote», a quien los cristianos confesamos. Este es el único lugar en las Escrituras donde a Jesús se le llama apóstol. Sin embargo, el resto del NT clarifica que Jesús fue, en efecto, el primer apóstol.

En el siglo I d.C., el término denotaba un representante personal de un dignatario o gobernante. En filosofía, la palabra se usaba con una connotación religiosa. Un apóstol era una persona que hablaba como autorizado por una deidad.

En ambos sentidos, Jesús es en verdad el primer apóstol. Él es el representante personal de Dios el Padre. También, Jesús es Dios el Hijo. De esta manera, sus enseñanzas llevaban el sello de aprobación divina pues tanto Él como sus declaraciones son la Palabra de Dios.

La comisión del Padre al Hijo para representarle fue en realidad un aspecto central de la misión de Jesús en la tierra. Como representante personal del Padre, Jesús vino para revelar quién es Dios en realidad. También Jesús vino para revelar más plenamente los planes y propósitos de salvación del Padre.

Como apóstol y sumo sacerdote, a quien los cristianos confesamos, Jesús es Aquel cuya revelación del amor del Padre y cuya promesa de perdón creemos implícitamente.

◆

TRASFONDO BÍBLICO:

«APÓSTOL» EN EL NUEVO TESTAMENTO

Los Evangelios enfocan nuestra atención en doce hombres que Jesús escogió para ser sus apóstoles (Mt 10.2-4; Lc 6.13-16). El Salvador escogió a estos hombres para ser sus representantes y los autorizó para hablar por Él cuando se estableció la Iglesia.

El título «apóstol» fue también dado a otros líderes de la Iglesia tales como el apóstol Pablo (1 Ti 2.7). En una manera significativa, Pablo coloca a los doce apóstoles como los voceros del Cristo resucitado.

Hay, sin embargo, otro uso de «apóstol» en el NT. Individuos como Bernabé (Hch 14.4) y posiblemente Andrónico (Ro 16.7) se mencionaron como «apóstoles» y su papel fue claramente cumplido por varios en la Iglesia del primer siglo (1 Co 12.28). Es probable que estos apóstoles menores, menores en comparación con los doce y Pablo, fueron lo que ahora llamamos misioneros. Ellos viajaron por todo el Imperio Romano como representantes de Cristo y proclamaron el evangelio a todos los que le escuchaban.

AUTOR

El sustantivo griego traducido «autor» aparece tres veces en el NT con referencia a Jesús. Se le llama «autor ... de la fe» (He 12.2), «autor de la salvación» (2.10) y «Autor de la vida» (Hch 3.15).

El sustantivo griego es arjegós y se usaba con frecuencia para referirse al fundador de una ciudad o una escuela filosófica. Como referencia a Jesús, el término lo señala como el pionero que nos ha abierto el camino para la salvación y la vida eterna. Al cumplir su misión redentora por su muerte expiatoria y resurrección, Cristo tendió el puente entre la humanidad y Dios. Jesús también se convirtió en nuestra fuente de vida eterna y salvación.

PAN

Jesús se llamó a sí mismo el «pan de vida» (Jn 6.35), usando lo que era una poderosa metáfora en los tiempos bíblicos. Hace mucho tiempo en Palestina, el pan era el principal alimento. Era hecho de una variedad de granos, a menudo con frijoles y lentejas mezcladas con la harina. Por lo general, el pan se horneaba con forma plana. Una hogaza de masa tenía cerca de una media pulgada de grueso. Era amasado contra la parte exterior de un horno de arcilla en forma de colmena para hornearlo luego.

El pan tiene gran importancia en la Biblia porque literal y simbólicamente representaba el mantenimiento de la vida. De esta manera, no fue una sorpresa que Jesús enseñara a sus discípulos a orar: «El pan nuestro de cada día dánoslo hoy». Esta petición nos recuerda nuestra constante dependencia de Dios para todas las necesidades de la vida. Pero la referencia metafórica más importante del pan, se encuentra en Juan 6.35, donde Jesús anunció que Él era «el pan de vida».

La escena (Jn 6.1-27). Una gran multitud había seguido a Jesús hasta un lugar desierto. Al hacerse tarde, Jesús le preguntó a Felipe (y posiblemente al resto de los discípulos) dónde se podría comprar pan para alimentar a la hambrienta muchedumbre. La pregunta era una prueba... una prueba que los discípulos no pasaron. Quizás muy sorprendido, Felipe objetó que sería necesaria una gran suma de dinero para comprar pan para alimentar a toda la gente.

Jesús entonces tomó cinco panes de cebada y dos pequeños peces que un muchacho había llevado y los multiplicó. Fueron alimentados miles y todavía sobraron doce canastas. El milagro emocionó a la multitud. Razonaron no que sólo Jesús debía ser el Mesías, sino que si Él les gobernara, ¡nunca más tendrían hambre! Jesús percibió las intenciones de obligarlo a que fuese su rey, así que se alejó rápidamente de la región.

Al día siguiente, la multitud encontró otra vez a Jesús. Fue entonces cuando les reprendió por pensar en el alimento del cuerpo antes que en el alimento «que a vida eterna permanece» (Jn 6.27).

El sermón sobre el pan de vida (Jn 6.28-66). Lo que Jesús dijo en esa ocasión

Las hogazas de pan plano, como el pan de pita que encontramos en los supermercados, eran vistas en Israel como el producto principal que sostenía la vida.

❖

asombró y confundió a muchos de los que le oían. The Teacher's Commentary [Comentario para el Maestro] (1988, pp. 723,724, en inglés) sigue el hilo del mensaje de Jesús a la gente de su tiempo, y explora el significado de que se identificara a sí mismo como el pan de vida.

«Yo soy el Pan de Vida» (Jn 6.35-40). Cada declaración que Jesús hacía, acentuaba los continuos beneficios de la vida que Él ofrece. Nunca más tendrán hambre. La voluntad de Dios en Jesús continúa supliendo lo que sostiene nuestra vida. Nunca más tendrán sed. Un ser humano puede pasar sin alimento varias semanas y no morir, pero no puede estar tanto tiempo sin agua. Jesús prometió satisfacer aun la más intensa de las necesidades; Él se preocupará de que no nos falte nada de lo que necesitamos. Nunca les dejaré ... No perderé a ninguno de los que él me ha dado. Estamos seguros de que Jesús extenderá la gracia de Dios a nosotros, en una permanente relación con Dios.

«Yo soy el pan que descendió del cielo» (Juan 6.41-51). El maná que Dios proveyó

para los israelitas durante el éxodo es una descripción de Jesús como el «pan vivo». Cuando el pueblo de Dios viajaba por el desierto tenía que depender de la provisión de alimento de Dios en forma sobrenatural. Dios proveyó el alimento de una manera que también enseñaba al pueblo algo sobre su relación con Él. Cada día Dios les daba suficiente alimento para ese día. Nadie podía recoger más de lo que se necesitaba para un día. Tenía que haber una continua y constante dependencia de Dios; Él era la única fuente de sustento.

Los judíos murmuraron contra la declaración de Cristo de ser el «pan que descendió del cielo». Ellos conocían a este hombre y a su familia; ¿cómo podía reclamar un origen celestial? Jesús les respondió diciendo que sería Dios el que traería los hombres a Cristo, y Jesús continuó con la promesa de que cualquiera que creyera en Él tendría vida eterna, y que cualquiera que comiere del pan vivo «viviría para siempre».

«Si no coméis la carne del Hijo del Hombre» (Jn 6.52-59). Muchos ven en estas palabras una referencia a la Santa Cena. «Este es mi cuerpo que por vosotros es partido», dijo

Jesús cuando instituyó el servicio memorial. «Esta es mi sangre que por vosotros es derramada». Pero «comer» y «beber» el cuerpo y la sangre de Jesús significa más que participar del servicio memorial, como el resto del pasaje sugiere. «El que come mi carne y bebe mi sangre permanece en mí» (v. 56). «El que come de este pan vivirá para siempre» (v. 58). «Las palabras que yo os he hablado son espíritu», dijo Jesús (v. 63).

Jesús estaba usando el «cuerpo» y la «sangre» para representar todo lo necesario para sostener la vida. Nuestra vidas será sostenida de manera tan cabal que durará hasta que Jesús nos resucite en el último día.

Cuando Jesús se llamó a sí mismo el «pan de vida» se estaba refiriendo a su misión de dar y sostener vida espiritual. Cristo cumplió su misión de ser nuestro pan de vida, muriendo en la cruz y resucitando. Completamos la transacción cuando, por fe, y de manera simbólica, «comemos» y «bebemos» (es decir, nos apropiamos espiritualmente) su cuerpo y su sangre.

PRINCIPAL PIEDRA DEL ÁNGULO

El AT se refiere a Jesús como una piedra preciosa, como la piedra que los edificadores rechazaron, como nuestro seguro fundamento (véase la p. 159). En Efesios 2.20, Pablo lleva este tema más allá. El apóstol ve a la Iglesia, la casa de Dios, como edificada «sobre el fundamento de los apóstoles y profetas, siendo la principal piedra del ángulo Jesucristo mismo».

Pedro adopta una imagen similar y llama a Jesús una «piedra viva, desechada ciertamente por los hombres, mas para Dios escogida y preciosa» (1 P 2.4). El apóstol continúa citando varios pasajes del AT en los que el Mesías es identificado como la principal piedra del ángulo (vv. 6-8).

El punto en cada uno de estos pasajes es que Cristo vino para ser la clave de nuestra vida espiritual, pero también de nuestro crecimiento espiritual. Como Pablo dice en 1 Corintios 3.11: «Porque nadie puede poner otro fundamento que el que está puesto, el cual es Jesucristo».

CRISTO

En aproximadamente 499 versículos del NT se identifica a Jesús como el «Cristo» unas 530 veces. Este título, el equivalente en griego del hebreo «Mesías», «el Ungido», es uno de los más importantes nombres de Jesús que encontramos en las Escrituras (Para más información sobre el título «Mesías», véase la p. 94).

En los tiempos del AT, se separaba a una persona por medio de la unción. Él o ella eran comisionados para una misión especial. Así, el nombre «Mesías» o «el Ungido», enfatiza que Dios apartó a Jesús para cumplir una misión redentora.

Los judíos consideraban como la principal misión del Mesías, la reconciliación del pueblo de Dios con Él, su purificación del pecado y la eliminación del pecado y del mal en todo el mundo. Hay pasajes del AT que enfatizan en otros aspectos de la misión del Mesías, tales como proveer sanidad física (Is 35.1-3) y salvación del pecado (cap. 53). Sin embargo, la misión del Mesías que más capturaba la imaginación de Israel era el establecimiento del gobierno y la justicia de Dios en la tierra.

En las Epístolas del NT, «Cristo» se convierte tanto en un nombre como un título. Sin embargo, queda claro que la identificación de Jesús como el «Cristo» implica que fue ungido, apartado o separado para una misión especial. En un sentido, toda la revelación del NT es un descubrimiento de la misión redentora para la que Dios envió a su Hijo a la tierra. En contraste, el AT da una visión parcial de lo que Dios comisionó a Jesús para que hiciera. Entonces, es importante examinar las epístolas del NT donde se hace referencia a Jesús como «el Cristo» y discernir qué aspectos de su misión redentora están asociados con este nombre especial.

Se escogió al pez como uno de los primeros símbolos del cristianismo porque las letras de su nombre griego eran las letras iniciales de la confesión cristiana: «Jesucristo, Hijo de Dios, Salvador»)

❖

❖

TRASFONDO BÍBLICO:

LA MISIÓN DE CRISTO

PASAJE	MISIÓN
RO 1.1	REPRESENTAR A DIOS COMO APÓSTOL
RO 1.6	REUNIR A UN PUEBLO QUE LE PERTENECE A ÉL
RO 2.16	SER EL ESTÁNDAR POR EL QUE SE JUZGAN LOS SECRETOS DEL PUEBLO
RO 3.22	SER LA FUENTE DE JUSTICIA PARA TODO EL QUE CREE
RO 3.24	REDIMIR A LOS SERES HUMANOS PERDIDOS
RO 5.1	LLEVAR A LOS PECADORES A UN ESTADO DE PAZ CON DIOS
Ro 5.6	MORIR POR LOS IMPÍOS
RO 5.8	MORIR POR NOSOTROS, MOSTRANDO EL INCONDICIONAL AMOR DE DIOS POR LA HUMANIDAD
RO 5.11	RECONCILIARNOS CON DIOS
RO 5.15	DARNOS EL DON DE LA GRACIA DE DIOS
RO 5.17	PROVEER EL DON DE JUSTICIA
RO 5.21	DARNOS VIDA ETERNA
RO 6.3	UNIRNOS ESPIRITUALMENTE CONSIGO MISMO EN SU MUERTE
RO 6.4	UNIRNOS ESPIRITUALMENTE CONSIGO MISMO EN SU RESURRECCIÓN
RO 6.23	DARNOS EL DON DE LA VIDA ETERNA
RO 7.4	CAPACITARNOS PARA MORIR A LA LEY A FIN DE QUE PODAMOS LLEVAR FRUTO PARA DIOS
RO 8.1	LIBRARNOS DE LA CONDENACIÓN
RO 8.2	LIBRARNOS DEL PODER DEL PECADO Y DE LA MUERTE
RO 8.10	HACERNOS ESPIRITUALMENTE VIVOS
RO 8.17	HACERNOS COHEREDEROS CON ÉL DE DIOS EL PADRE
RO 8.35	ASEGURARNOS COMO SUYOS PARA SIEMPRE
RO 10.4	HACER QUE LA LEY YA NO SEA NECESARIA PARA LOS QUE SON ACEPTABLES A DIOS POR LA FE

RO 10.17	ESTIMULAR LA FE POR MEDIO DE SU PALABRA
RO 12.5	UNIR A LOS CREYENTES EN UN SOLO CUERPO ESPIRITUAL
RO 14.9	CONVERTIRSE EN SEÑOR TANTO DE LOS VIVOS COMO DE LOS MUERTOS
RO 15.6	CAPACITARNOS PARA GLORIFICAR A DIOS
RO 15.7	DAR LA BIENVENIDA A LOS SERES HUMANOS PERDIDOS
RO 15.8	CONFIRMAR LAS PROMESAS HECHAS A LOS PATRIARCAS
RO 15.16	SANTIFICAR A LOS GENTILES, HACIENDO DE ELLOS UNA OFRENDA ACEPTABLE PARA DIOS
RO 16.27	DAR GLORIA A DIOS
1 CO 1.2	SANTIFICAR A LOS QUE INVOCAN SU NOMBRE
1 CO 1.3	SER LA FUENTE DE GRACIA Y PAZ PARA LOS CREYENTES
1 CO 1.4	SER EL INSTRUMENTO POR EL QUE DIOS DA SU GRACIA A LOS CREYENTES
1 CO 1.10	PRESTARNOS SU NOMBRE PARA NUESTRAS ORACIONES
1 CO 1.23	SER CRUCIFICADO
1 CO 1.24	MOSTRAR EL PODER Y SABIDURÍA DE DIOS
1 CO 2.16	REVELAR LA MENTE DE DIOS; POR EJEMPLO, PARA GUIARNOS EN NUESTRA VIDA
1 CO 3.11	CONVERTIRSE EN EL FUNDAMENTO DE NUESTRA FE
1 CO 5.7	SER SACRIFICADO POR NOSOTROS COMO UN CORDERO DE PASCUA
1 CO 8.6	SER LA FUENTE DE NUESTRA NUEVA VIDA CON DIOS
1 CO 8.11	MORIR POR EL CRISTIANO FUERTE Y POR EL DÉBIL
1 CO 15.3	MORIR POR NUESTROS PECADOS
1 CO 15.22	VIVIFICAR A LOS QUE MURIERON EN ADÁN
1 CO 15.23	RESUCITAR DE LOS MUERTOS COMO LAS PRIMICIAS DE NUESTRA SALVACIÓN
1 CO 15.57	DARNOS VICTORIA SOBRE LA MUERTE
2 CO 1.20	AFIRMAR Y CONFIRMAR LAS PROMESAS DE DIOS
2 CO 4.6	DARNOS CONOCIMIENTO DE LA GLORIA DE DIOS
2 CO 5.17	HACERNOS NUEVAS CRIATURAS
2 CO 5.19	RECONCILIAR EL MUNDO CON DIOS
2 CO 8.9	HACERSE POBRE PARA QUE PUDIÉRAMOS SER RICOS
GÁ 3.13	REDIMIRNOS DE LA MALDICIÓN DE LA LEY
GÁ 3.14	HACER DISPONIBLES A LOS GENTILES CREYENTES LAS PROMESAS DADAS A ABRAHAM
GÁ 3.26	HACER DE LOS QUE CREEN HIJOS DE DIOS
GÁ 3.28	HACER IRRELEVANTES LAS DIFERENCIAS QUE DIVIDEN A LA HUMANIDAD
GÁ 5.1	HACERNOS LIBRES
EF 1.3	BENDECIRNOS CON TODAS LAS BENDICIONES ESPIRITUALES
EF 1.5	SER EL AGENTE DE NUESTRA ADOPCIÓN EN LA FAMILIA DE DIOS
EF 1.10	PONER TODAS LAS COSAS JUNTAS BAJO SU MANDO
EF 2.5	DAR VIDA A LOS QUE ESTABAN MUERTOS EN PECADOS
EF 2.6	RESUCITARNOS Y SENTARNOS JUNTAMENTE CON ÉL EN EL CIELO
EF 2.13	ACERCARNOS AL PADRE A TRAVÉS DE LA SANGRE DERRAMADA DEL HIJO
EF 2.20	SER LA PRINCIPAL PIEDRA DEL ÁNGULO DEL PLAN REDENTOR DE DIOS
EF 3.11	CUMPLIR EL ETERNO PROPÓSITO SALVADOR DE DIOS
EF 3.21	TRAER LA GLORIA DE DIOS A LA IGLESIA
EF 4.32	SER UN EJEMPLO DE PERDÓN QUE DEBEMOS SEGUIR
EF 5.2	SER UN EJEMPLO DE VIDA DE AMOR QUE DEBEMOS DEMOSTRAR
EF 5.23	SER LA CABEZA Y EL SALVADOR DE SU IGLESIA

EF 5.25	SER UN EJEMPLO DE AMOR SACRIFICADO PARA LOS ESPOSOS
FIL 1.11	CAPACITARNOS PARA SER LLENOS DEL FRUTO DE JUSTICIA
FIL 2.5	SER UN EJEMPLO DE HUMILDAD QUE DEBEMOS SEGUIR
FIL 2.11	SER SEÑOR PARA GLORIA DE DIOS PADRE
FIL 3.9	SER LA FUENTE DE LA JUSTICIA QUE SE RECIBE POR LA FE
COL 1.27	MORAR CON LOS CREYENTES COMO NUESTRA ESPERANZA DE GLORIA
COL 2.9	QUE LA PLENITUD DE LA DIVINIDAD PUDIERA EXPRESARSE EN FORMA CORPORAL
COL 2.10	QUE PUDIERA SER LA CABEZA SOBRE TODA AUTORIDAD Y PODER
COL 2.20	QUE PUDIÉRAMOS MORIR CON ÉL A LOS PRINCIPIOS FUNDAMENTALES DE ESTE MUNDO Y LIBERARNOS DE SUS REGLAS
COL 3.4	QUE CUANDO CRISTO VUELVA, PODAMOS APARECER CON ÉL EN GLORIA
1 TI 1.15	SALVAR A LOS PECADORES
1 TI 2.5	SER EL MEDIADOR ENTRE DIOS Y LA HUMANIDAD
2 TI 1.10	TRAER LA VIDA Y LA INMORTALIDAD A LA LUZ
2 TI 4.1	JUZGAR A LOS VIVOS Y A LOS MUERTOS
HE 5.5	SER NUESTRO SUMO SACERDOTE
HE 9.14	LIMPIAR NUESTRA CONCIENCIA PARA QUE PODAMOS SERVIR AL DIOS VIVO
HE 9.15	SER EL MEDIADOR DEL NUEVO PACTO
HE 9.15	MORIR PARA REDIMIR NUESTROS PECADOS
HE 9.6	DE UNA VEZ POR TODAS ECHAR FUERA EL PECADO POR MEDIO DE SU SACRIFICIO
HE 10.10	HACERNOS SANTOS A TRAVÉS DE SU SACRIFICIO
1 P 1.19	REDIMIRNOS CON SU PRECIOSA SANGRE
1 P 2.21	SUFRIR POR NOSOTROS, DEJÁNDONOS ASÍ UN EJEMPLO QUE SEGUIR
1 P 3.18	MORIR POR LOS PECADOS DE UNA VEZ POR TODAS Y DE ESTA MANERA LLEVARNOS A DIOS
2 P 2.20	CAPACITARNOS PARA ESCAPAR DE LA CORRUPCIÓN DE ESTE MUNDO
1 JN 3.16	DAR SU VIDA POR NOSOTROS

LIBERTADOR

Es significativo que a Jesús se le refiere como el «Libertador» en Romanos 11.26. En los capítulos 9—11, Pablo repasa la historia humana. Hace énfasis en la libertad de Dios para escoger a Israel y en su derecho para abrir la puerta de la fe a los gentiles. Tristemente, muchos judíos del primer siglo vieron la oferta de salvación del evangelio a todos, como un abandono de Israel y un repudio de las promesas dadas a Israel por los profetas.

En el capítulo 11, Pablo explica que la decisión de Dios de injertar a los creyentes gentiles en el árbol de la fe, que claramente tiene raíces judías, no era un rechazo de Israel. Primero, muchos judíos ya eran cristianos. Segundo, Dios quiere un día injertar nuevamente a los judíos como pueblo en el árbol de la fe. Pablo concluye: «Y luego, todo Israel será salvo, como está escrito: Vendrá de Sion el Libertador, que apartará de Jacob la impiedad. Y este será mi pacto con ellos, cuando yo quite sus pecados» (Ro 11.26,27).

Por esto, el título «Libertador» que contiene tal promesa en el AT es un recordatorio para nosotros. Jesús vino, no sólo como nuestro Salvador, sino también para cumplir las promesas proféticas a Israel. (Para más información, véase el artículo sobre «Dios de mi salvación» en las p. 53, 54).

PUERTA

«Puerta» es una metáfora que Jesús se aplicó a sí mismo en Juan 10.9. Él dijo: «Yo soy la puerta; el que por mí entrare, será salvo; y entrará y saldrá, y hallará pastos».

La imagen de Apocalipsis 3 donde aparece Jesús a la puerta y llamando, nos recuerda que la cerradura que abre la puerta está de nuestro lado. Debemos decidir responder a la invitación de Jesús.

❖

Hay una interesante historia asociada con este versículo. En los primeros días de la Reforma, Lutero de Alemania y Zwinglio de Suiza se reunieron para presentar un frente unificado y arreglar cualquier diferencia teológica. El punto en disputa era la eucaristía.

Lutero creía en la consubstanciación. En otras palabras, aunque el pan de la mesa de comunión no se convertía literalmente en el Cuerpo de Cristo, de alguna manera Cristo estaba presente con el pan. En contraste, Zwinglio sostenía que el pan de la comunión representaba a Cristo, pero que la sustancia de Cristo no estaba en realidad presente con la sustancia del pan.

Mientras la discusión se tornaba más acalorada, Lutero insistía en que cuando Jesús dijo «este es mi cuerpo», literalmente quería decir eso. Finalmente, Zwinglio, furioso porque Lutero no admitía que llamar Jesús a su cuerpo «pan» era una metáfora, argumentó: «Jesús también dijo: "Yo soy la puerta", sin embargo, ¡nadie recuerda que tuviera bisagras!»

En realidad, Zwinglio malentendió la metáfora de Jesús. En Juan 10.7, Cristo no hablaba de la puerta de madera de un hogar, más bien hablaba de redil. Los rediles eran a menudo cuevas o, cuando se construían en campos abiertos, eran áreas cercadas con zarzas y otros arbustos que servían de barreras para impedir que los animales salvajes pudieran entrar a robarse a las ovejas.

La «puerta» de este redil era un espacio abierto en la cerca donde el pastor dormía por la noche. Dormía allí para proteger a las ovejas, para que ningún animal salvaje pudiera entrar si él estaba cuidándolas. Tampoco, ninguna oveja podía salir de allí para ponerse en peligro.

De manera que cuando Jesús dijo: «Yo soy la puerta», nos estaba recordando que Él es quien guarda y protege a los suyos. No es de asombrarse que cualquiera que entra por Él «será salvo y entrará y saldrá y hallará pastos».

PRECURSOR

Hebreos 6.20 se refiere a Jesús como «el precursor». El escritor de Hebreos está explicando por qué el que viene a Jesús para refugiarse debe tener total confianza en su salvación. Primero, la promesa de salvación descansa no sólo en la promesa de Dios, sino también que Él la confirmó con juramento. El versículo 19, hablando de la esperanza, dice: «La cual tenemos como segura y firme ancla del alma».

¡Pero como cristianos tenemos más! Tenemos a Jesús, quien ha entrado en la misma presencia de Dios como nuestro sumo sacerdote. Como el «precursor» (v. 20), su presencia ante Dios el Padre es una garantía de que también un día nosotros le seguiremos. Porque Jesús es nuestro precursor, los que le seguimos, entraremos con seguridad en la presencia de Dios en la eternidad.

CABEZA

La «cabeza» es un importante término teológico. En el AT, el sustantivo hebreo traducido por «cabeza», ro'sh, era una palabra que comunicaba muchas ideas. Podía significar «el comienzo» o la «fuente»; «el tope de una montaña o edificio»; «el jefe de una familia o clan», vivo o antepasado. Ro'sh también sugería primacía o importancia (Dt 28.13), así como una posición a la cabeza de una burocracia, nación o jerarquía.

Hay tres importantes usos teológicos de «cabeza» en el NT, cada uno de los cuales se basa en que Jesucristo es el que tiene el título de «cabeza».

Cristo como cabeza de la Iglesia. El NT presenta a la Iglesia como un organismo vivo, y Jesús como la cabeza viviente de ese cuerpo espiritual (Ef 1.22; 4.15; 5.23, Col 1.18; 2.10,19). Como cabeza de su cuerpo, Jesús sostiene, protege, guía y es la fuente de la vida de la Iglesia.

Al presentar a Cristo como la cabeza viviente de la Iglesia, el NT separa aspectos de dirección del AT que implicaban una estructura jerárquica. En efecto, Jesús dio a entender de una manera muy simple que no debía haber ninguna forma de rango ni jerarquía en su Iglesia (Mt 20.25-28; 23.8-12; Ro 12.3-8). El liderazgo de Cristo sobre la Iglesia debe reflejarse en la dirección ejercida por los líderes en su iglesia.

Cristo como cabeza de todo hombre (1 Co 11.3). En un pasaje bastante malinterpretado, Jesús es presentado como «la cabeza de todo varón, y el varón es la cabeza de la mujer, y Dios la cabeza de Cristo». Este pasaje se discute a fondo en el libro de esta serie: Every Woman in the Bible [Todas las mujeres en la Biblia]. Sin embargo, es apropiado reproducir aquí una sección del estudio de este pasaje:

«Cristo es la cabeza de todo varón, y el varón es la cabeza de la mujer, y Dios la cabeza de Cristo» (1 Co 11.3). Pablo presentó esta enseñanza con una fuerte afirmación. Los que tienen una visión jerárquica de la relación entre los sexos ven esto como una declaración sobre la autoridad y la subordinación. Leen como si Pablo hubiera escrito: «Todo hombre está bajo la autoridad de Cristo, la mujer bajo la autoridad del hombre, y Cristo bajo la autoridad de Dios». Esto, sin embargo, no es lo que Pablo escribió.

Aunque «cabeza», en griego, puede significar «líder» o «jefe», este significado no es común. Aun en la traducción griega del AT, en nueve de diez casos en donde se usa rosh en el sentido de «líder», una palabra diferente de kefalé (cabeza) se escoge para traducirla. De manera que el argumento de que «cabeza» aquí debe significar «autoridad sobre», es difícilmente acertado.

Existe otro problema con esta interpretación. La segunda frase en el texto griego es de gunaikos ho aner kefalé. Gunaikos puede significar «mujer» o «esposa». Y aner puede significar «hombre» o «esposo». Aquí, el artículo definido ho, sugiere que Pablo quiere decir «el esposo es la cabeza de la esposa», antes que «el hombre es la cabeza de la mujer». Si tomamos esta frase en el primer sentido, vemos que Pablo está haciendo una afirmación distinta sobre estas tres diferentes relaciones:

- Cristo es la «cabeza» de «todo hombre».
- El esposo es la «cabeza» de la esposa.
- Dios es la «cabeza» de Cristo.

En este pasaje no se puede usar «cabeza» para adscribir superioridad o subordinación; Cristo no es inferior al Padre. «Cabeza» no puede significar que los hombres son la «fuente» de las mujeres, porque los esposos no son la «fuente» de las esposas. ¿En qué sentido metafórico puede usarse «cabeza» para que se ajuste a estas tres aplicaciones?

En el siguiente capítulo (1 Co 12), Pablo usa nuevamente «cabeza» para referirse a Cristo. Pablo describe la relación que Cristo tiene con la Iglesia que es su cuerpo. En el capítulo 12 Pablo usa «cabeza» y «cuerpo», para indicar que una relación orgánica verdadera existe entre Jesús y el pueblo de Jesús. Si tomamos «cabeza» en un significado metafórico similar en 1 Corintios 11 y en 1 Corintios 12, lo que Pablo dice armoniza hermosamente con el resto de su argumento. Todo hombre tiene una relación orgánica con Jesús, de manera que todo hombre refleja gloria o deshonra para Jesús (1 Co 11.7). Las esposas tienen una relación orgánica, de una sola carne, con sus esposos, de manera que lo que hacen refleja gloria o deshonra para sus esposos. Jesús tuvo una relación orgánica con el Padre, y lo que hizo refleja gloria y honor para Dios.

¿Por qué deben entonces las mujeres cubrirse la cabeza cuando oran o profetizan en la iglesia? Porque es lo correcto, y cuando una esposa actúa correctamente arroja gloria sobre su esposo. Si no actúan correctamente, deshonran no solo a sus esposos sino también a Cristo (pp. 222,223).

El sentido orgánico en el que se afirma que Cristo es la cabeza de la Iglesia, es definitivo del uso de «cabeza» en la mayoría de los pasajes que hablan de las relaciones interpersonales cristianas.

Cabeza en Efesios 5.21-23. Este, también, es un pasaje en el que la jefatura de Cristo sobre la Iglesia está asociada con las relaciones cristianas interpersonales. En esta ocasión, también habla de la relación esposo y esposa. Una vez más, es importante recordar que el NT reemplaza la imagen jerárquica de dirección con una imagen orgánica de dirección. Además, en Efesios 5.21, el papel particular de «cabeza» está cuidadosamente limitado y definido. Los esposos son la cabeza de sus esposas, como Cristo es cabeza de la Iglesia. Cristo, nos dice Pablo, ejerció su dirección amando a la Iglesia y dándose a sí mismo por ella (v. 25) «para santificarla, habiéndola purificado en el lavamiento del agua por la palabra, a fin de presentársela a sí mismo, una iglesia gloriosa, que no tuviese mancha ni arruga ni cosa semejante, sino que fuese santa y sin mancha» (vv. 26-27).

Pablo entonces enseña que los esposos deben amar a sus esposas como Cristo amó a la Iglesia (v. 28). Es decir, al ejercer su dirección, los esposos deben seguir el ejemplo de Cristo de darse a sí mismos, buscando siempre facilitar el crecimiento de la esposa tanto espiritual como personal. Esto seguramente está muy lejos de la clase de subordinación que algunos enseñan que requiere la jefatura del esposo.

Implicaciones de Cristo como «cabeza». Si miramos cada referencia a Jesús como cabeza de la Iglesia en el NT, desarrollamos el siguiente cuadro de este importante título.

Primera de Corintios 11.3. Jesús tiene una relación orgánica con cada creyente. Por eso, lo que hacemos se refleja en Jesús y tiene el potencial de glorificarlo.

Primera de Corintios 12.12-31. Como cabeza de un Cuerpo espiritual que está compuesto de todo tipo de creyentes, Cristo une y dirige a los cristianos. Él combina sus dones espirituales y los conecta con otros creyentes en un todo armonioso.

Efesios 1.22,23. Como cabeza de la Iglesia y como Señor del universo, Jesús no solamente protege su Cuerpo sino que también guía y dirige a cada miembro individual.

Efesios 4.15. Como cabeza de la Iglesia, Jesús provee líderes espirituales que nos ayudarán a crecer y madurar como miembros de su Cuerpo.

Efesios 5.22-24. Como cabeza de la Iglesia, Jesús no sólo se sacrificó por ella en el pasado, sino que también permanece involucrado activamente para purificar a los creyentes y nutrir su crecimiento espiritual.

Colosenses 2.19. Como cabeza de la Iglesia, Cristo mantiene la conexión entre los miembros de su Cuerpo espiritual, y como resultado, tanto los individuos como el Cuerpo, crecen y maduran.

La posición de Cristo como cabeza de su Iglesia es en verdad significativa. Reconocer a Jesús como nuestra cabeza viviente, es buscar de Él dirección para responder con gozo a su voluntad y honrarlo como la fuente de nuestra vida diaria.

JESÚS SALVADOR

Jesús es específicamente llamado «Salvador» veintidós veces en los Evangelios, los Hechos y las Epístolas. Y el nombre «Jesús» es un constante recordatorio de la obra de Cristo como Salvador, porque «Jesús» es la forma griega del nombre hebreo «Josué», que significa «Dios es salvación». Al María llamar a su hijo todavía no nacido, «Jesús», Dios está anunciando que Él crecería para ser el Salvador (Mt 1.21; Lc 1.31).

El énfasis del AT en la salvación se discute bajo el título «Dios mi Salvación» en las pp. 53, 54. Toda la doctrina de la salvación es desarrollada en el NT. Solamente cuando entendemos la salvación, podemos captar lo que significa reconocer a Jesús y nombrarle como nuestro Salvador.

La Salvación en el NT. El concepto básico, establecido tan firmemente en el AT, es el fundamento de la enseñanza de nuestro NT sobre la salvación. La salvación viene de Dios, quien actúa para librar a los espiritualmente necesitados que confían en Él.

Los términos griegos primarios que se traducen «salvación» son sózo (un verbo) y sotería (un sustantivo). Muchas veces «salvación» se usa en el sentido del AT de liberación de algún peligro físico inminente (Mt 24.13; Mr 13.13-20; Hch 27.20). Los milagros de sanidad de Jesús salvaron a los enfermos en el sentido de restaurarles la salud perdida y la integridad (Mt 9.21,22; Mr 5.23,28, 34; Lc 7.50). Pero en la mayoría de los contextos, la salvación enfoca lo que Dios

ha hecho en Cristo para librar a los seres humanos de los poderes de la muerte, el pecado y Satanás. En el NT, los más grandes enemigos de la humanidad son espirituales, no físicos, porque los terrores espirituales amenazan a la gente con la perdición eterna.

El tiempo pasado de la salvación. La salvación del NT tiene tres diferentes aspectos, reflejados en nuestro pasado, presente y futuro. Jesús murió por nuestros pecados en el pasado y cumplió con todo lo que era necesario para nuestra salvación. Cuando confiamos en Jesús, el Padre considera que hemos muerto con el Hijo y hemos resucitado con Él a una nueva vida (Ro 6.3-5). Los cristianos hemos sido salvos y por esto, para efecto de Dios, la gran transacción está completa. Así, la Biblia dice: «nos salvó ... por su misericordia» (Tit 3.5) y «nos salvó y llamó con llamamiento santo» (2 Ti 1.9). Debido a lo que Jesús ya hizo, nosotros los que creemos somos salvos y ya hemos pasado de muerte a vida.

El tiempo presente de la salvación. También es verdad que Jesús siempre nos está salvando. La salvación tiene gran impacto en nuestra experiencia presente. Nosotros, los que hemos sido reconciliados con Dios por la muerte de Cristo, somos salvos por la vida de Jesús (Ro 5.10). Como enfatiza 6.5-14, nuestra unión con Jesús en su muerte y resurrección nos libera de nuestra natural esclavitud al pecado. Somos liberados de nuestra natural esclavitud al pecado. Somos liberados para servir a Dios y vivir vidas justas.

El tiempo futuro de la salvación. Finalmente, la Biblia nos asegura que seremos salvos. En la resurrección, los cristianos seremos totalmente liberados de la última mancha de pecado, perfeccionados al fin y hechos completamente puros y santos. Este futuro cierto se describe hermosamente en Romanos 8.18-39 y 1 Corintios 15.12-58.

Jesús como Salvador. El NT presenta a Jesús como Salvador y enseña que la salvación está

El título «cordero de Dios» evocaba el sacrificio de corderos en la primera Pascua. Su sangre en los dinteles de las puertas de los judíos indicaba al ángel de la muerte que pasara sin tocar los hogares del pueblo de Dios.

❖

disponible sólo mediante la fe en Él. Jesús, el eterno Hijo de Dios vino a nuestro mundo para traernos salvación (Jn 3.17; 1 Ti 1.15). Su muerte ganó para nosotros el perdón y una vida nueva, regalos garantizados por su resurrección (2 Ti 4.18; He 7.25). Jesús nos salva de la ira (Ro 5.9), nos adopta en la familia de Dios (Ef 1.5) y nos asegura la resurrección a una eternidad que pasaremos en compañerismo con Él (1 Co 15.20-23).

En Jesús vemos que Dios ha actuado. La salvación ha sido ganada para nosotros. Ahora, todo lo que nos queda es confiar en Dios, creyendo completamente en Jesús y continuando en la victoria que Él ya ganó.

¿Qué significa para nosotros el nombre Jesús como Salvador? Primero, significa que confesamos nuestra impotencia para combatir al pecado y a las fuerzas espirituales que tienen cautiva a la humanidad. Segundo, sig-

nifica que confiamos en Jesús que ha actuado en la historia para proveer liberación para nosotros por su muerte expiatoria en la cruz. Tercero, significa que confesamos la integridad de Dios (especialmente si nos abandonamos a Él) y confiamos sólo en Él para darnos liberación. No es de extrañar que «Salvador» sea uno de los más preciosos y seguramente uno de los más importantes nombres o títulos de nuestro Señor.

CORDERO DE DIOS
PASCUA

Fue Juan el Bautista quien, reconociendo quién era Jesús después de bautizarlo, anunció a algunos de sus seguidores: «He aquí el Cordero de Dios que quita el pecado del mundo» (Jn 1.29). En 1 Corintios 5.7, Pablo explicó más sobre el nombre «Cordero de Dios» al decir que «nuestra pascua, que es Cristo, ya fue sacrificada por nosotros».

La referencia en cada pasaje es a un acontecimiento histórico. La plaga final que Dios usó para obligar al faraón de Egipto a liberar a los esclavos hebreos fue la muerte del primogénito de cada familia egipcia. Moisés había instruido a los hebreos sobre cómo evitar esta desastrosa plaga. Cada familia debía tomar un cordero en su casa. Entonces, la noche antes en que la muerte asolaría la tierra, el cordero debía ser sacrificado. La sangre del cordero debía ser asperjada sobre los postes y dinteles de la puerta, y el cordero debía ser comido por la familia. Cuando el ángel de la muerte viera la sangre en la puerta, pasaría por alto esa casa y todos los que estaban dentro se salvarían (Éx 12.1-13). Después de esta primera Pascua, que tuvo lugar alrededor del 1450 a.C., el pueblo debía recordar cada año el acontecimiento. Debían tomar un cordero, matarlo y comerlo y recordar cómo el ángel de la muerte había pasado por los hogares hebreos cuando vio la sangre del cordero (vv. 21-28).

Los títulos «Cordero de Dios» y «Pascua» hablan de una seguridad que sólo puede hallarse en la sangre derramada por medio de un sacrificio ofrecido por nosotros. Jesús,

Los sacrificios de animales del AT profetizaron el sacrificio de Jesús para pagar nuestros pecados.

❖

quien derramó su sangre en la cruz, era el Precursor del Cordero de Pascua. Jesús es Aquel cuyo sacrificio limpia y protege a todos los que creen en Él.

❖

TRASFONDO BÍBLICO:

EL SACRIFICIO DE SANGRE

La idea del sacrificio no es particularmente popular entre los críticos del cristianismo. El sacrificio de sangre se desecha como el reflejo de una superstición primitiva. Pero para los cristianos, el sacrificio de sangre es un concepto lleno de honra.

Jesús es el máximo sacrificio de sangre de la historia. Sin embargo, el primer sacrificio fue ofrecido en el jardín del Edén, des-

pués de la Caída. Allí Dios mató animales para proveer pieles para cubrir el pecado de Adán y Eva (Gn 3.21).

La tradición de sacrificio se encuentra en muchas culturas antiguas, cuya gente vio la carne de los animales sacrificados como alimento para sus ídolos. Pero en el AT la sangre es central. Levítico 17.11 explica: «Porque la vida de la carne en la sangre está, y yo os la he dado para hacer expiación sobre el altar por vuestras almas; y la misma sangre hará expiación de la persona». El mensaje del sacrificio en el AT es que el pecado produce muerte, pero que Dios acepta la muerte de un sustituto en lugar del pecador.

Noé, Abraham y otras personas de fe del pasado ofrecieron sacrificios. Pero no fue sino hasta la época de Moisés que se estableció un completo sistema de sacrificio para el pueblo de Dios. Las violaciones de la Ley de Moisés demandaban ofrendas por el pecado. Los individuos que inadvertidamente cometían pecado, de inmediato debían presentar sacrificios. Pero también había un sacrificio central, hecho sólo una vez al año en el día de la expiación, por medio del cual eran cubiertos todos los pecados de todo el pueblo de Dios. Este sistema de sacrificios proveía un camino por el que la gente pecadora podía acercarse al Señor.

Los profetas del AT a menudo condenaban a sus contemporáneos por hacer de los sacrificios de su religión un simple ritual, y por ofrecerlos a Dios mientras continuaban con su vida de pecado. El sacrificio en el AT debía ser la expresión de un corazón arrepentido y las ofrendas debían expresar la adoración de un pueblo moralmente puro (Is 1.13-17; Am 5.21-27; Mi 6.6-8).

Jesús, también, condenó un simple ritual de fe. Retó a sus críticos para que fueran y aprendieran lo que significa: «Misericordia quiero, y no sacrificio» (Mt 9.13; 12.7). Según Jesús, el amor a Dios y al prójimo era más importante que todos los sacrificios y ofrendas encendidas que pudieran ofrecerse. Por esto Dios nos llama a vivir vidas santas. Si Israel hubiera mostrado misericordia, el pueblo no hubiera cometido los pecados que requerían expiación por medio del sacrificio.

La crítica de la fe ritualista de Israel no era un rechazo al principio del sacrificio. En vez de eso, fue un rechazo a la mala interpretación de Israel al sacrificio. En el corazón de la práctica, el sacrificio es una expresión de fe, no un ritual. Los sacrificios eran ofrecidos por las personas que no sólo estaban conscientes de su pecado, sino que también estaban seguros que Dios era fiel a su promesa y los aceptaría a pesar de sus fracasos. Cuando los creyentes del AT se paraban ante el altar y veían morir al animal del sacrificio por sus pecados, experimentaban una realidad que finalmente fue expresada por Cristo cuando murió en la cruz. El pecado trae muerte. Pero Dios aceptará la vida de un sustituto y dará la bienvenida al pecador a una relación con Él.

El NT interpreta la muerte de Cristo en la cruz como el sacrificio culminante de la historia. «A quien Dios puso como propiciación por medio de la fe en su sangre» (Ro 3.25). Jesús murió por nosotros y nos justificó por su sangre (5.8,9).

Tres capítulos de Hebreos exploran el significado de la sangre del sacrificio (He 8—10). El santuario del AT y los sacrificios eran «figura y sombra de las cosas celestiales» (8.5), sirviendo como ilustraciones para el tiempo presente (9.1-9). Cristo, con su sangre, entró no al templo terrenal, sino más bien al cielo mismo «por su propia sangre, entró una vez para siempre en el Lugar Santísimo, habiendo obtenido eterna redención» (9.12). El sacrificio único de Jesús arregló total y finalmente el problema del pecado y fue suficiente para quitar los pecados de los que confían en Él (vv. 23-28).

De manera que los sacrificios de la historia fueron ilustraciones. Fueron la manera de Dios de instruir a la humanidad para que se entendiera el significado de la muerte de Jesús. Los repetidos sacrificios del AT sólo fueron «la sombra de los bienes venideros, no la imagen misma de las cosas» (10.1). Ahora no se necesitan los sacrificios de animales, porque «somos santificados mediante la ofrenda del cuerpo de Jesucristo hecha una vez para siempre» (v. 10).

Sí, los cristianos creemos en la sangre de sacrificio. Estamos convencidos que sólo la sangre derramada de Cristo, su vida cambiada por la nuestra, pudo haber ganado el perdón para los pecadores. La sangre del sacrificio no es nada «primitivo». Es algo básico para la fe cristiana.

MEDIADOR

El papel de mediador se describe en Gálatas 3.20. Un mediador es una persona que representa a ambas partes en una transacción o disputa. Israel vio a Moisés como el mediador de la Ley, con los ángeles (representando a Dios) de un lado y los seres humanos del otro. Así Pablo dice que la Ley «fue ordenada por medio de ángeles en mano de un mediador» (Gá 3.19).

Esta declaración hace particularmente importante la afirmación de Pablo en 1 Timoteo 2.5: «Porque hay un solo Dios y un solo mediador entre Dios y los hombres, Jesucristo hombre». El nuevo pacto, a diferencia del antiguo, es administrado por alguien que es tanto Dios como hombre, mientras que el antiguo pacto (la Ley de Moisés), era administrado por los ángeles. (Para un estudio del papel de los ángeles en la Ley Mosaica, véase el volumen compañero Every Ángel in the Bible).

El escritor de Hebreos llama nuestra atención al hecho que Dios mismo es el mediador del nuevo pacto. El escritor sostiene que el nuevo pacto tenía que ser superior al antiguo y tenía que estar fundado sobre mejores promesas (He 8.6). Porque Cristo murió y resucitó, el pacto que él media nos asegura que recibiremos la herencia prometida de vida eterna (9.15).

MESÍAS

Véanse «el Ungido» (p. 94) y «Cristo» (p. 176).

MÉDICO

Fue Cristo quien se llamó a sí mismo «Médico» en Lucas 4.23. Por supuesto, en esa ocasión, estaba citando a otros. Sin embargo, el ministerio de sanidad de Cristo lo califica para llamarse «el gran Médico». Jesús no sólo sanó a los que tenían enfermedades ordinarias como la suegra de Pedro (Mt 8.14,15) sino que también restauró milagrosamente la vista a los ciegos (Jn 9) y fortaleció a los que tenían los brazos secos (Mt 15.31). Lo más importante de todo, como el gran Médico, es que Jesús es el sanador de las almas. Él restaura la vida a los que están espiritualmente muertos y transforma lo corrupto, haciéndoles realmente buenos.

TRASFONDO BÍBLICO:

SANIDAD

Los cristianos creemos que Dios quiere que tengamos vida eterna para siempre y vida abundante ahora. Para algunos cristianos parece que una vida abundante debe incluir salud. Están convencidos que cuando Isaías escribe «por su llaga fuimos nosotros curados» (Is 53.5), promete sanidad física ahora a los creyentes. Estos cristianos enseñan que todo lo que un creyente tiene que hacer es reclamar la promesa de sanidad por fe, y que luego la curación con seguridad vendrá.

Otros cristianos disienten. Señalan que todos los creyentes serán curados de toda enfermedad física, pero que tal curación sólo vendrá en la resurrección. También argumentan que la «vida abundante» no tiene nada que ver con la condición física ni con el estado económico. La vida abundante se encuentra en la íntima relación con Jesús. Mas aún, una persona enferma puede tener una relación especialmente estrecha con el Señor.

Aunque estos puntos de vista difieren significativamente, también tienen una base común. Todos los cristianos creemos en un Dios que puede curar. Podemos diferir en nuestro entendimiento de cuándo y cómo. Él es el que decide actuar, pero ninguno de nosotros duda que Jesús puede actuar aquí y ahora. Todos oramos por nuestras necesidades, seguros de que el Señor nos oye y está atento a nuestras oraciones.

Una vez establecido lo que hay en común, ¿qué dice la Biblia sobre la sanidad? En el AT, las dolencias y las enfermedades se usaban a menudo como descripciones de pecados (Is 4-6). Por lo tanto, la sanidad se relaciona con el perdón y la relación con el Señor (2 Cr 7.14; Os 6.1). También es cierto que la enfermedad es a veces castigo por el pecado, por lo que la sanidad viene con el perdón (Éx 15.26).

Sin embargo, la enfermedad no siempre

(p.188) Muchos médicos en los tiempos bíblicos eran hábiles para la cirugía, como lo indica esta muestra de equipo quirúrgico usado por los médicos egipcios.

❖

es un castigo, y aunque la salud física viene de Dios, su pueblo del AT no vio nada inapropiado en el uso de medicinas (Is 1.6; 38.21; Jer 51.8). Lo que critica el AT es que el rey Asa, por ejemplo, buscó sólo ayuda de los médicos y no del Señor (2 Cr 16.12).

La sanidad era una parte muy importante del ministerio de Jesús y también jugó un papel en el ministerio inicial de los apóstoles. En los Evangelios, la sanidad es a menudo asociada con la fe de la persona enferma (Mt 8.1-3; 9.20-22; Hch 5.16; 14.9). Sin embargo otros milagros de sanidad nunca mencionan la fe (Mt 9.23-26; Mr 6.5; Hch 3.1-10; 8.7,28.8).

Sorprendentemente, hay muy poco sobre sanidad en las epístolas del NT. Sin embargo, Hebreos 12.13 habla de sanidad en un sentido espiritual interior. También Santiago pide a los enfermos que permitan que los ancianos de la iglesia oren por ellos (Stg 5.14,15). Además en 1 Corintios 12.28-30, Pablo enumera la sanidad como uno de los dones espirituales. Pero la idea de que los cristianos pueden reclamar la sanidad física es un derecho que no se enseña explícitamente en el NT.

Isaías 53.4,5, habla de la sanidad por las heridas de Jesús, y Mateo 8.17 dice que esto fue cumplido en las obras de sanidad de Jesús cuando estaba en la tierra. Aunque el enfoque primario de Isaías era la sanidad espiritual, las referencias de Mateo indican que la sanidad física y espiritual están conectadas. ¿Entonces este par de versículos indican que la sanidad física es prometida al pueblo de Dios ahora como un derecho ganado por la sangre derramada por Jesús? Si es así, es difícil explicar lo que sucedió cuando los creyentes del NT se enfermaron.

Pablo padecía de una grave enfermedad, (que probablemente afectaba sus ojos). Él suplicó al Señor que la sanara (2 Co 12.8), pero Dios no lo hizo. En vez de eso le dio gracia a Pablo para vivir con su dolencia. Timoteo tenía un problema crónico de estómago. Pablo le aconsejó tomar un poco de vino en vez de agua (1 Ti 5.23). Epafrodito, después de venir a Pablo desde Filipo, se enfermó gravemente y casi muere. Después de la recuperación de Epafrodito, Pablo escribió: «Pues en verdad estuvo enfermo, a punto de morir; pero Dios tuvo misericordia de él, y no solamente de él, sino también de mí, para que no tuviese tristeza sobre tristeza» (Fil 2.27).

¿Qué podemos concluir de lo anterior? Vemos a Jesús como el gran Médico y dependemos del Señor cuando nos enfermamos. Llevamos esta necesidad al Señor y oramos con fe. Sabemos que Dios oye y que, en su amor, hará lo mejor por nosotros. Sin embargo, oramos dándonos cuenta que no tenemos garantía de sanidad en este mundo. Todo lo que Jesús garantiza es que tendremos sanidad en la eternidad, y que en este mundo, Dios actuará en nuestra vida para bien.

PROFETA

En Deuteronomio 18.18,19, Dios le dijo a Moisés:

Profeta les levantaré de en medio de sus hermanos, como tú; y pondré mis palabras en su boca, y él les hablará todo lo que yo le mandare. Más a cualquiera que no oyere mis palabras, que él hablare en mi nombre, yo le pediré cuenta.

Este es uno de esos pasajes que está lleno de especial significado. Es un pasaje profético indicando lo que Dios hará. También tiene que ver con otros pasajes proféticos a lo que los teólogos llaman la «ley de doble referencia». En otras palabras, la profecía tiene múltiple aplicación.

Por un lado, este pasaje se cumplió parcialmente en los muchos profetas que Dios había levantado en los tiempos del AT para comunicar su mensaje a su pueblo. Por otro lado, desde el principio este pasaje fue entendido propiamente como una indicación de que un día Dios enviaría un Profeta, que sería como Moisés. Debido a que Moisés dio un nuevo curso a la historia, no sólo librando al pueblo de la esclavitud de Egipto, sino también dando a la nación una ley por la cual vivir, así también el profeta prometido establecería una nueva dirección por fe. Haría de la redención un regalo disponible para toda la humanidad y reemplazaría la ley con la gracia como una manera de relacionarse con Dios y vivir para Él.

JESÚS COMO «EL PROFETA»

Aunque no se entendió todo el significado del ministerio del «profeta» en los tiempos del AT, muchos judíos en el siglo I d.C. sabían que Dios enviaría un día al profeta. Esta verdad se ve muy claramente en un reto lanzado por los líderes religiosos a Juan el Bautista en el que le demandaban que se identificara (Jn 1.19-24). Juan aclaró que de ninguna manera pretendía ser el Cristo (Mesías).

Entonces le preguntaron a Juan si él era el Precursor, Elías. Nuevamente Juan dijo: «No soy». Finalmente la delegación de líderes religiosos preguntó: «¿Eres tú el profeta?» Y nuevamente Juan dijo: «No». Claramente «el profeta» era alguien a quien los fariseos y otros líderes religiosos esperaban que apareciera.

Más tarde, después de ver uno de los milagros de Jesús, los observadores dijeron: «Este verdaderamente es el profeta que había de venir al mundo» (6.14). En efecto, uno de los muchos rumores sobre Jesús, después que había comenzado su ministerio de sanidad y enseñanza, estuvo enfocado en esta identidad. Se suponía que Jesús era Elías (el precursor del Mesías) o «el Profeta» (Mr 6.15). Es más, Jesús cumplió los tres vertientes de la profecía del AT. Él fue el profeta, como Moisés; fue el Sacerdote (conforme el orden de Melquisedec; Sal 110.4); y fue el Rey, de la línea de David, el Mesías (Lc 1.31-33).

LA MISIÓN DE JESÚS COMO «EL PROFETA»

Hay algunos paralelismos entre los ministerios de Moisés y Jesús.

Cada uno fue nombrado para ser el vocero de Dios. Moisés habló de parte de Dios al Faraón y a Israel. De igual forma, Jesús habló a Israel.

Cada uno fue autenticado por milagros. Los juicios milagrosos que Moisés anunció contra Faraón y contra Egipto dejaron claro que representaba al Señor. Igualmente, las sanidades milagrosas y exorcismos que Jesús realizó, también dejaron claro que Él también representaba a Dios. Aun el Sanedrín judío, según Nicodemo (uno de los miembros del concilio supremo), admitió: «Rabí, sabemos que has venido de Dios como maestro, porque nadie puede hacer estas señales que tú haces si no está Dios con él» (Jn 3.2).

Cada uno presentó una nueva revelación de Dios. Por medio de Moisés, Dios se mos-

Elías, que confrontó a cuatrocientos profetas de Baal en el Monte Carmelo, es uno de los profetas principales del AT.

❖

tró como un Dios de poder que guardaba su antiguo pacto con Abraham y sus descendientes. Por medio de Moisés, también, el nombre «Yahveh» fue revelado a los israelitas. Y por medio de Jesús, Dios se mostró como un Dios de amor. También, por medio del nombre «Emanuel» (que significa «Dios con nosotros»), Dios el Hijo demostró que tomó en su carne la redención para la humanidad pecaminosa.

Cada uno fue mediador de un pacto. Moisés fue el mediador del antiguo pacto que enseñó a Israel cómo vivir en compañerismo con Dios. Igualmente, Jesús es el mediador del nuevo pacto que establece una nueva relación con Dios tanto para el judío creyente

como para el gentil creyente. Este pacto reemplaza un estilo de vida legalista con uno de gracia (Ro 6 y 7).

Una vez señaladas todas estas similitudes, es importante reconocer que el ministerio de Jesús fue más que superior al de Moisés. Hebreos 3.2-6, señala:

> El cual es fiel al que le constituyó, como fue también Moisés en toda la casa de Dios. Porque de tanto mayor gloria que Moisés es estimado digno este, cuanto tiene mayor honra que la casa el que la hizo. Porque toda la casa es hecha por alguno; pero el que hizo todas las cosas es Dios. Y Moisés, a la verdad, fue fiel en toda la casa de Dios, como siervo, para testimonio de lo que se iba a decir; pero Cristo como hijo sobre su casa, la cual casa somos nosotros, si retenemos hasta el fin la confianza y el gloriarnos en la esperanza.

❖

TRASFONDO BÍBLICO:
LOS PROFETAS Y LA PROFECÍA EN LA BIBLIA

La palabra hebrea básica para profeta significa «la persona que habla» o el «orador». Un profeta es esencialmente una persona autorizada para hablar por otra, como Moisés y los profetas del AT fueron autorizados para hablar en el nombre del Señor (Éx 7.1,2; Nm 12.1-8). Los profetas son también llamados «mensajeros», «videntes» y «personas de Dios», en el AT. Sus mensajes se llaman «profecías», «visiones», «oráculos», «cargas», o simplemente «la palabra del Señor».

Los hombres y mujeres que servían como voceros de Dios, tenían la tarea primaria de proveer dirección sobrenatural al pueblo de Dios. Estos profetas venían de todas las formas de vida. Sus ministerios los llevaban a reyes y sacerdotes, a tierras extranjeras y a gente común. Muy a menudo el mensaje de los profetas era de naturaleza moral, confrontaba a Israel con el pecado y los llamaba a volverse a las formas santas de vida reveladas en la Ley de Dios. Además los profetas daban asesoramiento militar, hacían promesas a Israel sobre su futuro, y advertían al pueblo contra los varios cursos de la acción política.

La misión del profeta era, primero que todo, para el pueblo de su tiempo. El don de predicción ejercido por muchos profetas estaba enfocado principalmente en los acontecimientos cercanos. Al identificar correctamente lo que sucedería en el futuro cercano, la declaración del profeta de ser el vocero de Dios se hacía evidente. Sólo Dios podía conocer «el fin desde el principio» (Is 46.10) y cumplir lo que había planeado. Predecir los acontecimientos futuros sin equivocarse era una fuerte evidencia del llamamiento del profeta para ser un vocero de Dios. Y cuando los acontecimientos profetizados estaban distantes en el tiempo, el cumplimiento de los acontecimientos cercanos garantizaba que los distantes también se cumplirían.

El NT, así mismo, contiene predicciones sobre el futuro. Además, describe los profetas y las profecías en la Iglesia primitiva. Las personas que eran movidas por el Espíritu, daban mensajes especiales a las congregaciones locales (Hch 11.27-30; 21.10,11).

La profecía es considerada un don espiritual en 1 Corintios 12.10. Pero ¿qué es el don profético? Algunos cristianos creen que esto indica una continuación del ministerio profético del AT y que ahora algunos creyentes pueden dar dirección especial inspirada por Dios a las congregaciones y a los individuos.

Otros cristianos toman la referencia del NT a los profetas en un sentido ligeramente diferente. Ellos creen que los profetas son todavía voceros de Dios, pero que ahora hablan por Él predicando y enseñando lo que ya ha sido revelado en el Antiguo y Nuevo Testamentos. Así, estos profetas no son canales por medio de los que Dios provee nueva revelación. Tanto ellos como sus audiencias están guiados, están dirigidos, internamente por el Espíritu Santo.

Otros creen que, como los profetas del AT, algunos creyentes ahora son especialmente llamados para confrontar libremente a sus compañeros cristianos y a los incrédulos. En su rol de confrontación, estos profetas son voceros de Dios entre nosotros que nos llaman a vivir sus patrones (los de Dios) de justicia y misericordia.

LA RESURRECCIÓN Y LA VIDA

Fue Jesús quien dijo: «Yo soy la resurrección y la vida» (Jn 11.25). El NT menciona la resurrección unas 40 veces y desarrolla una teología de la resurrección en 1 Corintios 15. Sin embargo, el contexto en el que Jesús se identifica como «la resurrección y la vida», es especialmente importante.

Los enemigos de Jesús estaban buscándolo activamente. Esto le impulsó a salir del área cerca de Jerusalén. En el pequeño pueblo de Betania, sólo a dos millas de Jerusalén, vivían tres de los amigos más cercanos de Cristo: Lázaro y sus dos hermanas, Marta y María.

Cuando Lázaro se enfermó de gravedad, las dos hermanas enviaron a buscar a Jesús. Los mensajeros encontraron a Jesús, pero curiosamente Él decidió no apresurarse en regresar a Betania con ellos. En vez de eso, Jesús esperó. Sólo después que Lázaro murió, regresó Jesús a Betania con sus discípulos.

Lázaro había muerto hacía cuatro días cuando Jesús llegó y una de las llorosas hermanas lo recibió. El tiempo que había pasado era importante. La costumbre judía requería el entierro inmediato de una persona que moría. Entonces, durante cuatro días los familiares visitaban la tumba por la improbable posibilidad de que la persona hubiera caído en coma y no hubiera muerto. Después de cuatro días, todos estaban seguros que Lázaro había muerto.

Cuando Jesús llegó a Betania, Marta le salió al encuentro y le expresó su convicción

La tumba vacía de Jesús nos recuerda que Cristo «fue declarado Hijo de Dios con poder ... por la resurrección de entre los muertos» (Ro 1.4).

de que si Él hubiera llegado más pronto, Lázaro no hubiera muerto.

Fue en este momento que Jesús se identificó como «la resurrección y la vida». Jesús, entonces, fue a la tumba y allí le devolvió la vida a Lázaro. Jesús no resucitó a Lázaro, más bien fue el Hijo de Dios el que lo resucitó. Sabemos esto porque el resucitado no muere otra vez. En cambio, los llamados de nuevo a esta vida terrenal morirán otra vez biológicamente.

En forma interesante, Jesús liga los dos títulos: «la resurrección y la vida». Como «la vida», Jesús es el que da sostén a la vida biológica. Como «la resurrección», Jesús puede tomar a un ser humano caído y transformarlo por medio de la resurrección hasta que toda huella de pecado desaparece. En consecuencia, esa persona existirá en un estado absolutamente perfecto por toda la eternidad.

La resucitación de Lázaro, el que Jesús lo llamara de vuelta a la vida terrenal, fue prueba del poder de Jesús sobre la muerte, y de su derecho a ser llamado «la resurrección». Fue, por supuesto, la propia resurrección de Cristo, después de estar tres días en una tumba prestada, la que, en palabras de Romanos 1.4 «fue declarado Hijo de Dios con poder». Este es el mismo poder que ejercerá cuando resucite a todos sus santos.

❖

TRASFONDO BÍBLICO:

RESURRECCIÓN

La resurrección en el AT. Aunque en el AT se sugiere la resurrección, no parece ser un principal elemento en la fe del AT. Los santos del AT miraron más allá de esta vida, pero la mayor parte de ellos confiaron en Dios sin una clara información sobre su plan final para ellos. Mil trescientos años después de Abraham, Isaías reveló que Dios «destruirá la muerte para siempre» (Is 25.8). También, en el futuro, «tus muertos vivirán; sus cadáveres resucitarán» (Is 26.19). La afirmación más clara sobre la resurrección se encuentra en Daniel 12.2:

Y muchos de los que duermen
en el polvo de la tierra serán despertados,
unos para vida eterna,
y otros para vergüenza y confusión perpetua.

Así que no se tenía la muerte como un final. Sin embargo, la doctrina de la resurrección, aunque se enseña, no está totalmente desarrollada en el AT.

La resurrección de Jesús. Fue sólo con la resurrección de Jesús que podemos captar un destello de la gloria que nos espera. La realidad de la resurrección de Jesús es central para nuestra fe. Todas las declaraciones que Jesús hizo durante su vida se confirman en su resurrección. Jesús es también llamado «primicias de los que durmieron» (1 Co 15.20). Su resurrección es la garantía de que la muerte ha sido conquistada, y la vida eterna es ahora nuestro destino.

La resurrección del creyente. Todos los muertos aparecerán un día delante de Dios para ser juzgados (Ap 20.11-15). Esto, sin embargo, no es lo que la Biblia quiere decir por resurrección. Resurrección es una transformación a un nuevo estado de ser y está reservada para los creyentes. Encontramos más detalles en 1 Corintios 15. Nuestros cuerpos resucitados corresponderán a nuestros cuerpos presentes, pero serán imperecederos, gloriosos y llenos de poder. Serán más espíritu que material natural (1 Co 15.42-44). Esos cuerpos serán «la imagen del celestial» (v. 49).

Es fascinante saber que nuestros cuerpos resucitados serán como el cuerpo glorificado de Jesús. Por ejemplo, el cuerpo resucitado de Jesús era de «carne y hueso» (Lc 24.39) antes que carne y sangre (Lv 17.11). Jesús podía aparecerse en medio de sus discípulos a pesar de estar todas las puertas cerradas (Jn 20.19,26). Esto sugiere que cuando seamos resucitados, ¡tendremos poderes inimaginables!

❖

MAESTRO

Véase la sección titulada «Rabí» en la p. 171.

PASTOR Y OBISPO
BUEN PASTOR
GRAN PASTOR
PRÍNCIPE DE LOS PASTORES

El NT frecuentemente describe a Jesús como nuestro Pastor, añadiendo ya sea un adjetivo u otro título a ese nombre. Aunque del AT entendemos el ministerio básico de Dios como el Pastor de su pueblo (véase la p. 85), el hecho que los ministerios de Cristo se definen más adelante de esta manera, es importante.

Jesús como el buen pastor (Juan 10.1-18). En este pasaje Jesús hace un contraste entre un hombre contratado para cuidar las ovejas y un buen pastor. El hombre contratado está trabajando no porque ama a las ovejas, sino porque quiere ganar dinero. Cuando las ovejas están en peligro por la aparición de un animal salvaje, el hombre asalariado huye. Pero el buen pastor, quien genuinamente cuida de las ovejas, está dispuesto a dar su vida por ellas. Fue como buen pastor que Jesús murió por nosotros, sus ovejas, probando de una vez por todas que el Señor cae en la categoría de «buen pastor» (v. 11).

Jesús como el gran pastor (Hebreos 13.20,21). Jesús es el «gran pastor» en vista de lo que logró por medio de su muerte. Él hizo más que morir sólo para que sus ovejas pudieran tener una vida terrenal. Más importante, «mediante la sangre del pacto eterno», Jesús nos ha hecho «perfectos en toda buena obra para hacer su voluntad, haciendo en vosotros lo que es agradable a su vista». Así, el «gran pastor», Jesús, nos ha capacitado para vivir en armonía con Dios aquí y ahora, y también para hacer su voluntad diariamente.

Jesús como el Príncipe de los pastores (1 Pedro 5.4). En los versículos 2 y 3, Pedro anima a los líderes humanos de la Iglesia de Cristo a ministrar, ser siervos y ejemplos para el rebaño de Dios. Entonces, en el versículo 4, el apóstol recuerda a estos líderes que «cuando aparezca el Príncipe de los pastores, vosotros recibiréis la corona de gloria». El contexto aclara que aun cuando Dios da líderes humanos para pastorear a su pueblo, Jesús es el Príncipe de los pastores. Él está activamente involucrado en cuidarnos. Es por su activa participación que premiará a los pastores subalternos apropiadamente. Jesús no sólo está involucrado en nuestra vida sino que también supervisa activamente, guía y trabaja por medio de los hombres y mujeres a quienes ha asignado la tarea de dirigirnos.

Jesús como el Pastor y Obispo (1 Pedro 2.24,25). Pedro nos recuerda que Cristo llevó nuestros pecados en la cruz con un propósito específico. La intención de Dios era que nosotros «estando muertos a los pecados, vivamos a la justicia» (v. 24). Esta es la razón por la que los creyentes pueden volver «al Pastor y Obispo de vuestras almas» (v. 25).

¡Qué emocionante mensaje de esperanza! Sabemos que Jesús nos pastorea personalmente. Lo hace para guiarnos a verdes pastos, permitiéndonos descansar junto a aguas quietas, y protegiéndonos de los enemigos de nuestras almas. Porque Jesús es nuestro Pastor y Obispo, no debemos temer a estos peligros. Todo lo que debemos hacer es permanecer en sintonía con Él y responder a su dirección. Podemos estar seguros de que dondequiera que nos guíe, Él estará allí con nosotros noche y día.

CAMINO

Los cristianos de la Iglesia primitiva eran a menudo llamados «seguidores del camino». Esto nos recuerda que el cristianismo es una fe exclusiva. A diferencia de muchas religiones simples, los cristianos toman muy seriamente la declaración de Jesús de ser el único camino, o la única vía, a Dios. Cuando Jesús dijo: «Yo soy el camino, y la verdad y la vida, nadie viene al Padre, sino por mí» (Jn 14.6), dejó claro que sólo mediante la fe en Él puede alguien establecer una relación personal con Dios.

Así, los muchos nombres y títulos de Dios que se refieren a la misión de Jesús aquí en la tierra se resumen en este último título. Cristo es el único por el que podemos llegar a Dios. Jesús es el único Abogado, el único mediador entre Dios y la humanidad. Jesús es la persona a quien Dios ungió para hacer la salvación disponible para todo el que cree que Jesús es la puerta al cielo, la cabeza de la Iglesia y nuestro único Pastor. Sí, la obra que Jesús hizo aquí en la tierra, y la obra que sigue haciendo en la vida del hombre, es absolutamente necesaria para cualquier ser humano que quiera encontrar perdón y establecer una relación íntima con Dios.

CAPÍTULO 9

NOMBRES Y TÍTULOS DEL ESPÍRITU SANTO

➤ ¿CÓMO LOS NOMBRES ESTABLECEN LA IDENTIDAD DEL ESPÍRITU? ——*196*

➤ EL ESPÍRITU COMO SANTO ——*198*

➤ DESCRIPCIÓN DE LA OBRA SANTIFICADORA DEL ESPÍRITU SANTO ——*200*

➤ ¿QUÉ SON LOS «DONES DEL ESPÍRITU»? ——*203*

➤ CÓMO EL ESPÍRITU NOS HACE JUSTOS... ¡AHORA! ——*208*

➤ QUÉ NOS AYUDA A VER EL ESPÍRITU ——*212*

Las palabras hebrea (*rúakj*) y griega (*pneuma*) que se emplean para hablar del espíritu significan literalmente «viento» o «aire en movimiento». Sin embargo, en la opinión de los especialistas su sentido original es aliento, o sea, el aire puesto en movimiento por la respiración. Una adecuada traducción, dicen algunos, sería «hálito de vida. El *pneuma* es ese elemento de una persona que es real y a la vez inmaterial y difícil de asir, como el viento que sopla en la copa de los árboles.

No obstante, no hay nada efímero en cuanto al Espíritu Santo. Aunque la tercera persona de la Trinidad es espíritu en su ser esencial, y por lo tanto no puede ser vista por los ojos humanos, la Biblia dice claramente que Él es real y que está activo en nuestro mundo.

Antes de mirar y considerar los varios nombres y títulos del Espíritu Santo, vale la pena hacer un resumen de lo que las Escrituras enseñan sobre Él.

EL ESPÍRITU SANTO

El Espíritu es una persona divina. Algunos han sugerido que el Espíritu Santo debe verse como la «influencia divina» o como «el poder animador de Dios». Estos intentos de quitarle al Espíritu Santo su personalidad y deidad han fracasado porque la Biblia los contradice muy claramente.

Cuando Jesús habló del Espíritu Santo, escogió el pronombre personal «Él», aun cuando «espíritu» en griego es una palabra neutra (Jn 14.17,26; 16.13-15). Cristo prometió a sus discípulos enviarles «otro Consolador» (14.16) cuando volvía al cielo e identificó al Espíritu como el prometido. La palabra griega traducida «otro» es *álos*, un término que significa «otro *de la misma clase*». Debe distinguirse de *eteros*, una palabra griega que significa «otro de una clase diferente». Cristo, la segunda persona de la Trinidad, enviaría el Espíritu que es igual a Dios para vivir dentro de aquellos que creen.

Los escritores de la Biblia fueron «dirigidos» por el Espíritu Santo,
como un velero es dirigido por el viento que sopla en sus velas.

Hay muchas otras indicaciones de que el Espíritu es una persona y no una fuerza o influencia. El Espíritu sabe y entiende (Ro 8.27; 1 Co.2.11). Se comunica con palabras (v. 13). Actúa y decide (12.11). El Espíritu ama (Ro 15.30). Puede ser insultado (He 10.29), se le puede mentir (Hch 5.3), puede ser resistido (7.51) y puede ser contristado (Ef 4.30). El Espíritu enseña (Jn 14.26), intercede (Ro 8.26), convence (Jn 16.7,8), da testimonio (15.26) y guía (16.13). Cada una de estas actividades testifica que el Espíritu es real, es una persona sensible y no una influencia impersonal.

El Espíritu es también una persona divina. La Biblia identifica claramente al Espíritu como Dios, por el título que le da. Él es el Espíritu eterno (He 9.14), el Espíritu de Cristo (1 P 1.11), el Espíritu de Jehová (Is 11.2), el Espíritu de Jehová el Señor (61.1), el Espíritu de su Hijo (Gá 4.6). Sólo alguien que es verdadera y completamente Dios ostenta tales títulos divinos.

La deidad del Espíritu puede mostrarse de otras maneras. Es omnipresente como sólo Dios puede ser (Sal 139.7; 1 Co 12.13). El Espíritu es Todopoderoso (Lc 1.35; Ro 8.11). Fue un agente de la Creación (Gn 1.2; Sal 104.30) y tiene poder para hacer milagros (Mt 12.28; 1 Co 12.9-11). El Espíritu es Aquel que nos da un nuevo nacimiento (Jn 3.6; Tit 3.5). Fue el Espíritu el que resucitó a Cristo de entre los muertos y quien trae la resurrección de Dios a la vida de los creyentes (Ro 8.11). El testimonio bíblico es claro. El Espíritu Santo no sólo es una persona real, sino que también es Dios.

NOMBRES QUE ESTABLECEN LA IDENTIDAD DEL ESPÍRITU

ESPÍRITU ETERNO

En Hebreos 9.14 se llama al Espíritu Santo el «Espíritu eterno». El significado bíblico de la palabra griega *aionios* se relaciona con la palabra griega *olam* en el AT, que lleva la connotación de una continuidad ilimitada en el futuro. Lo que es eterno está fuera del tiempo y sus limitaciones. Esto es verdad solamente en cuanto a Dios. Al llamar a la tercera persona de la Trinidad el

«Espíritu eterno», el escritor de Hebreos está afirmando, sin duda, la deidad del Espíritu Santo.

DIOS

En el AT, el Espíritu está conectado con varios nombres de Dios. Él es el Espíritu de Elohim [Dios] (Gn 1.2), el viento de Jehová (Is 40.7), y el soplo del Omnipotente (Job 32.8).

Un incidente registrado en los Hechos hace absolutamente claro que el Espíritu es Dios. En los primeros días de la Iglesia en Jerusalén, se eliminó a los cristianos de la distribución de alimentos para las viudas, actividad que se organizaba por medio del Templo. Por esta razón, la Iglesia estableció su propio sistema de distribución para viudas y huérfanos creyentes. Esto costó dinero y los fondos llegaron de personas que dieron generosamente. Estas personas vendían sus propiedades y entregaban todo el dinero a los apóstoles para llenar las necesidades de los compañeros creyentes que eran pobres.

Una pareja cristiana vendió su propiedad y, deseando que pensaran que eran generosos pero sin dar todo el dinero de la venta, *pretendieron* que daban toda la cantidad. El esposo y la esposa mintieron, por separado, sobre la transacción, ¡y, por separado, ambos cayeron muertos!

Las palabras de Pedro al esposo, Ananías, le aclararon que no era nada malo guardar parte del precio para ellos; después de todo era su propiedad (Hch 5.1,2). El problema fue la hipocresía de la acción. Ananías había declarado una cosa, pero había hecho otra. Pedro le preguntó: «Ananías, ¿por qué llenó Satanás tu corazón para que mintieses al Espíritu Santo, y sustrajeses del precio de la heredad? Reteniéndola, ¿no se te quedaba a ti? y vendida, ¿no estaba en tu poder? ¿Por qué pusiste esto en tu corazón? No has mentido a los hombres sino a Dios» (vv. 3,4).

De esa manera, Pedro aclara que el «Espíritu Santo» y «Dios» pueden usarse intercambiablemente, estableciendo que la Iglesia primitiva reconocía la deidad del Espíritu Santo.

SEÑOR

El título «Señor» es uno que el NT generalmente reserva para el Jesús resucitado. Sin embargo, el Espíritu Santo es llamado el «Espíritu del Señor» cuatro veces en el NT (Lc 4.18; Hch 5.9; 8.39,2 Co 3.17). En el último de estos pasajes, el Espíritu es llamado «Señor» por derecho propio.

En 2 Corintios 3.7-18, Pablo hace un contraste entre Moisés y los creyentes. Cuando Moisés estuvo con Dios, su rostro se transformó y estaba radiante. Después de salir de la presencia del Señor, se puso un velo sobre el rostro para encubrir su resplandor. Pablo nos dice fue así «para que los hijos de Israel no fijaran la vista en el fin de aquello que había de ser abolido» (3.13). Moisés no quería que los israelitas recordaran que él era esencialmente un hombre ordinario.

Pablo escribe respecto a los creyentes: «Así que, teniendo tal esperanza, usamos de mucha franqueza; y no como Moisés» (vv. 12,13). En otras palabras, nos quitamos el velo (por decirlo de alguna manera) y dejamos que otros vean nuestra humanidad, nuestros defectos y todo lo que somos. Entonces explica por qué lo hacemos . Es que nosotros, «mirando a cara descubierta como en un espejo la gloria del Señor, somos transformados de gloria en gloria en la misma imagen, como por el Espíritu del Señor» (v. 18).

Otros ven a Jesús en nosotros, no porque seamos perfectos, sino porque *estamos siendo perfeccionados.* Cuando vivimos vidas sinceras ante los demás, ellos ven al Espíritu obrando cambios en nuestra vida. Son los cambios que los otros ven con el tiempo, los que revelan la realidad de Jesús y la obra del Espíritu en nuestra vida. Aunque distintas como dos personas de la Trinidad, tanto Jesús como el Espíritu, son el Señor nuestro Dios, «Porque el Señor es el Espíritu; y donde está el Espíritu del Señor, allí hay libertad» (v. 17).

PODER DE LO ALTO

El arcángel Gabriel revela este título del Espíritu Santo en su explicación a María respecto al nacimiento virginal. El ángel le dijo: «El Espíritu Santo vendrá sobre ti, y el poder del Altísimo te cubrirá» (Lc 1.35).

El NT asocia al Espíritu Santo con poder, no menos de diez veces. No sólo fue la concepción de María realizada por medio del poder del Espíritu, sino que también Jesús ministró en el poder del Espíritu (Lc 4.14; Hch 10.38). Fue un ejercicio del poder del Espíritu el que resucitó a Jesús de entre los muertos (Ro 1.4), y es el poder del Espíritu el que da poder al mensaje del evangelio cuando se le presenta a las personas (1 Ts 1.5).

Es de especial importancia para nosotros la promesa de Jesús de que cuando el Espíritu Santo viene, los creyentes reciben poder (Hch 1.8). Es el Espíritu el que no sólo nos da poder para testificar, sino también el que fortalece nuestro «hombre interior» (Ef 3.16). Qué alentador es recordar siempre que el Espíritu Santo es nuestra fuente de todo el poder que necesitamos para hacer la voluntad de Dios en la vida diaria.

ESPÍRITU DE CRISTO
ESPÍRITU DE DIOS
ESPÍRITU DE JESÚS
ESPÍRITU DEL DIOS VIVIENTE
ESPÍRITU DEL SEÑOR

Cada uno de estos nombres del Espíritu Santo, lo asocia con Dios el Padre o Dios el Hijo. Elmer Towns, en *The Names of the Holy Spirit* [Los nombres del Espíritu Santo], sugiere que el término «espíritu» se usa en la Biblia para expresar igualdad de naturaleza.

Cuando Jesús es llamado el Hijo de Dios, este título implica que es por naturaleza Dios. Cuando el Espíritu Santo es descrito como «el Espíritu de su Hijo» (Gá 4.6), el título implica que el Espíritu Santo tiene la misma naturaleza que el Hijo, quien tiene la misma naturaleza que el Padre. Este es el nombre más trinitario de Dios en la Biblia, aplicado a cualquier persona de la Trinidad. Este título resume la enseñanza de las Escrituras sobre la igualdad y unidad de la naturaleza de Dios.

Además de esta implicación de los nombres asociativos del Espíritu, estos también indican que el Espíritu Santo actúa *en nombre del* Padre y del Hijo. El Espíritu es la persona de la Trinidad que está todo el tiempo presente y activa en nuestro mundo, el agente que lleva a cabo los planes de Dios el Padre, y el agente del Hijo en las cosas pertinentes a los creyentes y a la iglesia. La naturaleza de los ministerios del Espíritu es algo que examinaremos más adelante en este capítulo.

NOMBRES QUE DEFINEN EL CARÁCTER DEL ESPÍRITU SANTO

El NT, cuando habla del Espíritu aparte de su relación con otra persona de la Trinidad, lo llama el «Santo» Espíritu. Este, y varios otros nombres, enfatizan en el carácter de la tercera persona de la Trinidad.

SANTO ESPÍRITU SANTO

El nombre más común para la tercera persona de la Trinidad es «Espíritu Santo». La santidad es un concepto importante tanto en el Antiguo como en el Nuevo Testamento. Por esto, para entender el significado de este nombre del Espíritu, necesitamos entender el concepto subyacente de la santidad. Véase también lo siguiente: «El Santo de Israel» (p. 49), «Santo» (p. 105), y «Santo de Dios» (p. 147).

La santidad en el AT. Los conceptos subyacentes de las palabras hebreas traducidas «santo» son dedicación y consagración. Lo que es santo se separa de lo ordinario y es dedicado a lo sagrado.

Muchos pasajes aclaran que es Dios quien, al final, es santo y es la fuente de todo lo que es santo. Dios es el Santo de Israel (Sal 16.10; Is 5.19,24). Un aspecto de la santidad de Dios es su esencial poder y esplendor.

Isaías oyó que los ángeles de Dios que clamaran interminablemente:
«Santo, santo, santo es el Dios Todopoderoso.

Cuando Isaías vio al Señor en una visión, el profeta quedó sorprendido por el resplandor que salía del trono de Dios. Isaías vio seres angelicales que exclamaban sin cesar: «Santo, santo, santo, Jehová de los ejércitos» (Is 6.3).

En el AT, «santo» también se usaba como un término que se extendía a las personas, lugares, tiempos y cosas que eran sagradas porque estaban asociadas con Dios. Por ejemplo, el séptimo día era santo (Éx 20.8,11) y el sacerdocio de Israel era santo (Lv 21.7). El AT pone gran énfasis en mantener la distinción entre lo secular y lo sagrado, es decir, entre lo que es común y lo que está íntimamente asociado con Dios, el Santo. Esto era así tanto en las prácticas rituales, sin ningún aspecto moral esencial, como en los asuntos que eran morales por naturaleza.

Santidad moral. Dios es santo no sólo en el sentido de esplendor que inspira reverencia, sino también en un sentido moral. Esta dimensión moral de la santidad se menciona en Levítico 19.2:(p. 192) La tumba vacía de Jesús nos recuerda que Cristo «fue declarado Hijo de Dios con poder ... por la resurrección de entre los muertos» (Ro 1.4). «Habla a toda la congregación de los hijos de Israel, y diles: Santos seréis, porque santo soy yo Jehová vuestro Dios». Los mandamientos que siguen tratan de asuntos morales tales como robo, mentira y venganza. Aquí, como en muchos otros pasajes del AT, la santidad de Dios es exhibida en su perfección moral tanto como en su poder. De esto podemos concluir que al llamar a la tercera persona de la Trinidad el «Santo» Espíritu, las Escrituras querían hacer énfasis tanto en su poder como Dios, como en la moralidad esencial de todo lo que Él dice y hace.

La santidad en el N.T. En el NT hay un cambio en el énfasis sobre la santidad. En el AT, la santidad era mantenida separando cuidadosamente lo sagrado de lo profano. Esto incluía la separación de los israelitas, a quien Dios apartó de otras naciones, para que sea un pueblo dedicado a su nombre. En el AT, un israelita vivía una vida santa siguiendo la Ley Mosaica, que llamaba a los individuos a ser diferentes de los paganos en prácticas, dieta y otros aspectos de la vida diaria.

En la época del NT, el pueblo de Dios vivía entre incrédulos, siguiendo las mismas costumbres sociales, pero distinguiéndose por una dinámica transformación interior que se expresa en el amor a los demás y en un compromiso de hacer lo que era justo y bueno.

Pedro describe la santidad del NT, como la hacen otras epístolas. Por ejemplo, en 1 Pedro 1.13-16 y 2.9-12, el apóstol urge a los a creyentes a hacer lo siguiente:

> Ceñid los lomos de vuestro entendimiento, sed sobrios, y esperad por completo en la gracia que se os traerá cuando Jesucristo sea manifestado; como hijos obedientes, no os conforméis a los deseos que antes teníais estando en vuestra ignorancia; sino, como aquel que os llamó es santo, sed también vosotros santos en toda vuestra manera de vivir; porque escrito está: Sed santos, porque yo soy santo.
>
> Más vosotros sois linaje escogido, real sacerdocio, nación santa, pueblo adquirido por Dios, para que anunciéis las virtudes de aquel que os llamó de las tinieblas a su luz admirable; vosotros que en otro tiempo no erais pueblo, pero que ahora sois pueblo de Dios; que en otro tiempo no habíais alcanzado misericordia, pero que ahora habéis alcanzado misericordia. Amados, yo os ruego como a extranjeros y peregrinos, que os abstengáis de los deseos carnales que batallan contra el alma, manteniendo buena vuestra manera de vivir entre los gentiles; para que en lo que murmuran de vosotros como de malhechores, glorifiquen a Dios en el día de la visitación.

Aquí vemos algo de la importancia de llamar a la tercera persona de la Trinidad: «Espíritu Santo». El Espíritu es Aquel cuyo poder produce la transformación de los creyentes, capacitándolos para vivir vidas morales y santas, aun cuando moren en sociedades inmorales y nada santas (2 Co 3.18). En esto, a menudo llamado «santificación» (o hacer «santo»), obra el Espíritu de Dios. El título «Santo» Espíritu es especialmente apropiado.

TRASFONDO BÍBLICO:

SANTIFICACIÓN

Los cristianos creemos que la fe en Cristo produce un verdadero cambio en la vida y en el carácter. Esto es lo que significa «santificación». En el NT vemos que Jesús oró por la santificación de sus seguidores y pidió al Padre que los santifique por su Palabra, a fin de que ellos pudieran glorificar a Dios en el mundo (Jn 17.17-19).

Varios pasajes del NT enseñan que debemos mirar la santificación desde dos perspectivas. En un sentido, todo creyente en Jesús *ya es santificado*. En otras palabras, los creyentes son apartados para Dios en virtud de lo que Jesús ha hecho por ellos en la cruz. A esto se le llama a veces *santificación posicional*, y refleja que nuestra santidad, ante los ojos de Dios, reposa completamente en la obra expiatoria de Cristo por nosotros.

Por eso Pablo escribe a los creyentes de Corinto: «Ya habéis sido lavados, ya habéis sido santificados, ya habéis sido justificados, en el nombre del Señor Jesús, y por el Espíritu de nuestro Dios» (1 Co 6.11). En este sentido, la frase «habéis sido santificados» no indica ninguna santidad especial, sino simplemente «habéis sido salvados» (como en Hch 20.32; 26.18; Ro 15.16; y 1 Co 1.2).

En otro sentido, hay también una *santificación práctica*. Los cristianos son llamados no sólo a ser santos a la vista de Dios, sino en todo lo que hacen y dicen. La transformación de los creyentes a la semejanza de Jesús no es un concepto abstracto. Al contrario, quienes pertenecemos a Jesús en verdad «somos transformados» (2 Co 3.18) a su semejanza. El Padre y el Hijo han encargado esta tarea al Espíritu Santo. El Espíritu y el Verbo de Dios son agentes que el trino Dios utiliza para «santificarnos completamente» (1 Ts 5.23), de manera que podamos reflejar cada vez más la realidad de Jesús, viviendo vidas santas aquí y ahora.

EL ESPÍRITU DE VERDAD

La tercera persona de la Trinidad es llamada «el Espíritu de verdad» en Juan 14.17; 15.26; 16.13 y 1 Juan 4.6. Juan 14—16 contiene las enseñanzas que Jesús impartió a sus discípulos en la Última Cena. Jesús les indicó que el mundo de la humanidad caída no podría aceptar al Espíritu de verdad. Sin embargo, porque ese Espíritu vive en los creyentes, Él les testificaría de Jesús y les guiaría a toda la verdad (16.13).

Aquí es importante hacer una clara distinción entre «verdad», como convicción intelectual, y «verdad», como revelación de las realidades que los creyentes deben experimentar. Cuando Jesús les dijo a sus discípulos: «Y conoceréis la verdad, y la verdad os hará libres» (Jn 8.32), no estaba sugiriendo que la pureza doctrinal era la clave para liberarlos del pecado. Más bien lo que Jesús estaba diciendo se aclara en el v. 31: «Si vosotros permaneciereis en mi palabra, seréis verdaderamente mis discípulos». Esto se podría parafrasear: «Si siguen practicando mi palabra, serán mi discípulos y conocerán, por experiencia, la verdad, y la verdad los hará libres».

En la Biblia, la verdad es lo que corresponde a la realidad. Algo es verdad porque esa es la manera en que las cosas realmente son. Las declaraciones de Jesús son verdad (17.17) no sólo porque Él las habló, sino también porque todo lo que dijo está en total armonía con la realidad.

Suponga que usted está debajo de la tierra, en un complejo de cuevas, y amenazado por filtraciones de gas dentro del laberinto. Alguien podría decir «hay una puerta al final de este túnel, corra hacia allá y se salvará». Lo que la persona dice es verdad si, y sólo si, en verdad *hay* una puerta al final de ese túnel. Pero esa verdad sólo puede librarlo si usted corre hacia el túnel, encuentra la puerta, la abre y sale, salvándose así de ese peligro.

Lo mismo sucede con lo que la Biblia llama «verdad». La Palabra de Dios es «verdad», porque revela lo que es real y confiable, pero esa verdad sólo nos beneficiará si ponemos en práctica lo revelado y actuamos. Cuando Jesús dijo que el Espíritu Santo nos guiaría a toda verdad (16.13), Jesús no quiso decir que todos los cristianos estarían de acuerdo en todos los detalles de la doctrina. Más bien, lo que quiso decir fue que el Espíritu estaría a nuestra disposición y nos guiaría a cómo seguir la Palabra de Dios en nuestra vida diaria. Y esto es precisamente lo que la tercera persona de la Trinidad hace por nosotros como el Espíritu de verdad.

Otra referencia al Espíritu de verdad se encuentra en 1 Juan 4.6. Allí, el apóstol trata con el asunto de cómo reconocer la guía provista por el Espíritu de verdad. Necesitamos reconocer que también hay espíritus de mentira que nos guiarían fuera del camino. Juan dice claramente: «Nosotros somos de Dios; el que conoce a Dios nos oye; el que no es de Dios no nos oye. En esto conoceremos el espíritu de verdad y el espíritu de error». El «nosotros» en este pasaje se refiere a los apóstoles, a través de quienes el mundo recibió el Nuevo Testamento.

Este versículo establece un punto vital. El Espíritu Santo que habló por medio de los que escribieron la Biblia, nunca nos guiará a actuar de una manera contraria a la Palabra escrita (1 Pedro 1.11) Ninguna persona puede decir verdaderamente que fue guiada por el Espíritu Santo para robar, cometer adulterio, chismear o proceder en alguna otra manera que sea contraria a la visión moral y a las enseñanzas de las Escrituras. Dios el Espíritu es en verdad santo, y su dirección siempre está de acuerdo con la verdad como se revela en la Palabra de Dios.

NOMBRES Y TÍTULOS QUE INDICAN LOS MINISTERIOS DEL ESPÍRITU

El NT revela mucho sobre los varios ministerios del Espíritu. Algunos de estos se perciben en actividades del Espíritu especialmente identificadas, y otros se ven en actividades que simplemente se describen. Como

(p. 202) El bautismo en agua se confunde a menudo con la obra de bautismo del Espíritu Santo, por el que une a los creyentes con Jesús, y al uno con el otro.

un trasfondo para poder entender mejor los nombres y títulos asociados con los ministerios del Espíritu, es indispensable repasar algunas de sus actividades identificadas y descritas.

LAS OBRAS IDENTIFICADAS DEL ESPÍRITU SANTO

Las siguientes obras del Espíritu Santo están específicamente nombradas en las Escrituras.

Bautismo. El bautismo de o por el Espíritu se menciona en algunos pasajes de los Evangelios y de los Hechos. Aunque los pasajes de los Hechos *describen* lo que es el bautismo del Espíritu, no lo *definen*. Algunos han cometido la equivocación de asumir que porque ciertos acontecimientos tuvieron lugar al mismo tiempo (la venida del Espíritu, el hablar en lenguas, las llamas de fuego sobre las cabezas de los creyentes y el sonido de un viento re-

cio), la venida del Espíritu en el día de Pentecostés es el bautismo del Espíritu, y que el hablar en lenguas es la señal del bautismo del Espíritu.

Es, por supuesto, difícil de explicar por qué las lenguas de fuego y el sonido de un viento recio se ignoran en esta interpretación. Sin embargo, el bautismo del Espíritu se *define* en 1 Corintios 12.13; de manera que no nos queda duda ni estamos forzados a intentar sacar nuestra doctrina de una simple descripción. También, en este versículo, las Escrituras afirman que «Por un solo Espíritu fuimos todos bautizados en un solo cuerpo».

El bautismo en el Espíritu, entonces, es esa acción por la que la tercera persona de la Trinidad une a un creyente con Cristo y con otros creyentes, como miembros de su cuerpo. Esto nos sucede a todos los que confiamos en Cristo en el momento de la fe. Es verdad que Pentecostés fue la primera ocasión del ejercicio de este ministerio por parte del Espíritu. Pero no podemos decir que los otros acontecimientos que tuvieron lugar al mismo tiempo *fueron* el bautismo ni las señales de este.

Llenura. Hechos 2.4 nos dice que cuando la tercera persona de la Trinidad vino sobre los creyentes de Jerusalén, en cumplimiento de la promesa de Jesús (1.8), todos los que estaban allí «fueron llenos del Espíritu Santo» (2.4). El AT habla de la venida del Espíritu sobre los creyentes que eran llamados a cumplir una tarea especial (Jue 6.34; 11.29). El Espíritu, por lo tanto, fue visto como necesario para capacitar al individuo a fin de poder completar la tarea con éxito, pues era el Espíritu el que le daba poder.

Cuando el NT habla de que los creyentes fueron llenos del Espíritu, lo hace en voz pasiva. Somos llenos, pero no llenos por nosotros mismos. Ser llenos es obra de Dios. Además, esto se ve como esencial para el ministerio. Ser lleno del Espíritu fue una de las calificaciones para los primeros diáconos (Heh 6.1-6) y también se relacionaba con el carácter, porque estos primeros diáconos eran conocidos por su sabiduría (v. 3) y fe (v. 6). La relación de ser lleno del Espíritu para una transformación interior está especialmente clara en Gálatas 5.22,23, donde el fruto producido por el Espíritu en la vida de los creyentes se describe como «amor, gozo, paz, paciencia, benignidad, bondad, fe, mansedumbre, templanza».

Sello. Efesios 1.13,14 dice que cuando creemos en Jesús, somos «sellados con el Espíritu Santo de la promesa, que es las arras de nuestra herencia hasta la redención de la posesión adquirida, para alabanza de su gloria». En este pasaje, el Espíritu es comparado al sello que se estampa en los artículos que han sido comprados. El sello marcaba a los artículos como posesión del comprador, y también servía como garantía de que el dueño cobraría esos artículos un día. En este pasaje, la «herencia» no es nuestra, ¡somos nosotros! Nosotros somos la herencia de Dios; así que

somos preciosos para Él. El Espíritu nos marca como posesión de Dios y nos mantiene seguros hasta el día de nuestra redención.

Habitar. Jesús les dijo a sus discípulos que el Espíritu que había estado con ellos, estaría un día en ellos (Jn 14.17). Es esta realidad la que se expresa en el término teológico «habitar». Aunque este término no se encuentra en la Biblia, indudablemente se enseña la realidad que expresa.

Varios versículos en Romanos 8, utilizan este lenguaje, enfatizando en que el Espíritu Santo ha establecido un hogar en el corazón y vida de los que conocen a Jesús. Así «vosotros no vivís según la carne, sino según el Espíritu, si es que el Espíritu de Dios mora en vosotros. Y si alguno no tiene el Espíritu de Cristo no es de él» (v. 9). «Y si el Espíritu de aquel que levantó de los muertos a Jesús, mora en vosotros, el que levantó de los muertos a Cristo Jesús vivificará también vuestros cuerpos mortales por su Espíritu que mora en vosotros». De estos versículos aprendemos que es el Espíritu en nosotros el que nos capacita para vivir vidas cristianas.

Dones. Otro ministerio de la tercera persona de la Trinidad, enseñado explícitamente en las Escrituras, es el de dar dones espirituales a los creyentes. Esto también es una obra del Espíritu. En otras palabras, su presencia nos capacita para hacer nuestra contribución a la salud y al bienestar de los miembros de la comunidad cristiana.

❖

TRASFONDO BÍBLICO:

DONES ESPIRITUALES

Los dones espirituales en el AT. Aunque la realidad de los dones espirituales está presente en el AT, la expresión «dones espirituales» no se mencionan allí. Vemos esa realidad en las palabras de Dios a Moisés sobre un hombre llamado Bezaleel: «Lo he llenado del Espíritu de Dios, en sabiduría y en

El Espíritu Santo da a los creyentes dones que los capacitan para ministrar el uno al otro y alimentar el crecimiento espiritual.

❖

inteligencia, en ciencia y en todo arte» (Éx 31.3) para dar forma al tabernáculo donde el pueblo de Dios del AT adoraba. Y Dios añade: «Yo he puesto con él a Aholiab hijo de Ahisamac, de la tribu de Dan; y he puesto sabiduría en el ánimo de todo sabio de corazón, para que hagan todo lo que te he mandado» (v. 6). De la misma manera, el Espíritu de Dios capacitó a Otoniel para juzgar a Israel (Jue 3.10) y dio a Salomón fuerza (14.6). A través de todo el AT, vemos a Dios como la fuente de los dones y capacidades que permitían a la gente servirle a Él y a los israelitas.

Los principios fundamentales del NT. La palabra griega para dones espirituales es *carisma* que significa «don de gracia». Un don espiritual es una dotación especial que equipa a un creyente para servir a otros en la comunidad de fe. A veces, los cristianos utilizan «don espiritual» en el sentido de una capacitación divina para cualquier clase de ministerio.

Cuatro pasajes del NT, hablan de los dones espirituales, pero los dos principales son Romanos 12.3-8 y 1 Corintios 12.1-30. En cada pasaje se nos pide mirarnos como miembros del Cuerpo de Cristo, un organismo vivo. En el organismo, cada uno de nosotros tiene un papel especial, una manera única en la que podemos contribuir al bienestar del todo. Hay diferentes dones (1 Co 12.14) que Dios distribuye soberanamente como Él quiere (v. 6). Cada creyente tiene por lo menos uno de esos dones (v. 7). Se ejercen estos dones cuando los cristianos viven juntos en amor, buscando servir y ayudarse el uno al otro. Como dice 1 Pedro 4.10: «Cada uno según el don que ha recibido, minístrelo a los otros, como buenos administradores de la multiforme gracia de Dios».

En los pasajes del NT sobre los dones, el enfoque está siempre en la comunidad cristiana. Los dones se usan para la función y el bien común, para la edificación del Cuerpo de Cristo (1 Co 12.7). Ayudan a los individuos y a la congregación a ser espiritualmente maduros (Ef 4.12-16). También estos dones vienen de Dios el Espíritu, quien además de dárnoslos, nos capacita para usarlos en el ministerio.

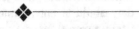

Además de las actividades del Espíritu que tienen nombres específicos (como los que enumeramos anteriormente), hay también otras actividades del Espíritu que son descritas pero no nombradas. Fue el Espíritu el que capacitó a los primeros discípulos para hablar en lenguas. (Las lenguas están identificadas como un don espiritual en 1 Corintios 12.28). La actividad del Espíritu para dirigir y guiar a los individuos se ilustra en la vida de Pablo (Hch 11.12,28; 16.6,7; 20.22,23,28; 21.11) y se reafirma en sus cartas (Ro 8.14).

Ya hemos dicho que el Espíritu es el que efectúa nuestra gradual transformación hacia la semejanza de Jesús (2 Co 3.17,18; Gá 5.22,23). Está muy clara la verdad de que la activa presencia del Espíritu es la clave para crecer en justicia, una meta establecida en el AT, pero que la Ley no pudo alcanzar (Gá 3.19-25). En todas estas cosas, la presencia y el poder del Espíritu son absolutamente esenciales para nosotros. Nuestro buen y amante Dios nos las da por medio del Espíritu y estos son los nombres que estudiaremos ahora.

CONSOLADOR
CONSEJERO
AYUDADOR
PARACLETO

Hay un poco de confusión respecto al significado de un nombre dado al Espíritu. En griego, Jesús lo llamó *allos parakletos*. Esta palabra griega puede traducirse «otro Consolador» u «otro Consejero». O, como en algunas versiones, puede simplemente ser transliterado como otro «Paracleto». En esencia, estos tres nombres son uno.

La confusión viene porque en griego, *parakletos* tiene muchos matices en su significado. La imagen básica es de uno «que viene junto a uno» para ayudar. Por ejemplo, el Espíritu nos ayuda recordándonos las enseñanzas de Jesús (Jn 14.26) y también revelándonos nuevas verdades (16.12-14). El énfasis en estos pasajes parece estar en la obra del Espíritu de ayudar a los creyentes a entender el significado de las Escrituras para sus vidas y sus decisiones. El Espíritu está con nosotros para ayudarnos en todas las cosas y en todas nuestras necesidades. Es nuestro Consolador, Ayudador, Consejero, todo en uno.

ESPÍRITU DE ADOPCIÓN

Cuando se usa en una frase con otra persona de la Trinidad, «Espíritu de» indica tanto la identidad del Espíritu con esa persona como Dios, como también que el Espíritu está actuando para la otra persona de la Trinidad. Por ejemplo, «Espíritu Santo de la promesa» (Ef 1.13) aparece en algunas versiones, y en griego podría traducirse mejor como «el Espíritu Santo prometido» o «la promesa del Espíritu Santo» (Hch 2.33).

Con frecuencia encontramos el nombre del Espíritu en frases como: «Espíritu de adopción», «Espíritu de vida», «Espíritu de sabiduría», etc. Tales frases generalmente indican un ministerio o actividad del Espíritu. Así, cuando en Romanos 8.15, se llama «Espíritu de adopción», se nos informa que el Espíritu es el que nos adopta en la familia de Dios, para que podamos clamar a Dios «Abba Padre» (Véase artículo sobre «Abba» p. 123).

La «adopción» se menciona varias veces en las cartas de Pablo. Él se refiere a esta práctica que estaba bien establecida en la ley romana, en Romanos 8.15,23; 9.4; Gálatas 4.5; y Efesios 1.5. En los tiempos antiguos, no era nada inusual que los adultos fueran adoptados por un *pater familias* romano. Cuando la adopción tenía lugar, el adoptado cambiaba familias de una manera significativa.

En el sistema romano, un hijo era responsable ante su padre durante el tiempo que el padre viviera. Pero cuando un hijo adulto era adoptado en otra familia, los lazos con la antigua familia se disolvían por completo. El hijo adoptado era total y completamente miembro de su nueva familia y ya no debía sujeción a la cabeza de su antigua familia, sino que más bien estaba sujeto a la cabeza de la nueva familia. En efecto, todo lo que poseía estaba ahora bajo el control de su nuevo padre, y todo lo que hacía se reflejaba no en sus padres de nacimiento sino más bien en sus padres adoptivos.

A su vez, el padre se debía a su hijo adoptado. En una manera muy real, las propiedades del padre se convertían en las propiedades y la herencia del adoptado. La nueva relación reclamaba un sometimiento mutuo entre el nuevo padre y el nuevo hijo.

Pablo usa la imagen de adopción para ayudarnos a entender lo que sucedió cuando nos hicimos cristianos. Dios el Espíritu nos transfirió al adoptarnos en la familia de Dios. Como hijos adoptados de Dios, ya no debemos ningún sometimiento a nuestro antiguo padre, Satanás, ni a sus malévolos métodos. Como pecadores, éramos la simiente de Satanás; en Cristo nos convertimos en hijos de Dios. Nuestro sometimiento ahora se debe sólo a Dios, y nuestras decisiones reflejan gloria o vergüenza para el Señor.

Como miembros de la familia de Dios, tenemos sus recursos disponibles para nosotros. No necesitamos más ser esclavos del pecado, sino más bien podemos decidir vivir nuestra vida para el Señor. Y, como el Espíritu de adopción, Dios el Espíritu Santo permanece con nosotros para darnos acceso al mismo poder de Dios que transformará nuestra vida, para que podamos tener la semejanza de su familia.

ESPÍRITU DE SABIDURÍA Y ENTENDIMIENTO
ESPÍRITU DE CONSEJO Y DE PODER
ESPÍRITU DE CONOCIMIENTO Y DE TEMOR DE JEHOVÁ

Todos estos títulos del Espíritu Santo aparecen en Isaías 11.2, y cada uno describe un ministerio del Espíritu para el Mesías prometido (Cristo). Fue el Espíritu quien continuamente suplió a Jesús de consejo, poder, sabiduría, entendimiento, conocimiento y temor para el Señor. La poesía hebrea (Is 11 es un pasaje poético) utiliza el paralelismo, la repetición frecuente de la misma idea ya sea con las mismas palabras o con sinónimas. Es una equivocación, entonces, sacar demasiadas distinciones detalladas entre el significado de las palabras usadas en los contextos poéticos. Siendo así, hay todavía valor en mirar a cada una de estas palabras descriptivas.

Consejo. Aquí, la palabra hebrea significa «propósito», «consejo», o «plan». Sin embargo, cuando es Dios quien da el consejo, se implica mucho más que simplemente consejo. Consejo significa que uno tiene opciones. Los consejos de Dios son los propósitos que Él quiere que se lleven a cabo. Como Espíritu de consejo, el Espíritu Santo nos comunica la voluntad de Dios, señalándonos la senda que debemos seguir para que cumplamos sus propósitos en nuestra vida.

Poder. El hebreo tiene una variedad de palabras que pueden traducirse «fuerza», «poder» o «fortaleza». El uso de estas palabras en el AT nos recuerda que aunque los seres humanos tienen poderes físicos limitados, Dios es ilimitado en cómo ejerce su poder. Como Espíritu de poder, el Espíritu Santo es descrito como el que hace los recursos de la fuerza de Dios disponibles. Por eso el salmista exclamó: «Jehová es mi fortaleza y mi escudo; en él confió mi corazón y fui ayudado» (Sal 28.7).

Sabiduría y entendimiento. Estas dos palabras se encuentran a menudo juntas. En hebreo, «sabiduría» tiene que ver con el entendimiento de la vida que tiene una persona. La persona sabia mira a la vida con la plena certidumbre que Dios está presente y activo, no sólo en el mundo, sino también en la experiencia personal. Por eso, la persona sabia toma decisiones que son tanto buenas como justas. Sabiduría, entonces, es una cualidad práctica que tiene que ver con la vida y las decisiones que hacemos a diario.

La palabra hebrea para «entendimiento» enfatiza el buen juicio y la capacidad para evaluar las alternativas disponibles. Cuando tiene la información suficiente, la persona con entendimiento, tomará las decisiones apropiadas. Aquí, nuevamente, el énfasis está en lo práctico. Un individuo con sabiduría y entendimiento mira la vida a la luz de la presencia viva de Dios. Él o ella puede distinguir entre las alternativas disponibles, para determinar lo que es justo y bueno, y entonces tomar la decisión correcta.

Conocimiento. El concepto hebreo de conocimiento coincide en parte con las nociones de sabiduría y entendimiento. «Conocer» algo es muy diferente que haber dominado ideas y conceptos. El «conocimiento» se relaciona con la experiencia. Es la capacidad de organizar nuestras experiencias y captar su significado, para que podamos llegar a conclusiones correctas respecto a asuntos morales y prácticos. Al igual que la sabiduría y el entendimiento, el conocimiento es tanto práctico como moral, en su carácter. El Espíritu es presentado como la fuente de la sabiduría, el conocimiento y el entendimiento que marcarán la vida del Mesías.

El temor de Jehová. Esta es una frase familiar y de significado bíblico. Aparece 22 veces en la Biblia. El libro de Proverbios presenta el temor de Jehová como el principio del conocimiento (1.7), y como el principio de la sabiduría (9.10; véase también Sal 111.10) En otras palabras, el temor de Jehová es la fuente de estas vitales cualidades. La *New International Encyclopedia of Bible Words*, explica la naturaleza de este «temor» religioso (p. 273, en inglés).

Tal temor es reverencia para Dios. Quienes tememos a Dios, le reconocemos como la mayor realidad y le respondemos. El temor de Dios es llamado el «principio de la sabiduría» (Pr 1.7), que significa que tomar en cuenta a Dios es el fundamento de una vida disciplinada y santa (Pr 1.3; Gn 20.11; Sal 36.1-4). Temer a Dios significa rechazar toda otra deidad y servirle sólo a Él (Dt 6.13). El temor del Señor se expresa caminando en sus caminos, amándolo y sirviéndolo con todo el corazón y con toda el alma (Dt 10.12; Job 1.1; Sal 128.1).

Es emocionante darse cuenta que el Espíritu, quien le dio a Jesús todos estos dones durante su vida en la tierra, está con nosotros ahora y listo para enriquecernos con los mismos beneficios. Qué bueno es buscar al Espíritu para consejo, poder, sabiduría, entendimiento, conocimiento, y temor de Jehová, en lugar de confiar en cualquier otra persona esperando que nos dé dirección para nuestra vida diaria.

ESPÍRITU DE VIDA EN CRISTO JESÚS

Romanos 8 es uno de los capítulos más importantes del NT. Y en el versículo 2 es donde encontramos al Espíritu Santo titulado el «Espíritu de vida en Cristo Jesús».

El tema de Romanos es la justicia y Pablo desarrolla con cuidado su enseñanza sobre este tema bíblico vital. En los capítulos 1—3, Pablo dice que «no hay justo ni aun uno» (3.10). De manera que era necesario que Jesús muriera por nuestros pecados si un Dios iba a perdonar a los pecadores. En los capítulos 4 y 5 Pablo nos muestra que Dios, en su gracia, absuelve a los pecadores que creen en Jesús y les da una condición justa en su presencia.

En los capítulos 6—8, Pablo nos dice que el don de la justicia de Dios es más que una novela legal. Dios en verdad quiere hacernos justos. En el capítulo 6, Pablo nos muestra que una vida justa es posible por nuestra unión con Cristo. Entonces, en el capítulo 7, Pablo nos revela que esta es una lucha, especialmente porque los creyentes retenemos nuestra naturaleza pecaminosa hasta el día de la resurrección.

Claramente, la vida justa no es algo posi-

Todavía hoy día, dar limosna a los necesitados se considera un importante «acto de justicia» en el judaísmo contemporáneo.

ble para nosotros sin la ayuda divina. Así, en el capítulo 8 Pablo presenta la solución al decir: «Porque la ley del Espíritu de vida en Cristo Jesús, me ha librado de la ley del pecado y de la muerte» (v. 2). En este pasaje, «ley» se usa en el sentido de «principio operativo», así como llamamos a la gravedad una «ley de la naturaleza». El pecado y la muerte están activos en nosotros hasta la resurrección. Pero el Espíritu Santo también está activo en nosotros. Y el Espíritu es más fuerte que el pecado que está dentro de nosotros.

Pablo continúa este importante capítulo de Romanos dándonos ánimo. Podemos en verdad ser la clase de personas que Dios quiere que seamos, no porque tengamos la fuerza, sino más bien porque confiamos en el Señor que nos fortalece. «El que levantó de los muertos a Cristo Jesús, vivificará también vuestros cuerpos mortales por su Espíritu que mora en vosotros» (v. 11). Así, el título de «Espíritu de vida en Cristo Jesús» es uno

de los más preciosos, y ciertamente el más fortalecedor de los títulos del Espíritu Santo que se hallan en las Escrituras.

◆

TRASFONDO BÍBLICO:

JUSTICIA

Creemos en un Dios justo y también creemos que Dios quiere que vivamos vidas justas. Pero la justicia en la que creemos no es la de una existencia monótona que sigue interminables conjuntos de reglas. Más bien, la justicia es una dinámica, positiva, y emocionante manera de vivir. Nuestro entendimiento de justicia y de cómo ser justo se encuentra en las Escrituras. En efecto, la justicia es un tema que hace eco en todo el Antiguo y el Nuevo Testamento.

La justicia en el AT. Las palabras hebreas traducidas «justo», también se traduce «recto». La idea subyacente es «conforme a una norma». Una persona es «justa» cuando sus acciones están en armonía con patrones morales establecidos. El único patrón válido por el que la justicia puede ser medida es la voluntad revelada de Dios, y en el AT, esa voluntad se expresa con claridad en la Ley de Moisés.

En un sentido más profundo, el AT a menudo llama a Dios justo (Sal 4.1; Is 45.21). Lo que Dios hace es siempre justo (Sal 71.24), porque todas sus acciones están en armonía con su carácter. En efecto, es el carácter de Dios expresado en su voluntad revelada, el patrón final de justicia.

A pesar del hecho de que «no se justificará delante de ti ningún ser humano» (Sal 143.2), el AT habla de hombres y mujeres justos. El aparente conflicto se resuelve cuando entendemos que tales referencias no son a la justicia en un sentido absoluto, sino más bien en un sentido comparativo. Estas son personas que vivieron en más estrecha conformidad a la voluntad de Dios que otras personas. Para estos individuos Dios prometió bendiciones y recompensas (Sal 5.12; 112.6,34.19,119.21). Pero esta justicia comparativa no les ganó el favor de Dios ni su salvación. Más bien, en la época del AT (como en la época del NT), era la fe en Dios la que llevaba a la justicia y a la salvación (Gn 15.6).

La justicia en el NT. Algunos pasajes del NT utilizan «justo» en el sentido de la conducta del AT que conforma la Ley (Mt 1.19; 5.45; Mr 6.20). Sin embargo, el concepto de justicia del AT se transforma y se enriquece en el NT.

En Mateo 5.17-20, Jesús explora la relación entre la Ley y la justicia. Cristo asegura a sus oyentes que sus enseñanzas no invalidan la Ley, sino más bien que su justicia debe sobrepasar «la justicia de los escribas y fariseos». Esta afirmación indudablemente escandalizó a los que le escuchaban, pues los fariseos estaban dedicados a guardar las más insignificantes provisiones de la Ley Mosaica, como era aplicada por los rabíes.

Jesús entonces continuó dando una serie de ilustraciones que mostraban que la preocupación de Dios no era sólo una acción equivocada, sino también con motivos y pasiones que había detrás de ellas. Cuando se entendía de forma correcta, la Ley de Moisés enseñaba a la humanidad que no eran suficientes las acciones de las personas para conformar la Ley. Lo importante era la necesidad de las personas de experimentar una profunda transformación interior para que su corazón y alma estuvieran en armonía con Dios.

En Romanos 1.16,17, Pablo explica que la justicia es un asunto de fe, porque la justicia final, la que Dios requiere, sólo puede imputarse a los que por naturaleza son pecadores. En 3.21—4.25, Pablo muestra que el llamamiento de Dios a la justicia ha estado siempre asociado con la fe. El mismo AT habla de una justicia que viene de Dios, sin referencia a la Ley (3.21), porque Gn 15.6 nos dice que Dios acreditó la fe de Abraham como una justicia que él no tenía. De la misma manera, Dios ahora acredita la justicia a la cuenta de los que creen en Jesús. Esto se basa en el sacrificio de Jesús quien murió en la cruz para pagar por los pecados de la humanidad.

Pero el libro de Romanos va más allá de la justicia forense o legal. Dios no sólo declara justos ante Él a quienes creen en Jesús, sino que también obra en la vida de los creyentes para que lleguen a ser de verdad justos en sus pensamientos, acciones y palabras. Este *convertirse en justo* es el tema de los capítulos 6—8.

Los creyentes están unidos por la fe en Jesús, y en esta unión comparten tanto su muerte como su resurrección. Por su don de nueva vida, nuestros cuerpos pueden ahora llegar a ser instrumentos de justicia (cap. 6). Aunque no podemos convertirnos en justos por nuestro esfuerzo o por tratar de guardar la Ley de Dios (cap. 7), el Espíritu puede y nos liberará de la esclavitud al pecado. Mediante una transformación interior, nos capacitará para vivir vidas piadosas y justas (cap. 8).

Estas cosas son posibles, no porque fuercen nuestras acciones para que se conformen a un patrón externo, sino más bien porque nuestras acciones fluyen de un carácter que cada vez se parece más y más a la naturaleza santa de Dios. Con toda seguridad, hacernos justos es una de las más maravillosas e inspiradoras obras del Espíritu de Dios.

Sin embargo, la obra del Espíritu es serena y, para nosotros, Jesús es la clave para hacerla realidad. Tenemos perdón por medio de la fe en Él. Por el sacrificio expiatorio de Jesús y su subsecuente resurrección de los muertos, somos justos a la vista de Dios. Y por nuestra unión por fe con Jesús, también tenemos la promesa de transformación interior. A medida que crecemos en nuestra vida cristiana, nos volveremos realmente más y más justos, pues seremos en verdad como nuestro Señor en lo que pensamos, decimos y hacemos.

La paloma es probablemente el símbolo más conocido del Espíritu Santo y sus obras.

ESPÍRITU DE SABIDURÍA
ESPÍRITU DE SABIDURÍA Y REVELACIÓN

Antes vimos que el Espíritu ministró a Jesús como el Espíritu de sabiduría y entendimiento (p. 206). Deuteronomio 34.9 nos dice que el Espíritu llevó a cabo un ministerio similar con Josué (e indudablemente con otros santos del AT). También, en Efesios 1.17, Pablo ora para que los creyentes de Éfeso puedan tener «espíritu de sabiduría y revelación en el conocimiento de él».

Podría argumentarse aquí que el «espíritu» no es el Espíritu Santo, sino más bien una referencia a una actitud básica hacia Dios que ayuda a los creyentes a mantener su perspectiva sobre el significado de su relación con Dios. Sin embargo, es apremiante recordar que el Espíritu Santo abre nuestros ojos a la verdad, capacitándonos para ver y experimentar la realidad. La realidad aquí es que Dios ejerce su poder por nosotros, en nosotros y por medio de nosotros, porque el poder del Espíritu es el poder de resurrección el «cual operó en Cristo, resucitándole de los muertos» (v. 20).

IMÁGENES DEL ESPÍRITU SANTO

Así como se usa el símil y la metáfora en la Biblia para enriquecer nuestro entendimiento de Dios el Padre y Dios el Hijo, así también se usan para mejorar nuestra comprensión de Dios el Espíritu Santo. Las ocho metáforas del Espíritu son la paloma, las arras, el fuego, el aceite, el sello, el agua, el viento y el vino.

LA PALOMA

No es inusual en estos días ver a una paloma en la placa de la licencia de un automóvil o en un botón de solapa. Los cristianos inmediatamente reconocen esto como un símbolo del Espíritu Santo.

La paloma se menciona unas 24 veces en el Antiguo y el Nuevo Testamentos. Fue una paloma la que Noé envió fuera del arca para ver si las aguas del diluvio habían bajado y la tierra estaba habitable (Gn 8.8-12). En el Cantar de los Cantares, el amante llama a su novia «paloma mía, perfecta mía» (5.2; 2.14; 6.9). También, en la Ley del AT, a quienes eran demasiado pobres para traer un cordero como ofrenda a Dios, se les permitía traer un pichón joven o una paloma (Lv 12.6-8).

El origen de la paloma como símbolo del Espíritu es un acontecimiento asociado con el bautismo de Jesús por Juan, poco antes de que Cristo comenzara su ministerio público. Jesús había insistido en que Juan lo bautizara, de manera que Jesús pudiera confirmar el llamado de Juan a los judíos al arrepentimiento. Cuando Jesús salía de las aguas del río Jordán (donde Juan estaba bautizando a las personas), el Espíritu Santo descendió sobre él «en forma de una paloma» (Lc 3.22). Este evento también se menciona en los otros tres Evangelios (Mt 3.16; Mr 1.10; Jn 1.32). El descenso del Espíritu, junto con una voz que se escuchó desde el cielo, confirmó que Jesús era el Hijo de Dios. Juan 1.32 también nos dice que la paloma permaneció sobre Jesús, tal vez indicando con esto un continuo flujo de poder para el ministerio del Salvador que iba a comenzar.

Sería equivocado ver demasiado en la imagen de una paloma; sin embargo, nos hace pensar el hecho que, en Génesis, la paloma fue la criatura que trajo a Noé noticias sobre el fresco nuevo mundo que le esperaba fuera del arca. También, la paloma se considera un símbolo apropiado del amor. Aun más, la paloma, como ave de sacrificio, hizo posible que aun los israelitas más pobres adoraran a Dios.

ARRAS

Esta imagen se usa en Efesios 1.13,14. W.E. Vine comenta el uso de la palabra griega que se traduce «arras», pero que también puede traducirse «garantía» (NVI).

> *Arrabon*, originalmente significaba una «prenda en dinero» depositado por el comprador y que se perdía si la compra no se completaba. En su uso general llegó a denotar una prenda o arras de cualquier clase. En el NT se usa sólo para referirse a lo que es asegurado por Dios a los creyentes; se dice del Espíritu Santo como la futura prenda de todas sus bendiciones, particularmente de su herencia eterna.

En la presencia del Espíritu Santo tenemos la personal y permanente garantía de Dios de que somos suyos y de que Él nos reclamará con seguridad como suyos.

FUEGO

La presencia del Espíritu como fuego se origina en una de las señales de su venida dadas en Pentecostés. Hechos 2.1-4 dice que llamas de fuego descendieron sobre las cabezas de los primeros cristianos cuando el Espíritu les llenó y les capacitó hablar en lenguas extrañas. En el NT, el fuego tiene tres asociaciones primarias.

El fuego se asocia con la gloria de Dios. El fuego sirve como una señal de la gloria esencial de Dios (Hch 7.30; Ap.1.14), una imagen que se desarrolla en Hebreos 12.18,19. Dios se apareció a Moisés en la zarza ardiente y se rodeó de llamas en la cumbre del monte Sinaí. Las llamas que aparecieron sobre los primeros cristianos en Pentecostés simbolizaron tanto la presencia de Dios como su poder.

El fuego se asocia con el juicio. La imagen del fuego se encuentra frecuentemente en pasajes que describen el juicio de Dios a los pecadores (2 Ts 1.6-10; Ap 20.11-15). Aun el juicio eterno se representa como un lago de fuego (Ap 20.14).

El fuego se asocia con la purificación. Esto se ve claramente en 1 Pedro 1.7 y Apocalipsis 3.18. Las experiencias por las que pasamos, que tienen el propósito de limpiarnos y purificarnos, son comparadas con el fuego utilizado por los orfebres para refinar la plata o el oro. Dos de estas asociaciones están implícitas en la imagen del Espíritu Santo como fuego. Es su presencia en nosotros la que refleja la gloria de Dios. Y es la obra del Espíritu Santo en nuestra vida, la que purifica y limpia nuestro corazón.

ACEITE

Hechos 10.38 habla de Jesús siendo ungido por el Espíritu Santo. La importancia de la unción se discute en el artículo sobre Cristo como el Ungido (p. 94). La sustancia normal que se usaba para ungir a una persona en los tiempos bíblicos era el aceite puro de oliva.

La iluminación era uno de los usos del aceite en los tiempos bíblicos, lo que está conectado con uno de los ministerios del Espíritu Santo. Las pequeñas lámparas de aceite de Palestina se llenaban con aceite de oliva. Entonces, se le ponían unas mechas de lino en el depósito de aceite y se encendían para dar luz a los que tenían las lámparas. Primera de Corintios 2.6-16 es el pasaje primario que trata de la obra de iluminación del Espíritu. El Espíritu conoce la mente de Dios y ha expresado sus pensamientos en las palabras de las Escrituras. Sin embargo, esas palabras deben ser interpretadas por el Espíritu, para aquellos que tienen el Espíritu. En la obra de iluminación, el Espíritu usa la Palabra para comunicar la voluntad de Dios a cada uno de nosotros, en nuestra situación particular.

TRASFONDO BÍBLICO:

ILUMINACIÓN

Pablo explica la iluminación de una manera bastante simple en 1 Corintios 2.6-16. Escribe que el Espíritu ha develado aun las cosas más profundas de Dios en lenguaje humano, en «palabras enseñadas por el Espíritu» (v. 13). La persona que no posee el Espíritu no acepta o no entiende esas palabras porque se deben discernir espiritualmente.

Esta obra especial del Espíritu no es sólo para los teólogos que luchan para dominar algún concepto abstracto. La iluminación está más a menudo ligada con lo que podríamos llamar «entendimiento de corazón». Jonathan Edwards, uno de los primeros predicadores americanos, ligó la iluminación con la aplicación de la Palabra de Dios en nuestra vida. Escribió: «Esta luz y sólo esta, tiene su fruto en una universal santidad de vida. Ningún entendimiento simplemente conceptual o especulativo de la doctrina de la religión nos llevará a ella. Pero esta luz, cuando llega al fondo del corazón, cambia la naturaleza de una manera tal que no cabe duda que predispondrá a una santidad universal» (Sermón sobre «Vida divina y sobrenatural»).

Nosotros también podemos abrir la Biblia, comprometernos a hacer lo que descubrimos allí y estar seguros de la guía interior de Dios en nuestra vida. A medida que Pablo cierra sus pensamientos, nos da una seguridad única. La persona con el Espíritu puede hacer evaluaciones sobre todas las cosas, porque en la Palabra de Dios (especialmente cuando es develada por el Espíritu) «tenemos la mente de Cristo» (v. 16). Como escribió San Agustín: «He aquí hermanos, este gran misterio: el sonido de nuestras palabras golpea el oído, pero el maestro está adentro».

SELLO

La referencia fundamental al Espíritu como sello está en Efesios 1.3. Herbert Lockyer, en *All Divine Names and Titles in the Bible*, comenta lo siguiente (pp. 328,329):

Bajo la antigua ley judía, el sello era una señal de haber completado una transacción; y cuando el acuerdo estaba concluido, el acto pasado y el precio pagado, el sello se añadía al contrato para hacerlo definitivo y concluyente (Jer 32.9,10). El momento en que una persona nace de nuevo por el Espíritu, es sellada con el Espíritu, y porque Él es el sello, no puede romperse. Sellados así, ya no somos más nuestros, porque el Espíritu, como el divino sello sobre nosotros, nos marca como propiedad divina hasta el día de la final redención, la redención del cuerpo (Ro 8.23).

AGUA

Jesús presentó esta metáfora cuando habló a las multitudes de Jerusalén. Juan 7.37-39 registra las palabras de Jesús:

En el último y gran día de la fiesta, Jesús se puso en pie y alzó la voz diciendo: Si alguno tiene sed, venga a mí y beba. El que cree en mí, como dice la Escritura, de su interior correrán ríos de agua viva. Esto dijo del Espíritu que habían de recibir los que creyesen en él; pues aun no había venido el Espíritu Santo, porque Jesús no había sido aun glorificado.

En el último día de la fiesta de los tabernáculos, los sacerdotes marchaban desde el estanque de Siloé hasta el Templo, y allí vertían agua del estanque en la base del Templo. Este ritual se asociaba con lecturas de Zacarías 14 y Ezequiel 47. Estos pasajes anticipaban que un día, ríos de agua fluirían del Templo, trayendo vida a toda la tierra. El anuncio de Jesús en ese día particular era una promesa a los que ansiaban ver a Dios actuar. Esas personas sedientas vendrían a Jesús y beberían, y estas aguas de vida pronto fluirían de los creyentes, para dar vida a una tierra espiritualmente agostada.

Juan explica que Jesús, al hablar de agua de vida se refería al Espíritu Santo. Él moraría, no en el Templo del judaísmo, sino en los corazones de los que confiaron en Cristo para salvación. El Espíritu mismo es el agua que trae vida y traerá vida a todos los que creen.

VIENTO

Fue Jesús quien también usó la metáfora del viento para describir al Espíritu. Esta es una metáfora muy natural pues el sustantivo griego traducido «espíritu», *pneuma*, también significa «aliento» o «soplo».

Jesús usó esta metáfora al hablar con un líder religioso influyente llamado Nicodemo (Jn 3.1-21). Cuando Jesús lo confrontó con la necesidad de un nuevo nacimiento espiritual, Nicodemo se confundió con la idea de «nacer de nuevo». ¿Estaba Jesús hablando literalmente?

Cristo le explicó que él estaba contrastando el nacimiento físico con el nacimiento espiritual. A este último le llama una obra del Espíritu de Dios (v. 6). Jesús, entonces, dijo: «El viento sopla de donde quiere, y oyes su sonido; más ni sabes de dónde viene, ni a dónde va; así es todo aquel que es nacido del Espíritu» (v. 8). Como el viento, el Espíritu es invisible y está más allá de toda posibilidad humana de ser rastreado. Sin embargo, como el sonido del viento puede ser oído, así también la obra del Espíritu, al efectuar el nuevo nacimiento, será visible en los creyentes.

Los métodos del Espíritu son un misterio y los simples seres humanos no pueden seguir su curso. Pero como el viento, Él es real. En efecto, hay evidencias de su paso por la vida de cualquiera a quien haya tocado.

VINO

Esta metáfora está implícita en Efesios 5.18, aunque nunca se afirma explícitamente. Pablo urge a los creyentes a no embriagarse con vino, sino más bien a ser llenos del Espíritu Santo. La analogía es que el vino libera a las personas de sus inhibiciones y las hace actuar espontáneamente; de igual forma, el Espíritu libera a los creyentes para hacerles actuar espontáneamente para Dios.

Algunos han visto esta imagen reflejada en Hechos 2.1-13, donde el entusiasmo y la energía de los seguidores de Jesús, cuando hablaban en otras lenguas, hizo a algunos pensar que estaban borrachos. Es triste que cuando una persona se embriaga sus acciones muestran falta de juicio y una infortunada falta de inhibiciones. Pero es maravilloso cuando el cristiano se olvida de sí mismo y, hasta en forma inconsciente, adora o testifica para Dios.

NUESTRAS CREENCIAS

Cada nombre y título de Dios añade más a nuestro conocimiento de Él y de sus propósitos. En este apéndice, unimos y resumimos lo que podemos conocer y creer sobre Dios por medio de su revelación especial en las Escrituras.

CREEMOS EN DIOS

Creemos que Dios es la fuente creativa de nuestro universo. El universo material no es un accidente. La vasta extensión de espacio, llena de miríadas de estrellas, y el rico ambiente del planeta tierra, son obra del ser que llamamos «Dios». Todo lo que existe testifica de la mente compleja y del poder majestuoso del Creador. Su inventiva e infinita atención para cuidar de todos los detalles se revelan en el diseño de las criaturas vivas, desde la más diminuta célula hasta los más complejos sistemas que permiten que los seres humanos vean, gusten, huelan, piensen, sientan y decidan. Ningún apareamiento casual de átomos sin vida en algún antiguo mar puede producir la vida que conocemos, con toda su variedad de formas. Ninguna inexplicable explosión producida hace billones de años, puede producir el orden que se ven en los cielos o las amistosas características de este planeta. No, en todo lo que es, vemos la mano de Dios. Y, con una fe razonada, entendemos con todo el pueblo de Dios «haber sido constituido el universo por la palabra de Dios, de modo que lo que se ve fue hecho de lo que no se veía» (He 11.3).

Creemos que Dios es un ser amante y personal. Dios es una persona, no algún tipo de fuerza impersonal. Su personalidad brilla en toda su creación y está absolutamente develada en las Escrituras. También se refleja en nuestros atributos personales. Razonamos y reconocemos la vasta sabiduría exhibida en todo lo que Dios ha hecho. Vemos belleza y admiramos al que diseñó deleite para cada uno de nuestros sentidos mientras formaba este mundo, hogar de la humanidad. Amamos y nos maravillamos al darnos cuenta que Aquel que nos dio la capacidad de amar, nos ama supremamente. Porque Dios es una persona podemos tener una relación personal con Él, en todos los niveles de nuestro ser. Nuestros más profundos anhelos de conocer y ser conocidos, de amar y ser amados, sólo pueden ser satisfechos en una relación personal con el que nos hizo iguales a Él. Dios es una persona y estamos destinados a tener un eterno compañerismo con Él.

Creemos que Dios es un ser responsable y moral. El dolor y todo lo malo que hay en nuestra vida, son una evidencia del fracaso humano, no de la indiferencia divina. Nuestro sentido de justicia no es sino un eco distorsionado del total compromiso de Dios con todo lo que es bueno. Porque los seres humanos, también, somos seres morales, nuestra conciencia juzga nuestros pensamientos y acciones, y condenamos las acciones equivocadas de otros. Pero Uno más grande que la conciencia humana es el Juez del universo. Los juicios de Dios pueden verse en el surgimiento y en la caída de imperios y en las consecuencias de nuestras decisiones morales individuales. Sin embargo, la revelación total de la naturaleza moral de Dios, espera el juicio que vendrá al final de la historia. Hasta entonces, el juicio detenido demuestra la riqueza de la bondad, tolerancia y paciencia de Dios, mientras continúa manteniendo abierta la puerta del arrepentimiento y la reforma moral para toda la humanidad.

Creemos que Dios está activo en nuestro mundo. Afirmamos que Dios está oculto, no está directamente accesible a los sentidos. Pero aunque Dios permanece oculto, él ha actuado en este mundo de espacio y de tiempo, y está obrando entre nosotros hoy día. La evidencia de la participación de Dios la vemos en la historia, que culminó en el hombre, Cristo Jesús, quien tendió el puente entre lo invisible y lo visible, para revelar en carne humana la verdadera naturaleza de la Deidad. En nuestra vida actual también encontramos evidencia de la participación activa de Dios. Sus obras son reconocidas por los ojos de la fe y son visibles para todos los seres humanos que confían en Jesús. Ellos, gracias al toque transformador de Dios, reflejan el amor y compasión de Jesús por los demás.

Creemos en Dios. Y el Dios que creemos es poderoso, amante, personal, moral, y está obrando en nuestro mundo.

CREEMOS QUE DIOS HA HABLADO

Creemos que Dios ha hablado en muchas ocasiones y de muchas maneras. Dios ha hablado, sin palabras, en los cielos que declaran su gloria y ha establecido en la naturaleza humana un mudo testimonio de su existencia. A través de las eras, el mudo testimonio de la naturaleza ha sido complementado por actos especiales de gracia revelada. Dios habló quedamente a los antiguos en sueños y visiones, tronó desde las nubes que rodeaban al Sinaí, y llamó a la santidad por medio de los valientes profetas de Israel. Dios confundió la incredulidad con poderosos actos de poder, enriqueció a la adoración de Israel con rituales simbólicos, y reglamentó la vida de su pueblo con una ley que habla de su preocupación por los pobres, los oprimidos y las relaciones saludables entre la comunidad de fe. Finalmente, la revelación de Dios culminó con la encarnación de su Hijo que es la total y exacta revelación de su ser. En Jesús, Dios hecho carne, habla en términos humanos inequívocos, invitándonos a oír, ver y tocar la Palabra de vida. Dios ha hablado en muchas ocasiones y de muchas maneras; el oído de la fe sabe y reconoce su voz.

Creemos que Dios ha hablado a través de una palabra escrita confiable y relevante. La Biblia, tanto el Antiguo como el Nuevo Testamento, es un tesoro único, lleno de palabras pronunciadas por Dios a través de los escritores que inspiró. Realidades que ningún ojo puede ver, ningún oído puede oír y ninguna mente humana puede concebir, nos han sido reveladas en palabras instruidas por el Espíritu de Dios. De todos los libros, sólo la Biblia combina, como lo hace la persona de Jesucristo, lo humano y lo divino, de manera que es muy apropiado llamarla la Palabra de Dios. Al confiar plenamente en su naturaleza fidedigna, miramos a la Biblia con confianza, sometiéndonos a sus enseñanzas, represiones, corrección y entrenamiento en la justicia. Al estudiar la Biblia, oímos y reconocemos la voz contemporánea de Dios. Al responder, crecemos en nuestra relación personal con el Señor. Creemos, al igual que los santos de todas las épocas, que Dios ha hablado a la humanidad. Reconocemos su voz y gozosamente obedecemos su Palabra escrita y viviente, que habla en la más completa armonía.

CREEMOS EN DIOS EL PADRE

Creemos en Dios el Padre que planificó las épocas. Dios, aunque existe en tres personas distintas, es el Padre. Desde la eternidad, antes de que se pronunciara la primera palabra creadora, Dios el Padre diseñó las generaciones, y dio forma a todo lo que es y será, para demostrar sus atributos y expresar su amor. Al trabajar en su gran plan multifacético, su soberanía, santidad, misericordia, justicia, gracia y todas las otras cualidades que le hacen tan digno de nuestra adoración, se conocerán. Porque Dios el Padre ha traído a toda la creación a una total sumisión a su voluntad, la historia se mueve inevitablemente hacia el fin que Él quiere, y la existencia humana adquiere propósito.

Creemos en Dios el Padre, quien guarda el presente. Dios, el Padre de nuestro Señor Jesucristo, es Padre de la gente de Jesús. Seguros del continuo amor del Padre, venimos a Él libremente y le hablamos de todas nuestras necesidades. Nos regocijamos en el recordatorio de Jesús de que somos muy valiosos para nuestro Padre celestial, y libres así de la ansiedad, buscamos primeramente su Reino y su justicia, sabiendo que el Padre proveerá. Al reconocer a Dios como Padre, aceptamos nuestro lugar como hijos obedientes, conscientes de que debemos amar a nuestros enemigos y buscar una perfección que refleje la suya.

Creemos en Dios el Padre, quien garantiza el futuro. Dios el Padre ha hecho pactos que establecen la forma del futuro. Sus antiguos pactos con Israel, y el nuevo pacto que ha establecido en Jesús, permanecen como su juramento inquebrantable. Los detalles del futuro que Dios quiere, aunque enriquecidos con las visiones del mañana de los profetas, pueden no estar claros. Pero los firmes delineamientos del plan de Dios para el tiempo y la eternidad, continúan dándonos una esperanza cierta y segura. En el buen tiempo de Dios, Jesús regresará, las heridas serán sanadas y el dulce aroma de justicia y paz llenará los valles y se cernirá sobre todas las colinas. Entonces, en ese final, que es un comienzo, un universo consumido será reemplazado con uno que es vital, santo, fresco y nuevo. Pasado el juicio, el pueblo de Dios de toda época y nación, se unirá en una interminable celebración de vida eterna en la presencia del Señor.

Sí, creemos en Dios el Padre, quien planificó las épocas, guarda el presente y garantiza el futuro que proclaman sus pactos con nosotros.

CREEMOS EN JESÚS

Creemos en Jesús, quien existió desde el principio. Creemos que Dios, aunque Uno e indivisible y que existe en tres personas distintas, es Jesucristo el Hijo. Con Dios, como Dios, Dios desde el principio, no creado, el Hijo fue el agente activo de la Creación, y aun ahora sostiene todas las cosas por el poder de su ser. Todas las cosas visibles e invisibles deben su existencia al Hijo, y Él es el que es el origen de toda la vida. La persona única e incomparable que encontramos en Jesús de Nazaret es verdaderamente Dios el Hijo.

Creemos en Jesús, quien vivió y murió en la tierra como un verdadero ser humano. Jesús, aunque verdaderamente Dios, es también completamente humano. En el máximo milagro de la historia, Dios el Espíritu ligó lo humano con lo divino. La virgen María dio a luz a su Hijo, y en Él, Dios el Hijo entró en el tiempo y espacio para vivir como uno de nosotros. Jesús nunca rindió su naturaleza como Dios, pero ocultó su esplendor en la carne y se sometió a las limitaciones que la naturaleza humana imponía: así, el eterno Hijo de Dios se humilló a sí mismo, se hizo obediente hasta la muerte, aun la vergonzosa muerte de cruz, para que a través de su sufrimiento, Jesús pudiera ganar para sus hermanos humanos, una salvación que aparte de Él no hubiera podido ser ganada. Dios el Hijo, fue hecho como nosotros en todo, rebajándose hasta ser un poco menor que los ángeles, para que pudiera probar la muerte por cada persona y así poder traernos de regreso a Él en gloria. La persona única que encontramos en Jesús de Nazaret, es un ser humano en el más completo sentido y también verdaderamente Dios.

Creemos en Jesús, quien hoy día vive resucitado. Jesús de Nazaret colgó de la cruz de un criminal, sufrió la muerte y fue enterrado en la tumba de un hombre rico. Sin embargo, después de tres días, en una explosión de poder divino, el Dios-Hombre, Jesús, regresó a la vida, su carne fue transformada y energizada por el Espíritu. Jesús, liberado para siempre de la esclavitud de la corrupción, está sentado ahora a la diestra de Dios el Padre. Allí, intercede por nosotros y cumple con su papel como la Cabeza viviente de la Iglesia, que es su Cuerpo. Jesús vendrá otra vez en su cuerpo resucitado. Y en su forma resucitada, Jesús existirá eternamente como fuente y modelo de una resurrección que nos espera a todos los salvados.

Creemos en Jesús, quien vive dentro de nosotros. Hoy día, el Jesús viviente habita en los que creen en Él. Por medio de una mística pero real unión, nuestras personalidades quedan ligadas con la suya. De la misma manera que los pámpanos sacan su fuerza y vida de la vid, y de esa manera pueden llevar fruto, usted y yo la obtenemos de Jesús. Viviendo cerca, dependientes y obedientes a Él experimentamos la realidad de la presencia viviente de Jesús en nosotros.

Sí, creemos en Jesús. Le reconocemos como el Dios eterno. Nos sorprendemos ante la cuna de su encarnación, nos arrodillamos ante su cruz, nos regocijamos en su resurrección, confiamos en su guía e intercesión y dependemos de su presencia viva en nosotros dándonos las fuerzas para vivir nuestra vida diaria.

CREEMOS EN EL ESPÍRITU SANTO

Creemos en el Espíritu Santo, quien fortaleció a Jesús. Creemos que Dios, aunque Uno e indivisible y que existe en tres personas distintas, es el Espíritu Santo. El Espíritu Santo, quien existe eternamente con el Padre y el Hijo, ayudó y sostuvo a Jesús en su misión en la tierra. Desde el momento de la concepción de Jesús hasta la manifestación del poder de su resurrección, el Espíritu ministró a y a través de Jesús. El aliento del Espíritu acompañó cada milagro y compartió cada oración elevada, infundiendo el toque de Dios y enseñando con mayor poder. Uno con el Padre y con el Hijo, el Espíritu sirvió a Jesús de la misma manera que hoy día no habla de sí mismo pero dirige el corazón de los que creen a Cristo.

Creemos en el Espíritu Santo, quien nos da energías hoy día. Todavía en nuestros tiempos, el Espíritu sigue estando activo en nuestro mundo. Convence a los que todavía no creen, une con Jesús a los que confían en Él, y por su presencia sirve como el sello de Dios y como garantía de nuestra total redención. El poder sin igual exhibido en la resurrección de Jesús, fluye del Espíritu al interior del creyente, dando vida a los cuerpos mortales y capacitándolos para vivir una vida que agrade a Dios. El Espíritu Santo es la fuente del fruto de la divina transformación: amor, gozo, paz, paciencia, benignidad, bondad, fe, mansedumbre, templanza, y todo lo que nos pone la marca como que somos de Jesús. El Espíritu Santo es el que se manifiesta en variedad de dones que nos capacitan para contribuir al bien común, y quien, como Dios, permanece ilimitado a pesar de nuestras teologías.

Sí, creemos en el Espíritu Santo. Lo vemos en todas las palabras y obras de Jesús, y nos maravillamos al reconocer que este mismo Espíritu nos satura hoy día.

CREEMOS EN UNA HUMANIDAD REDIMIBLE

Creemos que Dios creó y ama a la humanidad. Creemos que los seres humanos somos inigualables en toda la creación. Únicos entre las criaturas vivientes que comparten nuestro planeta, la humanidad ha sido dotada de la imagen y semejanza de Dios. Coronados de gloria y honor, por el acto creativo personal de Dios, a los seres humanos también se nos ha confiado el dominio sobre las obras de las manos de Dios. Pero el lugar especial de la humanidad en la creación, evidenciado por la rica dotación de Dios de personalidad, se ve más claramente en el continuo amor que Dios nos tiene. Los seres humanos fuimos creados para tener compañerismo con Dios, y la historia no es sino el escenario sobre el que el inquebrantable amor de Dios por los hombres y mujeres ha sido dramatizado. Porque los seres humanos son especiales para Dios, cada individuo es de máximo valor y precio para ser amado y apreciado, y debe ser ayudado para alcanzar el desarrollo más completo posible de todo su potencial, especialmente el potencial para conocer y amar a Dios.

Creemos que la humanidad está atrapada y deformada por el pecado. Por un acto de desobediencia que tuvo lugar en espacio y tiempo, los seres humanos originales, Adán y Eva, desobedecieron a Dios. Esta caída les quitó su inocencia y dañó su naturaleza, de manera que la huella de lo eterno se distorsionó.

En la Caída, se perdió la capacidad original de la humanidad para la justicia y para un verdadero compañerismo con Dios. Esa naturaleza distorsionada, no la original sin pecado, pasó a todos los hijos de Adán menos uno, y la familia humana se ha encontrado atrapada y deformada por el pecado. Toda nuestra miseria, nuestros fracasos, nuestros actos criminales y viles, pueden rastrearse directa o indirectamente hasta el pecado que ahora infecta a la raza humana. La guerra, la injusticia y la opresión son evidencias de que la enfermedad del pecado ha pervertido a la sociedad humana. Aunque dotados de un sentido moral y todavía capaces de hacer el bien limitadamente, todos los seres humanos fracasamos en alcanzar la gloria de Dios, y aun las demandas de sus propias conciencias. Vivimos con la realidad del pecado. Ningún deseo de corazón o determinado acto de la voluntad puede librarnos de nuestra trágica esclavitud. Las guerras, las batallas y los deseos egoístas en nuestro interior dan permanente testimonio de la realidad de la Caída y sus trágicas consecuencias. De igual manera, un sentido ineludible de culpa y vergüenza son fuerte evidencia que el pecado nos ha alejado de Dios y nos ha hecho objeto de su justa ira.

Creemos en el universo invisible y en la personalidad de Satanás y los ángeles. La obra creadora de Dios no se limita a lo visible. Más allá del espectro de lo que nuestros ojos puedan ver, yace un universo lleno de seres espirituales que tienen impacto en nuestra vida. El origen del mal en nuestro universo tiene sus raíces en Satanás, quien se reveló contra el orden divino, acarreando con él a otros seres espirituales, que también se sublevaron contra Dios y su Amado. La influencia del maligno, resuena en armonía con la naturaleza pecaminosa de la humanidad, envilece a nuestra sociedad y mantiene cautiva a las personas.

Sin embargo, otros seres espirituales fieles a su Creador, continúan obedeciendo su voluntad y actuando como espíritus ministradores que sirven a sus santos.

Creemos en la redención de la humanidad por la acción de Dios en Jesús. Una humanidad pecadora es tanto condenada como amada por Dios, objeto de su ira como de su misericordia. Las severas advertencias de las Escrituras nos dicen que Dios debe juzgar y que sin duda, lo hará. Pero el tema dominante del mensaje de Dios para nosotros es este: Por su gran amor para con nosotros, Dios quien es rico en misericordia, ha actuado en Jesús para proveer redención y libertad.

Dios, en Jesús, se introdujo en nuestra raza, para doblar sus hombros bajo el peso de nuestras cargas, y colgar su cuerpo sin vida sobre la cruz del Calvario, para con el fluir de su sangre, poder lavar nuestros pecados. Las acciones de Dios en Jesús trataron decisivamente con el pecado humano y nos dio una base sobre la que podamos ser perdonados, ofreciendo a todos los que creen, una vida de renovada justicia.

Creemos que la humanidad tiene una invitación a experimentar una vida abundante de verdadera bondad. Con el perdón, Dios ofrece a los seres humanos una vida abundante, rica en todas esas cualidades que traen satisfacción interna, cuando se derraman en amor cristiano a la familia y al prójimo, por igual. La humanidad restaurada de Dios, a través de Cristo, deja atrás esos deseos y pensamientos que marcan la garra del pecado. Nosotros, su nueva creación, somos renovados por el toque de Jesús y podemos hacer esas buenas obras que Dios ha preparado de antemano para que anduviésemos en ellas. Los seres humanos fuimos creados para conocer y amar a Dios y para expresar su relación con él a través de actos de amor. Una justicia dinámica es la marca de los redimidos, y por medio de esa justicia, que refleja la belleza del Señor, el pueblo de Dios puede sentirse realizado.

Cremos que la humanidad experimentará una transformación final. Cada ser humano está destinado a una existencia personal, consciente y eterna. La muerte física es una transición, no un final. En Cristo, Dios ha actuado para hacer posible que experimentemos esta máxima transformación; una resurrección a semejanza de Jesús y una total restauración de todo lo que se perdió con la caída de Adán. El destino de la humanidad es ser elevada más alto que los ángeles y llevada a la más íntima comunión con Dios.

Todos los que confiamos en Jesús y aceptamos la oferta de Dios de vida eterna, conoceremos esa transformación final. La humanidad será redimida.

Reconocemos a los seres humanos como únicos en el universo, hechos a la imagen y semejanza de Dios. Admitimos que una trágica caída ha envilecido a toda persona. Sin embargo vivimos con esperanza porque la humanidad es redimida en Jesús. Aceptando el don de Dios de vida en Jesús, nos extendemos hacia lo bueno que ahora podemos hacer, y anhelamos la transformación final que sabemos que vendrá.

CREEMOS EN LA SALVACIÓN

Creemos en una salvación mostrada en los poderosos actos de Dios en la historia. Dios visitó a su pueblo cuando estaba desamparado en Egipto. Con majestuosos actos de poder, Dios volvió a dar forma a la historia, logrando la liberación de la esclavitud y conduciéndolos en triunfo a la tierra prometida. Dios también extendió su mano a los individuos, realizando maravillas cuando intervino milagrosamente a su favor. En las señales y maravillas que Dios realizó en la historia,

captamos un destello del significado de la salvación. Dios nos encuentra desamparados y, movido sólo por amor, interviene. Lo que nunca podíamos hacer, Dios lo hace, y los que somos recipientes de su gracia, sólo podemos reconocer su obra y darle alabanza.

Creemos en una salvación ganada para nosotros por el sacrificio de Cristo. Las maravillas de la historia culminan en Jesús. En Jesús se cumplió el más grande acto de intervención de Dios en favor de una humanidad desamparada. El sacrificio en la muerte de Jesús llenó la más grande necesidad de la humanidad. Ningún peligro físico puede compararse con el peligro eterno que amenaza a todos los seres humanos. Todos los que tienen vida física están espiritualmente muertos en sus delitos y pecados, sin querer ni poder llegar a Dios. Todos los seres humanos permanecen condenados ante el tribunal de la justicia divina. Sin embargo, en Jesús, Dios se despojó de su ropaje judicial y, tomando nuestra naturaleza, también llevó la culpa de nuestros pecados. Al morir por nosotros y resucitarnos en su resurrección, Jesús ganó para nosotros una liberación que nos descarga del castigo del pecado, nos libera del poder del pecado y finalmente nos liberará de la misma presencia del mal que está adentro de nosotros. La salvación no se encuentra en nadie más, porque «no hay otro nombre bajo el cielo, dado a los hombres, en el que podamos ser salvos» (Hch 4.12).

Creemos en una salvación que se experimenta en el perdón. Jesús permanece como el punto central de la historia, Aquel por el que se dividió el tiempo. Lo miramos como el punto central de nuestra vida; por Él contamos nuestro paso de la muerte a la vida. Y la gran invitación permanece. La salvación, el don gratuito de Dios, se recibe por fe, y todos aquellos que ponen su confianza en Jesús, reciben el perdón de todos sus pecados. De allí en adelante, estamos en paz con Dios. El origen de nuestra culpa es quitado, y Dios mismo es satisfecho. Al ser perdonados, conocemos el significado de la gracia y entramos libremente en la presencia del Santo, sabiendo que, en Jesús, nuestra bienvenida está garantizada.

Creemos en una salvación que se expresa en amor y justicia. Creemos en una salvación dinámica. El perdón de los pecados pasados nos impulsa a una vida de justicia activa porque Dios quiere restaurar a los seres humanos a su total semejanza. La estricta expresión de la justicia en la Ley se resume en amor, y la salvación crea en los corazones humanos una capacidad para amar a otros y amar a Dios. Este amor debe encontrar su expresión tanto en los simples actos de bondad con los necesitados, como en un compromiso para hacer lo que es justo y mejor para toda la humanidad. Un celo por las buenas obras que beneficien a la gente y traigan gloria a Dios, es una expresión natural y necesaria de una salvación forjada por Dios.

Creemos en una salvación que se disfrutará por siempre en la presencia de Dios. Esa salvación, experimentada y expresada aquí y ahora, se disfrutará por siempre. Mucho después que este universo haya sido descartado y venga una nueva creación vital y vibrante de santidad, nosotros, los que creemos, experimentaremos el gozo de nuestra salvación en la presencia de nuestro Señor. En Jesús, la amenaza de eterna condenación se reemplaza por la promesa de vida perfeccionada, y estamos destinados a adorar a Dios, y disfrutar de Él para siempre. Sí, creemos en la salvación, porque tenemos un Dios que actúa para ayudar a los desamparados. Vemos su poder en los poderosos actos de la historia, y descubrimos su amor en el sacrificio de Jesús, quien a través de su muerte, ganó para nosotros una salvación tan grande.

Esa salvación se convierte en nuestra por fe, trayendo con ella perdón y compromiso con el amor y la justicia. Esa salvación se traducirá finalmente en una interminable vida de gozo vivida en la presencia misma del Señor.

CREEMOS EN UNA COMUNIDAD REDIMIDA

Creemos en una comunidad redimida, llamada a vivir unida en amor y unidad. El pueblo de Dios no está llamado a vivir solo. Dios siempre ha puesto a su pueblo en comunidad. Rodeados de amor, viviremos juntos como familia y como pueblo, apoyándonos y animándonos el uno al otro para las buenas obras y el crecimiento en la piedad. Todos los que reconocen a Jesús deben ser bienvenidos y aceptados como hermanos en una comunidad santa. Nuestras diferencias nos preocupan menos que el hecho que como hijos de un Padre, nos debemos el uno al otro la deuda de amor. La comunidad redimida, afirmando su mística unidad y actuando siempre en amor sincero, da un fuerte testimonio de la realidad y la presencia del Señor.

Creemos en la comunidad redimida que celebra su relación con Dios en adoración, bautismo y cena del Señor. La comunidad redimida comparte no solo, la vida de sus miembros, sino también la adoración y la conmemoración. Venimos juntos como un pueblo, no sólo para oír la Palabra de Dios, sino también para ofrecerle nuestras oraciones, alabanza y adoración. En rituales establecidos hace mucho tiempo, representamos las grandes realidades de nuestra fe: nuestra unión con Jesús en la muerte y resurrección y nuestra participación en su cuerpo quebrantado y su sangre derramada. En todo lo que hacemos juntos, afirmamos, confesamos y testificamos de Él hasta que Jesús venga.

Creemos en la comunidad redimida que da significado espiritual a cada persona. Todas las personas son importantes en el Cuerpo de Cristo. Junto con la nueva vida espiritual, a cada creyente le son dadas capacidades que le hacen espiritualmente importante. Cada persona en la comunidad de fe tiene la capacidad de glorificar a Dios, reflejar al Señor en un carácter cristiano transformado y en decisiones diarias morales y amorosas. A cada persona en la comunidad le son dados dones del Espíritu Santo, habilidades especiales que le permitan ministrar a otros en maneras que contribuyan a su bien y a la vitalidad de toda la comunidad.

Aunque cada individuo tiene un diferente rol que desempeñar, según lo determina Dios en su soberanía, todos son participantes en el ministerio y misión de la Iglesia. El compromiso de cada uno con su llamamiento es vital si se quiere que el Cuerpo de Cristo funcione como Él quiere.

Creemos en la comunidad redimida que reconoce y responde a los siervos líderes. Cristo es la cabeza viviente de su Iglesia. Dios ha colocado líderes humanos en la comunidad de fe, no para señorear sobre su gente, sino para equipar a su gente para el ministerio y animar su crecimiento como creyentes. Los líderes de Dios viven entre su gente, tanto para demostrar las cualidades cristianas que Cristo quiere que obren en cada creyente, como para compartir su entendimiento de su Palabra escrita como guía de fe y de vida. Los líderes de la comunidad de fe son hermanos que merecen el respeto y la ayuda material. Ellos están entre, y no por encima, de los otros miembros del Cuerpo.

Sí, creemos en una comunidad redimida que opera en una fe común, en unidad de amor, celebra su relación para Dios en adoración, afirma a cada persona como un participante espiritualmente importante en el ministerio de la Iglesia, y responde a los líderes que viven entre nosotros como nuestros siervos, por amor de Jesús.

CREEMOS EN EL FUTURO

Creemos en el futuro de la vida en la tierra como significativo y valioso. El Reino de Dios es ahora y en el futuro, y la vida en la tierra tiene significado. El tiempo presente es de mucha importancia porque nuestros «ahoras» así como nuestros «mañanas», nos dan la oportunidad de glorificar a Dios. Los sufrimientos que nos hacen clamar a Dios, y los gozos que mueven nuestros corazones a la alabanza, están entretejidos en el tapete de nuestra vida, diseñados igualmente para bien. Por nuestro toque, podemos enriquecer a otros. Por nuestras respuestas a las demandas de la vida, podemos ofrecer a otros esperanza en Dios. Nuestra participación puede mejorar la sociedad, enaltecer la justicia y ofrecer esperanza a los desamparados. Porque todo lo que hacemos forma nuestro carácter, afecta a la sociedad y refleja la gloria de Dios. Esta vida que conocemos en la tierra es tanto significativa como valiosa.

Creemos en el futuro regreso de Jesús. La historia va hacia una gran culminación, más allá de nuestros «mañanas» individuales. En el perfecto tiempo de Dios, el Jesús de la historia regresará a ejecutar el último juicio divino y a traer su dimensión de justicia eterna. Anticipamos, no el enfriamiento de nuestro sol o la disolución de todas las cosas, sino el gran desenlace de Dios. Entonces, visible para todos, Cristo recibirá la adoración de toda rodilla doblada, y el tiempo dará paso a la eternidad.

Creemos en la existencia eterna de cada persona. El breve tiempo de nuestra vida terrenal no es el fin de la existencia consciente de ningún ser humano. Cada uno de nosotros está marcado por el don de vida de Dios, con la marca de lo eterno; estamos destinados a «ser» para siempre. Para aquellos que respondan a la invitación de vida en Jesús, la muerte es simplemente una transición a una nueva y más completa experiencia de gozo.

Para aquellos que no respondieron, la muerte física es también una transición, pero de la presente separación a una interminable separación, la inexpresable tragedia de la condenación, a la que los creyentes han llamado «infierno».

Sí, creemos en el futuro. Creemos en el futuro de vida aquí en la tierra, el futuro del regreso de Jesús y el futuro que se extiende sin fin después que haya pasado eso que llamamos «tiempo».

ASUNTOS TEOLÓGICOS ESPECIALES

Cada nombre y título de Dios revela más sobre quién es Dios y cómo es su relación con sus criaturas. Es útil resumir esta información, juntándola bajo el encabezonamiento de temas o tópicos específicos. En este apéndice miramos a varios de estos temas, y juntamos verdades que se desprenden de los nombres y títulos de Dios, y en el contexto bíblico que estos nombres y títulos aparecen.

En este apéndice discutimos los siguientes temas especiales:

Atributos de Dios
El Cuerpo de Cristo
Relación de pacto con Dios
La creación
La eternidad
El mal
La existencia de Dios
El perdón
El Espíritu Santo
La encarnación
Jesucristo
La revelación
La Trinidad
La Palabra de Dios
La ira de Dios

ATRIBUTOS DE DIOS

Los cristianos tenemos un particular punto de vista de cómo es Dios. Las principales cualidades o características que adscribimos a Dios, se llaman sus atributos. Los atributos de Dios no son solo preocupación de los teólogos. El concepto de Dios que tiene cada persona, va a influir en su vida y en sus decisiones. Por ejemplo, si ustedes están completamente convencidos que Dios es omnisciente (que conoce todas las cosas perfec-

tamente), entonces es más probable que sigan las indicaciones de las Escrituras para la vida, que si ustedes piensan que Dios es sabio, pero limitado, y por esa razón los seres humanos deben decidir los asuntos morales como mejor puedan.

De todas maneras, lo que usted y yo pensemos de Dios va a dar forma a la manera como vivamos nuestra vida diaria. Aunque algunas de las cualidades de Dios son similares a las cualidades humanas (Dios tiene emociones, piensa, decide y actúa), otras cualidades no tienen analogía en la personalidad humana (Dios es soberano). Sin embargo, cada una de las principales características de Dios tiene implicaciones prácticas para usted y para mí.

¿Cuáles son las principales características? Las listas que encontramos en los escritos cristianos a través de los tiempos, difieren, pero la mayoría de los cristianos incluirían cualidades como las que siguen:

Dios es personal. Dios piensa, decide, ama y odia. Nosotros también tenemos la capacidad de pensar, tenemos voluntad, emociones, y también tenemos una base para entender algunas cosas sobre la naturaleza de Dios. Pero aunque Dios comparte la personalidad con nosotros, sus pensamientos, su voluntad, su amor y su odio no son exactamente como los nuestros. Por medio de Isaías, Dios recuerda a su pueblo: «Porque mis pensamientos no son vuestros pensamientos ... porque como los cielos son más altos que la tierra, así mis caminos son más altos que vuestros caminos, y mis pensamientos más que vuestros pensamientos» (Is 55.8).

Sin embargo, el hecho de que Dios es

una persona, nos reasegura. Dios no es una fuerza impersonal, no es un arquitecto abstracto, no una lógica primera causa tan bastamente diferente de nosotros que no tenemos base para ninguna relación. No, Dios es una persona que entiende nuestros pensamientos, nuestros sentimientos y el esfuerzo que hacemos para tomar decisiones; Él puede relacionarse con nosotros en todos los niveles de nuestra personalidad. Pero debemos siempre recordar que Dios permanece como el patrón con el cual juzga nuestros pensamientos, nuestras emociones y nuestras decisiones; debemos resistir la tentación de juzgar a Dios con nuestro pensamiento y manera humanos.

Dios es moral. Dios posee todas las virtudes morales. A veces, algunas de estas virtudes que marcan su carácter, están enumeradas como atributos separados por los teólogos. Sin embargo, las enumeramos, no podemos pensar correctamente sobre Dios, a menos que aceptemos la descripción que la Biblia hace de él: amante, bueno, santo, perdonador, verdadero y fiel. Aunque usted y yo podamos ser misericordiosos, sinceros y compasivos, por ejemplo, sólo Dios es perfectamente bueno, y sólo las acciones de Dios son limpias de pecado. A diferencia de nuestro amor, el amor de Dios nunca falla. A diferencia de nuestro perdón, el perdón de Dios borra hasta el último vestigio de pecado. Aunque la santidad de Dios genera una ira sobre el pecado y el pecador, su ira nunca es rencorosa ni arbitraria, y en la ira siempre tiene misericordia. Sólo Dios, que es perfecto, puede ser al mismo tiempo tanto completamente lleno de amor, como enojado. Cada una de estas cualidades es central para nuestro entendimiento cristiano de Dios y de la moralidad. Cada una está profundamente incrustada en la revelación que Dios hace de su voluntad para su pueblo. Cada una se refleja en nuestras convicciones sobre cómo deben vivir los seres humanos el uno con el otro. Porque Dios es verdaderamente moral, podemos confiar plenamente en Él. Y porque Dios es verdaderamente moral, nosotros que somos sus hijos, podemos ser «imitadores de Dios ... y andar en amor como Cristo también nos ha amado y se ha dado a sí mismo por nosotros» (Ef 5.1).

Dios es soberano. Reconocer a Dios como soberano es reconocerlo como el supremo gobernante del universo. Efesios 1.11, lo pone poderosamente así: Dios es el «que hace todas las cosas según el designio de su voluntad». Afirmar la soberanía de Dios es reconocer que nuestro universo y nuestra vida individual tiene significado y propósito. Aunque Dios no actúa arbitrariamente para ejercer su control de los acontecimientos, creemos que por la acción de las leyes físicas y morales que Dios diseñó, como también por sus intervenciones sobrenaturales, Dios está llevando a cabo todo su complejo plan en la historia. Un pasaje que exalta a Dios como soberano, nos ayuda a sentir cuán maravilloso es tener una relación con el que está verdaderamente en control de todas las cosas. Isaías clama a Judá, animando al pueblo de Dios a no tener temor, sino más bien a tener una visión de Dios: «He aquí que Jehová el Señor vendrá con poder, y su brazo señoreará; he aquí que su recompensa viene con él, y su paga delante de su rostro» (Is 40.10-11).

Qué hermoso darse cuenta que el Dios, que es el verdadero gobernante del universo, se inclina para usar su poder en beneficio de sus amados.

Dios es ilimitado. Muchos de los atributos de Dios no tienen corolario en la experiencia humana. Sólo podemos captar superficialmente su significado, por contraste. Nosotros, los seres humanos, somos finitos, limitados a un solo lugar y al tiempo, limitados en nuestro conocimiento y en nuestro poder. Pero Dios es ilimitado en todas estas dimensiones. Los teólogos hablan de Dios como omnisciente, omnipresente y omnipotente.

Dios es omnisciente. Él sabe todo, sabe todos los hechos, todos los pensamientos y todos los motivos de todos los corazones humanos. Dios conoce el pasado y el futuro, tanto como conoce el presente. No hay limitaciones para el total conocimiento de Dios de todas las cosas.

Dios es omnipresente. Él está presente en todas partes. La presencia de Dios no puede ser localizada en un lugar, como la nuestra necesariamente lo es. El panteísmo asume que una parte de Dios está en cada cosa material: rocas, árboles, gente. Pero el cristiano conoce a un Dios que está por encima de la naturaleza, pero que sin embargo está absolutamente presente en cada sitio del universo físico. David, lleno de admiración ante la ilimitada naturaleza de Dios, expresa sus pensamientos: «¿Adónde me iré de tu Espíritu? ¿Y a dónde huiré de tu presencia? Si subiere a los cielos allí estás tú; y si en el Seol hiciere mi estrado, he aquí, allí tú estás. Si tomare las alas del alba y habitare en el extremo del mar, aun allí me guiará tu mano y me asirá tu diestra» (Sal 139.7-10).

Porque Dios está presente en todas partes, él está contigo y conmigo siempre, sea en nuestros momentos oscuros o en nuestros momentos de luz.

Dios es omnipotente. Él es todopoderoso. El poder de Dios y su capacidad para obrar, están limitados sólo por su carácter. Nadie ni nada fuera de él puede poner límites al Señor; él puede hacer lo que quiera que le agrade. Pero es importante darse cuenta que Dios se limita por su carácter moral; le agrada hacer lo que es bueno y justo. Dios no puede pecar, porque su carácter es tan perfectamente santo, que nunca decidiría pecar. Pero lo que Dios desea hacer, lo puede hacer.

Isaías puso en una hermosa perspectiva el significado de esta cualidad:

«¿No has sabido, no has oído que el Dios eterno es Jehová, el cual creó los confines de la tierra? No desfallece ni se fatiga con cansancio, y su entendimiento no hay quien lo alcance. Él da esfuerzo al cansado, y multiplica las fuerzas al que no tiene ningunas. Los muchachos se fatigan y se cansan, los jóvenes flaquean y caen; pero los que esperan a Jehová tendrán nuevas fuerzas; levantarán alas como las águilas; correrán y no se cansarán; caminarán, y no se fatigarán» (Is 40.28-31).

Dios es eterno. Dios es independiente del tiempo. Un salmo de Moisés lo pone de esta manera: «Antes que naciesen los montes y formases la tierra y el mundo, desde el siglo y hasta el siglo, tú eres Dios».

La eternidad de Dios afirma que Dios ha existido siempre, y que siempre existirá. Aunque Él es el origen de todas las cosas, Él mismo no tiene origen. La eternidad de Dios mantiene una promesa emocionante para nosotros. Cuando Dios nos ofrece vida eterna en Jesús, nos da la promesa de una existencia rica sin fin, con las mismas cualidades que hacen su vida tan rica y tan plena.

Dios es libre. La libertad de Dios es vista en que actúa espontáneamente, sin restricciones de ninguna consideración que no sea la de su propio carácter y voluntad. La decisión de Dios de salvar, es una decisión libre que no surge de ninguna obligación a la humanidad. Como una voluntad libre, el deseo de Dios de ayudar a los seres humanos que han llegado a ser sus enemigos, es una demostración de pura gracia. Todo lo que ha hecho por nosotros sale de su amor y compasión.

Estrechamente asociada con este concepto, está la tradicional idea de la inmutabilidad de Dios. Dios no cambia y su carácter esencial no es afectado por los acontecimientos de este mundo de tiempo y espacio. Podemos contar con Dios para continuar por siempre, siendo la persona que Él es.

¿Cómo estamos tan seguros que Dios tiene estos atributos? Básicamente porque estamos convencidos que Dios ha hablado y se ha revelado a nosotros. Es por iniciativa de Dios y no por una simple imaginación especulativa, que nuestro concepto de Dios ha crecido y ha tomado una forma más clara. El Dios de la Biblia es el único verdadero Dios, y este Dios es personal, moral, soberano, eterno, ilimitado y libre.

EL CUERPO DE CRISTO

Uno de los títulos más importantes de Jesús es el de «cabeza» de un cuerpo vivo: la Iglesia. En diferentes épocas, diferentes cuestiones teológicas han llamado la atención de los creyentes. En el siglo segundo, la atención de los cristianos se centró en la Trinidad y en un entendimiento de la naturaleza y persona de Jesús. En la Reforma del siglo dieciséis, la preocupación primaria fue la salvación y el papel de la fe. En nuestro tiempo, la atención de muchos se ha dirigido a la Iglesia. Los creyentes están buscando algo nuevo en las imágenes bíblicas y en las enseñanzas sobre la comunidad de los que creen.

La iglesia ha existido a través de los siglos de historia de la Iglesia, pero no se ha prestado la suficiente atención a los asuntos que enseñan las Escrituras. Una de las primeras imágenes de las Escrituras, que está siendo tomada en cuenta muy seriamente hoy en día, es la del Cuerpo de Cristo. La Iglesia es un organismo vivo, no simplemente una institución humana. Nosotros, que somos el pueblo de Jesús, estamos íntimamente ligados y de una manera única el uno al otro y a Jesús, y juntos constituimos un todo orgánico unificado.

La imagen de un cuerpo del cual Cristo es la cabeza, hace énfasis en las relaciones. Noten que las Escrituras no sugieren que la Iglesia es como un cuerpo: la Biblia dice que somos un cuerpo. Nuestra identidad como pueblo de Dios está profundamente enraizada en nuestra relación orgánica el uno con el otro y con Jesús.

Jesús es la cabeza del cuerpo. En el NT, el término «cabeza» nunca es aplicado a los líderes humanos de la Iglesia visible. Más bien, la Iglesia es vista dondequiera como un organismo, y Jesús es presentado como la única y viva Cabeza. Usted y yo, como miembros del Cuerpo, estamos tan conectados con Jesús que Él puede guiarnos, dirigirnos y fortalecernos.

Muchos pasajes del NT nos ayudan a sentir la importancia de reconocer a Jesús como nuestra Cabeza viviente. Efesios presenta a Jesús como supremo «sobre todo principado y autoridad y poder y señorío, y sobre todo nombre que se nombra, no sólo en este siglo, sino también en el venidero» (Ef 1.21). Esta es la persona que Dios nos ha dado para ser «cabeza sobre todas las cosas a la Iglesia, la cual es su Cuerpo» (1.22,23).

Los creyentes crecen como partes del cuerpo. A través de nuestra relación personal con Jesús, tenemos una fuente de inimaginable poder. Estamos invitados a darnos cuenta y a experimentar «la supereminente grandeza de su poder para con nosotros los que creemos, según la operación del poder de su fuerza, la cual operó en Cristo, resucitándole de los muertos y sentándole a su diestra en los lugares celestiales» (Ef 1.19,20). En nuestra relación orgánica con Jesús, el mismo poder de Dios está a nuestra disposición, y todo aquello que nos invalida puede ser superado por medio de su fuerza interior.

Efesios 4 lleva nuestra atención al crecimiento. Nuestra relación con Jesús es el secreto del crecimiento espiritual individual y congregacional. De Jesús, «todo el cuerpo, bien concertado y unido entre sí por todas las coyunturas que se ayudan mutuamente, según la actividad propia de cada miembro, recibe su crecimniento para ir edificándose en amor» (Ef 4.16).

Colosenses 1 exalta a Jesús, mostrando su supremacía sobre la creación visible e invisible. Él es también supremo sobre la Iglesia; tiene prioridad en nuestro pensamiento y en nuestra vida (Col 1.18). Colosenses 2 advierte a los creyentes que la clave de nuestra vitalidad y crecimiento espiritual, se encuentra en nuestra relación con Jesús. Nos asimos a la cabeza, no buscando nuestra realización espiritual en rituales o prácticas religiosas (Col 2.19). «Porque en él habita corporalmente toda la plenitud de la Deidad, y vosotros estáis completos en él, que es la cabeza de todo principado y potestad» (Ef 2.9-10).

Estos pasajes tienen implicaciones para los individuos y para las congregaciones. Debemos aprender a mirar con expectación a Jesús para recibir guía, seguros de que lo que quiera que nuestra cabeza dirija, Él también nos capacitará para cumplir. Los creyentes que se ven como miembros de un organismo vivo, nunca pueden descontar lo sobrenatural. Los esquemas humanos de organización nunca pueden capturar debidamente esta realidad.

Otra emocionante implicación de la enseñanza de las Escrituras de que Jesús es la cabeza viva de la Iglesia, es que debemos ser la encarnación viviente de Jesús en el mundo. Aunque Cristo está en el cielo, el pueblo de Jesús está en la tierra. Por su conexión con los creyentes, Jesús, aun ahora, está vitalmente presente en la tierra. Él toca a otros por medio del pueblo viviente que es su cuerpo. Si vivimos en obediencia a nuestro Señor, todos sus buenos propósitos para la humanidad se cumplirán. Cuán importante, entonces, es que los cristianos reconozcan el liderazgo del Cristo viviente y le busquen a Él para dirección, actuando con total confianza en su capacidad para por medio nuestro hacer lo que nos dirija a hacer.

RELACIÓN DE PACTO CON DIOS

El término «pacto» es vital en el vocabulario de la fe. Por medio de los pactos que Dios hizo con los seres humanos, como está registrado en las Escrituras, aprendemos verdades vitales sobre quién es Él.

El cristianismo afirma que Dios no sólo es personal, sino que también es el todopoderoso gobernante de nuestro universo. Este Dios ha decidido revelarse a los seres humanos. Al hacerlo, Dios nos ha mostrado que nos invita a tener una relación personal con Él. Nada subraya más claramente esta verdad, que los pactos bíblicos.

En las Escrituras, y en varios sistemas teológicos cristianos, los pactos son básicos porque establecen la base sobre la cual las relaciones personales entre Dios y la humanidad son posibles. Para entender el significado de esta importante palabra bíblica y teológica, necesitamos mirar a las palabras relevantes hebreas y griegas, a los pactos teológicos

sugeridos por los reformadores, a tres específicos pactos del AT, y al Nuevo Pacto explicado en los dos testamentos.

Las palabras griegas y hebreas que se traducen «pacto». En los tiempos del AT, las culturas antiguas adoptaron el concepto de un pacto (berit) para expresar una clase de relaciones interpersonales y sociales. Un pacto entre naciones era un tratado (Gn 14.13; 31.44-55). Entre personas, un pacto podía expresar un contrato de negocios o una declaración de amistad (1 S 18.3; 23.18). Un pacto entre un gobernante y los súbditos servía como la constitución de los estados, especificando las responsabilidades tanto del gobernante como del gobernado (2 S 3.21; 5.3). Este concepto relacional fundamental fue adoptado por Dios para expresar verdades sobre su relación con los seres humanos.

Aunque el concepto de pacto era familiar para el pueblo del AT, los pactos entre Dios y la humanidad tienen elementos únicos. La palabra pacto tiene diferentes significados: «contrato», «constitución» y «declaración de amistad». No debemos sorprendernos si hay aspectos distintivos de la palabra pacto cuando se aplica a las relaciones entre Dios y la humanidad.

Los aspectos distintivos son capturados en esta definición de un pacto bíblico (divino/humano): un pacto bíblico es una clara afirmación de parte de Dios de sus propósitos e intenciones, expresada en términos que le obligan a Dios, bajo solemne juramento, a cumplir lo que ha prometido.

La Biblia identifica cuatro pactos principales. En cada uno de ellos, el Señor dice lo que quiere hacer y que ciertamente lo hará. Es por medio de estas grandes promesas de pacto que aprendemos quién es Dios y cuáles son sus planes y propósitos para nosotros. El compromiso de Dios para hacer lo que ha prometido, nos provee una firme base para nuestra fe.

El pacto tiene el mismo significado en el NT. Allí se usa la palabra griega diateke. Los griegos usaban esta palabra en el sentido de testamento, en el que una persona decidía cómo disponer de la propiedad. Esa decisión se hacía efectiva cuando una persona moría, y no podía ser cambiada por nadie más. La muerte de Jesús hizo efectivo lo que ambos testamentos llaman un «nuevo pacto». En Hebreos se usa otra palabra griega: el pacto de Dios del AT es llamado *orkos* (He 6.17). Esta palabra significaba «una garantía legal obligatoria». Hebreos dice que «queriendo Dios mostrar más abundantemente a los herederos de la promesa la inmutabilidad de su consejo, interpuso juramento».

El énfasis en los dos testamentos, entonces, está en el hecho que Dios ha expresado sus propósitos y anunciado sus planes en forma de promesas de pacto. Estas promesas de pacto proveen una base firme para nuestra fe y nos capacitan para definir nuestra relación con el Señor.

Los pactos teológicos. Los reformadores del siglo dieciséis fueron bien conscientes del significado de los pactos. Ellos expresaron su entendimiento de lo que la Biblia enseña sobre las relaciones entre Dios y los seres humanos, resumiendo esa enseñanza en dos convenios básicos: un convenio de obras y un convenio de gracia. Estos convenios teológicos no son los mismos que los convenios bíblicos. Pero los reformadores creían que su afirmación de los convenios teológicos, efectiva y exactamente resumía lo que la Biblia enseña sobre la salvación. ¿Qué son los pactos teológicos?

El pacto de obras, pensaban los reformadores, era una promesa condicional hecha por Dios a Adán, quien era un libre agente moral. En efecto, este pacto era un contrato que incluía condiciones. Dios prometió vida eterna y compañerismo sin fin con Él, con la condición que Adán fuera obediente y no comiera del fruto de un árbol particular que estaba plantado en el Jardín del Edén (Gn 2—3). Si Adán violaba la condición, las consecuencias serían su muerte, con todo lo que «muerte implica en las Escrituras. Los reformadores enseñaban que, en cuanto a los no

salvos les concernía, este pacto de obras está todavía en vigencia, con todas sus condiciones obligantes. La desobediencia y la injusticia todavía traen la condenación de Dios. Pero la situación ha cambiado para los salvos. Los reformadores se dieron cuenta que Jesús vino a la tierra y vivió una vida perfecta, cumpliendo por su obediencia todas las condiciones del pacto de obras. Entonces Jesús murió por los pecados de toda la humanidad, no sólo llevando los pecados sobre sí, sino también ofreciéndonos su propia justicia. Los creyentes que por la fe se unen con Cristo, son libres del pacto de obras. El pacto de obras está abrogado por el Evangelio.

Para explicar lo que Jesús ha hecho, los reformadores pensaron en términos de un pacto de gracia. Este pacto se relaciona específicamente con el plan de redención de Dios. Los reformadores vieron este pacto como un contrato concluido entre Dios y el Padre (representando la Deidad) y Dios el Hijo (representando a todos los redimidos). Jesús se comprometió a cumplir todas las obligaciones del pacto de obras a favor de su pueblo. Jesús tomó sobre sí todas nuestras responsabilidades, satisfizo todas las condiciones de Dios (incluyendo la condición de que el pecado debe ser castigado con la muerte), y así ganó la vida eterna para los suyos.

Casi todos los aspectos de la teología reformada surgieron de la manera en que los reformadores organizaron sus enseñanzas sobre la salvación bajo estos dos pactos teológicos. Por ejemplo, el bautismo infantil era practicado como señal visible y sello del pacto de lagracia, de la misma manera que la circuncisión en los tiempos del AT era una señal de que el niño era miembro de la comunidad del pacto de Israel. La convicción de que existe un pacto entre Dios y la humanidad es básica en todo sistema teológico cristiano. Pero las diferencias sobre la naturaleza de ese pacto (o esos pactos) nos han conducido a muchas diferencias en asuntos específicos de las creencias y convicciones cristianas.

Los pactos del AT. Cuando oímos a los cristianos hablar de pactos, es importante saber si se está hablando de los pactos teológicos descritos arriba, o de pactos bíblicos. Los pactos teológicos resumen la verdad bíblica de una manera sistemática significativa. Pero los pactos teológicos no son lo mismo que los pactos bíblicos, aunque están modelados en ellos. ¿Qué son los pactos bíblicos, y qué necesitamos saber para entender cada uno de ellos?

El pacto de Abraham. Este es el primero de los pactos bíblicos. Dios se le apareció al pagano Abram que adoraba al dios luna en su nativa Ur. Dios le dijo a Abram que dejara su tierra y se fuera «a la tierra que te mostraré». En el primer contacto, Dios hizo a Abram promesas que más tarde fueron confirmadas, siguiendo la costumbre de hacer un juramento obligante (Gn 12.2-3; 15.1-21). Todavía más tarde, Dios instruyó a Abraham para circuncidar a todo varón de la descendencia, como una señal que pertenecía a la línea familiar a la que se le había dado las promesas del pacto (Gn 17.1-22).

Las promesas dadas a Abraham se cumplirán al final de la historia. Ellas cuentan de lo que Dios quiere hacer con el pueblo judío, entonces. También muestran las bendiciones de Dios ofrecidas a Abraham y a las generaciones judías que surgirían entre Abraham y el final de la historia. ¿Cuáles son las promesas dadas en el pacto de Abraham? «Y haré de ti una nación grande, y te bendeciré, y engrandeceré tu nombre, y serás bendición. Bendeciré a los que te bendijeren, y a los que te maldijeren maldeciré, y serán benditas en ti todas la familias de la tierra» (Gn 12.2-3). Otra cláusula se añade al pacto y también es confirmada por juramento: «A tu descendencia daré esta tierra» (Gn 12.7).

La firme convicción que Dios habló a Abraham y le hizo promesas sobre su descendencia, ha dado al pueblo judío un sentido de identidad que ha preservado al pueblo del AT como fe y como raza hasta este día. También este pacto es la clave para nuestro entendimiento del AT, este relata cómo Dios ha cumplido sus promesas a Israel en la historia. Relatos contándonos del pacto de Dios con Abraham, son también nuestra clave para entender la relación personal con Dios. Abraham oyó a Dios anunciar sus propósitos y establecer sus promesas. La Biblia nos dice que Abraham respondió con fe. «Y él creyó al Señor, y le fue contado por justicia»(Gn 15.6). De esta manera Dios se mostró deseoso de aceptar la fe en sus promesas, en vez de una justicia que Abraham no tenía. En Romanos, Pablo enseña: «Y no sólo con respecto a él escribió que le fue contada, sino también con respecto a nosotros a quienes ha de ser contada, esto es, a los que creemos en el que levantó de los muertos a Jesús, Señor nuestro» (Ro 4.23-24). La fe en la promesa de Dios es la clave para la salvación.

El pacto mosaico o pacto de la Ley. Este pacto es distinto en varias maneras. Después de cuatrocientos años en Egipto, los descendientes de Abraham fueron dirigidos por Moisés hacia la libertad. Dios quiso llevarles a la tierra que había prometido a Abraham siglos antes. En el camino, Dios dio a su pueblo una ley diseñada como los tratados de soberanía del antiguo Medio Oriente. Tales tratados (convenios) se hacían entre gobernantes (soberanos) y súbditos. Se especificaban las obligaciones de cada parte y se determinaba lo que sucedería si los súbditos guardaban o violaban las condiciones del pacto.

El pacto de la Ley, la constitución nacional de Israel, era entre Dios e Israel. Regulaba la vida personal, social y civil de Israel, tanto como obligaciones religiosas definidas. Pero este pacto era tanto diferente de, como similar al pacto de Dios con Abraham. Al igual que otros pactos bíblicos, el pacto mosaico incluye un anuncio por parte de Dios de lo que Él quiere hacer. Esta declaración de las intenciones de Dios en la Ley es incondicional. Dios hará lo que dice que hará. A diferencia de otros pactos bíblicos, el pacto de la Ley era ratificado (renovado o confirmado), por el pueblo. Cada generación debía decidir comprometerse a vivir por la Ley del Sinaí (Éx 24; Dt 29; Jos 24). Ahora, en la sociedad judía, un niño de doce años, toma una similar decisión y llega a ser un «bar mitzvah», un hijo del mandamiento.

La Ley, entonces, definía cómo Israel iba a vivir como una nación bajo Dios. Esto proveyó un completo conjunto de leyes y regulaciones para gobernar todos los aspectos de la vida nacional y personal. Fue un pacto en el sentido de una constitución nacional, y Dios, el gobernante de Israel, especificaba no sólo como sus súbditos debían vivir, sino que también se comprometía a bendecir al obediente y castigar al desobediente. A diferencia de todos los otros pactos bíblicos, el AT ve el pacto de la Ley como temporal, para ser reemplazado por un nuevo pacto (Jer 31.31-32). El pacto mosaico fue diseñado para funcionar durante los siglos que Israel pasó como nación, hasta que el Salvador vino a presentar una nueva y mejor base para una relación personal diaria con el Señor.

El pacto davídico. El tercer pacto bíblico es el pacto Davídico. David fue el ideal o el rey modelo de Israel. Bajo David, el pequeño país se extendió diez veces, para llegar a ser un estado poderoso. La fidelidad de David a Dios y su amor por el Señor fue la clave de su efectividad como monarca. La Biblia nos dice que el profeta Natán fue enviado por Dios a David con una promesa especial: «Y será afirmada tu casa y tu reino para siempre delante de tu rostro, y tu reino será estable eternamente» (2 S 7.16).

Este compromiso es celebrado en los Salmos como una promesa de pacto (Sal 89.2-4; 105.8-10). Sobre la base de esta promesa de pacto, el pueblo judío creía firmemente que su Mesías (el libertador ungido de Dios) sería un gobernante del linaje de David, y establecería un reino regido personalmente por Dios. Las genealogías de Jesús contenidas en Mateo y Lucas, son en parte para establecer la ascendencia de Jesús hasta el rey David, y establecer así el derecho hereditario de Jesús al trono del prometido reino del AT.

Al igual que el pacto abrahámico, este pacto es la promesa de Dios de sus planes y sus propósitos para los seres humanos.

Como el pacto abrahámico, también el pacto davídico alcanzará su completo cumplimiento sólo cuando Jesús vuelva a tomar posesión realmente del trono del reino. Sólo Él está calificado para gobernar.

El nuevo pacto. El nuevo pacto es el más importante de los pactos bíblicos para los creyentes de hoy en día. El nuevo pacto fue prometido por el profeta del AT, Jeremías, en un momento crítico de la historia de Israel. La ley mosaica fue dada alrededor del 1450 a.C., pero el pueblo de Israel era continuamente infiel a sus obligaciones constantes en el pacto. Su desobediencia les condujo a juicios nacionales. Los juicios culminantes fueron derrotas militares y el exilio de la tierra prometida.

Parte de la nación fue deportada por los asirios en el 722 a.C., en tanto que el remanente de los judíos continuaba hundido en la idolatría, la inmoralidad y la injusticia. Finalmente, en los días de Jeremías, el remanente de los judíos fue aplastado por los babilonios. El gran templo de Jerusalén fue destruido en el 586 a.C. Lo que quedaba del pueblo de Dios fue llevado a la cautividad. Por primera vez en casi mil años, los judíos ya no vivieron más en la tierra prometida, tan íntimamente asociados con las promesas del pacto de Dios hechas a Abraham y a David. Los exiliados deben haberse preguntado: «¿Cómo pudo suceder esto?» ¿Habría su desobediencia causado que Dios cambiara su plan y retirara sus promesas?

Dios usó al profeta Jeremías para contestar esta pregunta. Primero, el pueblo de Dios había quebrantado su pacto y debía ser castigado. Pero las promesas de Dios y sus propósitos todavía permanecían: «Así ha dicho Jehová: si los cielos arriba se pueden medir, y explorarse abajo los fundamentos de la tierra, también yo desecharé toda la descendencia de Israel, por todo lo que hicieron, dice Jehová» (Jer 31.37).

Pero Dios tiene otra palabra sorprendente para Israel. Promete, por medio del profeta, que: «He aquí vienen días, dice Jehová, en los cuales haré nuevo pacto con la casa de

Israel y con la casa de Judá» (Jer 31.31). La Ley, bajo la cual las bendiciones de esta vida dependen del cumplimiento de los seres humanos, no ha producido gente justa. Dios reemplazará el pacto mosaico con algo más efectivo. Como otros pactos, el nuevo pacto dice simplemente lo que Dios quiere hacer. Jeremías hace énfasis en la obra de Dios en la vida de la gente: «Pero este es el pacto que haré con la casa de Israel después de aquellos días, dice Jehová: Daré mi ley en su mente, y la escribiré en su corazón; y yo seré a ellos por Dios, y ellos me serán por pueblo. Y no enseñará más ninguno a su prójimo, ni ninguno a su hermano, diciendo: Conoce a Jehová; porque todos me conocerán, desde el más pequeño de ellos hasta el más grande, dice Jehová; porque perdonaré la maldad de ellos, y no me acordaré más de su pecado» (Jer 31.33-34).

No es hasta el NT que leemos de este nuevo pacto que está siendo hecho. Allí, oímos a Jesús, en la noche antes de su crucifixión, explicar a sus seguidores, mientras sostenía la copa de la comunión: «Esta es mi sangre del nuevo pacto, que por muchos es derramada para remisión de los pecados» (Mt 26.28; Mr.14.24; Lc22.20; 1 Co 11.25).

Como el pacto abrahámico, este nuevo pacto se inició con un sacrificio (G.15). Pero en esta ocasión, la sangre sacrificial que confirmaba la divina promesa, era la del Hijo de Dios. Sobre la base de ese sacrificio, el perdón prometido fue ganado para la humanidad, para que sea apropiado por fe, tal como Abraham había creído en Dios y le fue contado por justicia.

El nuevo pacto, entonces, reemplaza a la ley mosaica. Esa Ley, grabada en tablas de piedra, expresaba objetivamente la justicia que la santidad de Dios requería. Pero la declaración de la Ley, de normas externas, fue incapaz de producir justicia en los seres humanos. El nuevo pacto hace un enfoque totalmente diferente. Toma la justicia que estaba expresada en la ley, y en forma sobrenatural la infunde en el carácter mismo del creyente.

El libro de Hebreos resume las provisiones clave del nuevo pacto: «Este es el pacto que haré con ellos después de aquellos días, dice el Señor: pondré mis leyes en sus corazones, y en sus mentes las escribiré», añade: «y nunca más me acordaré de sus pecados y transgresiones» (He 10.16-17). Más que la palabra de la Ley: «haz esto y vivirás», el nuevo pacto majestuosamente declara la intención de Dios: «¡Escribiré la justicia en sus corazones!»

Dios ha prometido que Él obrará en la vida de su pueblo del nuevo pacto, para transformarlo desde adentro. Es importante recordar que la respuesta apropiada a todas las promesas de pacto de Dios, es la fe. Dios ha dicho lo que hará. Nosotros, los seres humanos sólo podemos tomar su palabra. No es de sorprenderse, entonces, que tanto en Romanos 4 como en Gálatas 3, el NT argumente que, puesto que la esencia del pacto es la promesa, todo lo que los seres humanos pueden posiblemente hacer es creer.

Por medio de Jesús, Dios provee perdón y una dinámica interior que realmente hará que los seres humanos sean justos. Aunque la realización final de esa promesa espera el regreso de Jesús y nuestra resurrección, la fe da al creyente una experiencia presente de nuevas bendiciones de pacto. Cuando usted y yo creemos en las promesas de Dios en Jesús, los beneficios ganados por su muerte y su resurrección llegan a ser nuestros.

Resumen de los pactos. Los pactos bíblicos son declaraciones de los propósitos de Dios que se expresan en promesas, a menudo asociadas con juramentos obligados. Los pactos Abrahámico, Davídico y el nuevo, miran hacia el final de la historia para su cumplimiento.

¡Pero la fe lleva a una persona a un pacto de relación con el Señor ahora! Dios, en su gracia, pone a disposición de los que creen en Él muchos de los beneficios que tiene en su mente para una humanidad redimida cuando Él regrese. El pacto mosaico fue temporal, diseñado para servir como la constitución de Israel como una nación hasta que Cristo venga. Fue diferente de los otros en que, según el NT, no se basó en promesas. En vez de decir lo que Dios quiere hacer, en la forma de una promesa, dice lo que Dios haría en respuesta a conductas humanas específicas. Mientras las personas que tenían una relación de fe con Dios (como David), procuraban ser obedientes, el sistema del AT tenía que incluir sacrificios que pudieran ser hechos cuando fallaban. La fe conducía a una persona a la obediencia, y la fe conducía a la misma persona a traer los sacrificios requeridos cuando él o ella fallaran. De esta manera la fe fue importante en la época de la Ley, como lo ha sido en todas las épocas.

La fe, sola, entonces, es la respuesta de lo que los seres humanos pueden hacer cuando Dios habla en promesa. La fe sola puede llevarnos a una relación personal con Dios. La fe sola nos capacita para experimentar en nuestra vida presente los beneficios y bendiciones que Dios ha prometido traer a la humanidad.

Aunque los convenios teológicos desarrollados por los reformadores, no son los mismos que los convenios de los que se habla en la Biblia, expresan verdades vitales sobre la relación personal con Dios. Ellos captan la enseñanza básica de la Biblia que la relación con Dios debe depender de la fe, y de la fe sola. La salvación que podemos conocer como individuos, fluye de una apropiación por fe de ese compromiso que Dios ha decidido hacer con la humanidad en Jesucristo.

CREACIÓN

Uno de los principales temas de las Escrituras es presentar a Dios como Creador y Hacedor de todo cuanto existe. Y a través del milenio los creyentes han sentido a Dios en su creación. Con el salmista hemos sentido la admiración y asombro expresados en alabanza: «¡Oh Señor, mi Dios, tú eres grande!» El salmista continúa honrando a Dios: «Bendice, alma mía, a Jehová. Jehová, Dios mío, mucho te has engrandecido, te has vestido de gloria y de magnificencia ... él fundó la tierra sobre sus cimientos; no será jamás

removida. Con el abismo, como vestido, la cubriste; sobre los montes estaban las aguas» (Sal 104.1,5-6).

Cuando venían las dificultades, los profetas de Israel a menudo convocaban a su pueblo para recordarles que su Dios era el Creador, que todo lo que existe demuestra su poder. Cuán seguro puede estar el creyente porque confía en Uno que tiene todo el poder en sus manos.

> Levantad en alto vuestros ojos,
> y mirad quién creó estas cosas;
> él saca y cuenta su ejército;
> a todas llama por sus nombres;
> ninguna faltará...
> ¿No has sabido,
> no has oído,
> que el Dios eterno es Jehová,
> el cual creó los confines de la tierra?
> No desfallece, ni se fatiga con cansancio,
> y su entendimiento no hay quién lo alcance.
> Él da esfuerzo al cansado,
> y multiplica las fuerzas al que no tiene
>   ningunas
>   Is 40.26,28,29

La convicción de que Dios es Creador de nuestro universo material y permanece como su gobernante, es básica para la fe cristiana. Mirando hacia atrás, al principio, y mirando el mundo que nos rodea, obtenemos una nueva apreciación del asombroso poder de aquel que conocemos y adoramos en Jesucristo.

La creación y el AT. Los pueblos de todas las épocas han desarrollado teorías para explicar el origen del mundo y de la vida. En el antiguo Cercano Oriente, el mundo en el que se originó el AT, la teoría comúnmente aceptada tenía mucho parecido con la moderna teoría de la evolución. Los mitos del Cercano Oriente y los cuentos sobre la creación, comenzaban con la materia preexistente. Esta materia surgió y se llenó de energía (caos), generando a los dioses, cuya actividad condujo al aparecimiento de los seres humanos y al universo ordenado que ahora conocemos.

La enseñanza del AT es un dramático contraste. En palabras simples, el AT afirma: «En el principio, Dios creó» (Gn 1.1). Antes de comenzar el tiempo, antes de que las estrellas fulguraran, antes que los planetas oscilaran en sus órbitas, había Dios. Toda la energía que hay en la existencia era su energía, no era una energía inherente a la materia. Aun, después de que Dios hablara y diera origen a la materia, esta yacía inerte e inmóvil, sin forma, vacía y en tinieblas, hasta que el Espíritu de Dios la moldeó y estableció lo que conocemos como leyes naturales en movimiento (Gn 1.1-12).

Los cristianos hemos disentido sobre ciertos detalles. ¿Cuánto tiempo duró la creación? ¿Fue ordenado el universo en siete días literales, o en largas edades? Sin embargo, estas diferencias de opinión sobre el cuándo y el cómo de la creación, no afectan la común convicción de los cristianos de que Dios creó. Creemos, con las Escrituras, que todo debe su existencia a Dios, y sólo a Dios. En las palabras del salmista: «Por la palabra de Dios fueron hechos los cielos, y todo el ejército de ellos por el aliento de su boca ... Tema a Jehová toda la tierra; teman delante de él todos los habitantes del mundo. Porque él dijo, y fue hecho; él mandó, y existió» (Sal 33.6,8-9).

La creación en el NT. Aunque los cristianos han presentado argumentos mostrando que la creencia en un Creador es razonable, el NT enseña que la creencia en la Creación es un asunto de fe: «Por la fe entendemos haber sido constituido el universo por la palabra de Dios, de modo que lo que se ve fue hecho de lo que no se veía» (He 11.3). La fe es esencial, porque los seres humanos, a pesar de la plena evidencia del Creador en la creación (Ro 1.18-20), «no aprobaron tener en cuenta a Dios» (Ro 1.28). En este importante pasaje, Pablo argumenta que la humanidad ha estado tan envilecida por el pecado, que las sociedades y las culturas voluntariamente bus-

can razones para ignorar el testimonio de Dios en la creación, y así «cambiar la verdad de Dios por la mentira» (Ro 1.25). La fe, sin embargo, reconoce y afirma a Dios como la invisible causa del universo visible. Y el NT continúa enseñándonos más sobre la obra creativa de Dios, que lo que fue revelado en el AT.

El Evangelio de Juan, como Génesis, mira atrás, más allá del principio, enseñándonos que Dios el Hijo, el Verbo eterno, fue (juntamente con el Padre) el origen de la Creación: «Todas las cosas por él fueron hechas, y sin él nada de lo ha sido hecho fue hecho» (Jn 1.3). Colosenses recoge el mimo tema, diciendo de Jesús que «En él fueron creadas todas las cosas, las que hay en los cielos y las que hay en la tierra, visibles e invisibles; sean tronos, sean dominios, sean principados, sean potestades; todo fue creado por medio de él y para él» (Col 16).

Cuando miramos al testimonio total de las Escrituras, nos damos cuenta que cada persona de la Deidad estuvo involucrada en la creación (el Padre, 1 Co 8.6; el Hijo, Jn 1.3 y Col 1.16,17; el Espíritu, Gn 1.2 con Job 26.13 y Sal 104.30). Los teólogos han resumido las enseñanzas de las Escrituras afirmando que Dios creó el universo *ex nihilo*, de la nada. Esta frase en latín hace énfasis en la diferencia entre los puntos de vista bíblicos y los puntos de vista alternativos del universo. Dios creó el universo de la nada, sin el uso de materiales previamente existentes. Todas las cosas, materiales e inmateriales, tienen su origen último en Dios.

Actitudes cristianas hacia la creación. Tenemos en el AT, y especialmente en los Salmos, un modelo para una actitud apropiada hacia la creación de Dios. Allí vemos, una y otra vez, expresiones de asombro, admiración y celebración. El poder elemental de la tormenta recuerda al creyente los más grandes poderes de Dios. La vastedad y la belleza de los desiertos, la majestad de las altas montañas y la agitación de los mares, nos hace volver los ojos de la fe al Señor.

¡Cuán innumerables son tus obras, oh Jehová!
Hicistes todas ellas con sabiduría;
la tierra está llena de tus beneficios.
He allí el grande y anchuroso mar,
en donde se mueven seres innumerables,
seres pequeños y grandes»
Sal 104.24-25

El sentido de asombro generado por la creación, ayudó a formar en el creyente del AT una actitud saludable hacia la vida en este mundo. Esta actitud puede ser caracterizada como una de gozo y celebración. Como dice el Salmista: «Grandes son las obras Jehová, buscadas de todos los que las quieren» (Sal 111.12).

Aunque a veces los cristianos han adoptado una actitud sombría o un ascetismo taciturno hacia la vida en este mundo, el reconocimiento de la mano de Dios en formar nuestro mundo como un hogar para la humanidad, ha abierto más a menudo el camino hacia una visión positiva y gozosa de nuestra vida presente. Nuestros días deben tener significado, puesto que Dios ha diseñado cuidadosamente el escenario sobre el cual representamos nuestro papel. El placer debe ser algo que está en la voluntad de Dios, puesto que nuestros cuerpos han sido diseñados para disfrutar de los sabores y para emocionarnos ante la belleza que Dios ha planificado. No es de extrañar, entonces, que el NT afirme que Dios es «el que nos da todas las cosas en abundancia para que las disfrutemos» (1 Tm 6.17).

La belleza y armonía de la creación han sido distorsionadas por el pecado. El NT describe a la creación como frustrada, esperando la liberación de su esclavitud al deterioro (Ro 8.19-21). El mensaje que la creación da es mixto, evidencia tanto la bondad de Dios como la existencia del mal. Sin embargo, el mensaje básico de la creación permanece claro. Dios existe, y Él es el origen de todo lo que es. Dios existe, y porque es amante y bueno, lleno de amor y belleza y de la alegría de la vida, el mundo que Él ha formado también es bueno, un escenario adecuado para regocijarse en sus obras y celebrar la vida que tenemos aquí y ahora.

La nueva creación de Dios. La Biblia mira hacia atrás, al principio, y presenta a Dios como la fuerza creativa dando existencia y vitalidad a todo lo que es. Dios habló, y el universo material explosionó a la existencia Dios habló, y las criaturas vivientes poblaron la tierra, los cielos y los mares. Dios se inclinó, y en un acto creativo especial, formó a la humanidad. Dios, de esa manera, Él es el origen de todo lo que es nuevo y bueno. No tenemos que admirarnos, entonces, que en vista del impacto del pecado en esta creación descubramos que la Biblia prometa una nueva creación. Por otro ejercicio del divino poder, todo lo que ha sido envilecido y distorsionado será puesto a un lado, y Dios hablará nuevamente, dando una nueva novedad al universo.

Por el hecho que Dios es y permanece, el Creador es una fuente de optimismo y esperanza que permanece vital a pesar de la corrupción y el dolor tan visibles en la naturaleza y en la sociedad. El AT nos habla de un día cuando Dios hablará nuevamente y creará un nuevo cielo y una nueva tierra. En esa nueva creación, toda causa de dolor y de tristeza será quitada. «Porque he aquí que yo crearé nuevos cielos y nueva tierra; y de lo primero ya no habrá memoria, ni más vendrá al pensamiento. Más os gozaréis y os alegraréis para siempre en las cosas que yo he creado; porque he aquí que yo traigo a Jerusalén alegría, y a su pueblo gozo» (Is 65.17-18).

El NT añade su testimonio a la visión del AT. Pedro recuerda a sus lectores que el Señor cumplirá su promesa a su debido tiempo, entonces «los cielos pasarán con grande estruendo, y los elementos ardiendo serán deshechos, y la tierra y las obras que en ella hay serán quemadas» (2 P 3.10). Mientras que la antigua creación será destruida, «nosotros esperamos, según sus promesas, cielos nuevos y tierra nueva, en los cuales mora la justicia» (2 P 3.13). En ese día, hacia el cual se dirige la historia, oiremos el anuncio de Dios: «Yo hago nuevas todas las cosas» (Ap 21.5).

La doctrina de la creación, entonces, no está limitada a las creencias sobre el origen del universo y de la vida. Creemos en un Dios Creador, cuyo poder ilimitado ha sido y será ejercido para dar vitalidad y forma a la existencia, ahora y en la eternidad. En forma contundente, la Biblia y nuestra experiencia nos enseñan que la obra de re-creación de Dios ya ha comenzado. Vemos esa obra no en el mundo que nos rodea, sino en los corazones de los creyentes. Las Escrituras nos enseñan que cuando una persona pone su confianza en Jesús, esa persona recibe nueva vida de parte de Dios. Una imagen usada para hablar de esta nueva vida, es la imagen de la creación. «Si alguno está en Cristo», dice la biblia, «nueva criatura es, las cosas viejas pasaron, he aquí todas son hechas nuevas» (2 Co 5.17). El nuevo ser que nos ha sido dado por Dios, ha sido «creado según Dios en la justicia y santidad de la verdad» (Ef 4.24). Porque Dios ha actuado para crear una novedad dentro de nosotros, podemos ahora ser «transformados de gloria en gloria en la misma imagen, como por el Espíritu del Señor» (2 Co 3.18). El poder de Dios ejercido en la creación de nuestro universo, es ejercido ahora, al crear una nueva vida en los que vienen a Jesús. Y el poder de Dios será ejercido en el futuro, formando un nuevo universo, el hogar de la justicia, para que sea nuestro hogar por la eternidad.

ETERNIDAD

La Biblia en ninguna parte explica la eternidad. Simplemente afirma que Dios existió antes de la creación, antes de que el tiempo comenzara. Y afirma que Dios existirá interminablemente después de que este universo haya sido doblado y levantado como una tienda que ya no se usa y es quitada. El salmista encuentra un gran sentido de seguridad al saber que Dios habita eternamente, inconmovible ante los cambios que tienen lugar en el tiempo: «Señor, tú nos has sido refugio de generación en generación. Antes que

naciesen los montes y formases la tierra y el mundo, desde el siglo y hasta el siglo, tú eres Dios» (Sal 90.1-2; Is 57.15).

Dios fuera del tiempo. Muchos conceptos están ligados con el concepto de tiempo y eternidad. Las Escrituras no consideran eso de una manera filosófica. Pero lo que la Biblia dice sobre Dios, tiempo y eternidad, tiene gran importancia práctica para el cristiano. Pablo explica cuidadosamente la intención de Dios de transformar a los cristianos a semejanza de Jesús. El proceso puede ser doloroso y lento, y puede ser fácil sentirse desanimado. De manera que Pablo dice: «no mirando nosotros las cosas que se ven, sino las que no se ven; pues las cosas que se ven son temporales, pero las que no se ven son eternas» (2 Co 4.18).

Todo lo que existe en este mundo de espacio y tiempo, está atrapado en un proceso de cambio. Esto significa que todo lo que podemos tocar o ver o experimentar, es necesariamente temporal. Pero Dios y esas realidades espirituales que no se ven que participan de su naturaleza no están sujetas a cambio. Son eternas. Dios permanece fuera del tiempo y por eso es inmutable.

Esta convicción es importante para nuestra fe. Usted y yo estamos cambiando constantemente. Nuestros cuerpos, nuestras experiencias y nuestros sentimientos son afectados por el paso del tiempo. Pero Dios es inmutable, nunca cambia. Él está fuera del tiempo y no es afectado por su fluir. Puesto que Dios nunca cambia, podemos estar seguros de que Él, que nos ha amado en Jesús, nunca cambiará su mente ni retirará sus promesas. El escritor de Hebreos edifica sobre este hecho cuando nos recuerda que Dios ha dicho: «Nunca te dejaré ni te desampararé». El escritor entonces nos dice cómo podemos estar tan seguros: «Jesucristo es el mismo ayer, hoy y por los siglos» (He 13.6,8).

La eternidad de Dios, su inmutabilidad, como uno que permanece fuera del tiempo y no es afectado por este, significa que usted y yo podemos tener completa confianza en su amor sin fin.

Una nueva clase de vida. Este particular punto de vista de la eternidad, nos ayuda a entender las implicaciones del don de Dios de la vida eterna. Dios ha dado a los que creen en Él una nueva clase de vida, una vida que es intocable por el tiempo o el curso de los acontecimientos. Es, en efecto, la base para el argumento de Pablo de 2 Corintios 4. Más tarde Pablo contrasta lo que se ve en la vida de una persona, con lo que está en su corazón (2 Co 5.12). «Si alguno está en Cristo», dice el pasaje, «nueva criatura es, las cosas viejas pasaron, he aquí todas son hechas nuevas» (2 Co 5.17).

Dios le ha cambiado a usted y me ha cambiado a mí, dándonos una nueva vida que no se afecta por los acontecimientos de este mundo, y que debe crecer más y más fuerte, permitiéndonos reflejar a Jesús. Pedro recoge el mismo tema y lo expresa de esta manera: «siendo renacidos, no de simiente corruptible, sino de incorruptible, por la palabra de Dios que vive y permanece para siempre» (1 P 1.23). Dios ha tomado algo de su propia vida perdurable, algo imperecedero, y nos ha dado a ti y a mí por medio del nuevo nacimiento. De alguna manera, tenemos eternidad en nuestro corazón, y sabemos que nunca pereceremos sino que viviremos interminablemente con nuestro Dios.

Vida eterna, entonces, no es algo que comienza cuando una persona muere o que comienza después del juicio final a la humanidad. La vida eterna comienza con el nuevo nacimiento, cuando Dios planta algo de Jesús en nuestras personalidades, algo que no puede ser destruido ni cambiado por nuestras experiencias en el tiempo.

Tener vida eterna significa que nuestra presente relación con Dios no puede ser afectada por las circunstancias de nuestra vida. Porque tenemos esta clase de relación permanente con el Señor, tenemos confianza y esperanza, sin que importe lo que nuestros días en el tiempo puedan traernos.

Para investigar lo que la Biblia dice sobre la vida eterna, léanse Mt 19.16,29,25.46; Mr 10.17,30; Lc 10.25; 18.18,30; Jn 3.15,16,36; 4.14,36; 5.24,39; 6.27,40,47,54,68; 10.28; 12.25,50; 17.2,3; Hch 13.46,48; Ro 2.7; 5.21; 6.22,23; Gá 6.8; 1 Ti 1.16; 6.12,19; Tit 1.2; 3.7; 1 Jn 1.2; 2.25; 3.15; 5.11,13,20; y Jud 21.

EL MAL

La relación de Dios con el mal es uno de los temas más importantes de las Escrituras. En parte, esto se debe a que la realidad del mal en nuestro mundo ha engendrado uno de los clásicos argumentos contra la existencia de Dios. Es un simple y sin embargo fuerte argumento. Si Dios es tanto bueno como todopoderoso, no debería permitir el mal. Pero el mal existe en el universo. Por eso el bueno y todopoderoso Dios que la Biblia presenta, no puede existir.

Es un argumento interesante pero tiene problemas. El primero es que hace de Dios una caricatura de dos dimensiones. La Biblia presenta a un Dios de infinita sabiduría. Simplemente porque algo puede parecer como que es una contradicción para los limitados y finitos seres humanos, no significa que es una contradicción para Dios. Al hablar de Dios, nunca podemos limitarnos a una caricatura de dos dimensiones.

El otro problema con el argumento yace en el significado de la palabra «mal». Este argumento es usado de una manera engañosa. A menudo, cuando hablamos del mal, en realidad estamos hablando de males: hablamos de enfermedades y dolores, de enfermedades y tragedias, de sufrimientos y muerte. En otras ocasiones, cuando hablamos de mal, queremos referirnos a cosas como celos e injusticia, odio e ira, asesinato y robo. Por otro lado, el mal incluye todas esas enfermedades y problemas, a los cuales los seres humanos estamos sujetos. Por otro lado, el mal incluye todos esos actos malvados de los que son capaces los seres humanos.

Es importante, cuando discutimos el mal, estar claros sobre lo que estamos hablando. Por supuesto, el mal, en ambos sentidos, existe. En alguna medida, toda filosofía y toda religión debe enfrentar el hecho y tratar con Él. Todo sistema de pensamiento debe proveer alguna respuesta a la pregunta: «¿Por qué el mal?» Todo sistema debe proveer una respuesta a la persona que exclama: «¿Cómo puedo tratar con el mal y con los males que me asedian?»

La respuesta a estas preguntas nunca es simple, pero estamos seguros de que nuestra fe provee las mejores respuestas posibles. Nuestras respuestas deben cuadrar con lo que sabemos sobre el mal. Y nuestras respuestas deben satisfacer el corazón de los que están prisioneros en la red que el mal de ambos tipos teje, para atrapar a todos los que vienen a nuestro menos que perfecto mundo.

Para tener una idea de la perspectiva bíblica del mal, necesitamos mirar varios asuntos: ¿Cuál es la naturaleza del mal? ¿Cuál es el origen del mal? ¿Cuál es el impacto del mal en la humanidad? ¿Cómo usa la Biblia las palabras relacionadas con el mal? Y ¿cuál es la solución de Dios al problema del mal?

La naturaleza del mal. Muchas personas han luchado para definir el mal. Para algunos, el mal parece ser mejor entendido como la ausencia del bien. Una mala pesca no es sino la ausencia de una buena pesca. Igualmente, con este punto de vista, una mala conducta sería simplemente la ausencia de una buena conducta. Dentro de este marco, las malas acciones salen de las limitaciones y finitudes humanas, del hecho que estamos acercándonos y todavía no hemos llegado, a la divina perfección.

Pero el mal no puede ser así tan fácilmente explicado. Si este argumento fuera válido, llamaríamos a un feto y a un niño de tres años malos, porque no han llegado todavía a su potencial adulto. En vez de eso podemos hablar de un buen (saludable) feto, y aun de un buen (moralmente) muchacho de tres años, queriendo decir que cada uno funciona apropiadamente en el nivel actualmente alcanzado. Mirando al inocente Adán, quien

como nosotros fue perfecto y finito, Dios no llamó a su creación mala. En vez de eso Dios lo llamó «muy buena» (Gn 1.14). Lo que quiera que pueda ser el mal, no podemos explicarlo simplemente como una falta o una ausencia de bien.

Otra antigua tradición veía al mal como un principio inherente de la materia, ya que lo inmaterial o espiritual es bueno. En tales sistemas dualísticos, los seres humanos eran vistos como espíritus buenos atrapados en cuerpos físicos malos. Algún otro, niega las necesidades y deseos corporales para adquirir dominio sobre el mal (ascetismo), o alguno más permite cualquier exceso físico porque la persona «real» inmaterial que está adentro, no es afectada por lo que el cuerpo hace (libertarianismo).

Pero este punto de vista, también, es inadecuado. Está claro que la parte inmaterial de la humanidad, si podemos usar este lenguaje, es el árbitro moral de lo material. Es decir, cuando uno es tentado por alguna pasión enraizada en la naturaleza física, uno no tiene que ceder. El «yo interior» rige al cuerpo y decide si responder o no a las urgencias del cuerpo. De esa manera, decidimos hacer lo bueno con nuestros cuerpos, o decidimos hacer lo malo con ellos. Decir que el mal reside en lo material y el bien reside en lo inmaterial, falla al suponer que el hecho que ejerzamos un juicio moral inmaterial y que nuestra voluntad inmaterial haga decisiones sobre lo que el cuerpo hace. La noción que el mal es intrínseco en el universo material, en tanto que el bien es intrínseco en el no material, no puede ser sostenida.

Otros han presentado una variación del primer argumento: que el mal debe ser visto como la ausencia del bien. Han dicho que el mal es ignorancia moral o ausencia de experiencia adecuada. Platón, el proponente clásico de esta opinión, argumentaba que si sólo los seres humanos conocieran el bien, lo escogerían. Pero este concepto también falla en ajustarse a los hechos. Muchas personas que saben que fumar acorta la vida, continúan fumando, y todas las advertencias de gran tamaño colocadas en los paquetes de cigarrillos no les detienen. De alguna manera, saber lo que es bueno o lo que es mejor, nunca tiene éxito en traer la Utopía. A pesar de su conocimiento, los seres humanos todavía deciden hacer cosas que saben que son equivocadas y perjudiciales.

Otra popular noción es que el mal en los seres humanos, es el residuo del proceso evolutivo. El mal es el vestigio del animal todavía no superado por la raza humana, moviéndose hacia la perfección biológica. Esta es una opción atractiva porque le excusa a la humanidad de responsabilidad moral. No es realmente nuestra falta; el mal es sólo un remanente de lo salvaje. Pero esta opinión es difícilmente sustentable o relevante. Lo que los animales hacen lo hacen por instinto. Lo que los seres humanos hacen, lo hacen con un conocimiento que trae implicaciones morales. Podemos difícilmente argumentar que los seres humanos recibieron su sentido moral de animales que no tienen tal sentido. No podemos argumentar que nuestras decisiones para hacer lo que reconocemos como mal son hechas bajo la influencia de un incontrolable instinto. En vez de eso, todas las leyes y costumbres humanas se basan en la idea que el individuo es responsable por lo que hace, a menos que la inanidad mental le quite la carga de la responsabilidad. El mal humano no es hecho por instinto, después de todo, es hecho responsablemente con, y a pesar de todas nuestras capacidades únicamente humanas.

Otras personas han ofrecido opiniones sobre la naturaleza del mal. Rosseau sintió que el mal era una creación de la cultura; dejados solos, viviendo en un estado primitivo, los humanos no hubieran sido envilecidos por el mal. Pero ninguna cultura, aunque sea primitiva, ha sido nunca librada del mal. Marx argumentó que el mal era una creación económica:

El capitalismo creó desigualdades que condujeron a la injusticia social y a toda clase de males personales y sociales. Si los seres humanos se volvieran al comunismo, donde no hay ningún problema de propiedad personal, el mal desaparecería y comenzaría una edad de oro. La Rusia Soviética dio un oscuro testimonio de la locura de esa teoría.

Estos y otros intentos para explicar la naturaleza del mal han demostrado ser inadecuados. Aunque cada uno reconoce la existencia del mal, ninguno quiere ir más allá de los límites del universo material en un esfuerzo para entenderlo. Pero el hecho es que sólo cuando tomamos en serio al Dios de la Biblia y a su revelación, podemos comenzar a entender el mal y vemos qué podemos hacer con él.

El origen del mal. La Biblia no provee ningún tratado filosófico o teorético sobre el mal. En vez de eso, habla de Dios quien es perfectamente bueno, y quien creó un universo bueno y hermoso. El mal es un intruso en este universo, una distorsión introducida por las criaturas y no por Dios.

En una escala cósmica, el mal fue introducido en el universo por Satanás. Muchas personas toman Isaías 14 como una descripción de la transformación de un ángel poderoso (Lucifer), en el implacable enemigo de Dios.

¡Cómo caíste del cielo,
oh Lucero, hijo de la mañana!
Cortado fuiste por tierra,
tú que debilitabas a las naciones.
Tú que decías en tu corazón:
subiré al cielo;
en lo alto, junto a las estrellas de Dios,
    levantaré mi trono,
y en el monte del testimonio me sentaré,
a los lados del norte;
sobre las alturas de las nubes subiré,
y seré semejante al Altísimo»
Is 14.12-14

Si esta descripción es de la caída de Satanás, vemos que el mal brota del corazón de una criatura viviente. El mal, como creación misma, y el bien, tienen un origen personal. El mal no tiene nada que ver con las cualidades inherentes que residen en la materia. Lo que es más, el mal está definido en este pasaje, como una serie de propósitos personales egoístas: «Yo haré esto y lo otro». El mal es la criatura demandando el lugar del Creador. El mal es la voluntad de la criatura, sustituyendo a la voluntad del Creador. El mal es el rompimiento del orden divino, cuando voluntades contrarias emergen para envilecer y distorsionar la armonía original.

Bajo este punto de vista, el mal es una fuerza más bien activa que pasiva; es la rebelión contra la voluntad y los deseos de Dios. El patrón, establecido a una escala cósmica por la rebelión de Satanás, se duplica en los eventos reportados en Génesis 1—3. Dios había dado forma a la creación material de una manera perfecta. Él había colgado la tierra en el espacio y moldeado el planeta en una forma agradable. La pobló con vida animal, y como un acto culminante formó a Adán y luego a Eva, para compartir con ellos su imagen. Dios colocó a la feliz pareja en un hermoso jardín, les dio la responsabilidad de cuidar la tierra, y la oportunidad de vivir en relación obediente con Él, y preserva así su inocencia y la armonía de esta nueva creación. Pero Satanás se deslizó en el jardín, y Adán y Eva tomaron una trágica decisión. Al igual que Satanás antes que ellos, decidieron rebelarse contra la voluntad de Dios. Su acción, como la de Satanás, desbarató la armonía de su universo e introdujo en él la discordia y el dolor. Su acción, como el primer pecado de Satanás, envileció la naturaleza del pecador y condujo a una rebelión continua contra la voluntad y los propósitos de Dios.

En el plano cósmico y experimental, el mal está íntimamente relacionado con el pecado. Por naturaleza, los actos malos son pecado, y el mal mismo es la insistencia rebelde de ejercer la voluntad de la criatura contra la del Creador.

Los males, las tragedias y los dolores que azotan a la humanidad, resultan directa o indirectamente de los actos malos y especialmente del primer pecado que introdujo la discordia en la creación original. La caída de Adán afectó a todo el mundo, así como el mal juicio del capitán de un barco, lleva a toda la tripulación a una tumba en el mar.

El esquema de este punto de vista bíblico de la naturaleza y el origen del pecado, tiene varios puntos importantes. Primero, vemos tanto el mal como los males que nos rodean, teniendo sus raíces en el pecado. El mal que hacemos es hecho porque rehusamos sujetar nuestra voluntad a la voluntad buena de Dios. Los males que nos afectan pueden ser rastreados y podemos encontrar directamente su origen en los actos malos de alguna persona, o indirectamente en el envilecimiento de la naturaleza, como resultado del pecado de Adán.

Para entender el mal, una persona debe estudiar y llegar a comprender el pecado.

Segundo, la Biblia afirma un universo personal. Es decir que la realidad no puede ser explicada en términos de un proceso impersonal o «natural». Cuando buscamos entender la naturaleza y el origen del universo, nos vemos obligados a volvernos a Dios. Cuando buscamos entender la naturaleza y el origen del bien y del mal, nos vemos obligados a volvernos atrás y examinar la relación de las criaturas de Dios con el Señor.

Tercero, al buscar el tratar de resolver el problema del mal y de los males, las Escrituras señalan la responsabilidad personal. No debemos culpar a ningún remanente salvaje, ni intentar excusarnos diciendo que somos buenas pero indefensas criaturas atrapadas en una tumba material, es decir de la materia. Entendemos que la naturaleza pecaminosa del mal, nos impulsa sentir lo que sentimos, y sabemos que debemos ser responsables por nuestras decisiones. Más que todo debemos confiar en Dios para romper las ligaduras que el mal ha forjado.

El impacto del mal. El mal llena todos los rincones del universo. Todo lo que conocemos o experimentamos ha sido distorsionado por el mal; el mal ha roto las ataduras de nuestro mundo y lo ha dejado sin forma y distorsionado. La belleza y la armonía de la

creación original han desaparecido y difícilmente podemos imaginarnos cómo era el
Edén. La pureza de una humanidad hecha
por la mano de Dios se ha perdido, y difícilmente podemos imaginar la inocencia. Di-
ciéndolo crudamente, nada en nuestra experiencia está libre de la mancha del mal; todo
en la vida humana es defectuoso y dañado. El
mal aparece en las pasiones que nos arras-
tran, apartándonos del bien. El mal aparece
en los motivos escondidos que yacen detrás
de nuestras acciones. El mal aparece en las
decisiones que lastiman a otros, o que egoís-
tamente ponen nuestros deseos sobre los deseos de Dios. El mal aparece en las heridas
que sufrimos a manos de otros, y en las injus-
ticias que los sistemas sociales perpetúan. El
mal yace dentro de nosotros y está alrededor
de nosotros, expresándose como pecado.

Cuando el mal es visto como pecado, y
cuando los males son vistos como originados
en el pecado, entonces comenzamos a entender la naturaleza del mal, y comenzamos a
darnos cuenta cuán desesperadamente necesitamos que Cristo nos rescate.

**Las palabras de la Biblia que se refieren al
mal.** En el AT, toda una familia de palabras
hebreas expresa la noción del mal. La misma
raíz indica tanto maldad y miseria como también enfermedades que son la consecuencia
de las acciones malas. Los dolores físicos y
emocionales que experimentamos, son males
en su sentido derivado, y son vistos en el AT
como consecuencia de hacer el mal.

En cualquier parte del AT, «hacer mal»
es definido de una manera simple. Ciertos actos son equivocados porque son malos «a los
ojos del Señor» (Nm 32.13; Dt 4.25; 2 S
3.39). Dios y su Voluntad son los patrones
del bien; el mal es cualquier partida (alejamiento) de ese patrón o cualquier violación
de esa voluntad. El mal moral, entonces, es
todo lo que Dios vea como equivocado.

El AT relaciona claramente a los males
con el mal. Muestra que las decisiones (morales) malas, finalmente tienen consecuencias
malas (dolorosas). Los desastres tanto físicos

como sicológicos, resultan de abandonar los
caminos de Dios. El intercambio de estos dos
significados de la palabra «mal» explica algunas confusas afirmaciones del AT sobre la
participación de Dios en el mal. Por ejemplo,
algunas versiones del AT dicen: Yo «formo la
luz y creo las tinieblas, hago la paz y creo la
adversidad. Yo Jehová soy el que hago todo
esto» (Is 45.7), y «¿Habrá algún mal en la ciudad, el cual Jehová no haya hecho?» (Am
3.6). Afirmaciones como estas reflejan la convicción que Dios es Dios, es el Juez moral de
su universo. Él no sólo es el patrón del bien,
sino también es el que castiga el mal. Dios
toma la responsabilidad de ordenar un universo en el que los actos malos invariable-
mente resultarán en consecuencias malas de
alguna clase.

Dios no actúa malvadamente. Pero Dios
trae sobre una humanidad pecadora, los males que son el resultado de su pecado.

En el NT se usan dos grupos de palabras
griegas para expresar la idea de mal. Aunque
pueden usarse sinónimamente, las dos tienen
diferentes significados. El grupo *kakos* mira a
la naturaleza de una cosa y la evalúa como
dañada. Según Romanos 7.7-25, los seres humanos son malos porque están dañados; dañados hasta el punto en que son defectuosos
e incapaces de hacer ni siquiera el bien que
quieren hacer. De la naturaleza defectuosa de
la humanidad salen los actos de maldad y
malicia que hieren a otros. El grupo *poneros*
es el más fuerte y más activo, demostrando
hostilidad. No sólo que son seres humanos
defectuosos, sino que están también en activa
rebelión contra Dios. La maldad está enraizada en nuestra voluntad mala, tanto como en
nuestra naturaleza defectuosa.

Una vez más, nos vemos obligados a en-
frentarnos con la naturaleza del mal. El mal
no es alguna cosa impersonal, alguna fuerza
irresistible, alguna característica de la materia, o alguna consecuencia natural de una
evolución incompleta. El mal está enraizado
en la rebelión de la criatura contra su Creador. El mal es la rebelión contra los estándares de Dios, un rompimiento de la armonía

de la creación original. Y el mal, en este sentido activo y personal, es la causa de todo el dolor y de todos los males a los cuales está sujeta la raza humana.

La solución de Dios para el problema del mal. Las soluciones propuestas al problema del mal están directamente relacionadas con la teoría de la naturaleza de uno. Los evolucionistas sugieren que debemos esperar hasta que el desarrollo moral nos ponga al día. Los comunistas claman por la reforma económica, pero el cristiano que entiende al mal como enraizado en la relación de la criatura con el Creador, clama por una conversión individual radical de la hostilidad hacia Dios en amor hacia Dios.

En realidad, el mal debe ser tratado tanto en el nivel cósmico, como en el nivel experimental. En el nivel cósmico, Dios ejercerá un día su poder y juzgará todo pecado. Toda voluntad contraria será obligada a someterse a la voluntad de Dios, y toda criatura rebelde será atada y aislada para siempre en lo que la Biblia llama el «lago de fuego». Entonces Dios creará un nuevo universo para que sea el hogar de los justos, donde todo mal será desterrado (Is 65.17-25).

En el nivel experimental, Dios ha actuado para hacer posible la reconciliación. En Jesús, Dios ha castigado el pecado y ha establecido la base para una relación personal restaurada con Él. Nuestra voluntad hostil y mala puede ser cambiada por medio de la conversión. Cuando ponemos nuestra fe en Jesús, Dios comienza un proceso interior de transformación que se completará en la resurrección. Llegamos a amar a Dios y queremos agradarle. Con la rebelión reemplazada por el amor a Dios (2 Co 5.11-12) y con nuestra insuficiencia humana superada por el poder del Espíritu de Dios que mora en nosotros (Ro 8.1-11), podemos en verdad comenzar a hacer lo bueno.

Aun cuando el creyente es hecho nuevo, y el poder del mal que distorsiona la personalidad humana es quitado, los cristianos todavía viven en un mundo malo. La vida todavía tiene sus tragedias. Toda relación tiene su sufrimiento. La enfermedad y la muerte todavía están con nosotros, pero la relación personal con Dios aun tiene una respuesta para las heridas que surgen del mal. Los cristianos no son inmunes a los males. Pero sabemos que Dios usará soberanamente esos males para hacernos bien (Ro 8.28-29). De esa manera, Dios manejará las experiencias que vienen a nuestra vida para que sus buenos propósitos por nosotros y en nosotros se cumplan.

El transformar el mal en bien permanece para siempre como uno de los grandes triunfos de nuestro Dios.

En resumen, la Biblia reconoce la realidad del mal y sabe de los males a los que la humanidad está sujeta. Pero Dios es Dios y el mal nunca puede triunfar. El cosmos será purificado del mal por el cataclismo de un juicio final y los malos serán arrojados al «lago de fuego». Hasta entonces, la humanidad puede, ahora, encontrar liberación del mal por medio de una relación de fe con Dios. En Jesús tenemos la oferta de perdón y re-creación, la promesa de un corazón cambiado y un poder divino que nos ayuda a hacer el bien.

¿Es la existencia del mal, entonces, un fuerte argumento contra la existencia de Dios? Difícilmente. Lo opuesto es la verdad. Sólo cuando conocemos al Dios de la Biblia y sentimos el origen personal de todas las cosas, podemos comenzar a entender la naturaleza del mal y sus obras. Sólo en Dios encontramos el fin de la búsqueda de los filósofos, y también el alivio para el corazón sufrido. En Dios, encontramos el mensaje de amor y salvación que nos puede liberar del mal que sentimos dentro de nosotros. En Dios, encontramos la tranquila seguridad de que los males que experimentamos en esta vida serán transformados por nuestro Señor, en dones que nos traen bien.

LA EXISTENCIA DE DIOS

La Biblia no argumenta la existencia de Dios. Las Escrituras dicen simplemente: «Dios es». Más allá del principio, la causa de todo, allí se vislumbra la imagen de un Dios que más tarde rompe todas las barreras entre el tiempo y la eternidad, para revelarse a los seres humanos que Él creó.

Las Escrituras asumen que la creación misma da una evidencia fuerte de que Dios es. Este tema se encuentra en pasajes como el Salmo 19 y Romanos 1. El salmista dice: «Los cielos cuentan la gloria de Dios, y el firmamento anuncia la obra de sus manos, un día emite palabra a otro día, y una noche a otra noche declara sabiduría. No hay lenguaje ni palabras ni es oída su voz. Por toda la tierra salió su voz, y hasta el extremo del mundo sus palabras» (Sal 19.1-4). Y Pablo argumenta que «porque lo que de Dios se conoce les es manifiesto, pues Dios se lo manifestó. Porque las cosas invisibles de él, su eterno poder y deidad, se hacen claramente visibles desde la creación del mundo, siendo entendidas por medio de las cosas hechas, de modo que no tienen excusa» (Ro 1.19-20).

Los argumentos clásicos. Tres diferentes clases de argumentos se han presentado para «probar» la existencia de Dios. Uno se apoya en una clase de lógica, y los otros dos se basan en argumentos sacados de la experiencia.

El argumento ontológico, presentado por primera vez en el siglo once por Anselmo, dice lo siguiente: «Podemos concebir a un ser perfecto que es tan grande y tan perfecto que no podría haber nadie más grande. Tal ser debe tener existencia, como una característica. Por eso, tal ser debe existir». Este argumento es abstracto y difícil de entender. A diferencia de otros argumentos para la existencia de Dios, este tiene raíces muy tenues en las Escrituras. Anselmo pensaba que este argumento estaba implícito en el comentario de las Escrituras: «Dice el necio en su corazón. No hay Dios» (Sal 14.1). Cuán claro le parecía a Anselmo: Sólo un tonto no se daría cuenta de que el ser que niega debe en realidad existir, porque el mismo concepto de tal ser demuestra su existencia.

Los argumentos cosmológicos y teológicos apelan al orden observable en el universo.

Los argumentos cosmológicos observan el ordenamiento de los acontecimientos y notan que rigen la causa y efecto. Los modernos notan la primera ley de la termodinámica y observan que en cada transacción se pierde energía, de manera que el universo está, en esencia, agotándose. De alguna manera, entonces, debe haber una primera causa para la cadena causa y efecto que vemos en nuestro universo; de alguna manera debe haber un primer estallido de energía para explicar el flujo desvaneciente de energía que ahora observamos. Lo que quiera que uno quiera llamar a la primera causa, los creyentes están convencidos que la autoexistencia del Creador de nuestro universo clama porque es, en efecto, el Dios que se nos ha revelado en las Escrituras.

Los argumentos teleológicos notan el ordenamiento, y su testimonio de una mente que dio forma a las cosas, para que cumplan su propósito en su esquema de cosas. Este argumento es puesto en forma simple: «No se puede explicar el diseño de las estrellas y la estructura de los seres vivos por el azar, el mismo azar que haría esperar que un tornado azotara a un depósito de chatarra de automóviles, y juntara las piezas para hacer con ellas un carro nuevo». O «si usted camina por un campo y encuentra un poco de tierra sucia, eso no tendría nada de especial. Pero si usted encuentra un reloj, nunca pensaría que este simplemente se formó allí. Sabe que tiene que haber un fabricante de relojes para su existencia».

En su más moderna expresión, este argumento es expresado por los científicos en lo que se llama el Diseño de Movimiento Inteligente. Mientras los proponentes del Diseño Inteligente no argumentan por la existencia de «Dios», esta nueva expresión del argumento clásico insiste que el complejo diseño y orden exhibido en las criaturas inteligentes requiere un diseñador que formó las cosas a propósito, para el propósito que tienen que cumplir.

Todavía otro argumento se basa en la observación de las creencias y del comportamiento humanos. La raza humana exhibe un sentido de moralidad, una comprensión de lo correcto y de lo equivocado. Este sentido moral implica la existencia de una fuente moral; así la naturaleza humana misma testifica la necesidad de un Creador personal y moral.

El valor de los argumentos. Los cristianos no se han puesto de acuerdo sobre el valor de estos argumentos para probar la existencia de Dios. Algunos insisten que prueban efectivamente que Dios tiene que existir. El problema es que la prueba no produce la creencia. Es todavía «tonto» (nuestra traducción de una palabra hebrea que denota a una persona moral y espiritualmente deficiente, aunque quizas no lo sea mentalmente) el que rehúsa aceptar la evidencia inherente en la creación. Como afirma Hebreos: «Por la fe entendemos haber sido constituido el universo por la Palabra de Dios, de modo que lo que se ve fue hecho de lo que no se veía» (He 11.3).

Una respuesta de fe a Dios cambia tanto nuestra perspectiva que podemos, por lo menos, ver claramente lo que era obvio desde el principio. Al mismo tiempo, los argumentos para la existencia de Dios tienen valor en el preevangelismo. Ellos pueden ayudarnos a mostrar que la fe cristiana es razonable y defendible; podemos mostrar que el mundo en que vivimos es mejor comprendido al considerar la existencia de Dios. Lo moderno, es probablemente descartar la idea de Dios como antigua y desacreditada por la «ciencia». Tomar los argumentos para la existencia de Dios seriamente y presentarlos a los jóvenes o a los viejos, puede abrir las mentes que han estado cerradas al mensaje del evangelio.

El creyente también encuentra valor en estos argumentos. Los argumentos confirman la seguridad que ya tenemos en Dios. Los argumentos razonables para la existencia de Dios, nunca reemplazarán a la revelación de las Escrituras como base para nuestra fe. Pero tales argumentos nos recuerdan que nuestra fe es más razonable que toda la absurda confianza del mundo en la incredulidad.

PERDÓN

Dios es constantemente presentado en las Escrituras como un Dios perdonador. Esta cualidad de Dios es muy fácilmente mal entendida. Bíblicamente, el perdón no es pasar las ofensas con un «Oh, no importa». En realidad, los pecados y ofensas por las que necesitamos perdón cuentan. Sólo cuando entendemos tanto nuestra necesidad de perdón, como el compromiso de Dios para perdonarnos en Cristo, podremos desarrollar un concepto apropiado de Dios.

El perdón de Dios en el AT. En el AT, Dios es conocido como una persona perdonadora. Cuando Moisés rogó a Dios que perdonara el extraviado Israel, basó su petición en el carácter de Dios como una persona amante: «Perdona ahora la iniquidad de este pueblo según la grandeza de tu misericordia, y como has perdonado a este pueblo desde Egipto hasta aquí» (Nm 14.19).

La visión de un Dios que reconoce las faltas humanas y todavía perdona, es básica para el concepto de Dios del AT. Con razón el salmista lo celebra alabándolo: «Jehová, si mirares a los pecados, ¿Quién, oh Señor, podrá mantenerse? Pero en ti hay perdón, para que seas reverenciado... Espere Israel a Jehová, porque en Jehová hay misericordia, y abundante redención con él; y él redimirá a Israel de todos sus pecados» (Sal 130.3,4, 7,8).

Junto con esta descripción de un Dios amante, el AT presenta el retrato de un penitente creyente. El Salmo 32 celebra el perdón de Dios y revela la actitud del salmista. Cargado de un sentimiento de culpa y un entendimiento de que había ofendido a Dios, David resistió, hasta que finalmente pudo decir: «Mi pecado te declaré, y no encubrí mi iniquidad. Dije: Confesaré mis transgresiones a Jehová; y tú perdonaste la maldad de mi pecado» (Sal 32.5). El perdón de Dios es experimentado sólo por los que reconocen su pecado y humildemente vienen a Él para recibir perdón.

El perdón es ofrecido gratuitamente por Dios. Pero el perdón debe ser aceptado por los seres humanos que reconocen sus faltas y abiertamente confiesan sus pecados al Señor.

El AT no explica completamente cómo es posible para un Dios santo perdonar con amor a sus criaturas pecadoras. Pero afirma que Dios es perdonador. Y celebra la alegría de los que, abandonando su orgullo, ruegan: «Ten piedad de mí, oh Dios, conforme a tu misericordia; conforme a la multitud de tus piedades borra mis rebeliones. Lávame más y más de mi maldad, y límpiame de mi pecado» (Sal 51.1-2).

El perdón en el NT. El AT presenta a Dios como una persona perdonadora y relaciona el perdón con el sacrificio de la expiación que establecía la ley del AT Para recibir perdón, los pecadores debían humillarse, admitir su pecado y demostrar su fe llevando el sacrificio debido. Los que rehusaban a reconocer sus pecados, o en forma rebelde se resistían a acercarse a Dios, no podían recibir el perdón que Dios quería darles.

Este mismo patrón se ve en el NT, pero aquí, en cambio, se resuelve el gran misterio de cómo Dios puede perdonar. Dios es una persona moral. Él es santo y justo, así como lleno de amor. Dios no puede pasar por alto el pecado como algo sin importancia, porque Él tiene una obligación moral como juez del universo de castigar el pecado. De manera que a través de las edades, era un misterio cómo Dios podía ofrecer a los seres humanos pecadores el perdón de sus pecados. Ese misterio fue resuelto con la muerte y resurrección de Jesucristo.

Romanos lo pone de esta manera: «Por cuanto todos pecaron, y están destituidos de la gloria de Dios, siendo justificados gratuitamente por su gracia, mediante la redención que es en Cristo Jesús, en quien Dios puso como propiciación por medio de la fe en su sangre, para manifestar su justicia, a causa de haber pasado por alto, en su paciencia, los pecados pasados, con la mira de manifestar en este tiempo su justicia, a fin de que él sea el justo, y el que justifica al que es de la fe de Jesús» (Ro 3.23-26).

Dios extendió su perdón a los santos del AT aunque ninguno pudo ver justicia en su oferta de perdón. Entonces Jesús en su muerte, se ofreció como nuestro sustituto. La Biblia dice de Jesús: «quien llevó él mismo nuestros pecados en su cuerpo sobre el madero, para que nosotros, estando muertos a los pecados, vivamos a la justicia» (1 P 2.24). Un Dios santo demanda que el pecado sea castigado. Pero un Dios amante entró en la historia para tomar ese castigo sobre sí mismo, para que pudiera sentirse libre de perdonar.

Jesús no sólo resuelve el misterio de cómo Dios puede perdonarnos y retener su integridad moral, sino que Jesús también es el objeto de nuestra fe. Al igual que los santos del AT, oímos la oferta de perdón. Como ellos, nos humillamos. Admitimos nuestra falta moral y nuestra desesperada necesidad. Despojados del orgullo, nos arrojamos a la misericordia de Dios, creyendo que Él nos perdonará por amor de Jesús. Entonces, gozosamente, nos levantamos, conscientes de que hemos sido aceptados y perdonados por nuestro Dios.

Experiencia del perdón. Los cristianos somos un pueblo llamado a disfrutar el perdón y vivir diariamente de sus beneficios. El perdón de Dios es mucho más que un juicio legal de perdón y absolución. El perdón está ligado con el amor y la libertad.

Un día, Jesús estaba comiendo en el hogar de un fariseo que no aceptaba a Jesús como mensajero de Dios. Cuando comían, una prostituta de la localidad se introdujo en el hogar y, llorando, derramó perfume sobre sus pies. El fariseo pensó: «Este, si fuera profeta, conocería quién y qué clase de mujer es la que le toca, que es pecadora» (Lc 7.39). Jesús respondió a la crítica silenciosa del fariseo, con una historia sobre dos deudores. El uno debía cincuenta denarios, y el otro quinientos denarios. Si el acreedor les cancelaba la deuda, preguntó Jesús, cuál acreedor le amaría más? El fariseo respondió: «supongo que aquel al que le canceló la deuda más grande». Jesús miró hacia la prostituta que lloraba y asintió con la cabeza. La mujer, cuyos pecados eran muchos, había reconocido la maravilla del perdón y había respondido a Jesús con amor. Igualmente, cuando usted y yo recordamos cuánto hemos sido perdonados, nuestro amor a Dios crece y se hace más profundo.

La conciencia del perdón es también libertadora. La carta a los hebreos mira el impacto del sacrificio de Jesús. Allí el escritor llama a los sacrificios del AT como una sombra del sacrificio que Jesús hizo por nosotros. Aunque los sacrificios del AT hablaban de la promesa de Dios, no podían aclarar la conciencia de los adoradores (He 9.9). Cada repetición de esos sacrificios recordaba a los adoradores que seguían siendo pecadores en continua necesidad. Pero, el escritor continúa, la sangre de Cristo limpia las conciencias (He 9.14). El resultado maravilloso es que Jesús «de una vez por todas», limpiándonos, nos liberó de toda culpa (He 10.10). Sabemos que en Jesús nuestros pecados han sido quitados, quitados tan perfectamente que Dios dice: «Y nunca más me acordaré de sus pecados y transgresiones» (He 10.17).

Porque sabemos que nuestros pecados son perdonados, podemos acercarnos a Dios con confianza (He 10.22). No necesitamos avergonzarnos nunca de nuestro Señor ni tratar de escondernos de Él, porque la muerte de Jesús ha ganado un total y completo perdón para nosotros. Ya no necesitamos llevar la carga de nuestras culpas pasadas, porque en Jesús todos nuestros pecados son perdonados y desechados. Por Jesús podemos olvidar el pasado y mirar hacia adelante, al futuro, con esperanza.

Pero la verdadera libertad no se encuentra sólo en quitar las cargas de nuestros pecados pasados, sino en transformar nuestro futuro. Esto también está ligado con nuestra continua experiencia de perdón. Por el perdón, Dios nos promete la libertad de llegar a ser nuevas y diferentes personas.

Cuando vivimos humildemente con Dios, reconociendo nuestras faltas y buscando su gracia, experimentamos el poder interior transformador de Dios.

La doctrina del perdón, en verdad revela mucho sobre Dios. Revela tanto su obligación de juzgar el pecado, como su obligación de amar a los pecadores perdidos. Y hace una poderosa afirmación sobre la determinación de Dios de restaurar a los seres humanos a una relación personal con Él basada en la gracia, antes que en el esfuerzo humano. En la cruz de Cristo, todos los atributos de Dios se juntan, y en la cruz descubrimos cómo Él es verdaderamente.

EL ESPÍRITU SANTO

Los cristianos honran y adoran al Espíritu Santo como Dios, la tercera Persona de la Trinidad. Los cristianos difieren en su entendimiento de algunas de las obras del Espíritu Santo, pero lo reconocen como Dios y afirman su importancia en la experiencia cristiana. Aunque nuestras diferencias tiendan a llamar la atención, las áreas en las que estamos de acuerdo son más grandes y más importantes que las diferencias.

Las diferencias se concentran en dos áreas: Una es la de los dones espirituales. Algunos cristianos creen que los dones visibles del Espíritu, tales como las lenguas y la sanidad son dados y operan en la actualidad. Otros cristianos argumentan que los dones visibles tenían el propósito de autenticar el cristianismo primitivo, y cesaron cuando el último libro del NT se escribió. La segunda área de diferencia se relaciona con la espiritualidad. Algunos cristianos creen que después de la salvación, el Espíritu Santo realiza una segunda obra especial que es importante para la santidad personal. Otros cristianos creen que el Espíritu Santo entra totalmente en la vida de los creyentes en el momento de la conversión, y que el crecimiento espiritual y la santidad personal, son simplemente asuntos de aprender a «andar en el Espíritu».

Este artículo, sin embargo, se centrará en las cosas que los cristianos entienden comúnmente, sobre la única y maravillosa persona: el Espíritu Santo de Dios.

El Espíritu Santo, una persona divina. Algunas personas han sugerido que el Espíritu Santo debe ser entendido simplemente como la «divina influencia», o como el «poder animador de Dios». Tales intentos por quitarle al Espíritu Santo la personalidad o la deidad, fracasan, simplemente porque están muy claramente en contra de las Escrituras.

Cuando Jesús habló del Espíritu Santo, nuestro Señor escogió el pronombre personal «Él», aun cuando «espíritu», en griego, es una palabra neutra (Jn 14.17,26; 16.13-15). Cristo prometió a sus discípulos enviar «otro Consolador» cuando regresaba a los cielos, e identificó al Espíritu como ese consolador prometido. La misma palabra «Él», escogida para describir al Espíritu en este pasaje, es definitiva. Una palabra de las Escrituras traducida «otra», es *altos*, un término griego que significa «otro de la misma clase». Cristo escogió la palabra *altos*, cuando prometió a los discípulos «otro» Consolador. Cristo, la segunda Persona de la Deidad, iba a enviar al Espíritu, igual a Dios, para vivir dentro de los que creyeren.

Hay otras muchas indicaciones de que el Espíritu es una Persona y no una fuerza o influencia. El Espíritu Santo sabe y entiende (Ro 8.27; 1 Co 2.11). El Espíritu Santo se comunica con palabras (1 Co 2.13). El Espíritu Santo actúa y decide (1 Co 12.11). El Espíritu ama (Ro 15.30), puede ser insultado (He 10.29), se le puede mentir (Hch 5.3), se le puede resistir (Hch 7.51) y puede ser entristecido (Ef 4.30). El Espíritu Santo enseña (Jn 14.26), intercede (Ro 8.26), convence (Jn 16.7-8), da testimonio (Jn 15.26) y guía (Jn 16.13). Cada una de estas actividades testifica del hecho que el Espíritu es una persona, no una influencia impersonal. Entonces, con

seguridad, el Espíritu Santo es una divina persona.

La Biblia también identifica al Espíritu como Dios, por los títulos que este le da. Él es el Espíritu Eterno (He 9.14), el Espíritu de Cristo (1 P 1.11), el Espíritu del Señor (Is 11.2), el Espíritu del Señor Dios (Is 61.1), el Espíritu del Padre (Mt 10.20), y el Espíritu del Hijo (Gá 14.6). Ningún otro ser aparte de Dios tiene tales títulos divinos.

La deidad del Espíritu se muestra de otras maneras también. Él es omnipresente como sólo Dios puede serlo (Sal 139.7; 1 Co 12.13). Él es todopoderoso (Lc 1.35; Ro 8.11). Él fue un agente de la creación (Gn 1.2; Sal 104.30) y tiene poder para hacer milagros (Mt 12.28; 1 Co 12.9-11). El Espíritu es el que nos da el nuevo nacimiento (Jn 3.6; Tit 3.5). Fue el Espíritu el que levantó a Jesús de los muertos y el que nos dio la vida de resurrección de Dios a ti y a mí (Ro 8.11). El Espíritu Santo puede ser blasfemado (Mt 12.31-32, Mr 3.28-29), y mentir al Espíritu Santo es como mentir a Dios (Hch 5.3-4). El testimonio bíblico es claro. El Espíritu Santo es una persona. Y el Espíritu Santo es Dios.

El papel cósmico del Espíritu Santo. Cuando probamos las Escrituras por la naturaleza de las actividades del Espíritu Santo, descubrimos un ministerio complejo y multifacético. Aunque hay muchas maneras en que estos podrían organizarse, simplemente consideraremos tanto los ministerios cósmicos del Espíritu a medida que se relacionan con el plan de Dios, como sus ministerios personales, a medida que se relacionan con los seres humanos.

Los ministerios cósmicos del Espíritu se centran en la creación, en la revelación y en la encarnación. Génesis 1 sugiere que tanto Jesús como el Espíritu estaban activos en la creación. Otros pasajes conectan al Espíritu con el origen de la vida (Job.33.4; Sal 104.30) y con la preservación del orden creado (Sal 104.29-30). El Espíritu a menudo está ligado con la revelación. Los pasajes del AT, tales como 2 Samuel 23.2 y Miqueas 3.8, ligan el ministerio del profeta, como divino vocero del Espíritu del Señor. El NT atribuye algunos versículos del AT al Espíritu (Mt 22.43; Hch 1.16; 4.25), y Pedro escribe «porque nunca la profecía fue traída por voluntad humana, sino que los santos hombres de Dios hablaron siendo inspirados por el Espíritu Santo» (2 P 1.21). Los que predicaron el evangelio del NT, igualmente lo hicieron «por el Espíritu Santo enviado del cielo» (1 P 1.12).

El Espíritu estuvo íntimamente involucrado en la encarnación de Jesús y en los eventos de la vida de Cristo. María concibió por el Espíritu Santo (Lc 1.35). El Espíritu llenó y dirigió a Jesús durante su vida en la tierra (Lc 4.1; Jn 3.34), y el poder del Espíritu se expresó en los milagros de Cristo (Mt 12.28). La muerte de Cristo fue un sacrificio ofrecido a Dios por el Espíritu (Hch 9.14), y su resurrección fue efectuada por el poder del Espíritu (Ro 1—4; 8-11; 1 P 3.18).

Como un agente activo de la creación, de la revelación y de la encarnación, el Espíritu Santo ha tenido un papel activo en llevar a cabo los planes y propósitos cósmicos del Padre.

El papel interpersonal del Espíritu Santo. Los ministerios del Espíritu que han llamado más la atención son interpersonales. El NT, y hasta cierto punto el AT, muestra al Espíritu íntimamente involucrado en actividades que afectan vitalmente a los seres humanos. Podemos resumir estos ministerios bajo tres lineamientos. El Espíritu Santo tiene ministerios que (1) se relacionan con los no salvos, (2) están asociados con la salvación inicial, y (3) afectan la experiencia de los creyentes.

Algunos ministerios del Espíritu se relacionan con los no salvos. Los dos testamentos parecen sugerir que el Espíritu Santo opera para restringir la expresión plena del pecado (Gn 6.3; 2 Ts 2.6). Lo más importante, sin embargo, es la obra del Espíritu, dándoles convicción a los que todavía no creen. Jesús definió esta obra en Juan 16.8-11, y esto parece traer a colación ciertas verdades esencia-

les básicas para el evangelio. Sea que las personas decidan o no creer, el Espíritu confronta a los no salvos con la verdad acerca del pecado, acerca de la justicia, y acerca del juicio.

Algunos ministerios del Espíritu están ligados con nuestra experiencia inicial de salvación. El Espíritu Santo es el que nos regenera (nos trae el nuevo nacimiento). Aunque la Palabra de Dios provee el contenido del mensaje (Stg 1.18; 1 P 1.23) es el Espíritu el que da vida (Tit 3.5). En la conversión también somos bautizados por el Espíritu, como se define el término en 1 Corintios 12.13. Aunque a la palabra *bautismo* se le da diferente significado en algunas tradiciones, el apóstol Pablo la usa para definir ese acto mediante el cual el Espíritu de Dios une a los creyentes con Jesús, y al uno con el otro en el cuerpo místico de Cristo.

Algunos pasajes hablan de creyentes siendo sellados por el Espíritu (2 Co 1.22; Ef 1.13; 4.30). Como sello, el Espíritu Santo es la marca de propiedad divina y sugiere preservación y seguridad. Así, el Espíritu Santo es el que supervisa nuestra entrada en la vida eterna y el que efectúa nuestra unión con Jesús.

La mayoría de los ministerios personales del Espíritu Santo, se centra en su obra en la vida de los creyentes. Y el *Contemporary Wesleyan Theology* dice: «Es evidente en las enseñanzas de Pablo que el Espíritu Santo está ahora presente en cada creyente» (p. 427, en inglés). Romanos 8.9 y 1 Corintios 6.19, establecen muy claramente que ni siquiera los creyentes poco espirituales son la excepción. La presencia del Espíritu Santo significa que el poder y la capacitación están ahora disponibles para nosotros. El AT habla del Espíritu operando dentro de los creyentes (Gn 41.38; Nm 27.18; Dn 1.8), y cayendo sobre ellos para proveerles una capacitación especial (Jue 3.10; 1 S 10.9-10; Jer 14.6; 1 S 16.13). Pero Jesús sugiere que ahora nuestra relación con el Espíritu es nueva y diferente (Jn 14.17; 7.39). Ahora, el Espíritu está con nosotros como la fuente de la superabundante vida espiritual y gozo (Jn 7.37-38) y para ser nuestro ayudador en toda necesidad (Jn 14.15-17,25-26; 15.26-27; 16.7-15). El Espíritu abre nuestros ojos al significado de lo que Jesús enseñó, y nos guía a toda verdad (Jn 14.25-26; 16.12-13; 1 Co 2.10,12-14). El Espíritu guía nuestros pasos (Ro 8.45), nos ayuda en oración (Ro 8.26), y es el que nos transforma a semejanza de Cristo (2 Co 3.18).

Algunos términos bíblicos están asociados con la superabundante presencia y poder del Espíritu Santo en el cristiano. Algunas personas toman estos términos como equivalentes, y algunos hacen distinciones. Pero todos estos términos (bautismo, llenura, recibir, unción y derramamiento del Espíritu), comunican una emocionante realidad. Dios, el Espíritu Santo está presente dentro de nosotros y puede activarse en y a través de nuestra personalidad. Es nuestra responsabilidad y oportunidad confiar en el Espíritu Santo, andar con Él y responder a sus demandas (Ro 8.3-11; Gá 5.16-18).

Frutos y dones. Dos temas bíblicos hacen énfasis en lo que el Espíritu hace en nosotros y en lo que hace a través de nosotros. El fruto del Espíritu (Gá 5.22-23) representa la transformación de la personalidad humana en cualidades tales como amor, paz, paciencia, etc. Nosotros, que desde el nacimiento estamos corrompidos por el pecado, somos progresivamente transformados a medida que permanecemos cerca de Jesús y somos receptivos al Espíritu de Dios (Jn 15; 1 Co 3.18). Las cualidades y virtudes morales indicadas por el fruto, son la evidencia primaria de la influencia y poder del Espíritu Santo dentro de nosotros.

Lo que el Espíritu Santo hace a través de nosotros se expresa en el concepto de los dones espirituales. El Espíritu equipa a cada creyente con dotaciones especiales que el NT llama «dones». Estos dones no sólo hacen posible que podamos contribuir al bienestar espiritual de otros, sino que también tienen que ver con nuestro testimonio a los no cristianos.

La Biblia enseña que es el Espíritu, tanto el que produce el fruto de bondad en nuestra vida, como el que nos capacita para servir a Dios y a otros. Porque confiamos en el Espíritu para capacitarnos, entendemos los mandamientos de Dios como invitaciones para experimentar el poder del Espíritu y no como demandas amenazantes. Porque sabemos que el Espíritu está presente para darnos poder, respondemos al llamamiento de Dios a la santidad con gozo, seguros de que el Señor mismo nos elevará más allá de nuestras insuficiencias.

De esa manera, las Escrituras presentan al Espíritu Santo como una de las tres personas de la Trinidad. El Espíritu tuvo un papel en los acontecimientos cósmicos representados en la creación y en la encarnación y tuvo un papel importante en la revelación. Pero la mayoría de lo que conocemos como la obra del Espíritu, se centra en sus ministerios interpersonales. El Espíritu restringe el mal e ilumina a todos sobre los elementos básicos del evangelio. El Espíritu es el que nos trae la nueva vida de Dios y nos une con Jesús. Y el Espíritu es el que ministra continuamente a los creyentes. El Espíritu de Dios conduce, guía y da poder. El Espíritu de Dios obra la transformación interior que produce fruto moral. Y el Espíritu de Dios dota a los creyentes con los dones que hacen posible que puedan ministrar el uno al otro. Porque el Espíritu está con nosotros, usted y yo podemos vivir una vida victoriosa. Porque el Espíritu está presente, podemos afrontar nuestro futuro con esperanza y confianza. El Espíritu nos levantará si confiamos en Él y nos ayudará a alcanzar todo nuestro potencial en Jesús.

ENCARNACIÓN

El AT predijo la encarnación, en un nombre. El Mesías, libertador del pueblo judío, debía ser llamado Emanuel. El nombre, capturando el énfasis del hebreo, significa «Dios con nosotros».

Esto fue difícil de entender, aun para algunos primeros cristianos, y la idea que Dios llegaría a venir en un ser humano, ha sido ridiculizada por escépticos antiguos y modernos. Sin embargo, este milagro está claramente enseñado en la Biblia y es básico para nuestra fe. En la persona de Jesucristo, Dios ha venido a nosotros en carne. Esta es la doctrina cristiana de la encarnación. Creemos que Dios ha perforado la barrera entre lo visible y lo invisible y, en el milagro más grande de la historia, Dios ha llegado al mundo como un ser humano.

Cuatro aspectos de la encarnación. Las Escrituras no intentan explicar, pero enseñan clara y forzosamente la encarnación. Podemos mirar, por ejemplo, a cuatro pasajes del Nuevo testamento. El Evangelio de Juan comienza identificando a Jesús como el Verbo que «estaba con Dios» y «era Dios» (Jn 1.1). Este Verbo «se hizo carne y habitó entre nosotros, y vimos su gloria, gloria como la del unigénito del Padre» (Jn 1.14). El eternamente existente Verbo se hizo carne, haciéndose un verdadero ser humano, quien por unos pocos años vivió entre otros seres humanos en el planeta tierra. Gálatas 4.4-5 recoge el tema de la preexistencia, el hecho de que el que vino fue Dios el Hijo con el Padre, desde la eternidad. «Cuando hubo llegado el cumplimiento del tiempo», dice la Biblia, «Dios envió a su Hijo nacido de mujer, nacido bajo la ley, para redimir a los que estaban bajo la ley, a fin de que pudieran recibir la adopción de hijos». Filipenses 2 es una de las más claras y más poderosas expresiones bíblicas de la encarnación. Presenta a Jesucristo, «el cual siendo en forma de Dios, no estimó el ser igual a Dios como cosa a que aferrarse, sino que se despojó a sí mismo, tomando forma de siervo, hecho semejante a los hombres». Como ser humano, el Hijo de Dios «se humilló a sí mismo, haciéndose obediente hasta la muerte y muerte de cruz». Ahora exaltado, a Jesús le ha sido dado «un nombre que es sobre todo nombre», y oirá que «toda lengua confiese que Jesucristo es el Señor» (Fil 2.5-11).

Un cuarto pasaje se encuentra en Colosenses. Allí Jesús es descrito como «la imagen del Dios invisible». Fue por Él que «fueron creadas todas las cosas, las que hay en los cielos y las que hay en la tierra, visibles e invisibles ... Y él es antes de todas las cosas, y todas las cosas en él subsisten... por cuanto agradó al Padre que en él habitase toda plenitud» (Col 1.15-19).

Fue a Jesucristo a quien Dios invistió con humanidad y Él es el agente de salvación. Mediante Jesús, Dios decidió reconciliar todas las cosas consigo mismo, haciendo la paz mediante su sangre derramada en la cruz (Col 1.20). Este mismo pasaje hace énfasis en el hecho que la encarnación no fue simple ilusión: Dios nos ha reconciliado «en su cuerpo de carne, por medio de la muerte» (Col 122).

Significado de la Encarnación. Dado el hecho que la Biblia enseña la Encarnación, ¿por qué hacer de esto un tema de discusión? ¿Por qué ver la encarnación de Cristo como central para la fe cristiana? Simplemente porque hay muchas coyunturas en ella. Antes del primer siglo d.C., los filósofos perdieron la esperanza de alguna vez realmente conocer a Dios. Él era completamente «otro». Quien quiera o lo que quiera que pudiera ser «Dios», ya sea el «inmóvil movedor» de Aristóteles o el «espíritu puro» del neoplatonismo, Dios estaba tan fuera del universo de la raza humana que se le tenía por incognoscible. Y entonces, en un oscuro y pequeño país situado en la frontera del poderoso Imperio Romano, este Dios inconocible llegó. No vino en majestad sino como un infante. Vivió como un verdadero ser humano, no entre agitadores políticos sino entre gente común. Y murió, no como una víctima sino como un victorioso. Porque Dios el Creador entró en su universo, el Dios escondido que la humanidad se desesperaba por conocer, estaba totalmente descubierto. Y porque en Él Dios actuó para liberar a la humanidad de la esclavitud del pecado, el Dios distante que la humanidad temía, fue descubierto que estaba amorosamente cercano, invitándonos a cada uno de nosotros a conocerle en una íntima relación personal.

Esta es, por supuesto, la verdadera razón para la necesidad de la Encarnación. La ruina del pecado había devastado a toda nuestra raza, alejándonos de Dios y envileciendo así nuestra actitud, de tal manera que llegamos a ser enemigos de Dios (Col 1.21). Sólo la intervención personal de Dios podía entenderse finalmente con el pecado, revelar toda la dimensión de su amor por nosotros, y transformarnos de enemigos en hijos. Nadie podía hacer lo que Jesús hizo impelido por la necesidad impuesta por el profundo amor de Dios.

JESUCRISTO

En *Primeros Credos Cristianos*, Martín Lutero expresó la común convicción de todos los cristianos: «El que sostiene firmemente la doctrina que Jesucristo es verdadero Dios y verdadero hombre, que murió y resucitó por nosotros, admitirá y de todo corazón aprobará todos los demás artículos de la fe cristiana». Lo que dice Pablo en Efesios 1.22, es verdad: Jesucristo es el principal tesoro, la base, el fundamento, la suma total, ante quien son sometidas todas las cosas y bajo quien todo está reunido. En Él están escondidos todos los tesoros de sabiduría y conocimiento.

Jesús es central. Él es el corazón, el alma, la belleza y el ser de nuestra fe.

¿Quién es Jesús? Es importante que cuando hablamos de Jesús, queremos decir el verdadero Jesús. Algunos teólogos, en un intento de descubrir lo que llaman el «Jesús histórico», han puesto en duda las afirmaciones de la Biblia sobre Él. Han asumido que después de la muerte de Jesús, sus seguidores gradualmente le adscribieron deidad al simple carpintero de Nazaret. Jesús, el profeta judío cuya visión moral y espiritual era tan exaltada, debe ser honrado, dicen, pero sólo como un hombre.

Estos eruditos han enseñado que aun cuando Jesús fue el mejor de los hombres, nunca fue nada más que lo que cualquiera de nosotros pudiera aspirar a ser. El Jesús de los críticos, desnudado de majestad y despojado de su deidad esencial, no es el Jesús de la fe cristiana. El Jesús de la fe es el Jesús que la Biblia proclama, el Jesús a quien Lutero identifica como «verdadero Dios y verdadero hombre, que murió y resucitó por nosotros».

Antes que imitar a los incontables libros que se han escrito sobre la descripción que la Biblia hace de Jesús, quiero simplemente enumerar algunos pasajes claves y las verdades centrales que enseñan. Y entonces quiero compartir algo de quien es Jesús para nosotros. Esto es lo que es tan emocionante acerca de nuestro Señor. Él es Dios, bajándose, inclinándose hacia ti y hacia mí, para que en Él pudiéramos ser elevados muy alto. Sólo el Jesús de la Biblia, el que es Dios y hombre en uno, pudo ser para nosotros todo lo que es.

¿Quién es el Jesús de la Biblia? En el libro, *Handbook of Basic Bible Texts* (Zondervan), John Jefferson Davis, enumera los siguientes pasajes claves que identifican al Jesús bíblico. Según las Escrituras, Jesús es:

Co-igual con Dios, la segunda persona de la Trinidad, que existió desde toda la eternidad
Is 9.6; Mi 5.2; Jn 1.1-3; 6.38; 6.56-58; 17.4-5; Gá 4.4-5; Fil 2.5-7; Ap 22-12-13.

Nacido virginalmente, concebido por el Espíritu Santo
Is 7.14; Mt 1.18-26; Lc 1.26-38.

Sin naturaleza pecaminosa, libre de todo pecado
Lc 1.35; Jn 8.29,46; 14.30-32; He 4.15,26-28; 9.14; 1 P 1.18-19; 2.22-23.

Verdadera y completamente humano
Mt 4.1-2; 8.23-24; Lc 2.52; Jn 1.14; 4.5-6; 11.35; Ro 1.2-3; He 2.14,17-18; 4.15.

Verdadera y completamente Dios, poseedor de los títulos divinos:

Is 9.6; Mt 26.63-66; Mr 1.2-3; Lc 1.17; 3.1; Hch 2.21

Poseedor de atributos divinos:
Mt 29.20; Jn 1.1; 17.5; Ef 1.22-23; Fil 2.5-7.

Poseedor de poder divino:
Jn 1.3-14; 5.21,26; 11.25; Col 1.16,17; He 1.2.

Poseedor de prerrogativas divinas:
Mt 25.31-32; Mr 2.5-7; Jn 5.22,27; Hch 7.59.

Igual en todo al Padre:
Jn 1.1,20.28; Tit 2.13; He 1.8; 1 P 1.1

Los cristianos confesamos gozosamente que Jesús es el que la Biblia afirma, y este Jesús de las Escrituras es el centro de nuestra adoración y de nuestra esperanza.

Quién es Jesús para nosotros. *Jesús es nuestro profeta.* Un profeta habla por Dios. Jesús es el máximo vocero, el máximo revelador del Padre y de su voluntad. Nosotros ponemos mucha atención a lo que Jesús enseñó, seguros de que sus palabras son totalmente dignas de confianza. Reconocemos los milagros que autenticaron su mensaje, pero lo más importante es que confiamos en el testimonio interior del Espíritu, que nos permite reconocer su voz. Confiamos en la descripción del Padre que hace Jesús, confiamos en sus promesas y respondemos obedientemente a sus órdenes. Anhelamos experimentar el reino de los cielos que él describió, y esperamos experimentar el perfecto amor y santidad que promete. Jesús es nuestro profeta, la fuente de la verdad de Dios, el vocero digno de crédito, cuyas palabra guían y dan forma a nuestra vida (Mt 5.1,7-29; Jn 10.1-14; 15-22; He 1.13; 2.1-4.

Jesús es nuestro sumo sacerdote. Reconocemos a Jesús como el poder y la autoridad final en el universo. Él, la fuente de todo, es también el gobernante de todo. El Reino de Jesús es real en nuestra vida porque le reconocemos como Señor y le obedecemos. Pero miramos adelante y esperamos el regreso de Jesús. Entonces ejercerá su poder abiertamente y toda rodilla se doblará ante Jesús. En la era por venir, Jesús será reconocido en todo el universo como Rey de reyes y Señor de señores. Él regirá sobre todo, instituyendo su era dorada de justicia y paz (Ap 11.15-19; 19.11-16).

Jesús es nuestro ejemplo. Vemos la vida que Jesús vivió en la tierra, como una vida perfecta. Su manera de vivir revela verdadera espiritualidad, un estrecho compañerismo con Dios y obediencia a Él, que halla su expresión en los seres humanos. La vida de Jesús en la tierra, expresa los valores que profesamos. Su perspectiva de lo que es importante en la vida, es la perspectiva que nosotros tratamos de lograr. Vemos a Jesús para ver cómo responder al sufrimiento y a la injusticia, a la oposición y al odio. Vemos a Jesús para ver cómo vamos a reaccionar ante el dolor. De Jesús aprendemos como confiar en el Padre, cuales quiera que sean las circunstancias.

Vemos en Jesús el perfecto amor que ordenó que tuvieran sus discípulos. Al confesar ser nuestro modelo, convenimos con los apóstoles en que si clamamos a Él vamos a amar como Él amó, vamos a andar como Él anduvo. Jesús es nuestro ejemplo y nos gozamos en seguir sus pasos (Mt 5.43-48; Lc 6.40; 1 Jn 2.6; 3.16).

Jesús es nuestra vida. Jesús es la fuente de todo lo que es bueno en nosotros. La nueva vida que Dios nos dio cuando confiamos en Cristo como nuestro Salvador, es suya. Él es la vid, y todo el poder para producir fruto viene de su vitalidad fluyendo en nosotros. La vida que vivimos en la tierra ahora, es en el sentido más significativo, su vida, eterna y enriquecedora, expresando en sí misma amor, gozo, paz, paciencia, bondad, fe, benignidad, templanza. Todo lo que es bueno y hermoso en nuestra vida es una expresión de Jesús, surgiendo directamente de nuestra relación con Él.

Porque Jesús vive en nosotros, nuestros cuerpos pueden llegar a ser instrumentos de justicia, y nuestros corazones a estar llenos de amor. Dependemos de Jesús no sólo para el perdón, sino para todo. Él es el pan que comemos, el aire que respiramos, la vida que vivimos (Jn 15.1-8; Gá 2.20; 5.22-25; Ef 2.4-10; 2 Co 12.9-10).

Jesús es nuestro Señor resucitado. En su resurrección, a Jesús se le dio un nombre sobre todo nombre: SEÑOR. Suya es la autoridad, suyo es el poder, suyo el derecho de gobernar, Él es la cabeza de la Iglesia, su cuerpo, y Él es el Señor de toda persona. Reconocer el señorío de Jesús significa que confesamos su derecho de establecer nuestros patrones, nuestras prioridades y guiar nuestras decisiones. Respondemos a Jesús cuando nos habla en su palabra escrita, abrimos nuestra vida a su especial dirección sobrenatural. Reconocemos el señorío de Jesús sobre otros cristianos y les extendemos la libertad para seguir sus propias convicciones, totalmente responsables a Cristo.

Oramos al Señor por nuestras decisiones y dependemos de Él para dar forma a nuestras circunstancias. Porque creemos que Jesús, como Señor, tiene todo el poder en el cielo y en la tierra, enfrentamos aun el sufrimiento con esperanza, seguros que en todas las cosas Dios obra para bien de los que le aman. Porque Jesús es el Señor, Él merece toda nuestra lealtad, y nos comprometemos completamente con Él y con su voluntad (Mt 28.18; Ro 8.28-29; 14.1-13; Ef 1.18-23; Fil 2.9-11; 1 P 3.14-15).

En toda forma, Jesús es en realidad el corazón, el centro, la belleza y la gloria de nuestra fe. El cristianismo no es una simple filosofía. No es una simple elevada visión ética, el cristianismo es Jesucristo, anticipado en el AT, develado en el NT. El cristianismo se basa completamente en la convicción que, en Jesús de Nazaret, Dios se hizo carne para habitar entre nosotros. Jesús vivió, enseñó, murió, resucitó y ahora está a la derecha del Padre, listo para regresar en cualquier momento. Pero el cristianismo ofrece algo más que un Dios encarnado. El cristianismo ofrece una transformación, una relación personal con este Dios. Por medio de la fe, Jesús llega a ser nuestro: nuestro Salvador, nuestro Profeta, nuestro Sumo Sacerdote, nuestro Rey que viene, nuestro ejemplo, nuestra Vida, nuestro Señor resucitado. Todo lo que tenemos y somos es nuestro, por medio de Jesús sólo.

El cristianismo es nuestro. Nos regocijamos porque somos suyos y Él es nuestro.

REVELACIÓN

Las Escrituras afirman claramente que sólo Dios puede hacer que Dios sea conocido, y que Dios ha obrado para revelarse a sí mismo.

La palabra revelación simplemente significa «develar algo escondido, hacer a algo conocido por lo que es». Algunas personas resumen la revelación diciendo que es el conocimiento de Dios que viene de Dios. La Biblia identifica dos caminos de revelación. La revelación general incluye todas las maneras, sin palabras, en que Dios expresa la verdad sobre sí mismo a toda la humanidad. La segunda, es la revelación especial. La revelación especial incluye los actos de Dios de descubrirse a sí mismo a los individuos o grupos. Nuestra Biblia llega a nosotros por revelación especial, y el mismo Jesús es el descubrimiento final de la persona de Dios.

Revelación general. La mayoría de los cristianos ven dos avenidas primarias de revelación general. La primera es la revelación misma. El salmista dice: «Los cielos cuentan la gloria de Dios, y el firmamento anuncia la obra de sus manos. Un día emite palabra a otro día, y una noche a otra noche declara sabiduría. No hay lenguaje, ni palabras, ni es oída su voz. Por toda la tierra salió su voz, y hasta el extremo del mundo sus palabras» (Sal 19.1-4). El apóstol Pablo dice del testimonio silencioso de la creación: «porque lo que de Dios se conoce les es manifiesto, pues Dios se lo manifestó. Porque las cosas invisibles de él, su eterno poder y deidad, se hacen claramente visibles desde la creación del mundo, siendo entendidas por medio de las cosas hechas, de modo que no tienen excusa» (Ro 1.19,20).

Pablo argumenta en Romanos que Dios ha implantado otros testimonios de sí mismo en la naturaleza humana. Este testimonio es la conciencia, que da testimonio que vivimos en un universo moral. Aunque los actos específicos que diferentes culturas definen como equivocados, pueden diferir, cada cultura identifica a algunas acciones como moralmente correctas y a otras como incorrectas. Y en todas partes está el juez interior, la conciencia, que se expresa cuando nos condenamos o excusamos por las cosas que hemos hecho que nos hace sentir culpables.

¿Qué pueden los seres humanos saber sobre Dios, a través de la revelación general? Sabemos que Dios existe. Sabemos que el Creador es no sólo más grande que su creación, sino también distinto de ella. Podemos saber algo de su inteligencia. Podemos sentir su naturaleza moral y darnos cuenta que juzgará las acciones humanas. Porque mucho conocimiento sobre Dios está accesible para nosotros en la revelación general, Pablo concluye que los humanos no tenemos excusa para nuestra falla de no reconocer a Dios y responderle con alabanza y acción de gracias.

Lo que puede ser más impactante en el manejo de la revelación general del NT es este hecho: los seres humanos encuentran y llegan a conocer la verdad de Dios en la revelación general. Pero la humanidad siempre ha reaccionado negativamente a este conocimiento. Envilecida por el pecado, nuestra raza ha fallado en no glorificar o agradecer al Dios que encontramos en la naturaleza; en vez de eso, los humanos tontamente «cambiaron la gloria del Dios incorruptible en semejanza de imagen de hombre corruptible, de aves, de cuadrúpedos y de reptiles» (Ro 1.23).

Se necesita algo más que información sobre Dios. Debe haber una transformación interior de la actitud de la humanidad hacia Dios. Debe haber fe, la cual históricamente sólo ha sido estimulada por la revelación especial de Dios.

Revelación especial. El libro de Hebreos, comienza: «Dios, habiendo hablado muchas veces y de muchas maneras en otro tiempo a los padres por los profetas, en estos postreros días nos ha hablado por el Hijo, a quien constituyó heredero de todo, y por quien asimismo hizo el universo»(He 1.1-2). La revelación especial ha venido por medio de sueños, visiones y comunicación cara a cara con Dios.

Esta revelación ha sido contada en historias transmitidas de boca en boca, expresadas en rituales y sacrificio y registradas en las Escrituras. Las revelaciones especiales, dadas a conocer a través de los siglos, han sido recogidas en un todo armonioso y dadas a nosotros en nuestras Escrituras, y junto con ellas también se nos ha dado una clara descripción de Dios y de sus propósitos.

Lo que es más emocionante sobre esta revelación especial, es que hace algo más que mostrarnos a Dios a la distancia. La revelación especial nos lleva adentro del corazón y de la mente de Dios, mostrándonos sus más profundos motivos y propósitos. En la revelación especial, se explica el significado de sus acciones en nuestro mundo. ¿Por qué creó Dios? ¿Quiénes somos los seres humanos? ¿Cuál es la actitud de Dios hacia el pecado y los pecadores? ¿Por qué Dios escogió a Israel como su pueblo y milagrosamente lo libró de la esclavitud en Egipto? A medida que Dios se revela más y más de sí mismo y de sus propósitos, llegamos a darnos cuenta que toda la revelación especial es el evangelio; todo son buenas noticias, porque todo presenta a Dios quien se preocupa profundamente de los seres humanos y quien llega a establecer una relación personal con cualquiera que confíe en Él.

Por medio de la revelación general, sabemos que Dios es. Por medio de la revelación especial sabemos quién es y qué es. Las Escrituras son el repositorio de la revelación especial, un registro confiable de todo lo que Dios quiere darnos a conocer hasta que Jesús vuelva. Pero también reconocemos a Jesús como la final revelación de Dios. En las acciones, palabras y carácter de Jesucristo, tenemos la exacta representación del ser de Dios (He 1.3).Como dijo Jesús: «El que me ha visto a mí, ha visto al Padre» (Jn 14.9).

La revelación especial nos lleva más allá de la evidencia de que Dios existe, ayudándonos a conocer a Dios como persona. Seguimos sus pensamientos como están develados en las Escrituras, y en Jesús sentimos el fervor de su amor y la profundidad de su compromiso para con nosotros. A medida que llegamos a conocer a Dios, quien se descubre a sí mismo tan completamente, nuestros temores desaparecen, y gozosamente respondemos confiando en Él con todo lo que tenemos y somos.

TRINIDAD

Los cristianos nunca hemos sido capaces de explicar la Trinidad, ni de siquiera entender cómo un Dios exista en tres personas. Cuando hemos tratado de explicarnos la Trinidad, generalmente hemos utilizado las analogías. Hemos notado que un huevo está compuesto de tres sustancias: la cáscara, la clara y la yema. Agustín usó la raíz de un árbol, el tronco y las ramas. El trébol, con tres pétalos, y un triángulo, también se ha usado. A veces algunas personas han utilizado el agua para explicar la Trinidad, porque el agua puede ser hielo, líquido o vapor. Pero de ninguna manera ninguna de estas analogías han satisfecho a los cristianos, mucho menos a los extraños. Hemos sido vueltos a una simple posición. La Biblia enseña claramente que Dios el Padre, Dios el Hijo y Dios el Espíritu Santo, cada uno son divinos, cada uno son distintos, y sin embargo todos son un Dios. Agustín, escribiendo en el siglo quinto, resume nuestra convicción: «El Padre y el Hijo y el Espíritu Santo, cada uno de estos, por sí mismo, es Dios, y al mismo tiempo todos ellos son un Dios; y cada uno de ellos por sí mismo es una sustancia completa, y sin embargo todos son una sola sustancia».

Aunque pronto llegamos a confundirnos al tratar de conceptuar la Trinidad, y aunque nuestras analogías se derrumban, realmente no estamos confundidos por las así llamadas contradicciones lógicas. Después de todo, todavía hay muchas cosas en el universo material que los seres humanos no entienden. ¿Por qué podríamos esperar comprender a Dios?

Sin embargo, la razón por la que no debemos estar confundidos al no poder entender la Trinidad es que la trinidad de Dios y la unicidad de Dios, se enseñan en las Escrituras.

Dios es tres. El lenguaje plural aun se encuentra en el AT. El nombre de Dios utilizado en Génesis 1.1, Elohim, es plural, y al hacer a los seres humanos, Dios usó el lenguaje plural: «Hagamos al hombre a *nuestra* imagen y semejanza» (Gn 1.26). Aun la palabra hebrea usada en la gran afirmación de Israel: «el Señor es nuestro Dios, el Señor uno es» (Dt 6.4 BDA), usa un término hebreo que hace énfasis en la pluralidad y la unidad. Más allá de esto, miramos hacia atrás y vemos un AT lleno de referencias al Espíritu de Dios, y sospechamos que en muchos ejemplos el «ángel del Señor» fue una aparición de Jesús.

Vemos estas indicaciones de pluralidad en el AT, porque miramos hacia atrás con la perspectiva dada por la revelación del NT, donde encontramos acentuadas afirmaciones. Vemos a Jesús presentado como el que estaba con Dios y era Dios desde la eternidad (Jn 1.1-3). Oímos a Jesús hablar del Padre como «el único y verdadero Dios», y todavía afirmar que «yo y el Padre uno somos» (Jn 10.30; 17.5). En importantes afirmaciones, la Biblia habla de Jesús como el Dios encarnado, uno con, y todavía distinto del Padre (Fil 2.5-11; Col 1.15-20). De la misma manera, Jesús se identifica con el Espíritu Santo como Uno consigo mismo (Jn 14.15-17). Al Espíritu se le da atributos divinos (1 Co 2.1-11; 1 Co 9.14) y es identificado con Dios en sus actos (1 Co 12.4-6). En Efesios 1, vemos los roles del Padre, del Hijo y del Espíritu en la salvación explicada a nosotros, con cada persona reconocida como Dios. No podemos entender cómo puede ser esto, pero nos sentimos tranquilos con el conocimiento que la Biblia presenta a un Dios que existe eternamente como tres: Padre, Hijo y Espíritu Santo.

Dios es uno. Aunque el NT nos pide reconocer al Padre, al Hijo y al Espíritu Santo como Dios, el AT mantiene la convicción de que hay sólo un Dios. Por supuesto que el NT también enseña esto en palabras como «Yo y el Padre uno somos» (Jn 10.30).

La unidad de Dios era especialmente importante en los tiempos del AT, porque las culturas antiguas multiplicaban los dioses y diosas. Contra este fondo, el Jehová de Israel permanece como único, autor de la creación, de la vida y de la redención. Sólo Israel, entre todas las culturas de la antigüedad, nunca diferenciaron a la deidad sexualmente, y protegieron así al pueblo contra los abusos morales de las naciones que le rodeaban.

No sólo es la sustancia de Dios, en el AT, sino que es una en la total unidad de su carácter y propósito. La declaración del AT a Israel: «El Señor es nuestro Dios, el Señor uno es», es seguida por una exhortación para amar al Señor completamente, con todo el corazón, con toda el alma y con todas las fuerzas. El Dios que Israel tenía que amar es un Dios, como el Dios que amamos y adoramos en el Padre, el Hijo y el Espíritu, que permanecen uno.

LA PALABRA DE DIOS

Los cristianos estamos convencidos que la nuestra es una religión revelada; Dios nos ha hablado. Nuestras creencias son verdades develadas por Dios, no las mejores conjeturas ni los más elevados pensamientos de simples seres humanos. Esta convicción se expresa en unos cuantos conceptos bíblicos tales como verdad, revelación e inspiración. Tomadas en conjunto, afirman que Dios se ha comunicado con nosotros en palabras y que esas palabras están registradas en las Escrituras, nuestra Biblia.

Estamos seguros que nuestra Biblia es tan confiable como relevante, un claro y entendible mensaje del Señor, nuestra autoridad en fe y moral. Como el teólogo Emil Brunner afirma en *Fe y Razón*: «La iglesia siempre ha llamado a las Escrituras del Antiguo y Nuevo Testamentos "la palabra de Dios": Al hacerlo, la iglesia expresa la verdad fundamental de la fe cristiana, que en estos libros, la manifestación histórica de Dios se ofrece a la fe de una manera incomparable, decisiva y única; esto significa que la fe cristiana no puede surgir ni ser preservada si ignora las "Sagradas Escrituras"».

Al estudiar los escritos de los primeros padres de la Iglesia, sabemos que los mismos libros del AT y del NT que ahora aceptamos como autoritativos, fueron reconocidos como tales desde el principio. Los cristianos siempre hemos confiado en las Escrituras para conocer quién es Dios y cuáles son sus planes y propósitos. Cuando estudiamos la Biblia procuramos conocerle y seguir sus pensamientos, queriendo someter nuestras nociones de la realidad a la realidad que la Palabra de Dios nos revela.

La Biblia es la Palabra inspirada de Dios. Esta convicción está especialmente expresada en las propias enseñanzas de inspiración de la Biblia. Esta doctrina contesta la pregunta de si la Biblia es un registro de especulación y experiencia humanas, o una revelación dada a nosotros por Dios.

¿Qué es la inspiración? Cuando se habla de su mensaje, los profetas del AT lo identifican a menudo como la «palabra de Dios». Las palabras que ellos hablaron podían ser tomadas en cuenta como la exacta comunicación de las intenciones de Dios. Como David afirmó: «El Espíritu de Jehová ha hablado por mí, y su palabra ha estado en mi lengua» (2 S 23.2). El NT describe el proceso, afirmando que «Toda la Escritura es inspirada por Dios, y útil para enseñar, para redargüir, para corregir, para instruir en justicia» (2 Ti 3.16). La palabra traducida aquí «inspiración» significa «alentada por Dios», y se refiere al aliento o viento de Dios que llenó al escritor y lo guió para que el resultado, las palabras, comunicaran lo que Dios quería comunicar.

Desde el principio, la comunidad cristiana ha estado de acuerdo en que la Biblia es inspirada, sus palabras son la expresión digna de confianza de los pensamientos de Dios. Clemente de Alejandría llamó a las Escrituras «verdaderas, dadas por el Espíritu Santo; y ustedes saben que no hay nada injusto o engañosos en ellas». Justino Mártir, otro de los primeros padres de la Iglesia, habló de las Escrituras como el producto de la «energía del divino Espíritu ... usando a los hombres como un instrumento, igual que el arpa o la lira» para «revelarnos el conocimiento de las cosas divinas y celestiales».

Ireneo llamó a las Escrituras «perfectas, puesto que fueron habladas por la Palabra de Dios y su Espíritu». Orígenes escribe que «los libros sagrados no son composiciones de hombres, sino que fueron compuestos por inspiración del Espíritu Santo». Aun los que desafían la doctrina ahora, admiten que desde el principio del tiempo hasta el siglo dieciocho, los cristianos permanecieron convencidos que Dios ejerció una influencia sobrenatural en los escritores de las Escrituras, capacitándoles para comunicar su verdad sin error, dándonos una palabra autoritativa y digna de confianza, en la que podamos creer.

La Biblia como revelación divina. Verdaderamente, si vamos a conocer a Dios, Él debe tomar la iniciativa y revelarse a nosotros. Por la época en que nació Jesús, los filósofos más astutos habían convenido en que no había manera de conocer a Dios. Él estaba demasiado distante, demasiado indiferente, demasiado divorciado del universo material. La mayoría dudaba que realmente existiera Dios, pero si existía, no había manera de que los humanos lo conocieran. Esos mismos filósofos hacía mucho tiempo habían perdido la esperanza de conocer la realidad. Empédocles, quien vivió en el siglo quinto a.C., escribe: «Débiles y estrechos son los poderes implantados en los miembros del hombre; muchas las aflicciones que vienen sobre él y embotan y quitan la agudeza de su pensamiento; corta es la medida de la vida en la muerte. Entonces son llevados lejos; como humo se desvanecen en el aire; y lo que se imaginan que saben, no es sino lo poco que cada uno ha titubeado preguntándose acerca del mundo. Sin embargo, se vanaglorian todos ellos de que han aprendido todo. ¡Pobres tontos! Porque lo que es, ningún ojo lo ha visto, ningún oído lo ha oído, ni puede ser concebido por la mente del hombre».

El apóstol Pablo recoge las palabras de Empédocles, cuando habla de la necesidad de una revelación divina: «Cosas que ojo no vio, ni oído oyó, ni han subido en corazón de hombre, son las que Dios ha preparado para los que le aman. Pero Dios nos las reveló a nosotros por el Espíritu» (1 Co 2.9-10). Pablo continúa señalando que sólo el espíritu de una persona sabe sus más íntimos pensamientos. Sólo el Espíritu de Dios conoce los pensamientos de Dios. Débiles y estrechos son nuestros poderes, nunca podremos penetrar los pensamientos de Dios ni descubrir la naturaleza de la realidad, a menos que Dios nos la comunique. Por eso nos ha sido develado lo admirable. Dios ha decidido comunicarse, al hablarnos a través de los profetas y apóstoles, «no por palabras enseñadas por sabiduría humana, sino con las que enseña el Espíritu, acomodando lo espiritual a lo espiritual» (1 Co 2.13).

Así que no sólo creemos en las Escrituras, sino que lo arriesgamos todo por la confianza que tenemos en ellas. Por la Biblia, llegamos a conocer y a entender a Dios. Por la Biblia, aprendemos a vivir vidas piadosas. Aunque puede haber algunos pasajes y secciones en las Escrituras que son difíciles de entender, todas las principales enseñanzas son indudablemente claras. Cuando tomamos la Biblia seriamente, y tomamos sus palabras en su sentido sencillo, sabemos la verdad de Dios, y sabemos cómo vivir y agradar al Señor.

LA IRA DE DIOS

Parece un poco cruel cerrar un libro sobre los nombres y títulos de Dios, con este tema. Pero la ira de Dios es, en más de un sentido, un mensaje de esperanza. Parece extraño, porque las Escrituras nos advierten contra la ira. Aunque la ira puede ser justificada, esta también puede fácilmente llevarnos al pecado. El AT la llama una causa de contienda (Pr 30.33) y algo cruel (Pr 22.24) que debe ser evitado (Pr 29.8). El NT nos manda enérgicamente a quitarnos de nosotros «toda amargura, enojo, ira, gritería y maledicencia, y toda malicia», y a ser «benignos unos con otros, misericordiosos, perdonándoos unos a otros, como Dios también os perdonó a vosotros en Cristo» (Ef 4.31-32).

Algunos han argumentado que es inconsistente con Dios decirnos que no tengamos ira y que seamos compasivos, y que sin embargo Él mismo esté enojado. Pero ambos testamentos hablan de la ira de Dios, y usan los mismos términos hebreos y griegos que se usan para hablar de la ira humana. Pero hay grandes diferencias entre la ira de Dios y la nuestra.

La ira de Dios en el AT. La ira de Dios nunca es caprichosa y nunca se expresa en incontrolables berrinches. La ira de Dios es una ira justa, provocada sólo por el pecado. Lo que a Dios le enoja es la injusticia. Éxodo 22.22-24 dice: «A ninguna viuda ni huérfano afligiréis, porque si tú llegas a afligirles, y ellos clamaren a mí, ciertamente oiré su clamor, y mi furor se encenderá». Estas y otras violaciones de relación están descritas en el AT, como causa de la ira divina (Dt 4.23-26; 29.23-28).

La ira de Dios se enciende cuando no se confía en Él (Éx 4.14), cuando es desobedecido (Nm 21.6) y cuando es desechado por falsas deidades (Éx 32.10,12). Sería totalmente equivocado ver a Dios como alguien sin emociones, una fuerza sin participación, que no es afectado por lo que hace la humanidad. El Dios que adoramos se preocupa mucho. Y esa preocupación se expresa, tanto en la ira que le mueve a castigar, como en la compasión que le impulsa a perdonar. Sin embargo, la ira de Dios siempre es controlada, y mientras su ira es momentánea, su favor dura toda la vida (Sal 30.5).

El estereotipo de un Dios del AT enojado, es inexacto, porque sugiere una ira incontrolable que se origina en pequeñeces. Al contrario, el AT describe a un Dios amante que es movido por una ira justa que se ejerce como necesario castigo del pecado. Aun en ese caso, la ira de Dios es finalmente para nuestro bien. Los castigos disciplinarios pueden traer reforma, y la destrucción del mal puede liberarnos para disfrutar de una vida de paz. Sin embargo, aunque Dios se enoja, su ira nunca es el factor que controla sus decisiones.

Nosotros, los seres humanos, estamos lejos de la perfección y no podemos nunca saber lo que es tener una ira justa. Sólo el Señor puede seguir siendo compasivo y lleno de gracia, mientras ejecuta juicios que son necesarios (Éx 34.6).

De manera que los cristianos no podemos pedir disculpas por el Dios enojado del AT. Vemos justicia en el diluvio al juzgar a un mundo malvado (Gn 6.1-7). Honramos la ira de Dios por la persecución de Egipto a su pueblo, cuando castigó a Egipto con plagas (Éx 15.7). Respetamos su derecho a usar ejércitos paganos, con los que castigó a su pueblo idólatra, Israel (Is 10.5). La ira de Dios y los juicios de Dios son justificados, y la ira de Dios que surge del pecado, debe ser, con razón, temida por los pueblos y naciones que se desvían de la justicia.

La ira de Dios en el NT. El NT hace énfasis en el amor de Dios, pero aun Jesús continúa advirtiéndonos contra la ira de Dios. La ira, en el NT se concentra en los que rehúsan responder a la oferta de salvación comprada por la muerte del Hijo de Dios (Jn 3.36; Ro 3.5; Ef 2.3). Esa ira nunca es dirigida a nosotros, porque Jesús ha pagado totalmente por los pecados de todos los que creen en Él.

Todo lo que provoca la ira de Dios es perdonado por amor de Jesús. Pero los no salvos, los que todavía llevan la culpa de sus pecados, permanecen en la corte de un Dios que debe juzgar, y juzgará, el pecado.

Hay otro asunto impactante en las enseñanzas del NT sobre la ira de Dios. La ira de Dios no es tratada como algo que las personas necesitan temer ahora, excepto si pudiera ser ejercida indirectamente a través del gobierno o las consecuencias naturales. Cuando el NT habla de la ira de Dios, habla del final de la historia, cuando Cristo volverá «en llama de fuego, para dar retribución a los que no conocieron a Dios, ni obedecieron al evangelio de nuestro Señor Jesucristo» (2 Ts 1.8). Sólo al final de la historia, pero con toda seguridad entonces, la ira de Dios será desatada (Lc 21.23; Ro 2.5-8; 9.22; 1 Ts 1.10; 2.16).

¿Por qué esta demora? Romanos 2.4 nos dice que es porque Dios es rico en misericordia, tolerancia y paciencia. Dios está esperando para dar a la gente la oportunidad de arrepentirse. La retención de la ira de Dios es el sello de calidad del día de perdón y gracia que es ahora. Los que tercamente resisten y rechazan su gracia, están atesorando para ellos mismos «ira para el día de la ira, y de la revelación del justo juicio de Dios» (Ro 2.5).

Nuestro Dios no es ajeno a la ira. Su ira no debe ser descartada ligeramente como si el amor rigiera la ira justa, y la compasión le sacara al pecado su maldad. Dios sigue siendo Dios y el pecado humano provoca su ira y amerita su castigo.

Los cristianos vemos la expresión final de la ira de Dios en su más grande acto de amor. En el Calvario, Jesús murió por los pecados, llevando sobre sí el castigo que nosotros merecíamos. Y sin embargo, ese terrible acto de juicio abrió la puerta al perdón para todos los que lo aceptamos como don de Cristo. Sólo el castigo del pecado por parte de nuestro justo Dios, pudo abrir el camino para que Él pudiera darnos la bienvenida con amor.

Ira y esperanza. De manera que ¿cómo puede de la ira de Dios ser un mensaje de esperanza? De muchas maneras. En la ira de Dios vemos a Dios como una persona que se preocupa profundamente y que está completamente involucrada. Una fuerza o cosa nunca podría escuchar nuestros gritos, pero una persona con la capacidad emocional para preocuparse, podría.

La Palabra de la ira de Dios es un mensaje de esperanza por otra razón también. Vemos las cosas que provocan la ira de Dios, y sentimos su compromiso con lo bueno y justo. Obtenemos esperanza del hecho que hay moralidad en el universo, que la simple fuerza no hace lo justo y que lo fuerte no superará lo débil.

La Palabra de la ira de Dios es un mensaje de esperanza porque nos ayuda a entender la muerte de Jesús. El rayo destructor de la ira de Dios desatada, aplastando al que colgaba allí, en la cruz, y luego la buena palabra: fue el castigo por nuestros pecados el que Él sufrió, porque Él no tenía ningún pecado. La Cruz agotó la ira de Dios, mientras toda la pena del pecado era pagada, y de la misma cruz comenzó a fluir el amor perdonador.

La Palabra de la ira de Dios es un mensaje de esperanza para nosotros los que creemos, porque sabemos que Jesús murió para librarnos de la ira por venir (1 Ts 5.9).

Finalmente, la Palabra de la ira de Dios es un mensaje de esperanza aun para los no salvos. Es una palabra de ira retenida, una promesa de un día de gracia, cuando la salvación todavía puede ser hallada. Sin embargo, es también una advertencia muy seria. Si el Hijo de Dios, que murió por los pecadores, parece indigno de confianza, la ira vendrá seguramente cuando Él vuelva.

La ira tiene un lugar de honor en el vocabulario de nuestra fe y en el carácter de nuestro Dios. Aun la ira de Dios nos recuerda su amor. Y aun el temor del castigo que viene, tiene el propósito de que volvamos nuestros ojos a Jesús y a su amor perdonador.

ÍNDICE EXPOSITIVO

Un índice expositivo organiza la información por tópicos y guía al lector a los versículos bíblicos y a las páginas del libro que son importantes para entender el tema. No enumera todos los versículos referidos en el libro, pero procura identificar los versículos claves. No enumera todas las veces que se menciona un tópico, pero dirige al lector a las páginas donde se trata ese tema con cierta profundidad. De esa manera, un índice expositivo ayuda al lector a evitar la frustración de buscar versículos en la Biblia o en el libro, sólo para descubrir que contribuyen muy poco al entendimiento del tema.

Este índice expositivo organiza las referencias a los nombres y títulos de Dios por tópicos. Los tópicos y subtópicos se identifican en las columnas de lado izquierdo. Los versículos y pasajes bíblicos claves se enumeran en la columna del centro bajo «Cita bíblica». La columna de la derecha identifica las páginas de este libro donde se cubre el tópico.

En la mayoría de los casos, varios de los versículos claves en la columna «Cita bíblica» se discutirán en las páginas del libro a las que se refieren. A menudo hacemos referencia a versículos adicionales en las páginas donde se cubre el tópico. Nuestro propósito es ayudarle a que pueda encontrar con facilidad los pasajes y versículos bíblicos importantes. De igual forma, las páginas a las que hacemos referencia son sólo aquellas que hacen una contribución significativa al entendimiento de un tema y no a todas las páginas en las que puede mencionarse determinado tópico.

Note, por favor, que el material bajo los subtópicos se organiza a veces cronológicamente, según el orden en que aparecen en la Biblia, y en otras ocasiones, alfabéticamente, según el tipo de organización que resulte más útil para entender y encontrar la información.

NOMBRE	PÁGINAS
«Apóstol» en el Nuevo Testamento	174
Los profetas y la profecía en la Biblia	190
«Dios de Israel»	39
Cuestionamiento a las sectas	132
«Juicio» en el Nuevo Testamento	135
Justicia	207
Elohim; Usos poco comunes	18
Santificación	200
Bethel.	37
Apartarse y Aislarse	50
Nombres bíblicos	29
Señor Soberano	32
Sacrificio de sangre	185
Revelación especial	17
Misión de Cristo	177
Dones espirituales	203
Las setenta semanas de Daniel	94
Astrólogos	110
Gracia	128
La imagen y semejanza de Dios	12
Imágenes esculpidas e imágenes mentales	72

NOMBRE	PÁGINAS
El Pariente Redentor	68
Sanidad	187
El Padrenuestro	117
Iluminación	211
La perspectiva sobre la vida en el Nuevo Testamento	155
Encarnación	144
La Roca en Mateo 16	80
Día del Juicio	149
El segundo templo	104
Acontecimientos claves en la historia temprana de Israel	22
La Trinidad	100
La Ley en las costumbres y vida del Antiguo Testamento	65
Las dos genealogías de Jesús	171
Colocación de la Piedra Angular	107
Cuando perdonamos	59
A ti cantamos	43
Yahveh o Jehová	20
Pasajes que enfatizan la humanidad de Jesús	162

TÓPICO	CITA BÍBLICA	PÁGINAS
IMAGEN Y SEMEJANZA DE DIOS	Génesis 1.26	12

NOMBRES DE CRISTO EN EL ANTIGUO TESTAMENTO

Nombres primarios de Cristo en el Antiguo Testamento

El Ungido (Mesías)	Daniel 9	94-95
Renuevo	Isaías 11.1	95-97
Un Niño nacido	Isaías 9.6,7	98-99
Emanuel	Isaías 7.14	97
Padre eterno	Isaías 9.6,7	101-102
Siervo de Jehová	Isaías 42,43,49,50,51,52,53	97-98
Dios fuerte	Isaías 9.6,7	101
Príncipe de paz	Isaías 9.6,7	102
Un Hijo dado	Isaías 9.6,7	99-10
Admirable consejero	Isaías 9.6,7	100

Nombres secundarios de Cristo en el Antiguo Testamento

Pendón	Isaías 11.10	102
Compañero mío	Zacarías 13.7	103
Pacto al pueblo	Isaías 42.6	103
Deseado de todas las naciones	Hageo 2.7	103-105
Santo	Salmo 16.10	105-106
Rey de gloria	Salmo 24	105
Varón de dolores	Isaías 53.3	106-107
Piedra angular, preciosa	Isaías 28.16	107
La piedra que desecharon los edificadores	Salmo 118.22	107
Cimiento estable		107
Príncipe de príncipes	Daniel 8.25	108
Oprobio de los hombres	Salmo 22.6-8	108
Raíz de Isaí		108
Gobernante	Miqueas 5.2	108-109
Simiente	Génesis 3.15	109
Estrella de Jacob	Números 24.17	109-111

NOMBRES DE DIOS EN EL ANTIGUO TESTAMENTO

Nombres descriptivos de Dios

		41-46
Jehová Dios eterno	Génesis 21.33; Deuteronomio 33.27	42-43

TÓPICO	CITA BÍBLICA	PÁGINAS
Dios de gloria	Salmo 29.1-4	43
Dios en los cielos	Salmo 115.3-6	43
Dios viviente	2 Reyes 19.15,16	44
Rey	Salmo 47.6-8	45
Anciano de Días	Daniel 7.9	45-46
Nombres sublimes de Dios		30-35
Creador y Hacedor	Salmo 95.6, Isaías 40.28	30-31
Soberano Señor		32
Dios todopoderoso		33
Dios de los ejércitos		33
Dios grande		35
Dios altísimo	Daniel 4.34	34-35
Jehová Dios	2 Samuel 7.28; Jeremías 32.16-19	31-32
Nombres generales de Dios		18-21
El		18
Eloah		18
Elohim	Génesis 1	18-21
Nombres relacionales de Dios		35-41
Dios de lugares (Bet-el, Jerusalén, Dios de la casa de Dios)		35-37
Dios de personas (Sem, Abraham, Daniel, etc.)		37-39
Dios de pueblos (toda la humanidad, Israel, los hebreos)		39-41

NOMBRES Y TÍTULOS DE CRISTO EN EL NUEVO TESTAMENTO

Nombres que enfatizan la deidad de Jesús		141-160
Todopoderoso	Apocalipsis 1.8	141
Alfa y Omega	Apocalipsis 1.8	141-142
Amén	Apocalipsis 3.14	142
Bienaventurado y solo soberano	1 Timoteo 6.15	142
Estrella resplandeciente de la mañana	Apocalipsis 22.16	142-143
Resplandor de su gloria	Hebreos 1.3	143
Aurora	Lucas 1.78	143
Emanuel	Mateo 1.23	143-145
Imagen misma de su sustancia (de Dios)	Hebreos 1.3	145

TÓPICO	CITA BÍBLICA	PÁGINAS
Fiel y verdadero	Apocalipsis 19.11	145
Primogénito	Romanos 8.29	146
Señor de gloria	1 Corintios 2.8	146
Dios	Filipenses 2.6-10	146-147
Heredero de todo	Hebreos 1.2	147
Santo de Dios	Marcos 1.24	147-148
Yo Soy	Juan 8.57,58	148
Juez	2 Timoteo 4.8	149
El Justo	Apocalipsis 15.3	150-151
Rey	Apocalipsis 17.14	151-154
Luz	Juan 8.12	154
Vida	Juan 14.6	154-155
Señor	Juan 20.28	156
Señor del día de reposo	Mateo 12.8	157
Unigénito (Uno y único)	Juan 3.16	157
Príncipe	Hechos 5.31	157
Roca	1 Corintios 10.4	157
Gobernante		158
Hijo de Dios	Romanos 1.4	158-159
Piedra	1 Pedro 2.7,8	159-160
Verdad	Juan 14.6	160
Verbo	Juan 17.17	160

Nombres y títulos que enfatizan la humanidad de Jesús — 160-173

El postrer Adán	1 Corintios 15.45	163
Novio	Mateo 9.15	163-164
El Carpintero	Marcos 6.3	164-165
Niño	Isaías 9.6	165-166
Las Primicias	1 Corintios 15.45	166-167
Sumo sacerdote	Hebreos 2.17	167-168
Jesús de Nazaret (Nazareno)		168-169
Hombre (Hijo del Hombre)	Mateo 8.27	169-170
Maestro	Lucas 17.13	170
Hijo de David	Mateo 1.20	170-171
Rabí		171-173

Nombres y títulos que enfatizan la misión de Jesús — 173-194

Abogado	1 Juan 2.1	173

TÓPICO	CITA BÍBLICA	PÁGINAS
Apóstol	Hebreos 3.1	173-174
Autor	Hebreos 12.2	174-175
Pan	Juan 6.35	175-176
Principal piedra del ángulo	1 Pedro 2.4	176
Príncipe de los pastores	1 Pedro 5.4	194
Cristo	Isaías 53	176-179
Libertador	Romanos 11.26	179
Puerta	Juan 10.9	180
Precursor	Hebreos 6.20	180-181
Buen Pastor	Juan 10.1-8	193
Gran Pastor	Hebreos 13.20,21	193-194
Cabeza	Efesios 1.22	181-183
Jesús	Mateo 1.21	183-184
Cordero de Dios (Cordero pascual)	Juan 1.29	184-186
Mediador	Gálatas 3.20	187
Mesías		187
Médico	Lucas 4.23	187-189
Profeta	Deuteronomio 18.18,19	189-191
La resurrección y la vida	Juan 11.25	191-193
Pastor y Obispo	1 Pedro 2.24,25	194
Maestro		193
Camino	Juan 14.6	194

NOMBRES Y TÍTULOS DE DIOS EN EL NUEVO TESTAMENTO

Nombres y títulos de Dios el Padre en los Evangelios

Dios		115
Padre		115-118
Padre de Jesús		115-117
Nuestro Padre		117
Que está en los cielos		117-118
Obras de Dios el Padre en las Espístolas		118
Predestinación y elección	Efesios 1	120-123

Nombres y títulos de Dios el Padre en las Epístolas

Abba	Romanos 8.13	123-124
Creador	Romanos 1	124-125
Padre de gloria	Efesios 1.17	125

TÓPICO	CITA BÍBLICA	PÁGINAS
Padre de misericordia	2 Corintios 1.3	125
Padre de las luces	Santiago 1.17	125-126
Padre de los Espíritus	Hebreos 12.9	126-127
Dios de toda gracia	1 Pedro 5.10	127-130
Dios de toda consolación	2 Corintios 1.3	130
Dios de paz y de amor	2 Corintios 13.11	130-131
Dios nuestro Salvador	1 Timoteo 1.1	131-132
Dios da vida a los muertos	Romanos 4.17	132
Dios llama a las cosas que no son como si fuesen	Romanos 4.17	1320
Santo	1 Juan 2.20	132-133
Rey de los siglos, inmortal, invisible	1 Timoteo 1.17	133
Dador de la Ley	Santiago 4.12	134-135
Luz	Juan 8.12; 1 Juan 1.5-10	135-136
Señor Todopoderoso	2 Corintios 6.18	136
Señor Dios	1 Pedro 3.15	136
Señor de Paz	2 Tesalonicenses 3.16	137
Majestad (en los cielos, en lo alto)	Hebreos 8.1	137
Dios Altísimo	Hebreos 7.1	137
Salvador		137

Nombres y títulos de Dios el Padre en Apocalipsis

Dios de la tierra [del cielo]	Apocalipsis 11.14	138
El que es, el que era y el que ha de venir	Apocalipsis 1.4	138
Rey de los Santos	Apocalipsis 15.3	138
Señor Dios Omnipotente	Apocalipsis 19.6	139
Señor Dios Todopoderoso	Apocalipsis 4.8	139

CUALIDADES DE DIOS

Autoridad	31-32 ,45, 64-67, 105, 133 136, 137, 142, 151-153, 156, 157
Venganza	56, 57, 59
Consuelo	62
Eternidad	42, 101, 133, 138, 141, 196
Fidelidad	81, 85
Perdón	58-61
Gloria	43, 125
Gracia	74, 127-130

TÓPICO	CITA BÍBLICA	PÁGINAS
Santidad		49-51, 105-106, 132, 147-148, 198-200
Inmortalidad		133
Celo		63-64
Justicia		20, 48, 52-53, 55-56, 64, 66, 145, 149, 150, 157
Vida		44, 154-155, 175-176 191-193, 207
Amor		126, 130
Misericordia		67, 125, 167
Poder, fortaleza		18, 81, 101
Poder		31-32, 124-125, 138, 139, 141, 197-198,
Responsabilidad		89
Soberanía		20, 91-92, 120-123, 138
Trascendencia		48
Integridad	-	62, 125, 142, 157, 160
Sabiduría		53

NOMBRES Y TÍTULOS DEL ESPÍRITU SANTO

Nombres que establecen la identidad del Espíritu

Espíritu eterno	Hebreos 9.4	196
Dios	Hechos 5.3,4	197
Señor	2 Corintios 3.7-18	197
Poder de lo Alto	Lucas 1.35	197-198
Espíritu de (Dios, Jesús, del Dios viviente, el Señor)		198

Nombres que definen el carácter del Espíritu Santo

Santo Espíritu		198-200
Espíritu de verdad	Juan 14.17	200-201

Nombres y títulos que indican los ministerios del Espíritu

Consolador (Consejero, Ayudador, Paracleto)	Juan 14.26	205
Espíritu de adopción	Efesios 1.14	205-206
Espíritu de sabiduría y entendimiento	Isaías 11.2	206
Espíritu de consejo y poder	Isaías 11.2	206

TÓPICO	CITA BÍBLICA	PÁGINAS
Espíritu de conocimiento y temor de Jehová	Isaías 11.2	206-207
Espíritu de vida en Cristo Jesús	Romanos 8	207
Espíritu de sabiduría (sabiduría y revelación)	Deuteronomio 34.9	209
Imágenes del Espíritu Santo		
Paloma	Lucas 3.22	209-210
Arras	Efesios 1.13	210
Fuego	Hechos 2.1-4	210-211
Aceite	Hechos 10.38	211
Sello	Efesios 1.3	212
Agua	Juan 7.37-39	212
Viento	Juan 3.1-21	212
Obras identificadas del Espíritu Santo		
Bautismo	1 Corintios 12.13	202
Ser llenos	Hechos 2.4	202
Ser sellados	Efesios 1.13	203
Habitar	Juan 14.17	203
Dones	1 Corintios 7.13	203
Obras descritas del Espíritu Santo		204
PUEBLOS LIGADOS A DIOS		39-41
PERSONAS LIGADAS A DIOS		
Abraham		38
Abraham, Isaac y Jacob		38
Sadrac, Mesac y Abednego		38-39
EL NOMBRE PERSONAL DE DIOS		
Yahveh	Éxodo 3-4	21-27
Pronunciación		24
Importancia para Moisés	Éxodo 3.12	24
Importancia para Israel	Éxodo 3.15-22	25

TÓPICO	CITA BÍBLICA	PÁGINAS
Importancia para las futuras generaciones	Éxodo 3.15b	25
Importancia en la historia		25-26
Importancia para nosotros hoy día	Isaías 40.25	26-27

LUGARES LIGADOS A DIOS

Bet-el		36, 37
La casa de Dios		37
Jerusalén		37

RELIGIÓN

Revelación natural	Romanos 1	10-12
Función del hombre		6-10
Orígenes de las		
Teorías		4-6
Bíblica	Romanos 1, Salmo 9.1- 43,44	11-13
Naturaleza religiosa del hombre		3

REVELACIÓN

Natural	Romanos 1; Salmo 9; 1 Corintios 2.9	15
Especial	Hebreos 1.1-2	17

SIGNIFICADO DE LOS NOMBRES BÍBLICOS   29-30

SÍMILES Y METÁFORAS PARA DIOS EN EL ANTIGUO TESTAMENTO

Imágenes sublimes de Dios

Fuego (Consumidor, Muro de)	Deuteronomio 4.24; Isaías 30.27	77-79
Fortaleza, Torre fuerte	Salmo 61.3,4	79-80
Fuerte [Fuerza] de mi salvación	2 Samuel 22.3	80
Roca	Génesis 49.24	81
Escudo	Proverbios 30.58	82
Sol	Salmo 84.10,11	82

Imágenes relacionales de Dios

Padre	Jeremías 3.19,20	82-84
Ayudador	Salmo 23	87-88
Esposo	Isaías 54.4,5	84-85
Pastor	Génesis 49.24	85-87

TÓPICO	CITA BÍBLICA	PÁGINAS
Imágenes descriptivas de Dios		
Refugio	Isaías 28.15,17	88-89
Guardador	Salmo 121.5	89
Lámpara	2 Samuel 22.29	89-90
Luz (luz de las naciones)	Salmo 27.1	90-91
Alfarero	Isaías 64.8	91-92
Purificador	Malaquías 3.2	92
Refugio	Salmo 9.9	92

TÍTULOS DE DIOS EN EL ANTIGUO TESTAMENTO

Títulos sublimes de Dios		
Creador	Génesis 1; Salmo 148.1-5	19, 20
Creador de los confines de la tierra	Isaías 40.28	47
Dios del cielo y de la tierra	Esdras 5.11	47
Dios del cielo		47
Dios de los cielos		47
Dios de verdad	Deuteronomio 32.4	48
El que cabalga sobre los cielos	Salmo 68.4	49
Santo de Israel	Proverbios 9.10	49-51
Títulos descriptivos de Dios		
Libertador		69
Dios de justicia	Isaías 30.18	52-53
Dios de sabiduría	2 Samuel 2.2,3	53
Dios de mi salvación	Salmo 88.1-4	54
Jehová tu Sanador	Éxodo 15.26; Isaías 53	54-56
El Dios que venga mis agravios	Salmo 18.46-47	56-57
Dios que ve	Génesis 16.13	57-58
El único que hace grandes maravillas		58
Al que hizo los cielos con entendimiento		58
Al que extendió la tierra sobre las aguas		58
Al que hizo las grandes lumbreras		58
Al que hirió a Egipto en sus primogénitos		58
Al que dividió el Mar Rojo en partes		58

TÓPICO	CITA BÍBLICA	PÁGINAS
Al que pastoreó a su pueblo por el desierto		58
Al que hirió a grandes reyes		58
El que da alimento a todo ser viviente		58
Dios perdonador	Salmo 99.8	58-61
Quien adiestra mis manos para la batalla	Salmo 144.1	61
Esperanza de Israel	Jeremías 44.7-8	61-63
Dios celoso	Éxodo 29.5	62-63
Juez	Salmo 58.11	20
Rey, rey de gloria		64
Legislador	Isaías 33	64-67
Jehová el poderoso en batalla	Salmo 24.8	69, 70
El Señor nuestro hacedor		70
El Señor es paz	Jueces 6.24	70-73
El Dios que te hizo subir de la tierra de Egipto		72-73
Jehová proveerá	Génesis 22.8	73
Jehová que te santifica	Éxodo 31.13	73
Jehová el fuerte y valiente	Salmo 24.8	69, 70
Dios misericordioso	Deuteronomio 4.31	67
Redentor (redentor de la muerte)	Salmo 78.35	67-69
Salvador		69
Soberano	Isaías 45.18	20
El que oye la oración	Salmo 65.2	73-75
YAHVEH	Éxodo 3, 4	21-27

INDICE DE CITAS BÍBLICAS

(Las citas bíblicas están en negritas, seguidas por las páginas en las que aparecen en este libro)

GÉNESIS

1—3, 12; **1**, 18, 19, 21, 31; **1.1**, 18, 19, 30; **1.1**, 21,27, 31; **1.2**, 196, 197; **1.15**, 89; **1.26**, 12, 20; **1.26**, 27, 87; **2**, 31; **2.3**, 31; **2.3,6,9,11,14,20**, 19; **2.7**, 163; **3**, 31 **3.8**, 12; **3.9-21**, 12; **3.15**, 109; **3.21**, 185; **4.1**, 109; **4.9**, 88; **4.21**, 82; **5.1,2**, 31; **6.7**, 31; **8.8-12**, 210; **9**, 12; **9.6**, 92; **12—50**, 21; **12.1-3**, 38; **12.1-9**, 22; **12.4**, 38; **12.6**, 38; **12.7**, 38, 109; **12.8**, 37; **14**, 34; **14.18**, 34; **14.18-20**, 137, 168; **14.19,20**, 34; **14.22**, 34; **15.5**, 38; **15.6**, 208, 209; **15.7**, 25; **15.8**, 25; **16.1-9**, 57; **16.10**, 57; **16.13**, 57; **17.1**, 33; **18.16-33**, 75; **18.18**, 105; **18.19**, 122; **18.20**, 64; **18.23**, 64; **18.25**, 64; **20.11**, 207; **21.22**, 42; **21.23,24**, 42; **21.33**, 42; **22.8**, 73; **22.14**, 73; **24.3**, 20; **26.24**, 20; **27**, 146; **28.19**, 37; **38**, 171; **48.15**, 21, 85; **49.24**, 80, 86

ÉXODO

1, 21; **1.1-10**, 22; **1.11-22**, 22; **2**, 22; **2.1-3**, 23; **2.4-10**, 23; **2.11-22**, 23; **2.23-25**, 23; **3—4**, 23; **3.1-10**, 23; **3.6**, 20; **3.11**, 23, 24; **3.12**, 23, 24; **3.13**, 23; **3.14**, 23, 24, 148; **3.14,15**, 23; **3.15**, 25, 114; **3.15-22**, 25; **3.20**, 101; **6.3**, 25; **6.6**, 26; **6.7**, 26; **6.15**, 26; **7-10**, 31; **7.1,2**, 190; **12.1-13**, 184; **12.12**, 18; **12.21-28**, 185; **13.21**, 89; **15.22—17.7**, 65; **15.26**, 54, 55, 56,

188; **17.5-7**, 158; **20.4**, 72; **20.5**, 63, 72; **20.8**, 157; **20.8-11**, 199; **20.12**, 89; **20.23**, 18; **24.17**, 78; **28.41**, 93; **29.7**, 93; **29.43**, 143; **30.11-16**, 67; **31.3**, 203; **31.6**, 203; **31.13**, 73; **32.11-14**, 75; **34.6,7**, 56; **34.14**, 63; **35.30-32**, 61

LEVÍTICO

7.20, 95; **10.10,11**, 51; **11.24-47**, 51; **12.6-8**, 210; **16**, 167; **17.11**, 186, 193; **19.2**, 49, 199; **21.7**, 199

NÚMEROS

12.1-8, 190; **14**, 40; **16.22**, 36; **16.30**, 31; **20.10**, 158; **21.8**, 102; **23—24**, 110; **24.16**, 34; **24.17**, 109, 110; **27.16**, 36; **35.11**, 92; **35.21**, 92

DEUTERONOMIO

1.31, 84; **4.6, 8**, 65; **4.24**, 63, 77; **4.31**, 67; **4.32**, 31; **4.39,40**, 43; **5.9**, 63; **5.24**, 20; **6.13**, 207; **6.14**, 18; **6.15**, 63; **7.6**, 122; **7.7,8**, 122; **8.3**, 161; **8.5**, 84; **8.18**, 55, 61; **10.12**, 207; **10.17**, 35; **13.7,8**, 18; **18.18,19**, 189; **19.12**, 92; **21.17**, 146; **22.10**, 51; **28.13**, 181; **32.4**, 48, 52; **32.6**, 82; **32.15**, 81; **32.35**, 56; **33.8-10**, 167; **33.27**, 43; **34.9**, 209

JOSUÉ

2, 171; **2.11**, 43; **5.13-14**, 33; **5.14,15**, 34; **6.25**, 171; **10.10-19**, 33; **23.3**, 33; **24.15**, 18; **24.19**, 63

JUECES

3.10, 203; **6.10**, 18; **6.22**, 71; **6.23**, 71; **6.24**, 71; **6.34**, 202; **9.8**, 93; **11.29**, 202; **14.6**, 203

1 SAMUEL

1, 34; **1.11**, 34; **2**, 53; **2.1-10**, 75; **2.2,3**, 53; **2.3**, 53; **6.14**, 81; **16.12**, 93; **17.45**, 20; **19.11**, 79; **26.10,11**, 57; **28.3**, 18

2 SAMUEL

5.7, 79; **7.14**, 83; **7.28**, 31; **8.10-20**, 45; **11—12**, 171; **11**, 59; **12.13-23**, 75; **22.3**, 80, 81; **22.29**, 89; **22.35**, 61

1 REYES

6.38, 104; **8.16**, 122; **8.23**, 75; **11.7**, 35

2 REYES

4.26, 71; **19.10**, 21; **19.15,16**, 44; **19.35-37**, 44; **25.9**, 104

1 CRÓNICAS

3.5, 171; **16.35**, 20; **17.6**, 86; **17.13**, 83; **22.10**, 83; **28.4**, 122; **28.6**, 83

2 CRÓNICAS

6.14, 43; **7.14**, 188; **12.5-6**, 52; **16.12**, 188; **20.5-12**, 75; **20.6**, 43; **34.24**, 32

ESDRAS

2.64, 104; **3.8**, 104; **4.24**, 104; **5.1**, 104; **5.2**, 104; **5.11**, 48; **6.15**, 104; **9.5-15**, 75

NEHEMÍAS

9.7, 122; **9.31**, 67; **9.33**, 52

JOB

1.1, 207; **29.12**, 87; **32.8**, 197; **38.6**, 107

SALMOS

2, 95, 152; **2.1**, 95; **2.3**, 95; **2.7-9**, 95; **4.1**, 208; **5.12**, 208; **7.11**, 52; **8.5**, 12, 81; **9.9**, 92; **10.14**, 87; **16.10**, 105, 198; **18**, 56; **18.2**, 80; **18.34**, 61; **18.46,47**, 56; **18.47**, 57; **19.1-4**, 4, 11; **19.9-11**, 66; **22**, 69, 108; **22.1**, 69; **22.3**, 105; **22.6**, 108; **22.6-8**, 108; **22.11**, 87; **22.16-18**, 69; **23**, 69, 70, 86, 87; **24**, 70, 106; **24.7-9**, 70; **24.8**, 69, 70; **27.1**, 89, 154; **28.7**, 87, 206; **29**, 43; **29.1-4**, 43; **29.3**, 43; **29.11**, 71; **31.4, 5**, 48; **31.9,10**, 77; **32.1,2**, 59; **32.3-4**, 59; **32.7**, 88; **33.12**, 122; **34.19**, 208; **36.1-4**, 207; **36.9**, 90; **37.9**, 95; **43.3**, 90, 154; **45.9**, 163; **47**, 45; **47.2**, 45; **47.6-8**, 45; **49.19**, 90; **50.1**, 101; **51.1**, 128; **51.10**, 31; **54.4**, 87; **56.13**, 90; **57.2**, 20; **58.11**, 20; **59.9**, 80; **59.10**, 80; **59.17**, 21; **61.3,4**, 80; **62.1,2**, 81; **65.2**, 73, 74; **68**, 49; **68.4**, 49; **68.5,7**, 83; **68.33**, 49; **71.5**, 32; **71.24**, 208; **72.12**, 87; **72.17**, 105; **73.11**, 53; **75.10**, 80; **77.14**, 101; **78**, 68; **78.12,13**, 68; **78.17**, 68; **78.35**, 68; **78.72**, 86; **80**, 34; **80.7**, 34; **80.14**, 34; **80.19**, 34; **81.10**, 73; **82.6**, 18; **84.10,11**, 82; **84.11**, 82, 143; **86.17**, 87; **88.1**, 53; **88.1,2**, 54; **88.3,4**, 54; **88.4,5**, 54; **89.8**, 101; **89.12,47**, 31; **89.15**, 90, 154; **89.18**, 105; **89.26**, 83; **90.8**, 90; **95.6**, 31; **99.4,5**, 58; **99.8**, 58, 59, 61; **103.13**, 84; **104.30**, 196; **106.23**, 122; **107.12**, 87 ; **110.4**, 168, 189; **111.10**, 207; **112.6**, 208; **115.3-6**, 43; **115.9-11**, 43; **118.7**, 87; **118.22**, 107; **119**, 62; **119.14-16**, 66; **119.49,50**, 62; **119.105**, 89; **119.121**, 208; **119.130**, 80, 154; **119. 173**, 87; **119.175**, 87; **121.5**, 88; **128.1**, 207; **136**, 58; **136.4**, 58; **136.5**, 58; **136.6**, ;69 **136.7-9**, 58; **136.10**, 58; **136.13**, 58; **136.16**, 58; **136.17**, 58; **136.25**, 58; **136.26**, 48; **139.7**, 196; **143.2**, 208; **144.1**, 61; **145**, 45; **145.1**, 45; **148.1-5**, 19

PROVERBIOS

1.3, 207; **1.7**, 207; **2.22**, 95; **9.10**, 207; **20.20**, 89; **24.20**, 89; **26.10**, 35; **30.5**, 81

ECLESIASTÉS

12.1, 31

CANTARES

1.1—8.14, 163; **2.14**, 210; **5.2**, 210; **6.9**, 210

ISAÍAS

1.4-6, 188; **1.5,6**, 55; **1.6**, 188; **1.13-17**, 186; **2.2-4**, 104; **2.5**, 90; **4.2**, 95; **4.5**, 31; **5.19,24**, 198; **6.1**, 30; **6.5**, 30; **7.14**, 97, 143; **7.15,16**, 97; **8.14**, 160; **9.6**, 100; **9.6,7**, 98; **9.7**, 102; **10.5**, 36; **11**, 206; **11.1**, 95; **11.2**, 196; **11.2-4**, 96; **11.10**, 102; **14.1**, 122; **14.12**, 110; **17.10**, 79; **25.8**, 193; **26.19**, 193; **28.15, 17**, 88; **28.16**, 107; **29.15**, 91; **29.16**, 91; **30.18**, 20, 52; **30.27**, 78; **30.30**, 78; **32.1,2**, 88; **33**, 64; **33.14**, 78; **33.15,16**, 78; **33.17**, 65; **33.21**, 65; **33.22**, 52, 65; **35.1-3**, 176; **37.14-20**, 75; **37.16**, 20; **38.21**, 188; **40.7**, 197; **40.25,26,28-31**, 27; **40.26,28**, 31; **40.28**, 31 ,47; **41.14**, 69; **41.20**, 31; **42.1**, 31; **42.1-13**, 98; **42.2**, 98; **42.3**, 98; **42.4**, 98; **42.5**, 31; **42.6**, 98; **42.6,7**, 90; **42.8**, 101; **42.14-25**, 97; **43.1,7,15**, 31; **43.1-3**, 97; **43.1-13**, 97; **43.1-28**, 97; **43.4-9**, 97; **43.10-13**, 97; **43.14**, 69; **43.14-28**, 97; **43.15**, 45; **44.6**, 45; **44.6,24**, 69; **44.28**, 86; **45.4**, 122; **45.7,8,12,18**, 31; **45.9**, 31, 91; **45.11**, 31; **45.18**, 20; **45.21**, 208; **46.9,10**, 35; **47.4**, 69; **48.17**, 69; **49**, 97; **49.1**, 98; **49.1-7**, 97; **49.2,5**, 98; **49.4**, 98; **49.6**, 90; **49.7,26**, 69; **49.8**, 97, 103; **50**, 98; **50.1-9**, 98; **50.4**, 98; **50.4-5**, 98; **50.6**, 98; **50.7**, 98; **50.7-9**, 98; **50.8,9**, 98; **50.10**, 98; **51.13**, 31; **52.13—53.12**, 98; **52.13**, 98; **52.14**, 98; **53**, 55; **53.1-3, 7-9**, 98; **53.2**, 99;

53.3, 98, 106; **53.3,8-10**, 98; **53.4,5**, 188; **53.5**, 55, 98, 187; **53.6**, 87; **53.7**, 98; **53.9**, 98; **53.10**, 98; **53.12**, 98; **54.4,5**, 84; **54.5,8**, 69; **54.16**, 31; **55.8,9**, 48; **57.19**, 31; **57.20,21**, 71; **59.20**, 69; **60.16**, 69; **60.19-20**, 90; **61.1**, 196; **63.16**, 69, 83; **64.4**, 16; **64.8**, 90; **65.17**, 16; **65.17,18**, 31; **66.18**, 105

JEREMÍAS

3.14, 85; **3.19,20**, 83; **3.14**, 84; **3.20**, 84; **7.34**, 163; **10.21**, 86; **12.10**, 86; **14.7-8**, 61; **14.8**, 61, 62; **16.9**, 163; **16.19**, 79; **16.20**, 18; **18.6**, 91; **18.11**, 91; **22.30**, 171; **23.5**, 95, 96; **23.6**, 95; **23.23**, 21; **25.11-14**, 94; **31.9**, 83; **31.22**, 31; **31.31,32**, 103; **31.31-34**, 98; **31.32**, 84; **31.33**, 66; **32.9,10**, 212; **32.16-19**, 32; **33.15**, 95; **51.8**, 188; **51.26**, 107

EZEQUIEL

29.21, 105; **34.2**, 86; **34.12**, 86; **34.15**, 86; **34.23**, 86; **43.1-5**, 104; **43.4,5**, 143; **47**, 212

DANIEL

3.17,18, 18; **3.27**, 78; **3.28**, 39; **3.29**, 39; **4.34**, 34; **4.34,35**, 152; **7**, 45; **7.1-12**, 169; **7.9**, 45; **7.13-14**, 169; **7.22**, 46; **8.5,8,9,21**, 80; **8.23**, 108; **8.25**, 108; **9.24**, 94; **9.26**, 94, 95; **9.27**, 94; **12.2**, 193

OSEAS

1-3, 85; **1.2**, 85; **2.8**, 85; **2.16,19,20**, 85; **3.2,3**, 85; **6.1**, 188; **11.3,4,8,9**, 41

AMÓS

4.1, 77; **4.13**, 31; **5.18,19**, 77; **5.21-27**, 186

ABDÍAS

21, 152

JONÁS

1.9, 20

MIQUEAS

4.1-4, 104; **5.2**, 108, 159; **5.4**, 86; **6.6-8**, 186

SOFONÍAS

3.15, 45

HAGEO

2.3, ; **2.7**, 105

ZACARÍAS

2.5, 78; **3.9**, 96; **6.12,13**, 96; **13.7**, 103; **14**, 212; **14.9**, 45; **14.16**, 45

MALAQUÍAS

1.6, 83; **1.14**, 45; **2.10**, 31; **3**, 91; **3.2**, ; 4.2, 143

MATEO

1.1-2.6, 151; **1.1-17**, 171; **1.3**, 171; **1.5**, 171; **1.6**, 171; **1.11**, 171; **1.16**, 171; **1.18**, 165; **1.18-25**, 159; **1.19**, 208; **1.20**, 170; **1.21**, 183; **1.23**, 143; **2.1-12**, 110; **2.2**, 111; **2.14**, 166; **3.13-15**, 99; **3.16**, 210; 4, 95; **4.1,2**, 161, 162; **4.3**, 161; **4.4**, 6, 158; **4.7,10**, 114; **5—7**, 152; **5.1-16**, 154; **5.3-12**, 152; **5.17-20**, 208; **5.17-42**, 152; **5.45**, 208; **6.1-8**, 152; **6.1-18**, 117, 118; **6.9**, 117, 118; **6.9-13**, 117; **6.11**, 175; **6.19-33**, 152; **6.25-34**, 118; **7.1-14**, 152; **7.7-11**, 118; **7.29**, 172; **8.1-3**, 188; **8.14,15**, 187; **8.17**, 188; **8.23,24**, 162; **8.27**, 169; **8.29**, 158; **9.13**, 186; **9.15**, 163; **9.20-22**, 188; **9.21,22**, 183; **9.23-26**, 188; **10.2-4**, 174; **12.1,2**, 157; **12.7**, 186; **12.8**, 156; **12.9-13**, 157; **12.28**, 162; **12.40**, 169; **13**, 153; **13.55,56**, 165; **15.31**, 114; 187; **16.16**, 80; **16.17,18**, 80; **17.22**, 169; **19.28**, 169; **20.18,28**, 169; **20.25-28**, 181; **20.28**, 155; **21.12,13**, 104; **21.42**, 107; **22.37**, 114;

23.8-12, 181; **24**, 169; **24.1**, 104; **24.13**, 183; **25.1-13**, 164; **25.10**, 163; **25.31-32**, 159; **26.31**, 103; **26.63-66**, 159; **27.37**, 151; **27.39-44**, 108; **27.54**, 158; **28.9**, 159; **28.20**, 159

MARCOS

1.2-3, 159; **1.10**, 210; **1.23-25**, 148; **1.24**, 148; **2.5-7**, 159; **2.19,20**, 163; **3.11**, 158; **5.23,28,34**, 183; **6.1,2**, 164; **6.2,3**, 164; **6.3**, 164; **6.5**, 188; **6.15**, 189; **6.20**, 208; **12.10**, 107, 160; **12.26**, 114; **12.30**, 114; **13**, 169; **3.13-20**, 183; **14.27**, 103; **15.26**, 151

LUCAS

1.17, 159; **1.26-38**, 159; **1.31**, 183; **1.31-33**, 189; **1.35**, 115, 159, 196, 197; **1.68**, 114; **1.78**, 143; **2.7**, 146, 166; **2.23**, 146; **2.51**, 166; **2.52**, 162, 166; **3.1**, 159; **3.22**, 210; **3.23**, 171; **3.23-38**, 171; 4, 95; **4.8,12**, 114; **4.14**, 198; **4.18**, 197; **4.23**, 187; **4.34**, 148; **4.41**, 158; **5.5**, 170; **5.34,35**, 163; **6.5**, 157; **6.13-16**, 174; **7.50**, 183; **8.14**, 155; **8.24**, 45, 170; **9.33**, 49, 170; **10.27**, 114; **11.1**, 117; **11.2**, 117; **12.22-34**, 118; **17.13**, 170; **20.17**, 107, 160; **20.37**, 114; **22.20**, 103; **23.35,36**, 108; **23.38**, 151; **23.46**, 48; **24.36-39,50-51**, 159; **24.39**, 193

JUAN

1.1, 116, 144, 159, 160, 161; **1.1,2,18**, 146; **1.1-3**, 100, 159; **1.1-14**, 144; **1.3,14**, 159; **1.4-9**, 154; **1.11**, 104; **1.14**, 116, 160, 162; **1.14,18**, 157; **1.18**, 116, 161; **1.19-24**, 189; **1.29**, 184; **1.29,36**, 116; **1.32**, 210; **1.33**, 100; **1.34**, 116; **1.38**, 171; **2.20**, 104; **3.1-21**, 212; **3.2**, 116; **3.6**, 196, 212; **3.8**, 212; **3.13**, 169; **3.14**, 169; **3.14,15**, 102; **3.15-26**, 154; **3.16**, 100; **3.16,18**, 157; **3.16-21**, 154; **3.17**, 184; **3.18**, 149; **3.19**, 154; **3.19-21**, 154; **4.6**, 162; **4.23,24**, 72; **5.18**, 116, 164; **5.21,26**, 159; **5.21-26**, 155; **5.21-30**,

150; **5.22,27**, 149, 159; **5.24-26**, 155; **5.26**, 154, 155; **5.27**, 149; **5.36**, 116; **5.43**, 116; **6.1-27**, 175; **6.14**, 159; **6.27**, 175; **6.27-69**, 155; **6.28-66**, 175; **6.33**, 116; **6.35**, 175; **6.35-40**, 175; **6.38**, 159; **6.41-51**, 175; **6.46**, 116; **6.52-59**, 176; **6.56**, 176; **6.58**, 176; **6.63**, 176; **6.69**, 148; **7.5**, 165; **7.37-39**, 212; **8.12**, 90, 105, 135, 154; **8.19**, 116; **8.29, 46**, 159; **8.31**, 201; **8.32**, 160, 201; **8.37-47**, 118; **8.38,40**, 116; **8.42**, 116; **8.56-58**, 159; **8.57,58**, 148; **8.57-59**, 146; **8.58**, 148; **9**, 187; **10**, 70; **10.1-18**, 193; **10.7**, 180; **10.9**, 180; **10.10-28**, 155; **10.11**, 193; **10.15**, 116; **10.18**, 116; **10.25**, 116; **10.30**, 93, 100, 114, 116; **10.32, 37**, 116; **10.33**, 116; **10.38**, 116; **11.1-44**, 155; **11.25**, 155, 159, 191; **12.49-50**, 116; **14-16**, 200; **14.6**, 116, 154, 160, 194; **14.7**, 116; **14.9**, 116; **14.10**, 116; **14.15-17**, 100; **14.16**, 195; **14.17**, 200, 203; **14.17,26**, 195; **14.24**, 116; **14.26**, 196, 205; **14.27**, 71; **14.28**, 114, 116; **14.30-32**, 159; **14.31**, 116; **15.10**, 116; **15.18**, 116; **15.23-24**, 116; **15.26**, 196, 200; **16.3**, 116; **16.7,8**, 196; **16.12-14**, 205; **16.13**, 196, 200, 201; **16.13-15**, 195; **16.15**, 116; **16.27-28**, 116; **17.4-5**, 159; **17.5**, 100, 159; **17.10**, 116; **17.11,22**, 116; **17.17**, 160, 201; **17.17-19**, 200; **17.21**, 116; **19.17,18**, 105; **19.19**, 151; **19.26**, 165; **19.27**, 165; **19.28**, 162; **19.33,34**, 162; **20.19**, 159; **20.19, 26**, 193; **20.28**, 116, 156, 159

HECHOS

1.1-2,9-11, 159; **1.4,7**, 119; **1.6**, 152; **1.7**, 152; **1.8**, 198; **2.1-4**, 210; **2.1-13**, 213; **2.4**, 202; **2.21**, 159; **2.22**, 105; **2.23-31**, 106; **2.27**, 106; **2.33**, 205; **2.47**, 119; **3.1-10**, 188; **3.13**, 119; **3.14**, 150, 159; **3.15**, 174; **3.22**, 119; **4.11**, 107, 160; **4.14**, 119; **4.28**, 121; **5.1,2**, 197; **5.3**, 196; **5.3,4**, 197; **5.9**, 119, 197; **5.16**, 188; **5.30**, 119; **5.31**, 157; **6.1-6**, 203; **6.3**, 203; **6.6**, 203;

7.2, 119; **7.20-25**, 23; **7.26-29**, 23; **7.30**, 211; **7.32**, 119; **7.51**, 196; **7.52**, 150; **8.7**, 188; **8.22**, 119; **8.39**, 198, 211; **8.59**, 159; **20410.36**, 119; **10.38**, 198, 211; **11.12,28**, 204; **11.27-30**, 191; **12.7**, 119; **12.23**, 119; **14.9**, 188; **14.14**, 174; **16.6,7**, 204, ; **16.14**, 119; **17.24**, 119; **17.31**, 149; **19.10**, 119; **20.22-23,28**, 204; **20.32**, 200; **21.10,11**, 191; **21.11**, 204; **22.14**, 119; **24.14**, 119; **26.18**, 200; **27.20**, 183; **28.8**, 188

ROMANOS

1-3, 207; **1**, 3, 13, 15, 124; **1.1**, 177; **1.2-4**, 159; **1.3**, 171; **1.4**, 158, 192, 198; **1.6**, 177; **1.7**, 118, 119; **1.16,17**, 208; **1.18**, 4, 14; **1.19**, 4, 10; **1.19,20**, 4; **1.19,21**, 124; **1.20**, 10, 11, 133, 134; **1.21**, 7; **1.21-23**, 4; **1.21-23,25**, 10; **1.23**, 8, 34; **1.25**, 15, 125; **1.28**, 15; **2.14,15**, 134; **2.16**, 177; **3**, 150; **3.5-6**, 151; **3.10**, 149, 207; **3.21-4.25**, 209; **3.21**, 209; **3.21-26**, 53; **3.22**, 177; **3.23**, 30, 149; **3.23,24**, 69; **3.24**, 177; **3.24-25**, 150; **3.25**, 186; **4-5**, 207; **4**, 128; **4.11**, 134; **4.12**, 135; **4.13**, 147; **4.17**, 132; **5.1**, 71, 177; **5.6**, 129, 177; **5.6-10**, 130; **5.8**, 177; **5.8,9**, 186; **5.9**, 184; **5.10**, 183; **5.11**, 177; **5.12**, 163; **5.12-21**, 12, 163; **5.15**, 177; **5.15-21**, 128; **5.17**, 177; **5.18,19**, 163; **5.21**, 177; **6-7**, 190; **6-8**, 207, 209; **6**, 207; **6.3**, 177; **6.3-5**, 183; **6.4**, 120, 177; **6.5-14**, 183; **6.23**, 177; **7**, 129, 207, 209; **7.4**, 177; **8**, 129, 134, 203, 207, 209; **8.1**, 177; **8.2**, 177, 207; **8.9**, 203; **8.10**, 177; **8.11**, 132, 196, 203, 207; **8.14**, 204; **8.15**, 123, 205; **8.15,23**, 205; **8.17**, 178; **8.18-39**, 184; **8.20**, 134; **8.21**, 134; **8.23**, 124, 212; **8.26**, 196; **8.28-30**, 121; **8.29**, 121, 146; **8.35**, 178; **8.38,39**, 19; **9-11**, 179; **9**, 38; **9.4**, 22; **9.6-13**, 122; **9.14**, 151; **9.16**, 122; **9.32,33**, 160; **10.4**, 178; **10.17**, 178; **11**, 179; **11.1-6**, 128; **11.26**, 179; **11.26,27**, 179; **12.3-8**, 181, 204; **12.5**, 178; **12.19**, 56; **12.21**,

51; **14**, 135; **14.9**, 178; **14.9,10**, 135;
15.3-6,17,20, 159; **15.6**, 118, 178;
15.7, 178; **15.8**, 178; **15.16**, 178, 200;
15.30, 195; **15.33**, 71 ,131; **16.7**, 174;
16.20, 109, 131; **16.27**, 178

1 CORINTIOS

1.2, 178, 200; **1.3**, 118, 119, 178; **1.4**,
178; **1.10**, 178; **1.23**, 178; **1.24**, 178;
2.1-11, 100; **2.6-16**, 211; **2.7**, 121;
2.8, 146; **2.9**, 16; **2.11**, 195; **2.13**, 195,
211; **2.16**, 178, 212; **2.32-33**, 159;
3.11, 80, 107, 176, 178; **5**, 135; **5.7**,
178, 184; **5.9-13**, 50; **6.11**, 200; **8.6**,
120, 178; **8.11**, 178; **10.4**, 157; **11**,
182; **11.3**, 181, 182; **11.7**, 182; **12**,
182; **12.1-30**, 204; **12.4-6**, 61; **12.6**,
204; **12.7**, 204; **12.9-11**, 196; **12.10**,
191; **12.11**, 195; **12.12-31**, 182;
12.13, 196, 202; **12.14**, 204; **12.28**,
174, 204; **12.28-30**, 188; **14.3**, 130;
15, 191, 193; **15.3**, 178; **15.12-58**,
184; **15.20**, 166, 193; **15.20-23**, 184;
15.20-24, 166; **15.21**, 166; **15.22**,
178; **15.23**, 178; **15.24**, 120;
15.42-44, 193; **15.45**, 163; **15.49**,
193; **15.50**, 153; **15.53-55**, 155;
15.57, 178

2 CORINTIOS

1, 130; **1.2**, 118; **1.3**, 118, 120; **1.4**,
130; **1.20**, 142, 178; **2**, 121; **2.7**, 130;
3.7-18, 197; **3.12,13**, 197; **3.13**, 197;
3.17, 197; **3.17,18**, 205; **3.18**, 197,
200; **4.6**, 178; **5.17**, 178; **5.19**, 178;
5.21, 159; **6.18**, 136; **7.6,7**, 130; **8.9**,
178; **11.31**, 118; **12.4-6**, 100; **12.7-10**,
56; **12.8**, 188; **13.11**, 130, 131.

GÁLATAS

1.1, 120; **1.3**, 118; **1.4**, 120; **3.13**, 178;
3.14, 178; **3.16**, 109; **3.19**, 187;
3.19-25, 205; **3.20**, 187; **3.26-4.7**,
124; **3.26**, 178; **3.28**, 178; **4.4-5**, 144,
159; **4.5**, 123, 205; **4.6**, 196, 198;
4.6-7, 124; **4.7**, 147; **5.1**, 178; **5.4**,
129; **5.21**, 153; **5.22,23**, 203, 205

EFESIOS

1, 100, 120; **1.1,2**, 129; **1.2**, 118; **1.3**,
118, 120, 178, 212; **1.3-6**, 120; **1.5**,
122, 178, 184, 205; **1.5,11**, 121; **1.7**,
69; **1.7-12**, 120; **1.10**, 178; **1.11**, 122;
1.13, 205; **1.13,14**, 120, 203, 210;
1.17, 120; **1.19-21**, 159; **1.20**, 209;
1.21, 156; **1.22**, 181; **1.22,23**, 182;
1.22-23, 159; **2.1**, 129; **2.1-10**, 127;
2.4,5, 129; **2.5**, 178; **2.6**, 178; **2.8,9**,
129; **2.13**, 178; **2.20**, 107, 176, 178;
3.11, 133, 178; **3.16**, 198; **3.21**, 178;
4.6, 120; **4.12-16**, 204; **4.15**, 181, 182;
4.30, 196; **4.32**, 179; **5.2**, 179; **5.5**,
153; **5.8**, 154; **5.18**, 213; **5.21-33**, 182;
5.22-24, 183; **5.23**, 179, 181; **5.25**,
179, 182; **5.26-27**, 182; **5.28**, 182;
6.23, 118

FILIPENSES

1.2, 118; **1.11**, 179; **1.12-19**, 54; **2**,
144; **2.1**, 130; **2.5**, 179; **2.5-7**, 159,
161; **2.5-11**, 100, 144; **2.6-10**, 147;
2.9-11, 156, 159; **2.11**, 179; **2.27**, 188;
3.9, 179; **4.9**, 71, 131

COLOSENSES

1.2, 118; **1.12**, 154; **1.12,13**, 120;
1.13, 153; **1.15**, 134, 146; **1.15-19**,
144; **1.15-20**, 100; **1.16**, 134; **1.16,17**,
159; **1.18**, 146, 181; **1.19**, 147; **1.20**,
144; **1.21**, 100; **1.22**, 144; **1.27**, 179;
2.9, 179; **2.10**, 179; **2.10,19**, 181;
2.14,15, 109; **2.19**, 183; **2.20**, 179;
3.4, 179; **3.8**, 60; **3.10**, 125; **3.10,11**,
60; **3.13**, 59; **4.11**, 130

1 TESALONICENSES

1.1, 118; **1.5**, 198; **5.23**, 71, 131, 200

2 TESALONICENSES

1, 56; **1.1**, 118; **1.2**, 118; **1.6**, 56;
1.6-7, 151; **1.6-10**, 211; **1.7,8**, 56, 108;
1.8, 151; **2.8**, 108; **2.16**, 118, 120;
3.16, 137

1 TIMOTEO
1.1, 131; **1.15**, 179, 184; **1.17**, 133, 134; **2.3**, 131; **2.5**, 179; **2.7**, 174; **3.16**, 166; **5.23**, 188; **6.15**, 142.

2 TIMOTEO
1.9, 183; **1.10**, 179; **4.1**, 179; **4.7**, 149; **4.8**, 149; **4.18**, 184

TITO
1.3, 131; **1.3,4**, 131; **2.10**, 131; **2.13**, 159; **3.4**, 131; **3.5**, 183, 196

FILEMÓN
1.3, 118

HEBREOS
1.1-2, 17; **1.2**, 147, 189; **1.3**, 137, 143, 145; **1.6**, 146; **1.8**, 159; **2.2**, 151; **2.9**, 147; **2.10**, 174; **2.14**, 147; **2.14,15**, 69, 109; **2.14,17,18**, 163; **2.14-18**, 167; **2.17**, 167; **2.17,18**, 162; **3.1**, 173; **3.2-6**, 190; **4.14**, 159; **4.15**, 167; **4.15,16**, 167; **4.15,26-28**, 159; **4.16**, 130; **5.1**, 168; **5.5**, 179; **6.19**, 181; **6.20**, 180, 181; **7.1**, 137; **7.3**, 168; **7.11**, 184; **7.14**, 159, 168; **7.17**, 168; **7.25**, 184; **7.26**, 159, 168; **8-10**, 186; **8.1**, 137; **8.3**, 167; **8.5**, 186; **8.6**, 187; **9.1-9**, 186; **9.12**, 186; **9.14**, 100, 159, 179, 196; **9.15**, 179, 187; **9.23-28**, 186; **9.26**, 179; **9.28**, 179; **10.1**, 186; **10.10**, 179, 186; **10.29**, 196; **11.16**, 39; **11.17**, 157; **11.27**, 134; **12.2**, 174; **12.9**, 126; **12.13**, 188; **12.18,29**, 211; **13.20**, 131; **13.20,21**, 131, 193.

SANTIAGO
1.13, 125; **1.17**, 125, 126; **2.5**, 153; **3.9**, 12; **4.12**, 134, 135; **5.13-15**, 55; **5.14,15**, 188.

1 PEDRO
1.1, 159; **1.3**, 118, 120; **1.7**, 92, 211; **1.8**, 134; **1.11**, 196, 201; **1.13-16**, 200; **1.17**, 120; **1.18-19**, 159; **1.19**, 179; **1.23**, 134; **2.4**, 176; **2.4-8**, 160; **2.6-8**, 176; **2.7**, 107; **2.7,8**, 160; **2.9-12**, 200; **2.21**, 179; **2.22-23**, 159; **2.24**, 194; **2.24,25**, 194; **2.25**, 194; **3.15**, 136; **3.18**, 179; **3.22**, 156; **4.10**, 204; **4.19**, 125; **5.2,3**, 194; **5.4**, 194; **5.10**, 127, 130

2 PEDRO
1.19, 142; **2.20**, 179; **3.9**, 150.

1 JUAN
1.3, 120; **1.3,4**, 136; **1.5**, 136; **1.5-10**, 136; **1.7**, 136; **1.8**, 136; **1.9**, 136, 151; **2.1**, 150, 173; **2.2**, 173; **2.16**, 155; **2.20**, 132; **2.23**, 133; **3.1**, 120; **3.4-5**, 159; **3.16**, 179; **4.2**, 141; **4.3**, 133; **4.3, 15**, 141; **4.6**, 200, 201; **4.9**, 157

JUDAS
1.25, 131, 134, 137

APOCALIPSIS
1.4, 138; **1.4,5**, 138; **1.5**, 146, 159; **1.8**, 141, 142; **1.14**, 211; **1.17**, 142; **2.28**, 142; **3.14**, 142; **3.18**, 211; **4.8**, 138; **7.2**, 138; **11**, 138; **11.4**, 138; **11.13**, 138; **11.17**, 138; **15-16**, 151; **15.3**, 138; **15.3,4**, 137, 150; **16.5**, 138; **16.7**, 138; **17.14**, 142, 151; **19.6**, 139; **19.11**, 145; **19.11-16**, 145; **19.16**, 142, 152; **19.17**, 139; **20.11-15**, 193, 211; **20.14**, 211; **20.15**, 150; **21.6**, 141, 142; **21.22**, 138; **22.12-13,16**, 159; **22.13**, 142, 159; **22.13,14**, 142; **22.16**, 142, 143

PARA ESTUDIAR

LA BIBLIA

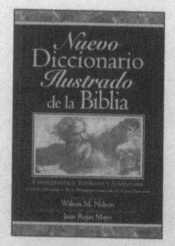

0899226310

0899222854

0899226507

0899225934

0899225047